Richard Hamel

**Zur Textgeschichte des Klopstock'schen Messias**

Richard Hamel

**Zur Textgeschichte des Klopstock'schen Messias**

ISBN/EAN: 9783743397255

Hergestellt in Europa, USA, Kanada, Australien, Japan

Cover: Foto ©ninafisch / pixelio.de

Manufactured and distributed by brebook publishing software (www.brebook.com)

Richard Hamel

**Zur Textgeschichte des Klopstock'schen Messias**

# Dr. Richard Hamel

## Zur

# Textgeschichte

## des

# Klopstock'schen Messias.

I. Metrische Beobachtungen. (Inaugural-Dissertation.)
II. Aphorismen aus der weiteren noch ungedruckten Arbeit.

Rostock.
Carl Boldt'sche Hof-Buchdruckerei
1879.

…, die ein Dichter, wie Klopstock,
… macht, verdienen nicht allein an…
… mit Fleiß studirt zu werden.
… nen die feinsten Regeln der
… die Meister der Kunst zu be-
… en, das sind Regeln.

Lessing.

… er der Dichtkunst sind zu allen
… rn eben so rar als die wahren
… Homer ward eben so wenig
… verstanden als Klopstock von

Lessing.

Meinem lieben Schwager und Vetter

# Heinrich Hamel.

# Einleitung.

Wenn die vorliegende Arbeit einer Rechtfertigung oder Begründung bedürfte, so könnte dergleichen nicht besser gegeben werden als mit den folgenden Worten von Michael Bernays: „Bei jenen Bearbeitungen [kritischer Feststellung des Textes] ist die eingehendste Sorgfalt auf alle diejenigen Verschieden= heiten der Lesart zu wenden, die sich von der Hand des Dich= ters selbst herschreiben. Ein Werk, dessen allmähliche Entstehung wir etwa im Manuscripte des Autors verfolgen könnten, oder das vom Verfasser umgebildet worden, nachdem es schon ein= mal abgeschlossen war, hat für uns, in anderm Sinne als der Text, eine Geschichte, und die Urkunden derselben müssen uns vorgelegt werden. Wir wollen auch, so weit eine solche Ein= sicht nur irgend vergönnt ist, dem Werden, dem Entstehen zuschauen. Im Jahre 1795 forderte Goethe „zu einer Ver= gleichung der sämmtlichen Ausgaben unseres Wielands" auf und pries den Nutzen, den eine solche Arbeit versprach.[1]) Eine umfassende, methodisch geordnete Sammlung der Varianten wird uns manigfache Gelegenheit bieten, die Kunst des Dich= ters im Kleinen und Kleinsten zu studiren, und dies Kleine wird uns oft genug auf die Erwägung der bedeutsamsten Fragen hinlenken, die eben so wohl den Autor als sein Werk

---

[1]) In dem Aufsatz: „Literar. Sansculotismus", zuerst anonym in d. Horen, 1795, 5 St., jetzt WW. 45,125 ff.: „So ist es zum Beispiel nicht zu viel gesagt, wenn wir behaupten, daß ein verständiger, fleißiger Literator durch Vergleichung der sämmtl. Ausgaben unf. Wielands, eines Mannes, dessen wir uns, trotz dem Knurren aller Smelfungen, mit stolzer Freude rühmen dürfen, allein aus den stufenweisen Correcturen dieses unermüdet zum Besseren arbeitenden Schriftstellers die ganze Lehre des Geschmacks würde entwickeln können. Jeder aufmerksame Bibliothekar sorge, daß eine solche Sammlung aufgestellt werde, die jetzt noch möglich ist, und das folgende Jahrhundert wird einen dankbaren Gebrauch davon zu machen wissen."

betreffen. Eine solche Sammlung eröffnet uns aber auch zuerst die Möglichkeit eines gründlichen Studiums der Sprache (des betreffenden Dichters oder Schriftstellers), aus welchem mit der Zeit eine Geschichte der Sprache erwachsen muß. — Und nicht blos des Dichters eigene Sprache, auch die seiner früheren Zeitgenossen erfordert eine strenge, tiefgehende Untersuchung, aus welcher dann was ihm eigenthümlich ist und was er gemeinsam mit seinen Zeitgenossen besitzt, klar gesondert hervortreten wird. Deutlich mögen wir dann erkennen, wie er den ihm überlieferten Sprachvorrath genutzt, und wie er aus der Fülle seines eigenen Genius, der wie in geheimem Einverständniß mit dem Sprachgeiste schuf, sein geliebtes Deutsch bereichert, veredelt und verherrlicht hat." [1]

In Bernays' Munde beziehen sich die letzten Worte zunächst auf Goethe, sie lassen sich aber auch in demselben Maße und vielleicht mit noch größerem Rechte auf Klopstock anwenden. Es ist längst bemerkt worden, mit welcher Sorgfalt Klopstock seine Oden umgestaltete und zu wiederholten Malen bearbeitete; seine umgestaltende und veredelnde Thätigkeit am Messias hingegen ist noch wenig beleuchtet worden. Eine ästhetische Würdigung des Messias und eine solche Klopstocks als des bahnbrechenden Dichters der neuen Zeit muß ich mir für einen anderen Ort versparen; demnach gehe ich sogleich auf die eben berührte Thätigkeit unseres Dichters an seinem Messias über. Doch auch in diesem begränzten Kreise muß ich für jetzt davon absehen, die Entstehungsgeschichte des Werkes streng chronologisch und in ihrem ganzen Umfange zu geben und ferner die kritische Prüfung sämmtlicher Ausgaben des Messias vorzulegen. Alle diese Arbeiten sind bereits von mir beendet. Ich begnüge mich, die Resultate meiner Forschungen in Kürze anzumerken.

Meiner chronologischen Darstellung der Entstehung des Messias sind hauptsächlich folgende Erkenntnisse zu entnehmen.
1) Der Plan zum Messias war seit Klopstocks 15. Lebensjahre entworfen und bereits in der Schulpforte im Großen und Ganzen beendet.

---
[1] Ueber Kritik u. Gesch. des Goethe'schen Textes, Berl. 66, S. 84 ff.

2) Klopstock änderte mehrmals seinen Plan ab, bisweilen zum Nachtheil des epischen Characters seines Werkes.
3) Sogleich nach dem Erscheinen der drei ersten Gesänge 1748 begann auch Klopstocks verbessernde und umgestaltende Thätigkeit und währte bis zum Jahre 1800.
4) Durchgreifende Veränderungen wurden schon in den Manuscripten vor ihrer Veröffentlichung vorgenommen.
5) Klopstock arbeitete nicht planmäßig hintereinander, sondern Fragmente.
 a. Im Herbste 1748 sind bereits der IV. und V. Gesang der Beendigung nahe.
 b. Vom Herbste 1748 an beginnt die Arbeit am Weltgerichte, Ges. XVIII. und XIX. Februar 1752 war ein nicht unbeträchtlicher Theil vollendet.
 c. Schon 1749 wurden Episoden aus dem XV. Gesange bearbeitet
 d. 1749 wurde am XI. Gesang gearbeitet,
 e. 1758 im Frühjahr am XII. Gesang,
 f. 1758 am XIII. Gesang,
 g. seit 1764 bereits an dem Triumphgesange (dem XX.), der erst 1773 vollendet erschien.

Diese Art des Arbeitens ist der Grund der Wahrnehmung Strauß' (Kleine Schriften, Neue Folge, Berl. 866, S. 218): „Seinem dogmatisch-sentimentalen Pathos thut kein Wort genug, daher die Häufung von Adjectiven und Adverbien. Daher zum Theil auch die zahlreichen Vergleichungen, die, meistens grasser oder empfindsamer Art und breit ausgeführt, so oft den ohnehin lockeren Zusammenhang der Erzählung unterbrechen . . . . . sie decken die Unfähigkeit oder Abneigung des Dichters, eine Sache an sich selbst in schlichter Erzählung darzustellen." Die Beobachtung ist zum Theil richtig, die Gründe aber, die Strauß ihr unterlegt, sind total falsch und zeigen nur, wie ungerecht und aus subjectiver Einbildung und Abneigung heraus, nicht fußend auf eingehendem Studium der ästhetischen Principien und Anforderungen der jedes=

maligen Zeit, selbst ein Mann wie Strauß, geschweige denn anderer Literarhistoriker, über Schriftsteller und Werke zu urtheilen vermochte. Daß Klopstock nicht unfähig war, rein episch darzustellen, beweisen die Gesänge, in denen er es in ausgezeichneter, an Goethe's beste Art reichender Weise thut. Wo es nicht geschieht, hindert ihn wiederum nur zum Theil sein dogmatisch-sentimentales Pathos, mehr die herrschende Kunsttheorie, die Sentimentalität nicht seines Herzens allein, sondern der ganzen Zeit, und endlich seine Kühnheit, mit der er selbstbewußt die Fesseln der Aesthetik zerriß und nicht sowohl ein Epos, sondern sein Werk schuf. In der Wahl und Anordnung der Gleichnisse folgt Klopstock ganz Breitingers Fingerzeigen in dessen Buche: Krit. Abh. v. d. Nat., den Absichten u. d. Gebrauche der Gleichnisse. Zürich 1740.

6) An der Verzögerung und Hinausschiebung des Druckes besonders der letzten Bände des Messias ist Klopstocks übergroße Gewissenhaftigkeit, die sich bis auf die „Häkchen" bezog, Schuld; daneben manche andere Arbeit des Dichters. —

Aus der ansehnlichen Zahl der Ausgaben des Messias habe ich folgende nach gewissenhaftester Prüfung als Original-Ausgaben, d. h. als solche, bei deren Herausgabe Klopstock selbst hervorragend thätig war und die er zum Theil selbst als maßgebend bezeichnete, ausgeschieden: die vom Jahre 1748 (Bremer Beiträge, 4. Band, 4. und 5. Stück, die ersten drei Gesänge); 1751 (D. M. 1. Bd., Halle, Hemmerde, Ges. I.—V.); 1755 (D. M. 1. und 2. Bd., Kopenhagen, Ges. I —X.); 1769 (D. M. 3. Bd., Halle, Hemmerde, Ges. XI.—XV.); 1773 (D. M. 4. Bd., Halle, Hemmerde, Ges. XVI.—XX.); 1780 (und zwar ist von den drei gleichzeitig erschienenen Ausgaben allein die Octavausgabe mit der gewöhnlichen Orthographie die für den Kritiker werthvolle, aus Gründen, die ich in ausführlicher Weise anderswo darthun werde; Altona, Eckhardt); 1800 (von den in diesem Jahre erschienenen ist allein die in groß 8°, Bd. 3—6 der gesammten WW., 1800, maßgebend; sie ist die zu Grunde gelegte Ausgabe). In die späteren Göschen'schen Ausgaben haben sich manche Unrichtigkeiten und viele Willkürlichkeiten eingeschlichen, und die neueste Hempel'sche Ausgabe, welche als „nach den besten Quellen revidirt" aufgetreten ist, hat sich zum Theil der schlechtesten Quellen bedient, wie ich nachzuweisen im Stande bin.

Die in 1748 erschienenen ersten drei Gesänge waren in 1751 das erste, in 1755 das zweite, in 1780 das dritte, in 1800 das vierte Mal verbessert und verändert. Die in 1751 zuerst erschienenen Gesänge IV. und V. waren in 1755 das erste, in 1780 das zweite, in 1800 das dritte Mal verbessert resp. verändert. Die in 1755 erschienenen Gesänge VI.—X. wurden es in 1780 das erste, in 1800 das zweite Mal. Die in 1769 erschienenen Gesänge XI.—XV. wurden in 1780 das erste, in 1800 das andere Mal verbessert. Eben so die in 1773 erschienenen Gesänge XVI.—XX. zum ersten Mal in 1780, zum andern in 1800. Es ist also kein Gesang, der nicht eine dreifache Redaction erfahren hätte, — abgesehen von den Veränderungen, denen das Werk schon im Manuscript unterworfen ward, von dem wir hier und da noch Proben in Briefen finden, — die Gesänge IV. und V. erfuhren eine vierfache, Ges. I.—III. eine fünffache. —

Bei Klopstock ging die Kritik, die er an sich selbst ausübte, aus seinem poetischen Schaffen hervor, bei Lessing vor diesem her, und bei Schiller und Goethe begleitete dieselbe ihr poetisches Thun. Gegen die von außen kommende Kritik verhielt sich Klopstock kühl, ja verachtend; doch nicht so, wie man bisher allgemein angenommen hat und annehmen mußte, da man sich noch nicht in das Studium der Varianten einließ, daß er nämlich die Schriften seiner Gegner gar nicht berücksichtigte. Dies muß jetzt durch meine Arbeit als ausgemacht hingestellt werden: er berücksichtigte sie sehr. „Ich fand", sagt Böttiger in dem sogleich zu nennenden Schriftchen, „daß Klopstock sehr gern Vorstellungen annehme; denn als ich ihn wieder besuchte, sagte er mir, wie er die [von Böttiger getadelten] Stellen abgeändert habe." Er las diese Brochüren, Artikel und Artikelchen eifrigst; dies bezeugt die Anekdote in

Böttigers Aufsatz: Kl. im Sommer 1795 (Taschenb. Minerva auf 1814): „In den ersten zehn Jahren seines Aufenthaltes in Kopenhagen, erzählte Klopstock, hab' er sich durch nichts so schnell seine Kopfschmerzen verbannen können, als wenn er die ganze Aesthetik in einer Nuß oder andere Wasserblasen dieser Art, welche die Gottsched'sche Schule gegen ihn aufschäumen ließ, zu seiner Erbauung wieder vorgenommen hätte. Einst habe ihn Tyge Rothe, den man wegen seiner dänischen Uebersetzung des Batteux in einem dänischen Journal heftig angegriffen, und dadurch sehr zum Zorn gereizt hatte, bei einer solchen Lectüre laut auflachend angetroffen, und sich vorgenommen, die Kritiken auch als gute Magen= und Digestivpillen zu betrachten. Er habe sich zweimal die sämmtlichen Schriften, die gegen ihn erschienen wären, mit schwerem Gelde gekauft, aber sei immer durch Wegborgen und Fortziehen wieder darum gekommen." Er beantwortete zwar nie eine Kritik, ausgenommen gegen Herder in einem Briefe vom 5. Mai 1773: „Ich habe noch in meinem Leben an keinen Critikus, selbst an keinen im guten Verstande des Worts, geschrieben; Sie sollen die Ausnahme machen, und werden wohl die einzige bleiben." (Herders Nachl., herausg. von Düntzer und F. G. v. Herder, 1. Bd., S. 202 ff., 1856; Lappenberg, S. 249 ff.) Hiermit vergleiche man den Brief von Ebert, 21. April 1773 (bei Lapp. S. 248): „Bei diesem Berliner Recensenten [es war Moses Mendelssohn gewesen, s. Cramer Er und über ihn Theil V., S. 534; die Kritik stand in der Allg. deutschen Bibl.] ist mir verschiedenes wieder eingefallen. Ich habe seit Johann Christoph Gottsched bis auf diesen letzten Ehrenmann, seit 1748—1773, gegen diese Leute geschwiegen; und hätte es doch so ziemlich in meiner Gewalt gehabt, sie nicht allein bis zu ihrem völligen Unrecht, sondern auch zu ihrer völligen Lächerlichkeit, auch nicht allein bis hierher, sondern auch bis zu ihrer gar besonderen Abgeschmacktheit herunter zu bringen." Trotz dieser gewiß nicht unbilligen Verachtung der meisten Aeußerungen seiner Gegner oder Tadler, beachtete er doch viele ihrer Winke und Ausstellungen. Ich werde bei der Betrachtung der Varianten außer den sämmtlichen des erſten Geſanges hauptſächlich ſolche aus den folgenden Geſängen nehmen, bei denen ich den Grund der Veränderungen in dieſer Weiſe nachweiſen kann. Vieles aber auch, was ſeine Kritiker lobten, änderte er. Denn Herr in ſeinem Reiche blieb er auf alle Fälle, ſo ſehr, daß er ſogar ſeiner Erzfeindin, der Allg. deutſchen Bibl. gegen den alles Klopſtockſche vertheidigenden C. F. Cramer Gerechtigkeit widerfahren ließ. Beherrſchen ließ er ſich nicht; er iſt der ſouveränſte unſerer Dichter in mehr als einer Beziehung; ſein eigenes Urtheil entſchied. „Ich habe nie andere in irgend einer Sache beherrſchen wollen; aber andere (Dank Dir noch einmal mein Genius!) haben mich auch nie beherrſcht." An Herder 13. Nov. 1799, Lapp. S. 417. In der Ausbildung ſeines Versmaßes folgte er völlig und ausſchließlich ſeinem Urtheil, und er konnte bei dem allgemeinen Schwanken der darauf bezüglichen Anſichten in ſeiner Zeit gewiß nichts Beſſeres thun. —

Nach der allgemeinen ideellen Seite hin iſt Klopſtocks geiſtige Entwicklung nicht mit ſcharfen Strichen zu zeichnen; obgleich ich bei ihm drei Epochen unterſcheide: die der religiös= weltbürgerlichen Geſinnung und entſprechenden Thätigkeit, die der wiſſenſchaftlichen Studien (metriſche Formen, Sprache und Geſchichte), und die der ſpecifiſch vaterländiſchen Beſtrebungen. Dasſelbe, was bei Schiller das Studium Kants hauptſächlich bewirkte, Klärung der Kraft, künſtleriſche Beſonnenheit, was bei Goethe der Aufenthalt in Italien ergab, das brachte in Klopſtock das Studium der metriſchen Formen und der Sprache hervor. So ſehen wir in unſerer Literatur die Idee in dreierlei Weiſe, aber mit gleichem Ergebniß, wunderſam merkthätig: die reine Idee in Schiller, die zur Geſtalt gewordene bei Goethe, die in Bewegung begriffene — rythmiſches Empfinden, Muſik — bei Klopſtock. Dieſer iſt der größte muſikaliſche Dichter, den wir bisher gehabt, nur Hölderlin wandelt mit ihm in dieſer Beziehung Hand in Hand. Das will etwas heißen, denn es giebt nur eine echte Muſik auf der Erde, das iſt die deutſche.

Nach der formalen Seite dagegen gelingt es vorzüglich, Klopſtock in ſeiner Entwicklung zu verfolgen. Wie er allmählich zu ſeinen Geſetzen vom Hexameter, deſſen Bewegung, Wohl=

klang, Zeitausdruck u. s. w. gelangte, läßt sich bis ins Kleinste an der Hand der Varianten nachweisen. Und sein Kampf mit dem Ausdruck! In dieser Beziehung tritt Klopstock in der That neben, ja vor Luther. Denn wenn dieser mit dem M. Philipp und Aurogallus, wie er selbst sagt, vierzehn Tage, drei, vier Wochen ein einziges Wort gesucht und gefragt und dennoch zuweilen nicht gefunden hat, so arbeitete Klopstock allein an der Sprache seines Werkes von 1748 bis 1800, also zweiundfünfzig Jahre lang. So ist denn das Studium der Sprache des Messias und auch der Oden in ihrem Werden ein praktischer ästhetischer Cursus. Er war sich selber stolzen Muthes bewußt, was er für unsere Sprache geleistet. Als ihn Basedow einst aus dem Messias vorlesen hörte, sagte er: „Aber man wird Ihre Sprache in Deutschland nicht verstehen". „So mag Deutschland sie verstehen lernen", erwiederte Klopstock (Cr. Tellow S. 81, Er und über ihn II., 322). In dem Fragmente „Zur Geschichte unserer Sprache" aber sagt er: „Es sind Morgen, heilige Frühen, an denen etliche Thautropfen vom Himmel fallen, die nur der empfinden kann, dem der Genius das Auge wacker macht. Luther brachte der jungen Sprache nicht wenig dieses Thaues, so wie er in seiner Schönheit und Frische noch am Palmblatte herunterhing, und stärkte ihre innersten Lebensgeister damit. Luther war nicht mehr, und nun wurde die Sprache nicht mehr wie zuvor gepflegt. Endlich kam Opitz. Der gab ihr wieder Trauben. Seit ihm hat sie ziemlich lange fürlieb nehmen müssen In den letzten Tagen der schlechten Kost hat man ihr gar Krätzer und Kirbisbrei aufgetischt. Sie war in ihrem sechszehnten Jahre, und hatte seit Kurzem wieder von guten Reben [Hagedorn, Haller] gekostet, als einer zu ihr kam, der gleich bei ihrer ersten Erblickung ernst, und von der wechselnden Röthe und Bläße der schnellentstehenden Liebe ergriffen wurde. Das soll sie ihm nie vergessen haben. Auch hat sie, wie man erzählt, nur vor ihm getanzt. Es ist von ihm des Fabelns noch mehr. Er brach ihr, heißt es weiter, ... die man gutebel nennt, ... getroffen war; und von dem soll sogar dem stolzen hohen Mädchen das Auge glänzen."

# Die Varianten.

Sicherer (in: Wingolf, Programm des Gymnasiums zu Leyden 1848--49 S. 45) hat auf den Vorzug der Varianten der neueren Schriftsteller vor denen der alten hingewiesen. „Die Veränderungen bei den neueren Autoren sind von einer ganz anderen Art als die bei den Alten, nämlich nicht von fehlerhaften Abschriften herrührend, sondern von den Autoren selbst gemacht und darum unstreitig schätzbarer als jene. Es sind Verbesserungs-Versuche der Schriftsteller selbst. Veränderungen und Verbesserungen aber, die von einem Dichter, wie z. B. Klopstock, welcher ein so tiefes Studium seiner Sprache und ein so feines musikalisches Ohr für den Wohlklang besaß, gemacht werden, können nicht anders als höchst lehrreich sein. Man findet in ihnen oft Gelegenheit, die feinsten Regeln der Kunst zu studiren, denn „was die Meister der Kunst zu beobachten für gut finden, das sind Regeln", sagt Lessing. Dem Interpreten hauptsächlich sind diese Varianten von manigfaltigem Interesse. Er sieht daraus, wie das Werk dem Schriftsteller unter der Hand immer besser gelungen ist, wie er seine Aufgabe immer reiner gefaßt, seines Stoffes sich immer glücklicher bemächtigt hat; oft erklärt sich dadurch der Schriftsteller bei schweren Stellen aus sich selbst; es wird an ihnen ein kritischer Scharfblick in dem Leser erzeugt, man lernt durch Abwägung der verschiedenen Lesarten das Schönere vom minder Schönen unterscheiden, und damit zugleich tiefer eindringen in das Wesen der wahren Schönheit u. s. w. Dergleichen Varianten giebt es nun zu Schiller, Goethe u. A. eine Menge, die meisten aber wohl zu Klopstock, der sein ganzes Leben hindurch nicht aufgehört hat, an seinen Gedichten zu ändern und zu verbessern."

Es verhält sich aber mit Varianten so, daß, wenn sie dem Interpreten einen besonderen Dienst leisten, sie es doch nur an ihrer bestimmten Stelle, sei es des Gedichtes, sei es des größeren Werkes, thun, im Zusammenhang also des Ganzen. Interpret hingegen der Lesarten selbst sein, ist ein unfruchtbares Thun. Selbst zur ganzen, umfassenden Würdigung auch nur Eines Wortes bedarf es oft einer ausführlicheren Erörterung der ganzen Stelle, in der es steht. Wenn wir daher sagen, wir gehen an die Betrachtung der Lesarten, so kann das nicht heißen, wir wollen jede einzelne oder auch nur verhältnißmäßig wenige in ihrer individuellen Färbung, in ihrem besonderen Werthe prüfen und darlegen, sondern es kann der Natur der Sache nach nur bedeuten, daß wir versuchen, auf Grund eingehender Forschung, Gattungen der Lesarten aufzustellen. Gewisse Veränderungen, die der Dichter vornahm, sehen wir wiederkehren; wir halten sie fest, sondern sie ab und stellen sie als Gattung auf. Ist eine solche herausgeschält aus der Masse der Varianten, so bedarf es nun nicht mehr einer Aufzählung aller Beispiele; wenige genügen; wer sich weiter in das Studium der Lesarten einlassen will, wird auf allen Seiten zahlreiche Beispiele zu allen Arten und Gattungen, die wir geben, finden. Zu diesem Zwecke habe ich eine genaue Sammlung der Lesarten des ersten Theiles oder der ersten 10 Gesänge des Messias verfaßt, Vers für Vers alle Originalausgaben vergleichend. Die Varianten, welche der zweite Theil, Ges. XI. — XX., bietet, sind unbedeutenderer, nur wiederkehrender Art. Interessant im zweiten Theile sind blos die Verseinfügungen und Versauslassungen des Dichters.

Man findet im Messias zwei große Gattungen von Varianten: die aus der Veränderung der religiösen Gesinnung des Dichters hervorgegangenen, und die aus dem Verlangen des Dichters entsprungenen, den Fortschritten der von ihm neu geschaffenen Dichtersprache und des Verses gleich zu bleiben und die Führung darin zu behalten. Die dritte Classe, die man etwa noch aufstellen könnte, beträfe die Veränderungen der Satzzeichnung und der Orthographie. Diese drei Gattungen oder Klassen sondern sich von selbst wieder in mehrere Arten und Unterarten.

Die erste Gattung, die aus veränderter religiöser Gesinnung hervorgegangenen Varianten, betrachte ich hier nicht weiter; ich bemerke blos, daß ihr Studium uns die Falschheit des bisher über Klopstock gefällten Urtheils, er sei mit den Jahren orthodoxer geworden, lehrt. Die Veränderungen, die der Dichter aus frommer Bedenklichkeit machte, verschwinden gegen die Umwandlung, welche sich im Großen und Ganzen, in den Grundanschauungen des Dichters vollzog, und zwar in tolerantem, aufgeklärtem Sinne vollzog. An einem anderen Orte werde ich dies näher ausführen. — Auch die Besprechung der sprachlichen Veränderungen bleibt der größeren Arbeit vorbehalten.

Wir gehen demnach zu den Metrischen Veränderungen über.

## I. Metrische Veränderungen.

Acht Jahre vor Klopstock's Auftreten hatte der bedeutende Breitinger am Schlusse des zweiten Bandes seiner Critischen Dichtkunst, in dem Kapitel vom deutschen Verse, der voropitzischen Weise das Wort geredet, nicht lediglich solche Verse zu bilden, deren Wort- und Versaccent beständig zusammenträfen. Bei den Jamben würde dies im Deutschen zu dem ärgsten Zwange Veranlassung geben — Klopstock betont das in seiner Abhandlung „Vom deutschen Hexameter" (Aus den Fragmenten über Spr. u. Dichtk. Hamb. 1779, Göschen WW 1855, 10, 118 ff.) auf's Eingehendste — und reine Jamben würden uns bald auf's Höchste ermüden. Breitinger empfiehlt demnach Verse wie diese:

Ich hab etwan zu Nacht gewacht,<br>
Da die schliefen, der ich gedacht,<br>
Oder vielleicht, bey Spiel und Wein<br>
Sassen und wenig dachten mein.

„Liegen nicht gute Jambi, Trochäi und Dactyli darinnen, welche nach Erforderung der Rede und ohne den mindesten Zwang ihren Sitz ändern? Und verdient dieser Vers nicht den Vorzug vor dem neuen Hexameter des Herrn Heräus, der keinen Wechsel der Füße leidet und allemahl von der Zusammensetzung eines dactylischen Versgens mit einem gleichtönenden Fallenden besteht? Alles Lächerliche fällt in dieser Aussprache, die nach dem natürlichen Accent geschieht, hinweg und auf die zurück, die es durch den thörigten Nothzwang nach einer fremden Cadanz in ihrem eigenen Kopf erzeugt haben. Dieser alte deutsche Vers kömmt mit dem Vers der Franzosen und Italiäner überein" u. s. w.

Klopstock nahm den Gedanken Breitingers auf und hüllte ihn blos in ein antikes Gewand. Denn sein Hexameter ist ein deutscher Vers ohne Reime. Klopstock nannte ihn selbst so. „Unser Hexameter" (Vom deut. Hex. Göschen 10, S. 57) „ist nicht sowohl eine griechisch=deutsche Versart, sondern vielmehr eine deutsche." Man hätte also besser gethan, ihr gleich einen deutschen Namen zu geben. Dann wären die endlosen Vergleichungen mit dem Verse der Alten fortgefallen, und Wackernagel hätte mit Anderen nicht nöthig gehabt, die Möglichkeit eines antiken Hexameters in der deutschen Sprache zu verwerfen. „Ein völlig griechischer Hexameter im Deutschen," sagt Klopstock, „ist ein Unding. Kein deutscher Dichter hat je solche Hexameter gemacht oder machen wollen. Etliche eingestreute dieser Art können hier nicht in Betrachtung kommen". (a. a. O. S. 60.) „Ein Hauptgesetz bekanntlich für die Bildung des Sechsfüßlers im Deutschen ist die Regel: Die deutschen Dichter richten sich bei allen ihren Sylbenmaßen allein nach dem hohen oder tiefen Accente, womit man die Silben ordentlicher Weise ausspricht. — — Die Sylbenzeit der Alten wurde blos durch das Ohr bestimmt; sie war mechanisch. Die unsrige gründet sich auf Begriffe; (Empfindung und Leidenschaft werden hier nicht ausgeschlossen); Mechanisches, das aber von anderer Art ist, nimmt sie nur bei Bestimmung der Zweizeitigkeit zu Hülfe, wohlverstanden, daß sie dies nicht eher thut, als bis durch die Begriffe nichts mehr entschieden werden kann" (a. a. O. S. 78 f.) Man erkennt aus diesen wenigen Bemerkungen, daß der Hexameter im Deutschen nichts weiter mit den antiken gemein hat und haben kann, als die äußere Aehnlichkeit und die Zahl der Füße. Sonst ist er auf Grundgesetzen deutscher Sprache aufgebaut und ein deutscher Vers, als solcher auf die Dauer ein wenig — geschwätzig und der deutschen bedächtigen Würde nicht recht conform. Klopstock weiß dies, besonders im zweiten Theile seines Gedichts, so viel wie möglich zu überwinden, aber ganz glückt es auch ihm nicht. Wie sehr aber dieser Vers auf deutschem Grunde ruhte, fühlte und äußerte selbst Friedrich der Große, als ihm „Die Mädcheninsel" von Götz vor Augen gekommen war. Dieser Vers allein, meinte er, könnte der deutschen Poesie von unendlichem Nutzen sein. Es ist sonderbar, daß Klopstock dieses Urtheil des von ihm wenig gefeierten Königs nie berücksichtigt hat. Ich habe keine Andeutung in seinen Werken entdecken können.

Betrachtet man die Lesarten, so merkt man, daß Klopstock erst recht eigentlich nach dem Schema gearbeitet hat, abzählend, ohne Kenntniß des Wesens seines Versmaßes. Auch das Verhältniß der Stammsilben zu den Neben- und tonlosen Silben war ihm noch lange Zeit nicht klar. Man sehe den Vers 612 des I. Gesanges:

1748,51 Um ihn mit langsamer Flut zum menschenlosen Gestade.

55    Ringsum mit

80    Ringsum, langsamer Flut,

1800                        zu menschenlosen Gestaden.

Oder V 313:

1748-55 Auf neuerwachenden Strahlen in seiner Schönheit hernieder.

80 f.  Zu dem gesendeten Engel in

V. 329:

1748,51 Also kamen sie weiter bis ans Allerheiligste Gottes.

55 ff.            weiter zum Allerheiligsten Gottes.

V. 284:

1748    Mit dem der | ewige | Vater ihr | heiliges | Loblied be | lohnte.

51,55 Durch den der |

80      Der, des | Preisge|sanges Be|lohner, von | Gott auf sie | strahlte.

1800    Welcher, des | Preisge | sangs Be | lohner,

V. 142:

1748-55 Gegen den Messias: Ich breite mein Haupt durch die Himmel,

80      Nach dem | Mittler | hin: Ich

1800    Nach dem Ver | söhner | hin: Ich

Schon aus diesen paar Proben sieht man, wie Klopstocks Theorie aus der Praxis ward. Tausende von Versen ließen sich mit Leichtigkeit den oben gegebenen anreihen; aus den nächsten Beispielen passen viele hierher. Es ist eben in allen diesen Versen Zeitmaaß, Wohlklang u. dergl. innig verflochten.

Zum näheren Verständniß ist es nöthig, die Hauptpunkte der Theorie Klopstocks anzuführen.

1.. **Wohlklang** ist nicht, wie man glauben sollte und trotz Klopstocks eingehenden deutlichen Erörterungen geglaubt hat, blos schlechthin eine dem Ohre gefällige Zusammenfügung von Vocalen und Consonanten, sondern auch die dem Sinne gemäße Vereinigung derselben gehört zum Wohlklang. Im andern Falle dürften wir blos dem Sanften Wohlklang zuschreiben; aber auch das Starke besitzt ihn, wenn es zweckmäßig angewendet wird. Demnach ist die Erklärung in dem Essai sur Klopstock von C. Diez, Sens 1859, S. 44 falsch, weil einseitig: „Il y a Wohlklang (harmonic), quand les voyelles et les consonnes sont assemblées de manière à ce que les sons plaisent à l'oreille. Pour cela, il faut éviter la réunion de consonnes rudes et fortes, et l'accumulation des voyelles de même nature." Auch das Weiche, welches gewöhnlich dem Ohre gefällt, kann übellautend sein, und das Starke und selbst Rauhe, im passenden Falle, wohllautend. Die Uebereinstimmung der verschiedenen Zusammensetzung der Vocale oder Consonanten mit dem durch sie ausgedrückten Wortsinne, ist **Tonausdruck**. (Klopst. Vom gleichen Verse. Göschen WW. 10, S. 18, Cramer II., S. 409, Diez, S. 44). Diez hätte Wohlklang und Tonausdruck nicht so scharf theilen sollen, denn den Klang ohne Sinn beachtet Klopstock kaum. (S. Vom deutschen Hex. Göschen S. 129).

2. Außer dem Wohlklang (Tonausdruck) ist die **Bewegung der Worte** von größter Wichtigkeit. Sie ist entweder langsam oder schnell und hat, von dieser Seite angesehen, **Zeitausdruck**. Dieser bezeichnet vornämlich Sinnliches, und dann auch gewisse Beschaffenheiten der Empfindung und der Leidenschaft. Die Uebereinstimmung oder der Contrast der Verhältnisse der Längen und Kürzen unter einander bildet den **Tonverhalt**. (Es folgt aus dem eben Gesagten, daß lauter Längen und lauter Kürzen keinen haben können.) Die Gegenstände des Tonverhalts sind gewisse Beschaffenheiten der Empfindung und Leidenschaft, und was durch ihn vom Sinnlichen ausgedrückt werden kann. Vorstellungen der **reinen** Einbildungs-

kraft (d. h. abstrakte Vorstellungen) gewinnen selten etwas besonders Unterscheidendes durch die Bewegung. (Hierzu möchten wir bemerken, daß auch Vorstellungen der einfachen Erzählung, Sitten, Gebräuche u dergl. wohl kaum der Wortbewegung fähig sind. Denn soll die Bewegung wirklich als solche empfunden werden, so muß sie einen angemessenen Inhalt ausdrücken.) Zeitausdruck und Tonverhalt sind immer zusammen, und wirken daher zugleich; doch darf keiner von ihnen stärker sein als der andere, weil dann die Wirkung des Schwächern aufhört. „Das ist der Umfang Desjenigen, was ich (Klopstock) Wortbewegung nenne. Sie ist die Hauptsache, worauf es in der Verskunst ankommt." Rhythmus ist bei Klopstock stets Tonverhalt.

„Verschiedene Langsamkeit und Schnelligkeit ist das Wesentliche des Zeitausdrucks. Sein Gebiet ist vornämlich das Sinnliche, und er drückt nur so fern etwas von der Empfindung oder Leidenschaft aus, als Langsamkeit oder Schnelligkeit auch Beschaffenheiten derselben sind."

„Das Sanfte, Starke, Muntre, Heftige, Ernstvolle, Feierliche und Unruhige sind oder können Beschaffenheiten der Empfindung und der Leidenschaft sein. Dies, sammt der gehinderten Bewegung im Sinnlichen, ist der Inbegriff dessen, was der Tonverhalt ausdrücken kann."

Beschaffenheiten drücken Beide insofern aus, als das Wort, seiner Bedeutung nach, die Empfindung und Leidenschaft selbst schon, oder auch den sinnlichen Gegenstand ausdrückt.

Ein Versfuß hat nur Zeitausdruck; ein Wortfuß hingegen Tonverhalt und Zeitausdruck. Wortfüße nennt Klopstock Theile des Verses, die aus mehreren Wörtern bestehen, welche man ohne Pause zusammenlesen muß, weil sie dem Sinne nach zusammengehören. (Vergl. zu diesem Abschnitt Göschen WW. 10, S. 127—132; 137, 138; S. 46—56; Cramer II., S. 409—418; Diez, S. 44, 45. Cramer und Diez stellen die feinen Unterschiede nicht klar heraus. Ferner Gelehrtenrepublik bei Göschen WW. 8. Bd., S. 261—272.

20

Beispiele (a). [1])

Gef. V., B. 613:

1751,55 Hoch vom Thron, auf Flügeln des dunkeln Gerichtsstuhls getragen,
80 getragen des flammenden Wagens,
1800 Hoch von dem

V., B. 622:

1751 Hoch stand er auf dem dunkeln Gerichtsstuhl, die Mitternacht um ihn
55 unten
80 f. flammenden Wagen, die Mitternacht stand

Ebenso „Gerichtsstuhl" V., B. 634; „Richterstuhl" V., B. 792 und. Gef. VII., 828; Gnadenstuhl Gef. IV., 306 und 321; Todesschweiß VIII., 409 f., Sonnenweg V., 71 — alles verbessert 1780. VIII., 31: Weltgericht.

VI., 293:

1755 Den die | Mitternacht | hört, der Gräber Heulen mit ausspricht
80 f. Dem die | Mütter | nacht auf | horcht. Grab | heulen mit

Cramer: „Wie hat der Vers in der Feile gewonnen! Jetzt heult er in der That, durch stärkere Wörter, höchste, Langsamkeit und den Contrast der Füße —‿, —‿—‿—́, —́‿‿‿.

I., 139:

1748-55 Und erbarmender Ernst, und Seelenruh, als er vor Gott stand.
80 ff. Seelenruh, und Ernst, und Erbarmung, als er

I., 516:

1748 Und sich überall schnell ins Weltgebäude vertheilet.
51 in der Welten Umkreis vertheilet.
55 ff. Kreise verbreitet.

I., 561:

1748,51 Rausche nicht, Ceder, schweig, heiliger Hain, vorm schlummernden
Schöpfer!
55 ff. und schweig, o Hain, vor dem

---

[1]) Ich gebe bei den Beispielen immer sämmtliche Lesarten der Originalausgaben von kritischem Werthe, vergl. S. 8.

I., 588:

1748,51 Herrschet die Mitternacht ewig einsiedlerisch. Dunkel und Wolken
55 Herrscht
80 f. Ruhet die Mitternacht einsiedlerisch säumend; und Wolken

I., 595:

1748,51 Unbewohnt ruht, wo kein Laut von Menschenstimmen ertönet
55      ruhn,
80  Unbewohnet, und wo von des Menschen Stimme kein Laut tönt,
1800  Unbewohnt und wo

I., 596:

1748-55 Wo kein Todter begraben liegt, wo kein Auferstehn seyn wird.
80 f.  sie keinen Todten begruben, und keiner erstehn wird.

I., 599:

1748  Orionen gleich, gehn, und in prophetischer Stille
51,55         prophetische
80  Gleich Orionen wandeln, und, in
1800    Orionen sie wandeln, und, in

I., 615:

1748,51 Fern und rauhtönend ihm nach. Er ging, und sein heiliger Wohnplatz
55  Tiefauftönend ihm nach. Er ging, sein Heiligthum zeigte
80 f.         ging, und sein

I., 46:

1748,51 Unter dem Anschaun des Vaters in grossen Gebeten durchwachte
55     des Vaters Anschaun in
80 f.      Anschaun ernst in Gebeten

Dieser Vers ist zugleich ein deutliches Beispiel verbesserten Tonverhalts. „Vater" erhält eine dem Wortsinne gemäßere Bedeutung dadurch, daß es einen ganzen Versfuß für sich beansprucht, eben so „Anschaun".

V., 824:

1751,55 Jtzo erhub sich der Gottmensch, als Sieger, vom Staube der Erde
80  Jetzo   als Sieger vom Staube der Erde der Gottmensch.
1800     vom Staube der Erd', als Sieger, der

Cramer zu der Lesart von 1780: „Die Rapidität zugleich mit dem Ernst in diesen Gedanken; auch im schnellen Aufstehen des Gottmenschen!" Um den Sieger mehr hervortreten zu lassen, änderte Klopstock doch wieder. Der Apostroph „Erd' als" gehört zu den bedeutungsvollen, vergl. unten S. 30.

V., 16 und 17:

1751,55 Willst du dich, Gott, aufmachen, und über eine der Erden
80 f.                         , zu halten über der Erden

1751 Weltgericht halten? Denn so ist das Angesicht eines Verderbers!
55                   dieß ist

80 f. Eine Gericht? Denn dieß ist das Angesicht des Verderbers!

V., 55:

1751 Dasteht, und muthig mein ganzes Gericht, ein Gottmensch, erwartet.
55 Dasteht, und mein ganzes
80 f. Dasteht, Gottmensch ist, und mein ganzes Gericht erwartet.

Cramer: „Der Vers hat nicht allein an Prosodie gewonnen, sondern auch an Begriff. Denn das Gottmensch sein, welches vorher eine Nebenidee war, ist nun, wie sich's gebührte, eine Hauptidee geworden. Nicht blos im Leiden, sondern schon in der Annahme der menschlichen Natur, im Gottmensch sein, liegt Erniedrigung zur Versöhnung der Menschen. Auch ist die Construction, welche vorher künstlicher, lateinisch war, jetzt simpler, aber auch stärker dadurch."

V., 820 und 821:

1751,55 Gabriel nur blieb stehn und verhüllte sich. Auch blieb Eloa
80 f.                                               Auch Eloa

1751,55 Sank und neigte sein Haupt in eine Mitternachtwolke.
80 f. Blieb, sank, neigte sein Haupt in eine trübere Wolke.

Cramer: „Welch trefflicher Zeitausdruck" (in der Verbesserung): $-\smile--$ Auch Eloa, $-,-,-\smile$ u. s. w. blieb, sank, neigte u. s. w.

V., 149 u 150:

1751,55 Gott ging itzt durch die Sterne, die wir die Milchstraße nennen,
80               jetzt       Sterne, die wir Milchstraße nennen,
1800                              , die Milchstraße wir nennen

Cramer zur Lesart 1780: „Der Vers muß so skandirt werden: $-\smile,-\smile\smile,-\smile\smile,-,-,-,$ nicht etwa: $--,-\smile\smile,-\smile,-\smile,---,-\smile$."

Um dieser Zweideutigkeit abzuhelfen, besserte Klopstock 1800.

V., 141:

1751,55 Durch die Himmel ein tausendstimmiger Sturmwind entgegen.
80                              Sturm entgegen.
1800                    entgegen ein tausendstimmiger Sturmwind.

V., 319:

1751,55 Der du stehst auf dem Thron, und hältst des Weltgerichts Wagschal.
80     Du, der sitzt auf dem Thron, und des Weltgerichts Wagschal hält
1800      ruht

Cramer zu 1780: „Vortrefflicher Zeitausdruck: —⌣—, —⌣—, ⌣⌣——.⌣—."

Ich mache aufmerksam auf das wunderschöne Beispiel des sich veredelnden, angemessener werdenden Ausdrucks und Sinnes; stehst, sitzt, ruht; das letzte Wort allein passend für Gott.

V., 332:

1751,55 Still auf einer Mitternacht stand der Seraph, und schaute
80 f. Und der Gesendete stand auf einer Mitternacht still.

Die angeführten Beispiele lehren, daß Klopstock erst nach 1755 auf das prosodische Gesetz, welches die Stammsilben und die zusammengesetzten Hauptwörter betrifft, gekommen ist. Wir haben aus vielen Gesängen gewählt, um dies recht deutlich zu zeigen. Erst in der Ausgabe von 1780 erschienen die ersten zehn Gesänge nach diesem Gesetze verbessert. Es ist daher höchst wahrscheinlich, daß die Mittheilung, welche Klopstock an Ebert unterm 21. April 1773 macht (Lappenb. S. 247), sich auf diese Verbesserung bezieht. „Ich wollte, daß Sie auf die Paar Augenblicke gekommen wären; ich hätte Ihnen eine Aenderung in den ersten 10 Gesängen, die größtentheils das Sylbenmaaß angehen, zeigen können." Hiermit stimmt auch überein, was Cramer (Tellow, S. 246 f.) erzählt: „Klopstock ist schlechterdings der Erste, der Ohr genug gehabt hat, die Regeln der deutschen Prosodie festsetzen, bestimmen, was lange, was kurze Silben sind, und vornehmlich, die Begriffe berichtigen zu können, die bisher so schwankend über die Zweizeitigkeit waren. (Ramler selbst, der größte Feiler vielleicht mit in Deutschland, braucht einsilbige Stammwörter, zur äußersten

Beleidigung des Ohrs lang und kurz, wie's kömmt, und oft läßt er die Stammsilben mehrsilbiger Wörter kurz sein). Nur durch vieljährige Beobachtungen ist Klopstock endlich hinter dieß Geheimniß gekommen; und man wird allenfalls in den ersten Gesängen des M., aber in keinem der letzten seltene Verstöße wider diese Regeln finden."

**Beispiele (b).**
**Tonausdruck und Bewegung der Worte.**

1. **Tonausdruck.** — Er ist meist mit der Bewegung der Worte verbunden, d. h. veränderter Tonausdruck wird sehr oft auch Nüancen des Sinnes verändern und der veränderte Sinn wird einen anderen Zeitausdruck oder einen anderen Tonverhalt oder beides zu gleicher Zeit herbeiführen. Wir wählen das hervorragendste Beispiel, welches aber zugleich der Wortbewegung angehört. Es ist der Spondäus resp. der Trochäus statt des Dactylus im vorletzten Fuße des Hexameters. Strauß (Kleine Schriften, Neue Folge, 1866 S. 220 ff.) hat darüber eine Untersuchung angestellt. Er nimmt an, daß das Zahlverhältniß ungefähr das gleiche sein wird wie bei Homer, durchschnittlich etwa unter achtzehn Versen einer mit solchem Ausgang. Dieses Verhältniß aber kann sich nur auf die letzte Ausgabe beziehen, denn die zahlreichen Abänderungen von Lesarten, die früher nicht den Dactylus im fünften Fuße hatten, beweisen, daß in den früheren Ausgaben diese Eigenthümlichkeit viel häufiger anzutreffen ist. Was Strauß sonst sagt, daß Klopstock nicht bloß wie Homer einen Sinneseindruck, sondern einen Gemüthseindruck, und zwar oft einen solchen wiedergeben will, der so überschwänglich ist, daß er sich nicht in Worten aussprechen, sondern nur etwa im Versrhythmus, gleichsam musikalisch, durch ein ritardando andeuten läßt, ist völlig richtig. „Aus allen diesem", sagt Cramer (Tellow, S. 247 f.), nachdem er angedeutet, wie Klopstock unermüdlich in Bezug auf Tonausdruck und Wohlklang raffinirt hat, „resultirt nun eben das unnachahmlich Melodische, das Klopstock so auszeichnet, und das ihn eben für die so genießbar macht, die Ohren haben, ihn zu hören, und eine Zunge, ihn zu lesen.

Man hat mir von einem unserer größten Tonkünstler erzählt, Jemand bringt ihm ein Gedicht von Klopstock und bittet ihn, es zu componiren. Dieser nimmts in die Hand, liests und wirfts launigt wieder hin. Was? sagt er, componiren soll ich das? Es ist ja schon Musik!" — Selbst die Orthographie wollte Klopstock für das Ohr, nicht blos für das Auge, vorhanden sein lassen.

α. Dactylus im fünften Verse in Trochäus resp. Spondäus verändert. β. umgekehrt.

α. V. 319 (s. das vorletzte Beispiel unter [a]).

α. V. 332 (s. letztes Beispiel unter [a]).

α. V. 150:
1751,55 Aber bei den Unsterblichen heißt sie die Ruhestatt Gottes.
80       heißen sie Ruhstatt Gottes.
1800      heißt sie die Ruhstatt Gottes.

Cramer: „Der spondäische Ausgang, theils um die Idee der Größe, theils der Ruhe Gottes auszudrücken."

β. I., 610:
1748-55 Schon war sie hinter ihm wieder geschlossen. Nun gieng der Seraph
80 f. Hinter ihm wieder mit Eile sich schloß. Nun wandelt der Seraph.

β. I., 592:
1748,51 Und ihr, der Könige Grab, unsterbliche Pyramiden.
55 ff. Und ihr, ewige Pyramiden, der Könige Gräber.

β. I., 547:
1748, 51 Der du mich hörst, obgleich dein sterblicher Leib hier ruhet
55,80          Leib von Erde da schlummert [80:,]
1800   hörest,

α. u. β. V., 141:
1751,55 Durch die Himmel ein tausendstimmiger Sturmwind entgegen
80          Sturm entgegen
1800       entgegen ein tausendstimmiger Sturmwind.

α. VII., 195:
1755 Sprach die feyrlichen Worte, die Todesengel dann sprechen,
80         Todesengel sprechen.
1800        Engel des Todes sprechen.

Cramer zu 1780: „Sehr feierlich durch das feirlich und den trochäischen Ausgang: Todesengel sprechen." Trotz dieses Lobes änderte Kl. 1800 Todesengel in: Engel des Todes.

α. VII., 193:
1755 Sah, trat er auf die Spitze des Hügels, hub dann die Rechte
80 f. Sahe, da trat er herauf auf die Höh, und hub die

α. VII., 205:
1755 Meilenferne Gewitter die Ceder den Wolken entstürzen.
80 f.                         der Wolk' entstürzen.
    Dieser Vers ist zugleich ein Beispiel zum bedeutungsvollen Apostrophe, vgl. S. 30.

α. IV., 1032:
1751,55 Unterrichtet: was er in seiner Seele da fühlte,
80 f.           Was da in seiner Seel' er fühlte.
    S. die vorige Bemerkung.

α. u. β. III., 26:
1748-55                      Vom Angesicht Gottes
80                             Antlitz
1800                          Angesicht

β. u. α. u. β. III., 10:
1748 Daß, wenn ich einst nach himmlischer Bildung vom Tod erwache
51                              Tode erwache
55                              Tod
80                              Tod'
1800 Daß, wenn in himmlischer Bildung dereinst von dem Tod' ich erwache.

    Die Beispiele ließen sich ins Hundertfache vermehren. Das Resultat der Betrachtung ist, daß der Dichter den Dactylus später vorzog, und wo er zwei Silben im fünften Verse wählte, ihnen möglichst viel Bedeutung, entweder nach der Seite des Tonausdrucks (Wolk' entstürzen, wo der Gutturallaut, abgerissen, das Jähe des Wolkenbruchs versinnlichen will; oder: (Sturm entgegen), Ruhstatt Gottes, hub die Rechte (Gravität) u. s. w.) oder nach der des Sinnes (Zeitausdruck, Tonverhalt) zu geben suchte.

Beispiele (c).<br>
Hiatus. Elision (Apokope).

    Zum Wohlklang des Verses gehört auch, daß man den Hiatus vermeide. Ob Klopstock dies nun so sehr gethan hat, daß Cramer (Tellow, S. 247) fragen durfte: „Wird man wohl in allen seinen Gedichten einen einzigen Hiatus finden, der nicht etwa absichtlich ist? So was, bemerkte er einmal gegen mich, habe ich mir niemals erlauben können" — daran möchte es, trotz Klopstocks eigener Aeußerung, wohl zu zweifeln erlaubt sein. In der Ausg. 1800, der letzten also, ist Klopstock jedenfalls von dem strengen Gesetz, den Hiatus nur, wo er Bedeutung habe, zuzulassen, zurückgekommen. Zu Klopstocks Zeit war man über die Anwendung des Hiatus sehr verschiedener Ansicht. Bodmer (Neue Krit. Briefe, Zürich 1749, Brief 67) fand es lächerlich, sich in der Poesie besondere Scrupel darüber zu machen, daß manchmal zwei Vocale zusammenstoßen, da wir es in den Wörtern und ihrer Zusammensetzung selbst ja nicht vermeiden könnten, z. B. Diamant, beackern u. dergl. Zwischen Boie und Knebel ward über die Zulässigkeit des Hiatus eifrig gesprochen. Boie war mit Ramler und Klopstock dagegen, während Knebel ihn nicht durchaus verwerfen wollte. Er schrieb (14. Febr. 1772): „Unsere Sprache gestattet die Hiatus durchaus, und sie gänzlich zu vermeiden, würde bei einem nur etwas größeren Gedichte ebenso gezwungen herauskommen, als nach den vollkommenen Regeln der lateinischen Prosodie arbeiten zu wollen." (Weinhold a. a. O. S. 162). In der Neuen Bibl. der schönen Wiss. u. freyen Künste Band 4 u. 5, 1767, befindet sich eine Abhandlung „Von dem Einflusse der offenen Vocale u. s. w.", worin auch Klopstock erwähnt wird. Der Verf. unterscheidet bei ihm vier Gattungen von Hiatus: wiederschallende, innehaltende oder stockende, vergrößernde und emphatische, und eilende. Zu den ersten gehören die rufenden, klagenden, seufzenden. Zu jeder dieser Abtheilungen bringt der Verf. (Carstens, dänischer Etatsrath) Beispiele. Da er gezeigt hat, wo Klopstock sie möglichen Falls beabsichtigt hat, so will ich mich darauf beschränken, einige Mittel zu zeigen, durch welche der Dichter die Hiatus vermieden hat. Boie schreibt an Knebel (Knebels lit. Nachlaß und Briefw. Bd. 2. S. 119): „Klopstock hat die Hiatus so sorgfältig vermieden wie Ramler. Sie zu vermeiden muß also doch möglich sein. Wenn ich aber einen schönen Gedanken nicht anders auszudrücken wüßte, so würd' ich getrost den schlimmsten Hiatus wagen. Sonst nie. In den alten Versarten haben wir eine gute Zuflucht. Wir setzen das Adjectiv mit dem weichen E am Ende des einen Verses und fangen mit dem folgenden Vocal den andern Vers an. Das nicht zu erlauben, wie Ramler in seinen ausgearbeitetsten Stücken, geht wohl gar zu weit" Nicht setzen solle man i-e, dagegen e-o, e-a, gehe, am schlimmsten sei e-e. „Ich wollte fast wetten, daß Sie mir kein Beispiel anführen könnten, wo das weiche E der Zeitwörter vor einem Selbstlauter nicht verschlungen werden muß. Bei den nominibus, pronominibus und adjectivis dürften wohl Ausnahmen zu machen und zu dulden sein. Ich möchte nicht leicht mit Gleim „Ein' arme Wittwe" sagen. Am Schlusse der Periode hat es gar kein Bedenken. Wenn ich wider den Hiatus eifere, so rede ich fast allein von dem weichen E und hauptsächlich in den Zeitwörtern." Da Boie ein sehr feiner Beobachter der Klopstock'schen Technik ist, so können wir fast annehmen, daß seine Bemerkungen Resultate der Lectüre Klopstocks sind. Zu allem, was Boie behauptet, kann man Beispiele aus dem Messias citiren. Doch einige Angaben, wie Klopstock den Hiatus vermieden.

Es sind bei Klopstock zwei Arten, den Hiatus zu vermeiden, welche etwas Eigenthümliches haben.

α. I., 720:
1748,51 Gabriel, er und der Herrscher der Sonnen erwarteten sehnlich,
55                                                                              sehnend
80 f.              der Sonne Beherrscher

Hier zeigt sich, daß Sonnen nicht Pluralis ist, sondern daß die gebräuchliche Declination blos deshalb nicht gewählt ist, um dem Hiatus e-e zu entgehen Viel geschickter ist dies 1780 geglückt.

I., 575:
1748,51 O du, dieser verherrlichten Erden erwählter Beschützer,
55,80          einst herrlichen Erde gewählter
1800           dieser einst verherrlichten Erde Beschützer.

V., 74:
1751,55 Die seit Kurzem der Erden und ihrem Körper entflogen;
80 f.                    Erd' und ihren Leibern

IV., 357:
1751 Wenn du daher gehst, worunter die Berge der Erden erzittern,
55 Gehst du daher
80                                                                                    Erd'
1800 Berge, gehst du daher, worunter die Höll' erzittert.

Manchmal wählte der Dichter zur Vermeidung des Hiatus den Pluralis statt des Singularis, wie die Veränderung ergiebt. So trat anstatt

„die Reden im Antlitz Jehovahs" die Lesart: „die Red' in dem Antlitz Jehovahs"; ähnlich IV., 327:

<sub>1751-80</sub> Was von dir auf Erden ein Mensch im Staube gefleht hat.
<sub>1800</sub>             auf der Erd' ein Mensch in dem

Aus demselben Grunde vielleicht sagte der Dichter in der schon 1751 fortgelassenen Stelle Ges. III., nach B. 532:

Stand, und um sich herum erwachende Todten erblickte.

Uebrigens findet sich diese Weise, den Hiatus auf alle Fälle zu umgehen, schon bei Opitz, welcher sich deshalb der alterthümlichen Nebenform bedient, z. B. für „woferne ich": „woferren ich", „woferren er" setzt (Lobgedicht an die K. Majest. von Polen).

β. Eben so eigenthümlich, wenn auch eben so wenig wie die vorige Art Klopstocks Eigenthum, — was ich gegen Düntzer (Einleitung S. XX. zu seiner Ausg. der Oden, Leipzig 1868) bemerke — ist es, statt „rufte er" „rufet er" zu sagen. Auch darauf ist Klopstock erst in späterer Zeit gekommen, wie sich die sehr häufige Anwendung dieser Ausdrucksweise denn im zweiten Theil des Messias findet. Die früheren Poeten haben sich ihrer auch bedient; s. z. B. des „Fürst Ludwigs zu Anhalt Köthen Reise=Beschreibung von ihm selbst in deutsche Verse gebracht" (s. Beckmann, Accessiones Historiae Anhaltinae, Zerbst 1716 fol.; der Fürst Ludwig ist der Gründer der Fruchtbringenden Gesellsch. 1617, auch Verfasser des Buches „Der Fr. Ges. Nahmen u. s. w. ... in achtzeilige Reimgesetze verfasset Frkfrt. a./M. 1646.) in dem Abschnitt „Die Reise in Italien 1598", unterm 21. Brachmonat Firenrvola, wo Ludwig die schöne Geschichte erzählt, wie ihm ein ehrlicher Italiäner den verlorenen Beutel mit achtzig Dukaten wiederbringt:

„Ich zehlte um das Gold, daran kein stücke fehlet" — —

und „Dergleichen Redlichkeit gar selten wird gefunden,
Darzu, der so es find für sich nicht ist verbunden,
Es gleich wohl zeiget' an, aus sich gantz unbefragt,
Da sein Gewissen nicht die nachfrag' einst benagt."

Paul Fleming in dem Ged. an Herrn Heinr. Nieborg, Oberdolmetscher bei seiner Czarischen Majest.:
"Die Ströme sollten frischer,
Die Bäche sanfter gehn, indem ich stimmet' an
Ein Lied, das jeder ehrt" u. s. w.
(Goethe sagt in Faust I. einmal ähnlich: "Als dictirt' euch der **Heilig'** Geist.")

Aber auch das scheinbar einfache Vermeiden des Hiatus ist oft bei Klopstock kein solches. Er besitzt einen bedeutungsvollen Apostroph. Cramer (V., S. 401) hat dies zuerst beobachtet. Er sagt zum Verse:

VIII., 457 (in der Ausg. von 1780 nach V. 453): All' ungeborne Jahrhunderte kamen! u. s. w. Folgendes: "Ich wünsche, daß Kl. in seiner Grammatik auch über den Apostroph sich ausbreite, dessen Theorie noch nirgends bestimmt ist. Welche feine Bestimmung gleichwohl auch in dieser grammatischen Kleinigkeit! Schwerlich wird er sich erlauben: All' Anbetung. Aber er erlaubt sich hier: All' ungebohrne. (Wie leicht hätte er nicht setzen können: Alle noch nicht gebohrne u. s. w.?) Und warum? Weil das Aushalten des hinübergezognen Apostrophs hier den Begriff des Alle! vergrößert. Alle noch nicht gebohrne, hätte die Aufmerksamkeit darauf nicht so fixirt." Klopstock machte dazu in seinem Briefe an Cramer vom 18.—23. Juni 1791 die Randglosse: "Ja, vom Tod erwacht, zieht man hinüber, man spricht es nämlich aus: vom To= berwacht, aber nicht in All' ungebohren; man spricht nicht Al= lungebohren aus, all klingt hier völlig wie Al; allein es klingt stärker als Alle, und darauf kam es mir hier an." Klopstock giebt also die Bedeutsamkeit des Ausdrucks zu, nur in diesem Falle das Hinüberziehen nicht. Aehnliche Stellen sind sehr viele vorhanden; später apostrophirte der Dichter auch "dem Tod'" u. s. w., welches auch die früheren Dichter thaten, die sich Opitz anschlossen. Meiner Ansicht nach haben Göschen und letztlich Vorberger Unrecht gethan, von dieser in der Ausg. 1800 durchgeführten Beobachtung Klopstocks abzugehen. Es ist ein Wink für den Declamator und für das melodische Element der Klopstockschen Dichtung charakteristisch.

X., 13:
1755 Deines Lichts Ein Schimmer, von deiner Gnad' Ein Tropfen,
80 f.                    ach

Cramer: „Der spondäische Ausgang mit dem hinüber=
gezogenen Vocal hat Würde, hier Lechzendes."

I., 611:
1748-55 In den Tiefen der Erde, u. s. w.
80 f. In der Erd' Abgründen.

I.. 415:
1748,51 Siehe, der Erst und Letzte, ein ewig treuer Erbarmer.
55                    der ist er, und ewig Erbarmer!
80 f.          Erst'

Vergl. Goethe im Faust: „Mit meinem Geist das Höchst'
und Tiefste greifen."

I., 360:
1748-55 Alles erwartet die Stimme des Herrn. Die himmlische Ceder
80 f. All' erwarten

361:
1748,51 Rauscht itzt nicht, der Ocean schwieg am hohen Gestade.
55,80 Rauscht'
1800    Rauschte nicht,              an dem hohen Gestade.

Nebenbei sei gesagt, daß diese Aenderung „Rauschte nicht"
deutlich zeigt, was es mit der Unterscheidung von Spondäen
und Trochäen in unserem Verse auf sich hat. Das negative
Gewicht, welches in der Declamation die Silbe te in rauschte
bekommt, macht den Unterschied völlig nichtig. So oft. Dies
zur Abweisung des Tadels, welchen Strauß Klopstock macht,
daß er durch die Wahl von Trochäen im fünften Fuße die
Nachdrücklichkeit, die er dem Fuße durch die Vermeidung des
Dactylus geben wollte, selbst zerstört habe. Klopstocks Dich=
tungen sind eben nicht für's Auge geschaffen. In der Silbe
te oben rauscht die Ceder aus, das Rauschen verhallt in der
Silbe, und die Pause, die dadurch entsteht, wiegt überreichlich
zwei, und wären es die längsten, Silben auf. —

V., 382:
1751-80                  und streckte die Arme gen Himmel.
1800                     gen Himmel die Arm' aus;

V., 824:

1751,55 Jtzo erhub sich der Gottmensch, als Sieger, vom Staube der Erde.
80      Jetzo        als Sieger vom Staube der Erde der Gottmensch;
1800                 vom Staube der Erd', als Sieger, der

Hier ist zugleich in Jetzo erhub ein Beispiel eines „stocken=
den" Hiatus, wie Carstens oben diese Gattung nannte. Der
Declamator würde sich vorstellen müssen: zuerst die erste Mühe,
die jedes Aufstehen mit sich führt: Jetzo — (Pause), dann
die Leichtigkeit, die „Rapidität", weil sich Christus im Bewußt=
sein des Sieges erhebt: erhub sich vom Staube der Erd' —
keine Pause, sondern von der größten Leichtigkeit Uebergang
zur größten Würde: als Sieger, die sich in „der Gottmensch"
zum jubelnden Tone erhebt. Es ist nichts Geringes, Klopstocks
Dichtungen trefflich vorzutragen.

Doch opfert Klopstock die Lautmalerei, die auf diese Weise
erzeugt wird, gern höheren prosodischen Rücksichten.

V., 628:

1751,55       So schlummert' ich hin, durch Sturmwind' und Donner,
80 f.                                        Sturm und durch

Von der Vermeidung des Hiatus zur einfachen Elision
(resp. Apokope) giebt es nur einen Schritt. Ich führe aus dem
reichen Schatze derselben nur eine, aber eine bedeutende, auf.
Zu ihrer völligen Würdigung muß die ganze Periode hergesetzt
werden.

V., 367:

1751-80 Ueber den Staub der Erde gebückt, die, bang vor dem Richter,
1800                                         die, im Graun vor dem Richter,

368:

1751,55 Gegen sein Antlitz herauf mit stillen Schauern erbebte,
80 f.                                   stillem Schauer

369:

1751,55 Und im Leben den Staub so vieler Kinder von Adam
80 f.                                zahlloser

370:

alle Ausgg. Alle verdorrten Gebeine der todten Sünder, bewegte;

371:

alle Ausgg. Lag der Messias, mit Augen, die, starr auf Tabor gerichtet,

372:
1751 Himmel und Erde nicht sahn, des Richters Antlitz nur schauten,
55,80 Nichts, was erschaffen war, sahn, des
1800 Nichts erschaffenes sahn, des Richtenden
373:
alle Ausgg. Bang, mit Todesschweiße bedeckt, mit gerungenen Händen,
374:
alle Ausgg. Sprachlos, aber gedrängt von Empfindungen! Stark, wie der
Tod trifft,
375:
alle Ausgg. Schnell, wie Gottes Gedanken, erschütterten Schauer auf Schauer,
376:
alle Ausgg. Auf Empfindung Empfindung, des ewigen Todes Empfindung
377:
1751-80 Den, der Gott war, und Mensch. Er lag , und fühlt', und verstummte.
1800 fühlt', verstummte.

Es ist die Stelle, wo Gott mit dem Messias ins Gericht geht. — Cramer sagt zu dem letzten Verse: „Das „fühlt"' schließt verneinend die Idee des Nichtbewußtseins seines Leidens aus. Sinnloses Leiden ist weniger Leiden. Die harte Elision in fühlt' ist absichtlich; denn vorher hieß es weicher: und fühlt' und verstummte."

Ungefähr seit der Mitte des vorigen Jahrhunderts beschäftigte sich Klopstock eingehender mit dem Studium unseres Alterthums. 1756 erschien zu Kopenhagen eine französische Uebersetzung der jüngeren Edda von P. H. Mallet; aus ihr schöpfte Klopstock seine erste Kenntniß derselben. „Später machte er sich auch mit der älteren Edda, wahrscheinlich in der Uebersetzung von Resenius, bekannt, und benutzte auch Olaf Worm's „Monumenta Danica." An Denis, den Uebersetzer Ossians, schreibt Kl. im September 1767, wenn er die Edda blos aus Mallet kenne, so kenne er sie nicht genug. Mit welchem Fleiß er sich den nordischen Sprachen, Dichtungen und Sagen zuwandte, ergibt ein Brief an denselben vom Juli 1768." [Lappenb. S. 209 f., worin er Denis die Entdeckung des Heliand mittheilt.] „Nur der eddischen Verskunst scheint er keine Beachtung zugewandt zu haben, da sie sonst wohl nicht ganz ohne Einfluß auf seine Oden geblieben sein würde. Ossians

Silbenmaße glaubte er besser zu erkennen als Marpherson."
(Düntzer, Kl's. Oden, S. XII.) Wie es sich mit den Oden in dieser
Beziehung verhält, lass' ich dahingestellt sein; aber einen Ein=
fluß — den einzigen, welcher der Natur der Sache nach im
Messias möglich ist — glaube ich (mit Gewißheit?) erkannt
zu haben. Den Einfluß der Alliteration. Die Gesetze
derselben konnten des Näheren wohl Klopstock nicht bekannt sein,
aber die allgemeine Bekanntschaft damit dürfte man nach
Einsicht in Stellen, wie folgende, nicht leugnen können. Mich
frappirten zuerst die Verse 415—417 des XVIII. Ges.

1773 ff. Nach den Stunden, der Erde bestimmt, ist am Abend die Stunde,
Welche richtet, gekommen. Ihr hieltet Wahn sie; sie aber
Ist gekommen. So wähnte der Wurm, seit gestern Bewohner
Eines Staubs u. s. w.

V. 427 ff.:
1800 Noch, wenn er rang mit dem Tod', und wer er gewesen war, fühlte,
Tilg, o Vater, aus deinem Buch der Lästerer Namen.
Sie sind meine Brüder nicht mehr. Sie haben den Mittler
Deines Bundes, sein Blut, die Todesangst, die gebrochnen
Starren Augen am Kreuz, die Auferstehung, und Auffahrt,
Jede Wonne des Sohns, und jede Thrän' entheiligt.
Ja um meiner Leiden, um meiner Menschlichkeit willen,
Meines verstummenden Todes, der Auferstehung vom Tode,
Meine Erhebung zum Thron' u. s. w.

V. 458 ff.:
1800 Daß die Höhn und die Tiefen bis in die Gewölbe der Hölle
Laut ertönten! daß seinem Haupt der hohe Gerichtsplatz
Hundert Hügel entstürzte. Die Trümmer zitterte, dampfte,
Krachte, wie im Gebirg' Erdbeben dumpfes Getös wälzt,
Noch, da sie lag, von der Donnerflamme! Mit fliegendem Blicke
Sucht' ich den Lästerer in der Zerrüttung. Ich sah ihn heraufgehn;
Und er zuckt'! Ihm hatte der rächende Donner das Leben
Zu geschärftrem Gefühl entflammt, der Empfindung des Herzens
Schwerter gegeben, und dem Gedanken tieferes Grübeln u. s. w.

V. 480 ff.:
1800 Und die andern versanken im rauschenden Strome der Donner.
Klagestimmen versinken so, wenn bebend die Erde
Städt' einstürzt, und der Staub der gestürzten gen Himmel emporsteigt.
Immer noch neue Gestalten, nie ganz enthüllet, Entstehung
Stets noch, und Untergang!

V. 492:
1800 Weggesunken, und sieh, ich sahe wieder Gesichte.
V. 520 ff.:
1800 An den Menschen, der Gott nicht zu klein war, ihn ewig zu machen!
Euch an Gottes Gericht, die über Gräber nicht dachten!
Diese Gesendeten Gottes verwarft ihr u. s. w.
V. 563 ff.:
1800 Rauschet' im Sturm; nun stand er, und streckte den drohenden Arm aus,
Schwieg, hielt eine Schale voll Flammen herab durch die Himmel,
Daß die Schatten des drohenden Arms die Erstandnen zu Schaaren
Ueberschatteten! wendete schnell die tönende Schal' um u. s. w.
V. 671:
1800 Leiser ein Laut wie des Hallelujah. Die Märtyrer alle.

Aus diesen Proben geht hervor, daß es immerhin ein Gefühl von Alliteration gewesen sein muß, was Klopstock zur Häufung der gleichen Laute und Buchstaben veranlaßte; von Zufall kann bei Klopstock hier die Rede nicht sein.

2. Bewegung der Worte: Zeitausdruck und Tonverhalt. Sinnvolle Betonung.

VII., 17:
1755,80 Und wie schwimmt ihr leichter Gefolge die Himmel herunter!
1800 Und wie schwimmet ihr leichter Gefolg' umher in den Himmeln!

Cramer zur Lesart 1780: „Die leichtesten Wortfüße. Bedeutender Zeitausdruck." Kl. gab sich nicht zufrieden.

V., 625:
1751,55 Seinen donnernden Gang, den Schwung der strafenden Rechte,
80 Wehe, den Schwung der strafenden Rechte, des donnernden Wurf rief,
1800 Donnernden

V., 714:
1751,55 An sie drängt sich der eilende Tag, dicht an sie! Der Donner
80 f. Dicht an sie drängt eilend der Tag sich heran! Der Posaune
715:
1751,55 Der Posaune wird bald; bald wird der Schwung der Gebeine;
80 f. Donnerhall ruft bald; bald rufet der

---

II., 682:
1748,51 Du willst den Leib des Messias, den willst du, Satan, erwürgen?
55 Und du willst den Leib des Messias, den willst du erwürgen?
80 f. des Messias Leib, den willst

Grund der Aenderung 1780 in Cramers Worten: „Nachdruck auf Leib! denn es liegt ein Gegensatz drinn. Die Seele kannst du ja ohnehin nicht; also, den Leib u. s. w."

I., 38:
1748 Doch sie waren, dich, Gott, zu verstehn, zu niedrige Sünder,
51-80          waren, Gott zu verstehn,
1800 Aber sie

I., 515:
1748,51 Indem hatten die göttlichen Engel den Himmel verlassen.
55,80 Jetzo        Engel den Himmel fehrend
1800            den Himmel die Cherubim

I., 527:
1748,51 Hier sank Schlummer und Kühlung noch in die Thäler hernieder,
55                Kühle          Thäler, und stille,
80 f. Schlummer sank, und Kühle noch hier in die

I., 552:
1748,51 Gleich von hier, deine Versöhnung auch mit zu verherrlichen, eilen,
55,80 Wieder von hier, die Versöhnung auch mit
1800               Versöhnung mit

Tonverhalt!

I., 565:
1748 Mit ihm die Erde zugleich in geheimer Stille beherrschten.
51 Nebst
55                          beherrschen.
80 f. In geheimer Stille mit ihm die Erde beherrschen.

I., 594 f.:
1748,51 Diese verlaßnen Gefilde gesehen, wo nächtliches Erdreich
55                    gesehn, die in nächtlicher Stille
80 f. Diese Gefilde gesehn, die in nächtlicher Stille ruhen

595:
1748,51 Unbewohnt ruht, wo kein Laut von Menschenstimmen ertönet,
55         ruhn,
80 Unbewohnet, und wo von des Menschen Stimme kein Laut tönt,
1800 Unbewohnt, ⌣ —

I., 612:
1748,51 Um ihn mit langsamer Flut zum menschenlosen Gestade.
55   Ringsum mit
80   Ringsum, langsamer Flut,
1800                       zu menschenlosen Gestaden.

I., 624:

1748,51 Mitten darinnen erhebt sich mit flüssigem Schimmer bekrönet
55 bekrönt mit flüssigem Schimmer,
80 schwebet,
1800 Dort schwebt, leise bewegt, und bekrönt mit fl. Sch.

625:
1748-55 Eine sanftleuchtende Sonne.
80 f. sanftere

I., 670:

1748 Auch die Seelen, die dem kaum gebohrnen Körper entflohen,
51 zarten kaum sprossenden Körpern entflohen,
55 nur
80 f. zarten, Leibern

I., 677:
1748,51 Unter dem Klange belebender Harfen, in lieblichen Liedern:
55 beseelender Liedern der Wonne:
80 lieblichen Liedern:
1800 Unter beseelender Harfen Klang', in

I., 715:

1748-55 Hier fand er auf der Zinne der Burg die Seelen der Väter,
80 f. Auf der Zinne des Tempels fand er die Seelen

Er suchte sie, fand sie.

V., 53—55:

1751,55 Seraph, ich steig itzt hinab, Gott den Messias zu richten,
55 steig hinab,
80 f. steig' hinunter, Gott den Messias

Cramer: „Gottes Antwort [s. die Folge] kurz, majestätisch, seiner würdig und zu gleicher Zeit voll vertraulicher Gnade gegen Eloa. hinunter, sonst: hinab. Den Grund dieser Veränderung seh ich nicht ein. Denn hinab, dünkt mich, ist das poetischere Wort." Wäre hinab stehen geblieben, so würde, wie ich durch Accent angedeutet habe, der Artikel den den Ton erhalten haben.

54:

1751,55 Der sich, zwischen mich, und das Geschlecht der Menschen gestellt hat,
80 f. Welcher zwischen mich und das Menschengeschlecht sich gestellt hat,

Cramer: „Vortrefflich verändert. Sonst würde der eine Hauptbegriff des Verses, mich, der nothwendig den Nachdruck hatte, gekürzt. Auch ist der Anfang durch die Trochäen ernster geworden, als er bei den Dactylen war."

55:
1751 Dasteht, und muthig mein ganzes Gericht, ein Gottmensch, erwartet.
55        mein ganzes
80 f. Dasteht, Gottmensch ist, und mein ganzes G. erwartet.

Cramers Erläuterung oben unter: Beispiele (a).

V., 96—100:
1751-80 Sunith sang im Haine zu Parphar den Knaben von Bethlem,
1800              in dem Hain zu Parphar Bethlehems Knaben,

97:
1751-80 Und drey göttliche Töchter mit ihm. Dich haben die Cedern,
55 ff.        heilige

98:
1751-80 Und am einsamen Ufer, die Bäche Jedidoth, geweinet!
1800             Ufer geweinet die Bäche Jedidoth,

99:
1751 Ach! Dich haben, in Schleyer gehüllt, auf die Leyer herunter,
55                           gehüllt, die Harfen herunter,
80 f.                         gehüllt jungfräuliche Thränen

100:
1751,55 Deiner Töchter jungfräuliche Thränen, o Sunith, geweinet.
80              die Harfen herunter, o
1800            herab, o

In Beziehung auf „herunter" bemerkt man hier den Einfluß der zu V., 53 gemachten Cramer'schen Bemerkung. Cramer zu den vorlieg. Versen: „Sunith; heiliger Dichter. Der ganze Ton verändert sich bei Beschreibung dieses Charakters, wird aus dem kraftvollen energischen der süßeste elegische Ton, ganz Musik! Diese 5 Verse lassen sich an Klang und Bewegung nicht lieblicher denken.... Ach, dich haben.... geweinet (statt beweinet, zuerst von Kl. gebr. Latinism. [Luther sagte bereits: ich klage dich]): sehr kühn für: die Thränen beiner zur Bezeugung ihrer Traurigkeit in Schleier gehüllten Töchter. „timidae naves" Virg. Die Wortfolge war übrigens in der vorletzten Ausgabe (für Cramer die von 1755) fast noch lyrischer: Ach! dich haben in Schl. gehüllt die Harfen herunter deiner u.s.w.,

sie ist in dieser (1780) wegen der gekürzten Silbe in jungs
fräuliche geändert worden."

V., 147, 148:

1751,55 Tausend Sonnenwege; (der Raum von Sonne zu Sonne
80 f.         Sonnenmeilen, der
1751,55 Ist von jedem das Maaß!) die Entfernung folgte der Seraph.
  80     jeder    Maaß! die
1800            Mäß! die Ferne folgte der

Die Aenderung 1800 wurde in Folge der Cramer'schen Bemerkung zu 1780 gemacht: „Die Entfernung (ließ ja dies gekürzte die lang) = in dieser Entf., wie man sagt: die Weite reicht der Schuß."

V., 535—537:

1751 Soll ich sehn des Erschlagenen Blut? Er ging vielleicht ruhig
 55     sehen das Blut des Erschlagnen? Er
80 f.             ? Vielleicht, daß er ruhig

536:

1751,55 In den Schatten der Nacht, und eilte, stammelnde Kinder
  80          Nacht forteilte,
1800            forteilete,

537:

alle Ausgg. An dem Halse der Mutter mit Vaterfreuden zu grüßen —

Cramer fragte zu dem V. 536, wie er in 1780 steht: „in den Sch. der Nacht forteilte ‿—, ——‿ ist hier die Bewegung dem Begriffe angemessen? Man kann vielleicht sagen, daß das ruhige, langsamere Forteilen in der Nacht habe ausgedrückt sein sollen." Kl's. Aenderung 1800 zeigt, daß dies nicht der Fall sein, sondern vielmehr die innere und äußere Eile charakterisirt werden sollte.

VII., 418—421:

1755 Zahl, und Maaß, und Waagschal, sie zählen, und messen, und wägen,
 80             Wagschal wägen, und zählen, und messen
1800 Sieh, es zählet die Zahl, und die Wagschal wägt, und das Maß mißt

419:

alle Ausgg. Alle Thaten! Wie krümmen alsdann der Tugenden höchste

420:
1755,80 Sich ins Kleine! wie fliegt ihr Wesen verstäubt in die Luft aus!
1800   Sich in das Kleine! wie

421:
alle Ausgg. Einige werden belohnt; die meisten werden vergeben!

Eine der bedeutendsten Stellen des Messias, dem Inhalte und der Form nach. Cramer zur Ausgabe 1780: „Vier der erhabensten, geprägtesten Verse. Vers 418 ist vielleicht kein homer. Hex., aber ein vollkommnerer für den Sinn, durch den Ernst seiner abstracten Begriffe und seines Gangs (Eine lange Silbe, ein Jambe, ein Bacheus; zwei Dactylen, ein Trochäe —, ⌣ —, ⌣ — —, — ⌣ ⌣, — ⌣ ⌣, — ⌣) ließ sich nicht erfinden. Diese drei Abstracta: Zahl, und Maß, und Wagschal, mit ihren drei Zeitwörtern, die, symmetrischer, in umgekehrten Verhältnissen folgen, werden als handelnde Wesen dargestellt. Der Vers ist beides, langsamer und klarer, in der Ausg. der letzten Hand (d. h. für Cramer: 1780) geworden durch die Auslassung des „sie", daß ich einst, unglücklich, für „man" nahm. Auch Wagschal edler als das obgleich der Zahl und dem Maaße genauer entsprechende „Gewicht" gew. wäre." u. s. w. Dieses enthusiastische Lob hat Kl. angespornt, 1800 den Vers ganz umzugestalten. Er ist noch langsamer und ausdrucksvoller geworden: —, ⌣ — ⌣ —, ⌣ — — —, ⌣ — — —.[1])

VII., 157:
1755,80 Aus Jerusalem, stand, itzt ging er! itzt stand er! itzt floh er!
1800             ; drauf ging er, stand nun, dann floh er,

Cramer zu 1780: „Welche Beschreibung der Unruh!" Aber 1780 war sie blos durch drei Amphibrachen gekenn=

---

[1]) Im Briefe an Cramer vom 18. Juni 1791 sagt Kl. zu diesem Vers: Von dem einsilbigen Wortfuße werde ich in der Grammatik noch mehr sagen, als ich in den Fragm. davon gesagt habe. Der Vers fehlt wider die Regel des Abschnitts. (Wenn nach Wagschal ein Punktum stünde, so wäre der Fehler weniger bemerkt.) Ich kann indeß meine Blöße durch Homer decken, wenn Sie es anders für eine Decke halten wollen και γαρ δη νυ ποτι Ζην (zusammenges. Wortfuß) ασσατο. — Ουδε πυρη Πατροκλου (einfacher Wortfuß) καιετο."

zeichnet —, ⏑—⏑, ⏑—⏑, ⏑—⏑; 1800 viel malerischer:
—, ——⏑, ——, ⏑——: Stillstehn, furchtsames Gehen,
Stocken, Fliehen.

IX., 99 u. 100:

1755 Zwar auch du bist elend, doch darfst du dein ofneres Auge
80 f.                                                zu ihm dein
1755 Zu ihm erheben. Ich aber ... o lindre, lindre mein Elend!
80   Offner erheben; aber ich .. O lindre mein Elend!
1800 Offen

Cramer: „Der 100. Vers ist, als Hex. in Abstracto be=
trachtet, verwerflich, aber als Hex. des seelenmüden, wunden
[über seine Verleugnung reuigen] Petrus vortrefflich!" Man
hört oder soll hören das Schluchzen, Stöhnen des Petrus:
—⏑, ⏑—⏑, ——, —, ⏑——, ⏑——.

V., 554:

1751-80 Kinder Adams, auf eure Gebeine, dahin muß ich schauen!
1800                       euer Gebein, dahin

Die Aenderung 1800 in Folge der Cramerschen Anm. zu
1780: „lies dahin lang."

I., 352:

1748-55 Bis itzt hatte Gott stets die Erde nachdenkend betrachtet.
80      Nieder zur Erde hatte bis jetzo Jehova geschauet.
1800                                jetzt

I., 312 u. 313:

1748-55 Itzt kam Eloa von seinem Sitze zum Engel des Mittlers
80 f.   Jetzo kam Eloa auf neuerwachenden Strahlen
1748-55 Auf neuerwachenden Strahlen in seiner Schönheit hernieder.
80 f.   Zu dem gesendeten Engel in seiner

Die überflüssige Bestimmung „von seinem Sitze" ist hier
ganz fortgefallen, und die Art, wie er kommt, logischer und
poetisch sinnlicher vor das Ziel gestellt: auf neuerw. Strahlen
zu dem ges. Engel.

3. **Wortfüße, Versfüße.**

Besonders hervorzuheben im Hexameter Klopstocks ist der Gebrauch des Amphibrachs. Er selbst hat davon in dem grammatischen Gespräche „Die Verskunst" (Göschen, WW. 9, S. 193 ff.) gehandelt. S. 213: „Der Amphibrach kann leicht zu oft, allein der Pyrrhich sollte gar nicht gebraucht werden." Auf S. 217 sagt die Verskunst: „Der Amphibrach gehört zu den sanften Füßen. Ich würde seiner nicht besonders erwähnen, wenn ihn nicht der Spondeus beinah anfeindete. Der Anapäst, der Dactyl, und der Amphibrach sind Verwandte. Der letzte ist nicht weiter unter dem Dactyle, als dieser unter dem Anapäste ist. Er bekommt, wie sie, dadurch einen gewissen Vorzug, daß er dreisilbig ist. Es giebt keine gute, schöne und edle Empfindung, welche sich dem Amphibrach weigere: und so bald er ihr mit dem leiseren Tritte seines Tonverhaltes nicht folgen kann, so bemerkt man diesen nicht; man höret dann nur den Zeitausdruck u. s. w." Cramer (IV., S. 243 ff.) widmet dieser Untersuchung eine eingehende Betrachtung. So sehr er den Amphibrach hasse, weil er, wie Klopstock im Fragm. aus dem Gespr. vom Sylbenmaß sage, den Vers bei häufigerem Gebrauch weich mache, so müsse er ihn doch in Stellen, wo er sich von selbst ergiebt, billigen.

I., 65:
1748 Sieh, | itzt streckt schon | der Sprößling | der Ceder | den grünenden
Arm aus
51 es
55 schon streckt der Sprößling
80 f. Siehe, | schon streckt | der

Diesen Vers rühmte in seiner „Critik über den Wohlklang des Sylben Maaßes in dem Heldeng. der M. Chemnitz 1749" J. N. R(eichel); citirt aber den Vers falsch! Er sagt: „Will er eine Ceder vorstellen, welche zum Dienste des Heylandes sich ausbreitet, so leget er dem Engel Gabriel diese Worte in den Mund:

Sieh! itzt streckt schon der Sprößling der grünenden Ceder den Arm aus.

Dieser Vers wickelt sich nach und nach aus einander, wie sich ein Baum nach und nach ausbreitet. Die beyden ersten einsylbigen Worte, und die zusammen laufenden Lautbuchstaben machen einen harten Spondaeum, und stellen das Ausstrecken des Sprößlings anfänglich schwer vor. Der andere pes gehet schon etwas hurtiger, wird aber doch, weil er aus drey einsylbigen Worten bestehet, noch aufgehalten. In denen folgenden dreyen breitet er sich viel geschwinder aus, und die beyden letzten Worte mahlen den Sprößling so ab, wie er zum völligen Dienste des Meßias da stehe." Daß Klopstock eine solche Albernheit nicht hat ausdrücken wollen, ist kaum zu betonen. Er nimmt die Wörter, wie sie ihm die einfache Erzählung gewährt, vermeidet seit 1755 nur einen der drei ursprünglichen Amphibrachen. Bei Reichel befinden sich noch mehrere solcher Verse so gerühmt; Klopstock hat sie fast alle verändert. Der Curiosität halber theile ich hier, wo es eigentlich nicht hergehört, einen Vers aus dem Loblicde auf Kl. mit, welches sich am Schlusse des Reichelschen Aufsatzes befindet. Die Seltenheit dieses Büchleins mag mich entschuldigen.

„Wie sollt ich nicht dein Saitenspiel des größten Lobes würdig schäzen,
Und wenn es vom Meßias tönt, zu Davids reiner Harfe sezen?
Ja! Klopstok,[1] dein erhabnes Lied,
Wo du mit göttlich süßer Stärke
Vom heiligen Erlösungs Werke.
Den Freunden Christi vorgesungen, bewegt ein steinernes Gemüth."

I., 206:

1748 Auf ihm, | oder | an seinem | von Wolken | erhobnen | Gestade,
51                                                  Gestade, | von Wolken | erhoben,
55 Ueber ihm, |
80                                                               , von Farben erhoben,
1800                                                Gestad' | erhoben von Farben,

Dieser Vers ist einer von den hervorzuhebenden, die eine fünffache Redaction erfahren haben. In 1800 schmilzt „an seinem" mit „Gestad'" zusammen zu Einem Wortfuß, es verschwinden auf diese Weise zwei Amphibrachen.

---

[1] Klopstocks Name wurde zuerst auch Kloppstok, Klopsstock u. s. w. geschrieben; zuerst richtig theilten ihn die „Göttinger Gelehrte Zeitungen" vom 29. August 1748 mit, Stück 95. Gottsched schrieb aus Malice stets Klopfstock.

I., 231:

1748 Mitten | in dieser | Versammlung | der Sonnen | erhebt sich | der Himmel
51-80 | in der Versammlung |
1800 der Sonnen | strahlet

VII., 51:

1755,80 Philo bewegte sich leicht. | Sie eilten | und nahmen | und führten
1800 eileten, | nahmen, |

Cramer zu 1780: „Freilich vier Amphibrachen in diesem Verse; die, nach Vossens Bemerkung, Homer vermeidet, und die unserm Hex. wohl Eile, aber auch Mattherzigkeit geben. Allein wer bestimmt, wie eine kleinere Schönheit des Rhythmus mit Recht einer größern des Sinns weichen muß? Möchte man hier z. B. die drei gedrängten, durch die dazwischen gestellten und zu Polysyndetis gewordenen Zeitwörter missen? Jede Vermeidung des Amphibr. hätte den Sinn geschwächt." Ich habe schon früher bemerkt, daß Kl. nur in höchster Noth den Rhythmus dem Sinne opferte. So hat er denn, zur Widerlegung Cramers, auch hier 1800 geändert.

VII., 57:

alle Ausgg. Schaut' er | vom Tempel | gen Himmel. | Sie eilten, | es eilte | schon Volk mit.

Trotzdem hier Cramer weniger Amphib. wünschte, änderte Kl. den Vers doch nicht.

II., 895:

1748-80 Ueber die Felsen, und krachen, und donnern, und tödten von ferne.
1800 den Fels, und es kracht, und es donnert, und tödtet v. f.

Dieser Vers spielt eine große Rolle in den Briefen und Abhandlungen der Zeit, als der M. erschien. Kl. selbst schreibt im Briefe an Bodmer vom 27. Sept. 1748: „Einige Leser, die etwa dem Grammaticus Christ in Leipzig gleichen, werden der deutschen Sprache übelnehmen, daß sie nicht die griechische Sprache ist, und dem deutschen Hex. eben die Regel vorschreiben, die der Homerische hat. Der Vers: s. oben. besteht nach deutscher Regel aus lauter Spondeen bis auf die einzige letzte Sylbe in krachen, die sie noch kurz zugeben. Diese Leute geben allgemeine Regeln von der Länge und Kürze der Sylben, und zwar nach der griechischen Sprache, anstatt daß sie dies nach unserer Spr. thun und hauptsächlich auf das Verhältniß der längern und kürzern Sylben unter einander sehen sollten" u. s. w. Man könnte aus der letzten Aeußerung schließen, daß Kl. schon damals zur Erkenntniß seiner „Wortfüße" gelangt gewesen wäre. Cramers Wunsche, weniger Amphibrachen hier zu sehen, willfahrte die Lesart 1800.

I., 594:
1748,51 Diese verlaßnen Gefilde gesehen, wo nächtliches Erdreich
55                    gesehn, die in nächtlicher Stille
80 f. Diese Gefilde gesehn, die in nächtlicher Stille ruhen.

I., 465:
1748-55 Itzt mit dem freyen Gehorsam und Leiden des grossen Messias
80    Jetzt
1800       mit des hocherhabnen Messias freyem Gehorsam.

I., 721:
1748-55 Unter|Gesprächen|vom Heile|der Menschen,|den Anblick|des Oelbergs.
80                                      des Oelbergs Anblick.
1800            |vom Heil|

VII., 755:
1755,80         Sie stürmten, und stampften, und riefen:
1800           stürmeten, stampften, und ruften:

---

4. Nachdrucksvollerer Versschluß. Emjambement.

Auf beide Feinheiten der metrischen Technik kam Klopstock auch erst später. Die erstere findet man beobachtet in folgenden Beispielen:

I., 74:
1748,51 Und ein wandelndes Jauchzen durchdrang die Pforten der Tiefen,
55 ff.                                            des Abgrunds.

I., 96:
1748,51 Waren sie, sonst unsterblich, nun Staub, von der Sünde verstellet!
55 ff.                                    und entstellt von der Sünde!

I., 115:
1748,51 Schon hör ich dich, du Richter der Welt, allein und von ferne
55                                     Welten,
80 Schon, o Richter der Welt, schon hör' ich von fern dich, und einsam
1800                                         ich fern

I., 266:
1748-55 Und dich zum heiligen Wohnplatz von seiner Herrlichkeit weihte.
80 Und zu seiner Herrlichkeit heiligen Stäte dich weihte?
1800 Dann zu der Stäte dich der Herrlichkeit kohr, und des Anschauns?
I., 267:
1748-55 Dein unermeßlicher Kreis, zum neuen Daseyn gerufen,
80 f. heraufgerufen zum Daseyn.
I., 285:
1748,51 Indem erschien der Seraph auf dieser Sonne dem Himmel.
55 Da
80 f. Und sie erblickten den helleren Seraph am Sonnenmeer. Gott

Dieses Beispiel greift schon zum Emjambement hinüber.

I., 368:
1748,51 Als dieß geschah, that Gott vorm Angesichte der Thronen
55 sie schwiegen,
80 f. that vor der Thronen freudigem Blick Gott
I., 448:
1748,51 Die ich allein bey mir, mit meiner Gottheit Gedanken,
55 ff. Die allein bey sich, mit seiner Gottheit Gefühl, Gott
I., 595:
1748,51 Unbewohnt ruht, wo kein Laut von Menschenstimmen ertönet,
55 ruhn,
80 Unbewohnet, und wo von des Menschen Stimme kein Laut tönt,
1800 Unbewohnt,

Emjambement in folgenden Beispielen:

I., 19/20:
1748 Da der Schöpfer der Welt, als Erlöser, auf Erden gekommen:
51,55 herabkam:
80 f. Welt Versöhner wurde; so höret
1748-55 So hört meinen Gesang, ihr besonders, u. s. w.
80 f. Meinen Gesang, und ihr vor allen, u. s. w.
I., 143/144:
1748-55 Meinen Arm durch die Unendlichkeit aus, und sag: Ich bin ewig!
80 f. aus durch die Unendlichkeit, sage: Ich bin
1748-55 Sag, und schwöre dir, Sohn: u. s. w.
80 f. Ewig! und u. s. w.
I., 151/152:
1748-55 Nur in die Seelen zukünftiger Christen kam sanftes Entzücken,
80 künftiger
1800 Sanftes Entzücken kam allein in der künftigen Christen
1748-80 Und ein süßbetäubend Gefühl des ewigen Lebens.
1800 Seelen, und süß.

I., 478/479:
1748,51 Dieß ist der Altar, an dem du, des neuen Bundes Prophete,
55          dem, an der Patmus Gestade, des neuen,
80          dem an Patmos Gestade des
1800    Dieser ist der Altar, an dem auf Patmos des neuen,
1748,51 An dem Gestade der Patmus die himmlischen Bildungen sahest;
55      Blutenden Bundes Prophet, das himmlische Nachbild erblikte.
80 f.                                                  Bild erblickte.
I., 543—545:
1748-55 Wenn der Abendstern schon am einsamen Himmel heraufgeht,
80                              an dem
1800                            am
544:
1748,55 Und aus dämmernden Lauben den Weisen, ihn anzuschaun, herwinkt.
80 f. Und, ihn anzuschaun, aus der dämmernden Laube den Weisen
545:
1748-55 Endlich redte der Seraph nach langer Betrachtung und Stille.
80 f. Herwinkt. Endlich redte                         der Seraph.
V., 820/821:
1751,55 Gabriel nur blieb stehn, und verhüllte sich. Auch blieb Eloa,
80 f.                                                Auch Eloa
1751,55 Sank, und neigte sein Haupt in eine Mitternachtwolke.
80 f. Blieb, sank, neigte s. H.        trübere Wolke.
V., 622—28:
1751    Hoch stand er auf dem dunkeln Gerichtsstuhl, die Mitternacht um ihn,
55                                                                   unten,
80 f.                           flammenden Wagen, die Mitternacht stand
623:
1751    Um ihn der Tod! Ihn hatte der Vater mit Allmacht bekleidet,
55      Unten der             mit Allmacht der Vater
80 f. Unten, unten der Tod, Ihn hatte gewaffnet mit Allmacht
624:
1751,55 Mit Verderben gerüstet, das Bild der ersten Erbarmung!
80 f. Gott! Mit Verderben gerüstet den Allbarmherzigen! Weh mir,
625:
1751,55 Seinen donnernden Gang, den Schwung der strafenden Rechte,
80 f. Wehe, den Schwung der strafenden Rechte, des Donnernden Wurfriet,
626:
alle Ausgg. Bebte die ganze Natur in allen Tiefen der Schöpfung
627:
alle Ausgg. Schaurend nach! Ich sah ihn nicht mehr, mein Auge verlor sich
628:
    Tief in die Nacht. u. s. w.

Aus diesen Beispielen kann ersehen werden, daß Kl. erst seit 1780 das Enjambement in reichlicherem Maße angewendet hat. Cramer sagt (V., S 8 f.): „Diese Versbildung ist, wohl angebracht, immer von starker beclamatorischer Wirkung, und ganz homerisch. Der Grieche braucht sie sehr oft, und mit großer Kunst." Und IV., S. 296: „Sobald der Leser dabei das nicht beobachten wollte, was Voß verlangt: "sanftes Verweilen der Stimme am Ende des Verses": so ginge alle Bedeutsamkeit verlohren."

## II. Aphorismen aus der weiteren noch ungedruckten Arbeit.

### 1.

Gervinus (Gesch. d. d. N.-L. IV., S. 132) ist auch noch der Ansicht, daß Klopstocks Sinn in religiöser Hinsicht sich lediglich verengerte: „Wenn er die späteren Ausgaben durchsah, so besserte er, wie ihm Lessing verwies, nicht mit ästhetischer Kritik, sondern mit dem Geiste der Orthodoxie." Die Verneinung des Ersteren, so kraß hingestellt, ist das beste Zeugniß für die Wichtigkeit einer Herausgabe des Messias und auch der Oden mit sämmtlichen Verbesserungen, Vers für Vers, nach meiner Weise. Erst dann werden diese ungerechtfertigten Urtheile aus der Geschichte unserer Literatur verschwinden. Ich behaupte, daß, im Gegentheil, Klopstock mit den Jahrzehnten toleranter, milder wurde. Gestattete es der Raum, so würde ich die Geschichte Abbadona's, des reuigen Teufels, erzählen; sie ist von culturhistorischem Interesse. Klopstock schwankte selbst lange Zeit, ob er den Teufel sollte begnadigt werden lassen oder nicht; er fragt bei Bodmer an, was der und jener wohl wünsche; es erhob sich ein dogmatischer Streit, und endlich, im 19. Gesange, der, wie wir gesehen haben, sonst schon in frühester Zeit entworfen und bearbeitet wurde, wird der „jammerhafte" Teufel doch selig. Bei der großartigen Scene im II. Gesange, wo der arme Sünder sich vernichten will — Ahasvers Vorbild — konnte man mit Recht zweifeln, ob bei solcher Verzweiflung Gnade denkbar sei; daß Klopstock selbst sie nicht ergehen lassen wollte, scheint mir daraus hervorzugehen, daß er die Wuthausbrüche Abbadona's seit 1780 am meisten, doch auch schon früher, theils mäßigte, theils, wo es Abbadona's Haß gegen Satan gilt, verschärfte, und überhaupt den guten Kern der teuflischen Hülle mehr durchfühlen ließ. Auch dies läßt sich völlig nur im Zusammenhang der ganzen Geschichte des Teufels studiren, doch will ich einige Bemerkungen nicht unterdrücken. Abbabona widersetzt sich dem Vorschlage Satans, Jesus zu tödten (Ges. II., V. 658 ff.)

B. 667: 1748-55 Reden will ich, damit des Ewigen schwere Gerichte
        80 f.                 schweres Gericht nicht

B. 668: 1748-55 Nicht so ungestüm über mich kommen, wie über dich, Satan!
        80 f.   Ueber mich auch komme, wie Satan, es über dich kam.

[Dieser Vers enthält seit 1780 die Hoffnung der Begnadigung.]

B. 669: 1748-55 Ja, ich hasse dich, Satan, dich haß ich, Verruchter! Dieß Wesen
        80            Satan!       ich, du Schrecklicher! Mich, mich!
        1800                         haß' ich, du schrecklicher!

B. 670: 1748    Diesen unsterblichen Geist, den du dem Schöpfer entrissen,
        51 ff.                                    entrissest,

B. 671: 1748,51 Fordr er, dein Richter, auf ewig von dir! Ein unendliches Wehe
        55       Fordr'
        80                                               dir! Unendliches
        1800               Richter, ewig von

B. 672: 1748,51 Schreye die ganze Versammlung der Geisterwelt, die du verführt hast,
        55                                    Geister, die
        80 f.   Schrey' in der Abgrundskluft, in der Nacht, der Unsterblichen Heerschaar,

Die beiden folgenden Verse 673 und 674 stehen in 1748,51 und 55 noch nicht.

B. 673: 1780 f. Satan! und laut mit dem Donnersturme, sie alle, die, Satan!

B. 674: 1780    Du verführt hast! laut mit dem Meere des Todes, sie alle
        1800    verführet           des Todes Meere sie

B. 675: 1748-55 Ueber dich, Satan! Ich habe kein Theil an dir, ewiger Sünder,
        80 f.          dich! Ich habe kein Theil an dem ewigen Sünder!

Die letzte Aenderung ist pantomimischer Art: man denkt sich den Teufel einen Gestus zum Himmel machend, so seinen Abscheu deutlicher bekundend. Der Haß gegen Satan, die Reue über die That tritt hier seit 1780 schärfer hervor. Und als Abbabona sich Abdiel naht, seinem früheren Freunde, der ein Engel des Lichts blieb, heißt es

B. 755: 1748,51 Seufzer aus tiefer erbebender Brust; ein langsamer Schauer,
        55                       bebender
        1780 f.       aus allen Tiefen des Herzens, langsame Schauer

erschütterten Abbabona.

Klopstock sagte in seinem Alter (1795), er habe sich schon in seiner Jugend nie eine ewige Hölle denken können,

sondern eine solche Behauptung stets für eine wahre Gottes=
lästerung gehalten, und daher sei die Idee von dem geretteten
Abbadona so früh in seinem Gedichte vollendet worden.
(Böttiger, Kl. im Sommer 1795). Merkwürdig ist dann nur
die in ihrer Gräßlichkeit erhabene Schilderung der Bestrafung
des Judas im VII. Gesange. Hier ist noch von einer mög=
lichen Beendigung der Qual keine Spur zu entdecken. Wohl
aber im IX. Gesange. **Hier findet sich die nicht
genug hervorzuhebende Andeutung, daß die Höllen=
strafen nicht ewig seien.** Obaddon, der Todesengel, stürzt
den Judas in den Abgrund. Doch die Stelle ist so großartig
und, obgleich sie erst 1755 veröffentlicht wurde, zeugt sie von
dem stets neuen Eifer Klopstocks so eindringlich, daß ich sie
ganz wiedergeben will. Die betreffende Andeutung befindet
sich V. 763 und 764, aber erst seit 1800. Obaddon ist also
mit Judas vor der Hölle angelangt.

735: 1755 ff. Und schon näherten sie der Hölle sich, hörten von ferne
736: „ „ Ihr Getöse, das an der äußersten Schöpfung Gestade
737: „ „ Brüllend schlug, und unter den nächsten Sternen verhallte.
738: 1755     In dem Raume, den ihr Gott in dem Unendlichen abmaß,
    80 f.                Gott ihr
739: 1755 ff. Wälzt sie sich, keiner Ordnung gehorsam, auf und nieder,
740: 1755,80 Keinem Gesetze der langsamen oder schnellen Bewegung.
    1800         Gesetz                Bewegung,
741: 1755,80 Fleugt sie eilend einher; so hat ihr der Richter geboten,
    1800                     so hatte Gott ihr
742: 1755 ff. Ihrer Bewohner neue Verbrechen, durch wildere Flammen,
743: 1755,80 Durch geschärftere Pfeile des ewigen Todes, zu strafen!
    1800                                   rügen!
744: 1755,80 Itzo flog sie mit wüthendem Eilen herauf. Der Verworfne,
    1800    Damals flog sie mit wüthender Eil' herauf. Der
745: 1755 ff. Und sein mächtiger Führer verlassen die Gränzen der Welten,
746: 1755    Schweben hinab zur Pforte der Hölle. Der Engel des Todes,
    80                      zu der
    1800                             Hölle Thor. Der
747: 1755,80 Der sie hütet, erkennt Obaddon, sieht den Verbrecher,
    1800      es
748: 1755    Der sich neben ihm krümmt, und zu entfliehen, sich martert,
    80 f.                         und noch zu entfliehen, sich
749: 1755 ff. Aber, unter dem flammenden Schwerte gebückt, muß er eilen!
750: 1755 ff. Und der herrschende Seraph, des Abgrunds Hüter, eröffnet

V. 751: 1755 ff. Mit weitschmetterndem Krachen die diamantene Pforte,
V. 752: 1755 Lägen Gebirge darin, sie würden den grauuvollen Eingang
         80 f.                                      furchtbaren
V. 753: 1755 ff. Nicht ausfüllen; sie würden nur rauher ihn machen! Obaddon
V. 754: 1755,80 Bleibt mit dem Todten hier stehn. Es führt kein Weg zu der Hölle
         1800        hier stehn mit dem Todten. Es führet
V. 755: 1755,80 Schreckenden Tiefen, es wälzen sich, dicht bey der Pforte, die Felsen
         1800                                                              nah
V. 756: 1755    Unabsehlich hinab, durch treufelndes Feuer gespalten.
         80 f.                                                gespaltet.
V. 757: 1755    Schwindelnd, sprachlos, und bleich, mit weitvorquillendem Auge,
         80     Sprachlos, schwindelnd,
         1800                                       bleich mit weitvorquellendem Auge,
V. 758: 1755 ff. Blickt das Entsetzen hinunter. Der göttlichen Rache Vollender
V. 759: 1755,80 Stand (hier schläft der Tod nicht!) an diesem Grabe mit dir still,
         1800    Stand an | diesem | Grab', hier | schläft der | Tod nicht! mit | dir still
V. 760: 1755    Juda Ischariot, Gottverräther! ... Es sagte der Seraph
         80     Judas                            ! Da sagte
         1800           Ischariot, du Verräther! Da
V. 761: 1755,80 Weggewendet, allein sein niedersinkendes Schwert wies
         1800                                das niedersinkende
V. 762: 1755 ff. In die Tiefe: Dieß ist der Gerichteten Wohnung, und deine!
V. 763: 1755,80 Daß die Erdegebohrnen, die Sünder, nicht alle den Tod hier
         1800    Daß sie nicht, die Erdegebornen, die Sünder, den
                                                                 Tod hier
V. 764: 1755 ff. Leiden, den ewigen Tod, stirbt Jesus Christus am Kreuze!
V. 765: 1755,80 Also sagt er, und stürzt den Todten hinab in den Abgrund!
         1800                                Verworfnen hinab in den
V. 766: 1755,80 Eilt, entschwingt sich der Hölle, durchfliegt die Welten. Itzt kömmt er
         1800    Eilet,          der Hölle sich, fliegt durch die
V. 767: 1755    Zum Altar des Geopferten Gottes, zu Golgatha wieder,
         80 f.  Zu dem
V. 768: 1755 ff. Steht, und wartet auf neue Befehle der zürnenden Allmacht.

Also bis 1800 wurden nicht alle Sünder, 1800 dagegen alle aus der Hölle erlöst. — Auch die Gleichnisse bieten, da sie häufig religiösen Anschauungen entnommen sind, Stoff für unsere jetzige Betrachtung. Da ich jedoch eine eigene Abhandlung über Klopstocks Gleichnisse im Messias zu schreiben gedenke, so will ich nur ein Beispiel anführen.

Im II. Ges. V. 408 ff. singen die Bewohner der Hölle. Ihr Gesang tönt zu ihren Harfen, wie in mitternächtlicher Stunde rauschen

1780 Grimmige Schlachten von tödtenden, und von sterbenden Sündern
1800 Streitern

Furchtbar einher u. s. w. — Es kann gar nicht geleugnet werden selbst nach den wenigen Beispielen, die ich gegeben habe, daß eine gewisse Milde den Ton angiebt in der späteren Zeit des Dichters. Er war sich dessen wohl bewußt, und äußerte sich im Briefe an Herder vom 13. Nov. 1799: „Leser, denen meine Oden An Freund und Feind u. s. w., Psalm u. s. w., nicht unbekannt sind, werden auch diejenigen Veränderungen in der neuesten Ausgabe des Messias nicht übersehen, welche bloß in Beziehung auf die Religion gemacht sind." Im „Psalm" heißt es:

> Er, der Hocherhabne,
> Der allein ganz sich denken,
> Seiner ganz sich freuen kann,
> Machte den tiefen Entwurf
> Zur Seligkeit aller seiner Weltbewohner,
> „Zu uns komme dein Reich."

Man darf demnach aus vorliegender Betrachtung folgenden Schluß ziehen. Klopstock spiegelt die religiöse Wandlung seines Zeitalters im Messias wieder. Er war zuerst auf das Dogmatische bedacht, zuletzt auf den Glauben als solchen, auf die Religiosität. Unter den Christen selbst wollte er keinen Unterschied der Confession dichterisch anerkennen, und zwar auch dies erst mit den Jahren. Diejenigen Historiker unserer Literatur demnach, die ihren Urtheilen über Klopstock noch Lessings früh gefälltes Urtheil autoritätssüchtig und -gläubig zu Grunde legen, handeln unhistorisch, ungerecht und verwerflich.

### 2.

Die Stellen, in den ersten Versen des ersten Gesangs, welche Lessing im 17. und den folgenden Literaturbriefen tadelt, mögen, so weit sie noch hierhergehören, in Kürze betrachtet werden. Von der Kritik des 1. Verses: „Sing, unsterbliche Seele, der sündigen Menschen Erlösung", hat Thieß (bei Schmidlin III., S. 123 ff.) ganz gut gezeigt, daß Lessing damit „den Dichter blos chicanirt habe". Alles was Lessing verlangt, ist in der That dem Sinne nach in der Stelle enthalten.

Den zweiten Vers: „Die der Messias auf Erden in seiner Menschheit vollendet", findet Lessing leer. Ich will zum Beweise des Gegentheils nicht auf Thieß' lange Erörterung eingehn, sondern den schon früher erwähnten Benkowitz citiren. Man sieht dann sofort, daß in diesem Verse nicht „ein einziger Begriff unter verschiedenen Ausdrücken wiederholt sei." Benkowitz sagt (S. 15 f.): „Wenn wir den Anfang unsers Heldengedichts zergliedern, so finden wir die Hauptstücke darin, durch deren Ausführung die Messiade entstanden ist. 1) Das Ganze des Grundstoffs: der sündigen Menschen Erlösung; 2) den Vollbringer derselben, oder den Helden: der Messias; 3) den Hauptschauplatz der Handlung: auf Erden; 4) die Natur des Helden, worin er sein Werk vollbrachte: in seiner Menschheit; 5) die Hauptheilnehmer an der Erlösung: Adams Geschlecht; 6) den Zweck der ganzen Handlung: die Liebe der Gottheit; 7) die Bedingung sine qua non, und das Leiden des Erlösers: mit dem Blute des heiligen Bundes; 8) die Beistimmung Gottes zu dem Vorgange: also geschah des Ewigen Wille; 9) die Feinde des Werks und die Empörer dagegen: Satan und Judäa; 10) endlich die Vollendung der That und die Besiegung aller Hindernisse dabei: und vollbrachte die große Versöhnung." — Benkowitz' Preisschrift kam 1797 heraus; wir sehen, daß bis dahin Kl. in dem Eingange des M. nichts geändert hatte. Dies geschah aber mit den auch von Lessing schon vor 1755 angefochtenen Versen 3, 4 und 5 in der Ausg. von 1800. Anstatt:

„Und durch die er Adams Geschlechte die Liebe der Gottheit
Mit dem Blute des heiligen Bundes von neuem geschenkt hat"

schrieb Kl., auf Lessings Kritik eingehend, 1800:

„Und durch die er Adams Geschlecht zu der Liebe der Gottheit
Leidend, getödtet, und verherrlichet, wieder erhöht hat."

Es entspricht diese Aenderung dem Inhalt des zweiten Theiles des M., der wesentlich der Verherrlichung Christi gewidmet ist. So erst ward die Exposition deutlich und vollständig. — Lessing griff ferner die Stelle V. 5—7 an:

„Vergebens erhub sich
Satan wider den göttlichen Sohn; umsonst stand Judäa
Wider ihn auf; er thats, und vollbrachte die große Versöhnung."

Daß Satan und Judäa-Jesu Tod wollten, meint L., hat ja der Erlösung wesentlich genützt: Christus sollte uns zu erlösen ja getödtet werden. Satan habe übrigens den Messias gar nicht gekannt, ihn für einen sterblichen Seher gehalten; sonst hätte er sich wohl nicht gegen ihn erhoben. — Was zuerst den letzten Punkt betrifft, so zeigt Kl. vom ersten Auftreten Satans an, daß dieser wohl „den Donnerer" kannte, auf dessen Natur ihn überdieß Abbadona nachdrücklich und überzeugend aufmerksam macht, so sehr, daß Satan eben deswegen vor Wuth erstarrt. Aber eben seine satanische Natur, für die es keinen anderen Entschluß gab, da ihm Jesus ja, wie er selbst den Teufeln höhnisch berichtet, auch die Hölle entreißen sollte, als Erhebung, als Wagen auf alle Fälle, diese Natur zwang ihn zum Kampfe auf alle Fälle: es galt für ihn den Kampf der Verzweiflung. Aber Christi Tod beförderte ja Gottes Absicht! Unleugbar, wie alles satanische Schaffen Gottes Pläne befördert; wie auch Faust auf Gottes ausdrücklichen Willen von Mephisto versucht wird, wie auch Hiob durch Versuchung zum Triumph ging der Absicht Gottes gemäß. Aehnliche Vorwürfe kann man demnach unserm größten Gedichte, dem Goethe'schen Faust, machen. Ueberall ist in Gott die Erlösung der Menschen von vornherein beschlossen, und Satan befördert durch die zeitliche Vernichtung das ewige Heil. Doch — entgegnet man — wie verbirgt Goethe dramatisch diesen vorherbeschlossenen Ausgang! Wie dagegen liegt bei Kl., der Natur der Sache nach, die ganze Handlung im Argen! Da wäre denn auch im Besonderen ein Wörtlein zu sprechen, welches bisher ungesprochen, vielleicht ungedacht blieb. Wie hat man Klopstock hart mitgenommen, ohne überall auf seine Kunst wirklich einzugehen! Lessings Urtheile widerhallen in allen Literaturgeschichten seit einem Jahrhundert; aber daß Lessing falsch geurtheilt haben könnte, ist Niemandem in den Sinn gekommen. Denn Lessing ist ja unser Kritiker a priori, und das arme Huhn Klopstock blutet nun einmal unter seinem Messer.

Lessing sagt, wie schon früher berichtet, Kl. habe die Stelle, wo Abramelech auch die Seele des Messias zu tödten beschlossen, aus frommen Bedenklichkeiten fortgelassen. Dies ist falsch. Kl. ließ nur die oratorisch überschwängliche Art, wie Abramelech sich seinen Plan des Weiteren ausmalt, fort. Der Plan blieb. Und diesen Plan, das Hauptgerüst der engeren Handlung, beachtet Lessing gar nicht! Hätte er es gethan, so wäre sein Tadel der Verse 5—7 gänzlich unmöglich gewesen. Man hat den Charakter des Abramelech bisher für einen bloßen Pendant zum Philo, dem an Wuth den Hohenpriester Kaiphas selbst noch übertreffenden Pharisäer, genommen, und man hat sich darin geirrt. Abramelech ist der bewegende Mittelpunkt der engeren Handlung im Messias. Die Erfindung dieses Teufels ist Klopstocks eigenste That, und sie ist eine überaus glückliche.[1]) Abramelech gab sich der Hoffnung hin, auch Christi Seele, sein geistiges Wesen, tödten zu können. Damit würde er denn in der That die Absicht Gottes, die Menschen zu erlösen durch Christi Tod, zerstört haben. Dies ist meines Wissens noch gar nicht hervorgehoben! Abramelech, beim Anblick der Erde, bricht in die kühnen Worte aus:

„Ja sie ist es — so sagt' er bei sich, so drängten Gedanken
Andre Gedanken, wie Wogen des Meers, wie der Ocean drängte,
Als er von drei Welten dich, fernes Amerika, losriß, —
Ja, sie ist es, die ich, so bald ich Satan entfernet,
Oder, besiegend den Gott, mich vor Allen habe verherrlicht,
Die ich dann, als Schöpfer des Bösen, allein beherrsche!

— — — —

Abramelech, das bist du! Geläng' es dir endlich doch, endlich,
Daß Du auch erfändest der Geister Sterben, daß Satan
Ha! verginge durch dich! durch dich zerflöss' in ein Unding!

— — — —

---

[1]) Wenn Scherr in seiner Allg. Lit.-Gesch. und mit ihm viele Andere spöttisch Klopstocks Abbadona gegen Miltons Satan hält, so vergißt er, daß bei jenem drei Teufelscharaktere (Satan, Abramelech, Abbadona) an Stelle eines Teufels handeln, somit jede Vergleichung mit Milton hinfällig wird.

Satan, wie schwer wird es dir, den Leib des Messias
Nur zu erwürgen! Erwürg' ihn denn! Ja, die kleinen Geschäfte
Lass' ich dir, eh du vergehst; ich aber tödte die Seele!
Die vernicht' ich; des Sterblichen Staub zerstreue du mühsam!"

(II. Ges. am Schluß.) — So ist benn Abramelech fest
überzeugt, zu können was er will. Hic Rhodus, hic salta —
aber Lessing hat nicht getanzt und die Anderen auch nicht.
Statt sich in den großartigen Plan des Werkes zu vertiefen,
nörgelte er an lauter Kleinigkeiten herum. Daß nun, nach
biesem durchbachten Plane, nicht eine lange Reihe Versuchungs=
scenen und Wagnisse der beiden teuflischen Genossen erfolgt,
wie etwa es Mephisto mit Faust macht, ist nur ein Vortheil
des Gedichts. So weit sie gehen können, gehen sie, den Judas
verführen sie, und Abramelech will auch, wagt sich ans Kreuz,
den Tod abzuwarten, um die Seele zu vernichten. Was konnte
der Dichter anderes thun, als durch den äußersten Contrast
wirken? Ein Blick aus dem sterbenden Auge des Versöhners
vereitelt den Plan der Finsterniß; ein Lichtblitz des seelischen
Wesens aus dem sterbenden Auge Christi überzeugt Abramelech
von der Unmöglichkeit seines Vorhabens. Er und Satan
stürzen ins tobte Meer. Ich wüßte nicht, was dieser Aus=
führung an großer Kunst und an der höchsten Erhabenheit
fehlte. Wir wissen zwar, es ist unmöglich, den Mittler zu
verderben; aber was wir wissen, darüber haben die Teufel
nicht schlechthin Gewißheit; sie haben, auch wenn sie den
„Donnerer", der sie vordem besiegt hatte, kennen, da er zum
ersten Mal in der menschlichen Gestalt ihnen gegenübertritt,
genügende Hoffnung, — wie es ihnen ja bei den Menschen so
oft glückte — Leib und Seele zu vernichten. Und zudem
müssen sie wollen, müssen sich wehren. Ist Handlung, selbst
im Bewußtsein des Mißlingens unternommen, dies weniger?
Die Haupthandlung dagegen ist eine wesentlich passive, wie
Kl. selbst sagt; Christus läßt die Feinde einfach an seiner
Natur zerschellen. Aber in der Art, wie er dies thut,
handelt er auch äußerlich und vollbringt so sein Werk. In
der bramatischen Handlung des Faust ringt Mephisto auch
nicht sowohl mit Faust, dem Menschen, als mit dem göttlichen

Princip, der Seele, also indirect mit Gott. Das göttliche
Princip in Faust handelt auch blos passiv: es läßt den
Menschen und den Teufel an sich zerschellen. Nur in der Art,
wie dies geschieht, besteht die äußere Handlung. In Christo
tritt das göttliche Princip, in der Gewißheit der Unnahbarkeit
und des Siegs, naturgemäß überwältigend hervor, in Faust
fast ganz zurück; aber es ist nicht weniger da. Zweck und
Motiv der Handlungen kommt hier nicht in Betracht. —

Eine Stelle verbesserte Klopstock noch, und zwar nicht erst
1800, sondern bereits 1755 in Folge der Lessingschen Kritik,
die übrigens nicht zuerst in den Literaturbriefen, sondern schon
früher in dem „Neuesten aus dem Reiche des Witzes" erschienen
war. Vers 13 und 14 hießen nämlich zuerst:

„Rüste sie mit jener tiefsinnigen einsamen Weisheit,
Mit der du, forschender Geist, die Tiefen Gottes durchschauest";

wo Lessing denn die einsame Weisheit und besonders den
forschenden Geist als Gottes unwürdig erklärte. Das ist die
beste Bemerkung, die Lessing gegen Kl. gemacht hat. Man
kann dagegen nichts einwenden. Kl. änderte:

„Rüste mit deinem Feuer sie, du, der die Tiefen der Gottheit
Schaut, und den Menschen aus Staube gemacht zum Tempel sich heiligt!"

(In der Hempelschen Ausg Lessings, 8. Theil S. 219 ist fehlerhaft
angegeben, daß Kl. außer der eben genannten Stelle keine der von Lessing
beanstandeten geändert habe. Er that es bei dreien: bei dem Blute des
heiligen Bundes, B. 3 4; bei Judäa, wofür er, wie die Olla potrida
zur Ausg von 1780 sagt, poetischer Juda setzte in B. 6, und in der vor=
stehenden. Hempel hat auch den Fehler: „Richte" für „Rüste".)

.

### 3.

Wenn man im Allgemeinen rühmen hört, was Klopstock
für unsere Sprache gethan hat, so darf man nicht glauben,
daß es ihm so gar leicht und mühelos gelungen sei! Nein!
Sprang die deutsche Dichtung mit ihm auch aus der Zeiten
Schooß in voller Rüstung, wie Athene aus Zeus' Haupte, so
gewann sie liebenswürdigen Reiz, Geschmeidigkeit, Anmuth

und — sinnige Verschwiegenheit, erstere Eigenschaften auch durch Klopstock schon allmählich, letztere gar erst durch Goethe. Durch Goethe erhielt sie jene Grazie, die mehr sagt, als sie auszusprechen für gut findet, oder die nicht nur sprechend, sondern auch schweigend zu reden versteht. Will man dies aus dem Augenschein entnehmen, so vergleiche man Marias Klagen in der herrlichen Scene zwischen Portia und Maria (Gesang VII., etwa von V. 286 an) mit Gretchens Klage vor dem Muttergottesbilde im Faust. Maria sagt alles, was sie nur vorbringen kann, sofern sie nicht „sprachlos" bleibt vor Schmerz; Gretchen aber, daß ich mich so ausdrücke, ist sprachlos trotz ihrer Klage. Marias Klage enthüllt uns durch sich selbst die ganze Fülle ihrer Schmerzen, wir schauen die ganze helle Sonne und werden geblendet; Gretchens Worte brechen wie einzelne große Strahlen durch die Wolken ihres Grams und lassen uns die Größe ihres Leids mehr ahnen als wissen. Und doch ist dieses Verschweigen wieder ein ganz anderes als das in Klopstocks Oden, wo ihm ja nachgerühmt und mehr noch nachgetadelt wird, daß er sich die kühnsten, bis zur Unverständlichkeit kühnsten lyrischen Sprünge und Lücken erlaubt habe. Was Klopstock nicht sagt, ist eben wirklich nicht gesagt, und muß auf Verstandes Wege herbeiconstruirt werden; bei dem hingegen, was Goethe nicht sagt, hat der Verstand nichts mühsam zu construiren, das geht lediglich Gefühl und Imagination an und kann oft begrifflich gar nicht deutlich gemacht werden. In Bildern aus der Malerei zu reden, besitzt Klopstocks Sprache noch keine Luftperspective; was nicht klar gesehen wird, ist nicht vorhanden bei ihm oder muß logisch ergänzt werden; Goethe's hingegen verfügt über den ganzen Reichthum malerischer Technik, und so versteht er die Ferne verhüllend zu entrücken, Hintergrund zu geben und in Duft aufzulösen, anzudeuten und zu verschleiern. Goethe steht in der neueren deutschen Sprache genau auf dem Gipfel, den Rafael in der Malerei Italiens einnimmt: die verschiedensten Richtungen vor ihm vereinigte er in sich wählend, und so ward er der große Einzige. Klopstocks engelhafte Zartheit und knappe keusche Kraft, Schillers ewig jugendliche Männlichkeit, Wielands

weiche und breite Verschwommenheit mußten seinem Griffel
sich bildsam fügen zu dem, welches wir Goethisch nennen und
womit wir den Höhepunkt unserer Sprache bezeichnen. Goethe
umkleidet mit dem Gewande der Sprache die Dinge, Situationen
und Gedanken so, wie große Maler die Gewänder an ihren
Figuren ordnen: man kann aus dem sichtbaren Faltenwurfe
die frühere oder nächstfolgende Bewegung errathen. Dies
glückt der Sprache Klopstocks noch nicht; sie ist zwar durchaus
nicht hölzern und steif — es ließe sich behaupten, sie stehe im
Ganzen unserer jetzigen Sprache näher noch als Lessings nicht
selten — sie ist nicht steif wie die Sprachgewänder unserer
literarischen Byzantiner, sondern sie ist schön bewegt, flüssig
wallend, bisweilen in erhabnen und ernsten Falten wie an
Dürers Apostel Paulus in der Münchener Pinakothek, so knapp
und doch ausreichend, aber oft auch noch, im Messias, mit
dem üppigen Stoffreichthum der alten Kölner und Niederländer;
sie hindert sich selbst bisweilen in ihrer freien Bewegung und
scheint oft um ihrer selbst willen da zu sein.

### 4.

Im Gesang V., B. 145, hieß es früher: Eloa hielt ein
Gewitter empor; später: ein Wetter. Cramer in seinem Messias=
commentar sagt hierzu: „Wetter hat in dieser Bedeutung noch
etwas mehr Stärke als Gewitter. Es ist ein allgemeineres
Wort." Sonst sollte man meinen, daß, je abstracter die Vor=
stellungen würden, sie desto mehr an Stärke verlören; in der
Poesie des Erhabenen scheint das aber nicht der Fall zu sein.
Je weiter die Anschauungen, je abstracter die Vorstellung, je
begrifflicher die Poesie, desto erhabener ist sie. Es giebt zwei
Hauptgattungen des Erhabenen, das sinnlich und das geistig
Erhabene. Das letzte kann den Geist nun durch Vorstellungen
des sinnlich Erhabenen uns näher bringen, aber zugleich be=
schränkend, und dies thut die Bibel; oder es mißt Geistiges
an Geistigem, Gedanken an Gedanken, und der eigentliche
Schöpfer dieses Erhabenen ist Klopstock. Ich weiß nicht, ob

der Grund dieser Eigenheit Klopstocks schon ausgesprochen ist. Von Schiller wenigstens nicht, der nur sagt, Klopstocks Sphäre sei immer das Ideenreich, und er wisse alles, was er bearbeite, ins Unendliche hinüberzuführen; er zöge allem den Körper aus, dahingegen andere Dichter das Geistige mit einem Körper zu umgeben trachteten. Damit hat Schiller noch nicht begründend gesagt, daß Klopstock dies thun müsse, um dem Begriff des Erhabenen, wie ihn das protestantische Christenthum ins Leben rief, dem des abstractest Erhabenen, gerecht zu werden, und so auch dem Gefühle, das mit der protestantischen Anschauung Gottes verbunden ist und nicht, wie der Katholicismus, Herabbeschränkung des Göttlichen fordert, genug zu thun. Deshalb also sucht Klopstock die weitesten Vorstellungen, muß sie suchen; deshalb ist in Klopstocks Dichtung, der einzigen ihrer Art auf Erden, der seltsamsten, seltensten Dichtung, der Gipfel des Religionsgebirges der Menschheit — so weit Religion Anschauung verlangt — erstiegen. Denn unbeschränkter läßt sich die Persönlichkeit Gottes als solche nicht fassen, als in dieser Dichtung; noch ein Schritt weiter, und alles geht in Anschauungslosigkeit über. Klopstocks Gestalten, Anschauungen, seine höhere Dichtung ist oft recht eigentlich Licht, dessen Körper, wenn man will, der Aether ist, gleichsam das letzte feinste Arom des Concreten. Aber da sie Licht ist, so hat sie ihr inneres Leben, ihre Contraste, ihren Streit, mit einem Wort ihre ganze eigenthümliche Farbenpracht. Darum ist es ein Wenig unüberlegt und gar nicht „tiefsinnig", wenn Merck, und nach ihm natürlich Unzählige, äußerte, Klopstock sei gar kein Dichter. Wenn Goethe darum recht eigentlich einer ist, weil er in dem Besondersten den Keim des Allgemeinen herauszuspüren weiß, ihn mit dichterischer Wärme hegt und endlich aus dem Mikrokosmus den Makrokosmus hervorblühen läßt, so findet bei Klopstock nicht der umgekehrte Prozeß statt, — eine total falsche, wenn auch ganz allgemein angenommene Ansicht — so daß er nicht von der geistigen Art Schillers, dem echten Gegensatze Goethe's, ist und ebensowenig zu den Stolbergs und der großen Zahl ähnlicher Poeten gehört, sondern bei Klopstock findet derselbe dichterische Prozeß statt wie bei Goethe, aber in der Weise, daß ihm der Makrokosmus Mikrokosmus, die Ganzheit eine Besonderheit ist, die über sich hinausverlangt nach dem anschauungslosen Allgemeinen, nach dem Reingeistigen. Höher fliegen kann menschliche Phantasie nicht, als sie es in Klopstock gethan, und der Franzose hat Recht, der ihn den erhabensten Dichter, den es gegeben habe, nennt. Aber was wissen wir Deutschen von Klopstock?

# Klopstock-Studien.

*Die Sprache selbst ist das wunderbarste Gedicht.*
A. W. Schlegel.

Von

## Dr. Richard Hamel.

### Zweites Heft.

Inhalt: 1) Zur Textgeschichte des Messias: Veränderungen, Sprache und Sinn betreffend.
2) Zur Erkenntniß Klopstockischen Wesens und Wirkens.

Rostock.
Carl Meyer's Buchhandlung.
1880.

Herrn

## Freiherrn von Enmezan

Kaiserlich Deutschem Consul in Helsingfors

dem

eifrigen Förderer Deutschen Wesens im Auslande.

des Abramelech ausgehend zu bekämpfen sucht, ist so geistreich als augenscheinlich einzig richtig: nur so läßt sich das Gedicht gegen den wohlgegründeten Tadel Lessings und anderer vertheidigen... Unbedingten Beifall möchte ich den wenigen Andeutungen spenden, die Hamel über Klopstocks poetische Sprache giebt. Der Vergleich der Klagen Marias im 7. Gesang des Messias mit Gretchens Klage vor dem Muttergottesbild im Faust ist vorzüglich..."

**Rostock**, im Juli 1880.

# Berichtigungen und Zusätze.

S. 11, Z. 15 v. o. lies dagegen vor I, 513.
S. 31, Z. 10 v. o. lies das dritte Mal besonders u. s. w.
S. 44, Z. 12 v. o. da er wartete für erwartete.
S. 48, Z. 5 v. o. die gewöhnlichen für der g.
S. 66, Z. 17 v. u. Emim für Emin.
S. 75, Z. 13 v. u. weiß ein treues.
S. 75 muß es für also heißen: auch. Cramer a. a. O. sagt: „Athmen wird gewöhnlich nur vom Einziehen der Luft gebraucht. Man sagt: Düfte athmen. Klopstock ist meines Wissens der erste, der es auch für aushauchen, und als ein Verbum neutrum braucht: Die Morgenluft athmete kalt."
  Ges. IV, V. 180 ff.:   Wie tief in der Feldschlacht
Kriegrische Rosse vor eisernen Wagen sich zügellos heben,
Wenn die klingende Lanze daherbebt, fliegend dem Feldherrn,
Den sie zogen, den Tod trägt, unter sie ihn blutathmend
Stürzt u. s. w. (Ausg. 1780, bei Cramer III, S. 47).
S. 83, Z. 17 v. o. Leibern für Leiben.
S. 87, Z. 15 v. u. als gar viele.
S. 115, Z. 16 v. o. 1799 für 1800.
  Auf S. 91 muß zu dem Einen entschieden falschen Hexameter noch ein zweiter hinzugefügt werden, nämlich Gesang VII, V. 266 in der Ausgabe von 1755. Vgl. S. 26 am Ende.
  Ueber die Form Ἀρμαθαία S. 3 verdanke ich meinem hochverehrten Freunde, Herrn Pastor Hermann Berger in Russow bei Neubuckow, M.-Schw., gründlichste Auskunft; die Citate, das Wort Dudáï betreffend, Heft 3, S. 99, übermittelte mir mein Freund Cand. Max Berger.

# Zur Textgeschichte des Messias.

## Veränderungen
## Sprache und Sinn betreffend.

„Seit länger als einem Jahrhundert war kein Mann von ähnlicher Bedeutung für die Sprache erschienen."
Gervinus über Klopstock.

„Sie haben die Sprache des Herzens, wie sie niemand in Deutschland hat."
Herder an Klopstock, 3. Juli 1783.

Ist dein Gedank' erhaben, dann macht er edler dein edles
    Wort und zugleich erhöht dieses den rhythmischen Ton.
Aber, ist dein Wort ein gemeines, so sinkt der erhabne
    Sinn, und solcherlei Wort schwächt auch die metrische Kraft.
Klopstock.

# Sprachdichter und Sprachcorrector.

Klopstocks verändernde, verbessernde, umgestaltende Arbeit am Messias erstreckt sich über sein ganzes Schriftstellerleben. Der Werth einer solchen Thätigkeit wird äußerst verschieden beurtheilt. Sehr interessant ist die Ansicht A. W. Schlegel's (Charakteristiken und Kritiken Bd. 2, S. 72 ff.), wo es unter Anderem heißt: „Correct kommt von corrigiren her, und demnach lautet denn das Hauptaxiom dieser gebenedeiten Dogmatik: durch corrigiren werden die Gedichte correct. Umgekehrt: wenn sie nicht schon im Mutterleibe correct waren, so werden sie auf diesem Wege nimmermehr dazu gelangen. Pope sagt, die letzte und größte Kunst sei das Ausstreichen, und für einen Menschen, wie er, der immer nur Verse und niemals ein Gedicht hervorgebracht hat, mag es hingehen; sonst aber sollte man denken, es wäre eine viel größere Kunst, nichts hinzuschreiben was man wieder auszustreichen braucht. Jene allgemeinen Sätze mußten zu einem sehr allgemein verbreiteten Vorurtheil werden, weil die meisten Menschen von der organischen Entstehung eines Kunstwerks nicht den mindesten Begriff und an dessen Einheit und Untheilbarkeit keinen Glauben haben, weil es ihnen an Fähigkeit und Übung gebricht, es als Ganzes zu betrachten. U. s. w." Die organische Entstehung eines großen oder echten Kunstwerks zugegeben, so ist die Frage wohl erlaubt: Ist denn nun ein Organismus sogleich vollendet? Auch die Organismen haben Auswüchse, die der Arzt, der Gärtner, vertilgen muß, und oft müssen ganze Glieder gewaltsam eingerenkt werden. Und dann kommt es auf den bildenden Kampf mit dem Medium der Entwicklung an, bei einem poetischen Kunstwerk also auf das Medium der Sprache. Raphael, ohne Arme geboren, wäre ohne Zweifel ein großes malerisches Genie gewesen, aber kein großer Maler; auch wenn dem poetisch Begabten die Sprache verliehen ist, so kommt es noch darauf an, ob es die treffende Sprache ist, das ausgebildete, vervollkommnete Material, dessen der er sich bloß zu bedienen braucht zur Gestaltung seiner Ideen, seiner Gefühle. Im andern Falle bleibt er bloß ein poetisches Genie, wird kein genialer Poet in jedem Sinne. Ehe dieser möglich ist, müssen erst die Poeten der Sprache kommen. Denn, wie Schlegel sehr richtig einmal sagt, die Sprache selbst ist ein Gedicht. Es gilt nun zu unterscheiden, was es heißt ein Sprachdichter und was ein Sprachcorrector sein. Klopstock ist das Erstere, Ramler das Letztere. Darum ist Ramler, wie Schlegel selbst sagt, matt und voll unpassender Veränderungen — er hatte, was bei seinem Talent am schlimmsten war, theils die großen Muster noch nicht vor sich, theils erkannte er sie nicht, theils hielt er sich selbst für einen Sprachdichter — Klopstock dagegen genial.

Erst wenn das Höchste vorhanden ist, kann von Corrigiren gemachter Fehler die Rede sein. Denn vorhandenes Besseres, Richtigeres an die Stelle dessen setzen, was ohne kennende Rücksicht auf das vorhandene Bessere gesetzt ward, das heißt und kann nur Corrigiren heißen. Sich=corrigiren ist kein innerer organischer Prozeß des Werdens, des sich Entwickelns, sondern ein äußerliches Sich=erheben von einer niedrigeren zu einer vorhandenen höheren Stufe. Man kann von allem Einzigen, Gewordenen nicht sagen, es sei correct; auch von des Helden That nicht, sie sei correct; sondern dies erst von der Nachahmung, sobald sie glücklich ist. So von des Genius Werk überall. Der Genius denkt, schafft; die Nachahmung denkt sich hinein, stellt sich vor, abstrahirt, agirt. Der Genius handelt.

So kann Schlegel mit Recht bei Ramler von Corrigiren eigener und gar erst recht fremder Productionen sprechen, bei

Klopstock würde das nicht gelten können. Er hatte noch kein Muster, das man, wenn von Corrigiren die Rede ist, voraus=
setzen muß; auch Luther, Opitz, Brockes, Haller sind ihm nicht
eigentlich und im Großen und Ganzen Muster gewesen, er
wäre ja sonst nicht im Sinne moderner Entwicklung über sie
hinaus gegangen; Klopstock ward wesentlich durch sich selber.
Auch später konnte er kein Muster anerkennen; denn er war
der Zeit und Wesenheit nach wieder der erste Reformator der
deutschen poetischen und dadurch auch prosaischen Sprache und
mußte alles nach ihm Geschehende als Folgen seiner Bestre=
bungen ansehen. Klopstocks Verbesserungen, mit Ausnahme
der wenigen aus rein religiösen Bedenken hervorgegangenen,
waren eine Art organisches Werden, kein Corrigiren. Sie
waren es nicht, gesetzt auch, er hätte sie selbst in Verkennung
des eigenen inneren Prozesses so aufgefaßt. Denn die Sprache
wird nicht gemacht, sondern bildet sich, im Großen und
meistens selbst im Kleinen, Einzelnen. Ohne Klopstock ist Goethe,
was die poetische Sprache betrifft, undenkbar. Das allein schon
sichert Klopstock seine ewige hohe Stelle in unserer Literatur.

Was übrigens die organische Entstehung eines Kunstwerkes
in der Weise anbelangt, wie Schlegel meint, daß es nämlich auf
den ersten Guß auch vollendet sei, so wissen wir glücklicher
Weise, was es mit dieser Behauptung auf sich hat, seitdem
wir das Entstehen eines der herrlichsten Goetheschen Lieder,
des Liedes an den Mond, kennen. Es liefert einen glänzenden
Beweis zu dem Jean Paulschen Worte, daß ja jedes Umge=
stalten wieder ein neues Gestalten sei, oft so neu und eigen=
thümlich als das erste. Wäre dies in Beziehung auf Klopstock
nicht der Fall gewesen, so würden wohl Männer, wie Herder,
Lessing, Voie u. a., nicht ein solches Gewicht auf seine Vari=
anten gelegt haben. So schreibt Voie an Knebel (Weinhold
S. 168): „Er ist wohl nicht ohne Fehler. Welches Original=
genie hätte die nicht? Aber schwerlich hatte ein Originalgenie
je so viel Geschmack. Brevis esse laboro, obscurus fio; so
geht es ihm oft. Er sucht die Sprache der Poesie von der
Prosa zu unterscheiden, und sucht es vielleicht zu sehr. Die

Berliner werfen ihm vor, er sei zu hart, zu unharmonisch. Man braucht ihn nur etwas mehr zu studiren, als sie bisher gethan haben, um die Ungerechtigkeit des Vorwurfs zu fühlen. .... Veränderungen großer Dichter sind eigene Sachen, wenn der Liebhaber die erste Lesart schon liebt und im Gedächtnisse hat; noch mißlicher werden sie, wenn der Dichter, wie Klopstock, sein ganzes Mythologiesystem umwirft. Verschiedene Änderungen, die mir Anfangs gar nicht gefielen, entzücken mich jetzt, da ich mich damit familiarisirt habe...." Lessing's Äußerung über Klopstocks Varianten ist bekannt. Herder verlangte dringend alle Ausgaben des Messias zu besitzen. C. F. Cramer sagt von der Methode der Arbeit des Dichters: „Corrigirt viel am Rande. Aufs Feilen hält er sehr viel; ich habe Stolbergen geschrieben, sagte er jüngst, wegen seines Homers, ich liebte das Feuer der ersten Ausarbeitung sehr, aber das Feuer der zweyten Ausarbeitung müsse auch hinzukommen.... Überhaupt: Alles vollkommen, vollendet! ... Keine Schlacke unter dem Golde! Das ist sein Grundsatz, und das Gegentheil ists was er an Schackespear,[1]) an Göthe tadelt. Doch tadelt er auch das allzu viele Feilen. Er sagt:

Willst du dein Bild vom Untergange retten,
So mußt du nicht zu sehr es glätten;
Der Arm, an dem so viel die Feile macht und schafft,
Die gar zu helle Stirn
Hat keine Kraft
Und kein Gehirn." — (Tellow an Elisa, 1777 S. 92).

Dieses Epigramm steht in der Gelehrtenrepublik, wo man mit leichter Mühe noch manche hierher gehörige Äußerung Klopstocks antreffen wird. Wie man übrigens damals Shakespear in Vergleichung mit Klopstock brachte, kann uns eine andere Stelle aus C. F. Cramers Klopstock in Fragm. aus

---

[1]) Koberstein bemerkt auf S. 296 des 3. Bandes der Geschichte der deutschen Literatur, daß Shakespeare bei Bodmer in der Abhandlung vom Wunderbaren (1740) Easpar, und in den kritischen Betrachtungen über die Gemählde Easper heiße. Ich füge hinzu: in der Abhandlung von der Schreibart in Miltons V. P., Zürcherische Streitschriften 1741—44 auch Easpper.

Briefen von Tellow an Elisa, (1777) S. 172, lehren: „Die Schärfe des Urtheil ists, die Klopstock so einzig macht. Schackespear hatte eben so große, vielleicht mehr Phantasie, fast eben so viel Empfindung! eben so ausgebreitete Kenntniß des Menschen! moralische Schönheiten sehr viel! eben den allumfassenden Blick auf die leblose Natur! . . . aber wie unendlich steht er unter Klopstock in Absicht auf das Urtheil! Gewiß bestimmte er nicht, das Maas in sicherer Hand, den Gedanken und seine Bilder. Die äußersten Fehler bey den äußersten Schönheiten! . . Aber bey Klopstock, alles gewählt, eben so wahr alles gedacht, als feurig gearbeitet, geglättet, gefeilt, vollendet bis aufs äußerste. Durchgehends griechische Politur bey deutscher Kraft." u. s. w. S. 186: „Jeder Schulmeister schreibt jetzt einen erträglichen Brief, damals war Gottsched unser Cicero. . . . . Sie haben insgesammt viel gethan; er (Klopstock) am meisten. Zwar seine Schriften zeugens; . . . ich weis es am besten, wie viel er darinn gearbeitet hat. Mit Fleis sage ich gearbeitet. Denn Sprache ist Studium bey ihm gewesen. Daß er so schreibt, ist nicht blos zufällig — er hat gedacht und gelernt um so zu schreiben. . . . Sprachkenntniß, Sprachkenntniß! empfiehlt vor allen Dingen Ekhard [der Greis in der Gelehrtenrepublik] dem Dichter. Und sie erlangt man nicht ohne Fleis. Diesen hat aber Klopstock von jeher so sehr gehabt, daß er sich nicht gescheut hat, mit der anhaltendsten Unverdrossenheit, alles Merkwürdige, was darinn geschrieben ist, zu lesen, so dürr und trocken es auch war, es zu vergleichen . . . . Dann stand er einmal mitten aus solchen Grübeleyen auf und dichtete: unsere Sprache." Ich könnte noch manche derartige Urtheile von anderen Männern anführen; doch will ich lieber noch einige von Klopstocks eigenen Ansichten hierüber, die mir besonders charakteristisch und zur Aufklärung über sein Thun dienend erscheinen, registriren.

„Ich bin immer sehr dafür gewesen, unvollendete Sachen nicht zu zeigen. Und ich nenne unvollendet, wenn noch die geringste Politur fehlt." (Lappenberg S. 191; an Cäcilie Ambrosius 1767). „Es verdient nach meiner Meinung eine besondere und sehr genaue Untersuchung, in welchem Grade der Dichter (um jetzt nur von diesem zu reden) leicht oder schwer sein dürfe. Ein solches oder ein anderes Wort, oder auch ein weggelassenes oder noch hinzugesetztes kann die schönste Stelle verderben. (Dadurch, daß ihr jenes fehlt, wird sie nämlich zu kurz; und durch dieses hinzukommende verliert sie von der Kürze, die sie haben müste. — Besonderes die Neueren haben nicht wenig Stellen, die Jedermann (ich rede auch von guten Lesern) deutlich, sehr deutlich vorkommen, und in denen doch die Gedanken nicht richtig und die Empfindungen nicht genau bestimmt sind. Sobald der Leser diese Unrichtigkeit nicht sieht, dieß Ungenaue nicht fühlt, und sieht: so versteht er im Grunde solche Stellen nicht, wie laut er auch von ihrer Deutlichkeit rede. Es kann manchmal seyn, daß er an solche Stellen so sehr gewöhnt ist, daß er sie, sobald man ihnen die gehörige Richtigkeit und Genauigkeit giebt, dunkel finden würde." (Lapp. S. 329 f., an C. F. Cramer Ende December 1789). Man vergleiche hiermit die oben vermerkte Meinung Boie's. Was Klopstock über Ramler dachte, und daß er nicht in die allgemeine Verehrung dieses „Correctors", von der Schlegel oben sprach, einstimmte, geht aus einer Stelle im Briefe an Gleim vom 2. September 1769 hervor (Schmidlin 1, 324): „Brauchen Sie nur ja Ramlers Feile nicht zu viel und bringen Sie mit Ihrer eignen hier und da ein wenig Politur weg [soll heißen: an]. Ich schlage Ihnen hierdurch nichts vor, als was ich selbst thue."

## Veränderungen, Sprache und Sinn betreffend.

Nur ein Dichter kann über des Dichters Sprache denken, productiv denken, alle dichterischen Möglichkeiten der Sprache erschöpfend und die treffendste gegebenen Falles anwendend. Was haben alle Bemühungen der Schweizer um unsere Dichtersprache geholfen? Sie konnten ihre eigenen Beobachtungen nicht anwenden. Wie viele Winke fand Klopstock in Bodmers Abhandlungen über Milton's Schreibart, in dessen Uebersetzung der Addison'schen Schrift vor! Er bringt eigentlich in dem ersten Aufsatz über diese Materie, „Von der Sprache der Poesie", zuerst im Nordischen Aufseher, 26. Stück, veröffentlicht, bei Göschen 10, S. 202 ff. nichts vor, was nicht Bodmer und Breitinger (im 2. Bande seiner Cr. Dichtkunst) bereits angedeutet, ausgesprochen hätten. Und doch ist es neu, denn seine Aeußerungen fließen aus der Quelle des productiven Denkens, was er sagte, that er; während jene nur meinen konnten, ohne von der Gültigkeit ihrer Meinungen völlig überzeugt sein zu können. Später behandelte Klopstock diese Dinge immer mehr ins Einzelne sich vertiefend, und auf seine grammatischen Gespräche werden wir öfters Rücksicht nehmen müssen. Auf die oben erwähnte Abhandlung „Von der Sprache der Poesie" werden wir bald näher eingehen; vorerst nehmen wir von einigen die Bildung, Declination und Flexion der Wörter betreffenden Beobachtungen Notiz.

## A. Einzelne Formen.
### a) Veränderungen der Eigennamen.

Eigennamen durch irgend eine Änderung ein neues Gepräge zu geben, ist nicht Klopstocks Erfindung, sondern er folgte darin dem Rath der Schweizer, die sich ihrerseits auf Milton beriefen. „Fahren Sie fort, mich zu belehren" schrieb Klopstock an Bodmer, der ihm die kritischen Schriften der Schweizer schickte. „Milton", heißt es in der Überf. von Addison's Crit. Abh. von den Poet. Schönh. in Miltons V. P., und daraus entnommen in der Abh. v. der Schreibart in Miltons V. P., Samml. der Zürch. Streitschr. Neue Ausg. 1. Band, Zür. 1753, „Milton hat das Mittel, durch Ausdähnung oder Einschraubung einzelner Wörter seine Rede zu erhöhen, insofern ins Werk gesetzet, als es die Natur unserer Sprache erlaubt, z. E. wie er Eremite statt des gewöhnlichen Hermite sagt. Wenn ihr das Maaß seines Verses betrachtet, so hat er mit geschickter Wahl in unterschiedlichen Wörtern eine Sylbe unterdrücket, und die, welche zwo Silben hatten, biß auf eine abgekürzet. Insonderheit thut er dieß merklich in den Nahmen der Personen und Länder, z. E. Beelzebub, Hesebon [statt Hesbon und Belzebub] und in vielen andern; da er entweder den Nahmen geändert, oder denjenigen gebraucht hat, welcher am wenigsten bekannt ist; nur damit er sich desto mehr von der Sprache des gewöhnlichen Haufens entfernte." Streitschr. (S. 119 f.): „Auf diese Weise wird es auch in unsrer Sprache ebenso glücklich angehen; [auch das Letzte] kann uns zu diesem Ende eben so wohl dienen. — Die Freiheit anlangend, womit Milton, seine Sprache zu erheben, neue Wörter gepräget, so ist auch diese, wenn sie nicht ohne Ursache genommen, und mit Vorsichtigkeit und Bescheidenheit gebraucht wird, der deutschen Nation in ihrer Sprache nicht zuwider" u. s. w. Gemäß dieser Aufforderung wählt Kl. an Stelle des gewöhnlichen „Nil" den „Strom Aegyptus" im I. Ges. und öfter, z. B. IX, 281, später jedoch kehrt er von dieser Nachahmung zurück, sagt: „in dem Lande des Nilus" XIV, 1067, und in den Triumphgesängen des XX. Ges. erscheint der Nil wieder mit diesem seinem gebräuchlichen Namen. Die lateinische Form Patmus ist ihm I, 478 auch zu gewöhnlich, er wählt die griechische Patmos. Ferner wirft er Buchstaben aus: Canan für Canaan, welches jedoch mit K geschrieben 1800 sich wieder einstellt. Abbadona hieß jedoch zuerst (1748 und 51) Abbadonaa. Absonderlich behandelt Kl. die Maria Magdalena. Vorberger fragt zum 180. V. des IX. Ges.: „Warum Kl. nicht die einzig richtige Form Magdalena gebraucht, ist nicht abzusehen." In Cramer's Comm. steht V. Theil, S. 32 ganz deutlich: „Weil der Name Magdalene ziemlich gemein geworden ist, so nennt sie der Dichter stets von ihrem Geburtsorte: Maria Magdale." Beide Commentatoren haben in der Behauptung Unrecht, daß Kl. sie stets so genannt habe. Wie er später sich — wir haben es eben mehrmals schon wahrgenommen — von diesen Sonderbarkeiten überhaupt, so weit es ging oder ihm möglich schien, lossagte, so setzt er auch öfters den Namen Magdalena wieder, so XIV, 803, 1143; XV, 745. Auch nennt er sie nichts stets Magdale, sondern auch Magdala. Übrigens liegt der Nutzen, den die letzteren Bildungen für den Vers gewähren, auf der Hand. Für Maria tritt häufig die alttestamentliche Mirjam ein. Klopstock sagt auch Arimathäer, Arimathäa. Vorberger nennt diese Form unbiblisch. Doch steht im griechischen Text in den besten Handschriften an allen vier Stellen, in denen das Wort vorkommt Ἀριμαθαία, lateinisch entsprechend **Arimathaea**. Doch kommt auch die lat. Nebenform Arimathia vor; diese ging in Luthers Bibel über. Klopstock wählte also die correctere Form. Im XII. Ges. V. 309 heißt Jeremias der Bethlehemit. „Was der Bethlehemit einst über Jerusalem weinte." Vorb.: ʼBethl.', was keinen Sinn giebt, wird er in allen Ausgaben genannt. Soll es heißen ʼBenjaminitʼ? Er war aus Anathoth im Stamme Benjamin." Gewiß muß und soll es Benjaminit heißen, denn so wird Jeremias ausdrücklich bereits Ges. XI, V. 959 genannt:

„Die Sängerinnen und Sänger
Weineten ihn, der Benjaminit, beß Thrän' auch auf Salems
Trümmer fiel, am herzlichsten!"

„Bethlehemit", aber nicht von Jeremias gebraucht, kommt zum ersten Male XI, 1151 vor. Das ist also einmal ein Fehler Klopstocks. — Dagegen in Ges. XIII muß es heißen der Arnon, der Hermon; denn so lesen richtig nicht blos, wie Vorberger angiebt, die 1. Ausg. (also 1769 resp. 68), sondern auch alle drei Ausgaben von 1780. „Arn und" ist also einfacher Druckfehler in 1800, die sich durch einzelne sehr grobe auszeichnet. Vorb. hätte diesen Nonsens wohl nicht in den Text setzen müssen. — Gs. III, 244 heißt Simon „der Kananit", wozu Vorb. die Glosse macht: „Matth. 10, 4: Simon von Kana. Es müßte also Kanäer oder Kanait heißen. Die folg. Erzählung findet sich in der Bibel nicht." Die erste und letzte Notiz verdankt Vorb. Cramer, das Mittlere ist sein, aber falsch. Simon, ein Bruder des Jacobus und Judas (Matth. 13, 55), ist nicht von Kana, wie Luther falsch Kananites übersetzt hat, sondern führt den Beinamen Kananites, das heißt, nach Lucas Cap. 6, 15 „der Eiferer." Marc. 3, 18. —

Am Schlusse dieser wenigen Notizen über die Veränderung der Eigennamen möge Schiller erwähnt werden, der ähnliche Abänderungen an fremden Namen vornimmt.

„Ist's die Sprache, lüg' mir nicht,
Die man in Elysen spricht?" (Laura am Klavier).
„Priams großer Heldenstamm verdirbt" (Hektors Abschied).
„Priams Veste war gesunken" (Siegesfest).
„Tantals Tochter schweigt in diesem Stein" (Götter Griechenlands).
„Entzweit mit einem Favoriten
Flog einst Fortun' der Weisheit zu." (Das Glück und die Weisheit).
„Sterbliche mit Götter und Heroen
Huldigten in Amathunt." (G. G.) —

Goethe in der Helena gebraucht auch nicht den üblichen Namen Menelaus, sondern Menelas.

b) Declination der Eigennamen.

„Unsere ältern Dichter declinirten die Nomina propria; Kl. hat die Neuerung eingeführt, die sich auch sogar jetzt in die Prosa drängt, sie stets als indeclinabilia zu betrachten. Freilich zuweilen stutzt man über die Ungewißheit des Casus, die dadurch entsteht, aber Klopstocks Autorität hat bereits über allen Widerstand des Heers von Schriftstellern gesiegt, die sich dagegen lange sträubten. Es ist nicht mehr erlaubt, Christi, Pilato u. s. w. zu sagen" Cramer zu Gef. VI, 52. (IV. Theil S. 207). — Demgemäß fanden durchgehende Änderungen statt, da in den ersten Ausgaben noch declinirt war. Es ist unnöthig, Beispiele anzuführen. Aber nicht blos Jesu wird in Jesus umgeändert, sondern auch für „von Mosen" „von Moses" gesagt, z. B. I, 590. „Des Dagonit" s. Cramer Tellow S. 171, wo angegeben wird, daß Kl. im XIII. Gef. auch „Gottmensch" nicht declinirt hat. „Ich fragte ihn selbst einmal darüber. Die Unregelmäßigkeit bei Dagonit, sagte er, halt ich mir wohl einmal für erlaubt, weils ein fremdes Wort ist, und bey Gottmensch habe ichs mit Fleiß gethan, um dieses Wort als die Hauptbenennung des Erlösers zu unterscheiden. So wie man auch nicht Gotte sondern Gott declinirt." Noch eins solcher Wörter später: Rechte.

Dagegen declinirt Kl. alle Wörter, die im Genitiv ein s in ungezwungener Weise annehmen können, als Jehovah's, Cidli's, Aron's u. s. w.

c) Adjectiva.

In der Declination der Adjectiva schwankte Kl. Er änderte

a) I 562 mit sorgsamem Ton in: mit sorgsamen Tone
b) I, 57 zwoer umbusteten Cedern in: zwoer umbusteler Cedern
   I, 570 vieler unsterblichen Kinder in: vieler unsterblicher Kinder
c) · unsern getröstetem Auge in: unserm getröstetem Auge;
   I, 326 zuerst: vor ihrem göttlichern Vater in: vor ihrem größerm Vater, und dies wieder in: vor ihrem größeren Vater.
   I, 718 von hohem denkenden Ansehn in: von hohen denkendem Ansehn.

I, 684 nach deren flüchtigen Schatten (nämlich der Weisheit, also Singular.) in: nach deren flüchtigem Schatten.

*d*) I, 683 Diese der Weisheit würdige Schüler in: Diese der W. würdigen Schüler.

In dem siebenten grammatischen Gespräche „Die Kühr" heißt es:

Kühr: Wenn gesagt wird: Mit des Stromes wiederhallendem Geräusch; so verweist das nicht auf die fehlende Bestimmung [dem]; denn wäre dieß der Fall, so müßte es Wiederhallenden heißen. (mit Dem wiederhallenden.) Wenn aber gesagt wird: Mit des Zornes eilenden Wuth, so bemerken wir die Verweisung. (mit Der eilenden Wuth.)

Wortänderung: Eilenden, für Eilender ist also wider die Ähnlichkeit; denn nur das letzte stimmt zu Wiederhallendem.

Kühr: Man fragte einst den Sprachgebrauch, ob er sich zu Eilender verstehen würde. Das wüßte er nicht, sagte er, nickte, und kopfschüttelte, jetzt so, dann wieder so, und zuletzt rieth er gähnend an, daß man sich, durch die Wahl des Eilender, dem Vorwurfe grammatischer Fehler doch lieber nicht aussetzen möchte. Man wurde dringend, und führte ihm der Liebe sanfte (nicht sanften) Empfindungen an. Hier wollte er sich denn die Augen reiben, aber that's nicht: man konnte nicht klug aus ihm werden, und ließ ihn stehn.

Wortänderung: Aber könnte man gleichwohl Eilenden nicht vorziehn und dann, der Ähnlichkeit wegen, zu Wiederhallenden rathen? Die Verweisung auf die fehlende Bestimmung kommt mir deswegen in Betracht, weil sie sich der Regel des Französischen nähert, welches jene Bestimmung setzt.

Kühr: Dieß ist mir kein Grund. Denn Des wiederkehrenden Frühlings Die süßen Freuden, hat für mich etwas, das ausdehnet.

Wortänderung: Dir giebt, wie ich sehe, Der Liebe sanfte Empfindungen, dafür den Ausschlag, daß man auf die fehlende Bestimmung nicht verweisen dürfe. Aber dieß redet nun nicht lange mehr für dich; denn der Unterschied, den man durch Die sanften, und sanfte Empfindungen macht, wird bald nicht mehr in der Sprache seyn.

Kühr: Warum nicht?

Wortänder.: Weißt du denn nicht, daß einige unserer Schreib=
seligen sich die große Sprachverbesserer nennen?

Kühr: Wozu dieser Scherz?

Wortänder.: Wenn du meinst, daß ich nicht in Ernst rede;
so weißt du auch wohl nicht, daß jene nahe daran sind, ein
Ganze! zu sagen; denn, ein schönes Ganze! sagen sie schon.

Kühr: Ich gebe dir gern zu, daß die, welche sich getraun,
der Sprache, ein Ganze! zu bieten, keinen Augenblick anstehn
werden, sie auch mit, die große Verbesserer! zu versehn. —

Im XX. Ges. kommt vor: „Alle nicht führt? Labyrinth!
alle des großen, des unnennbaren, des belohnenden Heils."
Cramer: (Tellow. S. 390): „Man kann alle und alles sagen;
er wählt hier das erstere um den Uebelklang alles mit des zu
vermeiden. [Doch verführt das erste Alle zu Mißverständnissen.]"

e) Für „göttlich freyes Entschließen" — wo göttlich ad=
verbiale Bestimmung zu freyes wäre — im 41. V. des I. Ges.
„göttliches freyes Entschließen." Wo dieser Irrthum jedoch
nicht möglich ist, da wendet Kl. an Stelle der Vokalverschluckung
lieber die Form ohne Endung, z. B. in der Widmungsode:
menschlich Herz für menschlichs Herz; I, 505; mütterlich Land
für mütterlichs; IV, 249: ein mehr als königlich Herz, für
königlichs. S. die dritte Strophe der Widmungsode.

f) Zum Theil aus Gründen des Wohlklangs, zum Theil
aus mir nicht einleuchtenden finden sich Veränderungen wie:
I, 571 flüchtig in eilend; I, 391 lebendig in lebend (vom
Sturmwind); beide Wörter decken sich ihrem Sinn nach doch
nur zum Theil; lebendig hat eine Nebenbedeutung angenommen,
die lebend nicht besitzt; es bezeichnet erhöhtes, reges, intensives
Leben.[1]) Ferner I, 509, 529 und 720 sehnlich in sehnend; I, 265

---

[1]) sehr deutlich geht dies aus der Stelle in Goethes klass. Walpurgis=
nacht hervor: „Zwar sind auch wir von Herzen unanständig,
Doch das Antike find' ich zu lebendig."
Lebend hätte hier gar nicht zum Sinn gepaßt. Vgl. Ital. Reise,
Hempel Th. 24: 84 „Die Wirthschaft der Seeschnecken. . . . Was ist doch
ein Lebendiges für ein köstliches, herrliches Ding!" Auch S. 22; 139;
177: „Der Lebendige lebt lustig fort."

unbedenklich, undenkbar. Des Wohlklangs wegen sind dornicht in dornig; schatticht in schattig I, 217; blumicht in blumig I, 627 verwandelt. Cramer, (Tellow S. 247); „[Des Wohlklangs wegen] kommts, daß er die Consonanten aus vielen Wörtern herauswirft, sie tönender zu machen." Doch nicht überall wird icht für ig gesetzt. V, 169 ist lockicht nicht verändert, weil lockig schlecht klänge.¹) Man findet auch blumigt; vielzüngigt VII, 638, in d. Ausg. v. 1755.

d) Zum Theil archaistisch ist die Anwendung des End=E in einigen Wortarten. Luther hat davon noch reichlichen Gebrauch gemacht, auch Opitz, und in Dichtern nach Opitz' Zeit findet man wohl noch deme oder apostrophirt dem', Kindere u. drgl. Doch ist die Anhängung dieses Buchstabens bei Kl. manchmal wohl nur Nothbehelf. So am Ende des Verses: kein dunkler Planete I, 196, wofür er denn auch: kein dämmernder Erdkreis setzte. Beispiele finden sich sehr viele. I, 113 Gerichte am Schluß in: Gericht mich; I, 478 Prophete am Schluß, fort; I, 272 Throne Thron;

I 241) 1748,51 Also vergnügte sein göttliches Ohr itzt bieß hohe Getöne.
      55    vergnügten                   der Sphären Gesänge.

I, 3 Adams Geschlechte, in Geschlecht; ebenso I, 18; I, 422 Doch ihr, mein theures Geschlechte in: gebohrne der Erde. Andere Wendungen oder Ausdrücke sind für „Gesichte" eingetreten, I, 539 Antlitz, I, 368 für „vor der Thronen Angesichte, vor der Thronen freudigem Blick." Auch das E der Dativendung fällt oft fort, so Fuß für Fuße I, 204; Gebirg für Gebirge I, 337; Bild für Bilde I, 81 u. and. Gar nicht declinirt Kl. in den ersten Ausgaben „die Rechte", was um so mehr auffällt, als er es mit „die Linke" thut. VII, 824: „Es wies mit der Rechte Pilatus zurücke, 1800 in: „Pilatus wies zurück mit der Rechte" verändert. In der Verbindung aber mit Linke sagt er richtig: „zu der Rechten und Linken" z. B. VII, 794; dagegen allein wieder „zu der Rechte des Vaters" am Schluß

---

¹) Goethe in der klass. Walpurgisnacht (2. Theil des Faust) wagt auch lockig. „Und was nicht alles, lockig und beflügelt, Von vorn und hinten sich im Auge spiegelt." Man müßte denn lockich sprechen.

des Messias. Er scheint also dieses Wort wie „Gottmensch", „Gott" ausgezeichnet zu haben durch eine byzantinische Starrheit. Aber nicht nur, wenn von der Rechten Gottes oder Christi die Rede ist.[1]) — Die starken Imperfecta haben nicht alle ihr e einbüßen können; I, 185—186, und 534 sahe in sah, oft aber sahe geblieben. —1, 65 Siehe, Sieh. — „Zurücke" hat überall weichen müssen, z. B. I, 446; I, 131:

1748—55 Vater, zu deinem unsterblichen Thron im Triumphe zurücke.
   80 f.   zurück in Triumph zu deinem erhabenen Throne!
I, 209 zurücke gerufen in: herüber gerufen;
I, 620) 1748,51 Blieben wehende Flammen in seinem Fußtritt zurücke.
     55                 seinen Tritten
   80 f. Blieb es in seinem Tritte zurück wie wehende Flammen —

Goethe ist nicht so bedenklich, er gebraucht zurücke der dritten Silbe wegen.

### c) Vokalverschluckung.

Bodmer (a. a. O. S. 115 ff.): „Unter den Mitteln, die Aristoteles vorgeschlagen hat, die Poesie von der Prosa zu unterscheiden, ist die Manier, ein Wort um eine Sylbe zu verkürzen oder zu verlängern, unserer Sprache in vielen Wörtern so gemein und eigen geworden, daß sie den Dienst, den dieser Kunstlehrer damit sucht, nicht mehr thut. In wieviel Zeitwörtern und Endungen der Nennwörter darf das leise e behalten oder weggeworfen werden? — Ist es nicht eine Geschicklichkeit der Sprache, daß sie sich nach dem Bedürfniß des Aussprechenden richtet, wann er eilfertig ist, und wann er gemächlich gehet? So kann J verschluckt werden, ein'ger u. s. w. Mich dünkt, man könnte diese Verschlückungen der Härtigkeit nicht beschuldigen, man wolle denn die Sprache selbst einer solchen anklagen, weil in derselben ganze und ungestümelte Wörter sind, wo eben diese schweren Mitlauter beysammen stehen: Beingen, Gustgen, ich borge, schwelgen. Und ich dächte,

---

[1]) S. XIV, 861 ff. die berühmte Stelle:
Einen Becher der Freuden hat in der Rechte, der Linken
Einen wüthenden Dolch die Einsamkeit; reicht dem Beglückten
Ihren Becher, dem Leidenden reicht sie den wüthenden Dolch hin!

daß diejenigen Elisionen, die sich auf diese Weise schützen kön=
nen, Verzeihung verdieneten.¹) — Unsere Sprache erlaubet noch
einige Ausstoßungen von Sylben. Die gantze Endung es in
Beiwörtern kann ausgelassen oder gesetzt werden." Kl. hatte
von dieser Licenz reichlich Gebrauch gemacht. Ges. XX kommt
vor, „der geharnschte Reuter." Bei feyrlich läßt er das E
stets fort. Bei Substantiven: I, 284 Gesanges in Gesangs;
I, 177 Gebirges in Gebirgs. Bei Adjectiven: I, 85 größern
in größeren; X, 115: Was bin ich? Das schwärzste der
Ungeheuer des Abgrunds", wozu Cramer: „Klopst. strafte mich
neulich, daß ich in meinem menschlichen Leben mir Vocalen=
verschluckungen, wie Geists, erwürb, u. s. w. erlaubt. „Das
geht nicht .. Aber .. Sie haben es wohl aus Bosheit ge=
than; damit sie unserer Sprache noch mehr bösen Leumund
machen." Ich: „Nun ja! .. ich hätte denn mit Lessings
Orsina gesagt: Marinelli, lieber Marinelli! lügen Sie doch
eins. Was schadet Eine Lüge (Härte) mehr einem (der Sprache),
der doch verdammt ist?" Aber, im Ernste, ich hätte mich unter
dem Schilde dieses schwärzsten, und feirlich, decken können mei=
nes Herrn und Meisters. Es giebt also doch Fälle der Be=
fugniß. Wenn Luthers Auctorität gölte! Er verkürzt oft,
Lieb, Knab; und dehnt: weissest, wo wir zusammenziehn: weißt."
In einer früheren Stelle hatte Kl. auch schwärzste That, (vom
Kusse des Verräthers) gebraucht, aber dann verändert in
schwärzeste.²) Bei Verben: I, 306: redt' er in redet' er; ebenso
I, 82; „Doch Gott redte noch nicht" in „Aber noch redete
Gott nicht" I, 366. Stehen geblieben ist redte I, 545. Ferner:
Gott selber zündte das Opfer in: Gott zündete selber das
Opfer I, 348. Jauchzet in jauchzt I, 273; herrschet, herrscht,
I, 588. Knieend in knieend I, 286 (so auch Harmonien in
Harmonieen, wo Boxb. das erste schreibt). Schauen in schaun,

---

¹) Diesen Bodmer'schen Grund gebraucht Kl. öfter.
²) Es ist VI, 80 Und die schwärzste der Thaten entschlich, wie ein
Schatten, zur Hölle; 1800: Und der Thaten schwärzeste schlich u. s. w.
Vgl. Goethe, Faust I: „Wie schien mir's schwarz, und schwärzt's noch
gar."

dann wieder in schauen I, 248. Erschaffener, erschaffner, I, 172; erschaffene, erschaffne, erschaffene I, 258; gegrüsset, gegrüßt I, 245; verborgenen, verborgnen I, 650.

f) Consonantenausfall und =umstellung.

Kl. schwankt fortwährend zwischen meinentwegen und meinetwegen, eurentwillen und euretwillen u. s. w.; IV, 777 meinentwillen in meinetwillen. Einmal hatte er meinentwegen und änderte dreimal: meinet — meinent — meinetwegen. Nicht immer hat er sich für et entschlossen; I, 419 blieb eurentwillen. Ebenso geht es ihm mit genug und genung z. B. X, 104. Umstellung: Strauchlen in Straucheln I, 17; versammeln in versammlen I, 664; sammeln in sammlen I, 110. Im Allgemeinen hat er sich mehr für len, ren entschieden als für eln ern u. s. w. I, 283 blieb feyren; I, 277 feyrendes. I, 593: kleinern in kleineren; I, 513: Anderer, andrer (beide zugleich Vokalverschluckung).

g) Eigenthümliche (resp. alterthümliche) Um= und Ablautungen.

I, 138: Jesus stand auf, stund auf, erhub sich. XX (Cramer, Tellow S. 274 [müßte heißen 374]) entschwung; I, 566: schwünge in schwänge. XX (Ausg. v. 1769 S. 205) schwungen sich; XI, (Ausg. 1769 S. 24) er schlung.

518) 1755 Dunkel nun ward, nun ihr Blick mit Dämmrungen rung, so sank er
80                                                                 rung, so
1800           ward, ihr Blick mit Dämmrungen kämpfte, so

Die Form „rung" ist im Druckfehlerverzeichniß von 1755 in „rang" verbessert. Die Ausg. v. 1756, sonst ein fehlerhafter Abdruck der eben genannten, liest der Verbesserung gemäß „rang." Dagegen haben alle drei sich durch fast tadellose Correctheit auszeichnende Ausgaben v. 1780 wieder rung, was schwerlich wohl Druckfehler sein möchte. Man vgl. übrigens Schiller in Graf Eberhard der Greiner:

Der junge Graf voll Löwensinn Schwung seinen Heldenstab — —
Doch weh, ach weh, ein Säbelhieb Sunk schwer auf sein Genick.
(So auch Kl.)

Hub für hob sehr oft, z. B. I, 301. Oft auch erhaben für
erhoben, aber überall in erhoben verändert. Vgl. Faust, wo
beides zu gleicher Zeit vorkommt:
>Hat der Begrabene
>Schon sich nach oben,
>Lebend Erhabene,
>Herrlich erhoben.

Erschallten, erschollen I, 520 und oft. Nannten in nennten
I, 33 und öfter. Im Imperf. von rufen bald rufte, bald rief,
jenes aber öfter; VI, 476, wozu Cramer: „Rufen hat zwei legitime
Formen im Imperf., rufte und rief. Diese ist die gewöhn=
lichere." Luther sehr oft rufte. — Für kommt oft kömmt und
umgekehrt; X, 48. Die Form kömmt warf der Pastor Göze
schon Lessing vor, der antwortete, daß er seine Orthographie
wohl überlegt habe. Goethe noch im Faust „kömmt": „Und
kömmt die böse Zeit heran". Die Form „es daucht mir" haben
Vorb. und Göschen überall in däucht umgeändert. Kl. schrieb
aber daucht oder deucht; dies geht deutlich aus dem Briefe an
Ebert vom 20. Febr. 1773 hervor: „Däucht muß deucht heißen.
Mich deucht es sind noch etliche [Druckfehler] da." Im ganzen
2. Theil des M. kommt nur daucht, nie däucht, wohl aber
dünkt und deucht vor. Zuerst findet sich „daucht" meiner Er=
spürung nach erst im X. Ges. 998.

## B. Vereinfachung, Verstärkung, Verdeutlichung, Veredlung des Sinnes, der Construction und des Ausdrucks.

Im Jahre 1746 schrieb G. Fr. Meier in seiner Abhand=
lung: „Untersuchung einiger Ursachen des verdorbenen Ge=
schmacks der Deutschen in Absicht auf die schönen Wissenschaften,
Halle, Hemmerde" Folgendes:

„Man nehme alle Deutschen, welche Gedichte machen und
Reden verfertigen. Von diesen meinen Landsleuten behaupte
ich folgendes. 1) Der größte Theil derselben hat gar keine
Empfindung von einem guten rednerischen und poetischen Ge=
danken, sondern es gefällt ihm nur lauter elendes

mattes schläfriges wässriges kriechendes Zeug, welches zusammengenommen den Unrath des Parnaß ausmacht, und wovon sich die kleinen kriechenden Geister, das poetische Ungeziefer, nähren. 2) Unter dem übrigen Haufen, der übrig bleibt, wenn man die vorhin genannten elenden Geister abzieht, sind die allermeisten nur mittelmäßige Köpfe. Das mittelmäßige in der Rede- und Dichtkunst ist ohne Widerrede verwerflich[1]) und diese Parthey ist, für die Aufnahme des guten Geschmacks, am gefährlichsten." (S. 9.)

Die historische Gerechtigkeit verlangt die Frage, ob einem solchen Manne, der mit solchen Worten den Zeitgenossen die Wahrheit zu sagen sich nicht scheute, mit Recht der junge Lessing einige Jahre nachher das Epigramm anhängen durfte:

Sein kritisch Lämpchen hat die Sonne selbst erhellet,
Und Klopstock, der schon stand, von Neuem aufgestellet.

Wir wollen aber weiter sehen, ob Meier's Lämpchen denn so gar düster brannte und klein war, oder ob er nicht sehr richtige Vorstellungen von dem, was der Poesie noththat, hatte, und mit der Äußerung derselben zur Abhülfe sein Scherflein oder sein Goldstück beitrug.

„Die Religion, sie mag wahr oder falsch sein, erfüllt die Gemüther derjenigen, die sie für wahr annehmen, mit gewissen erhabenen, ehrwürdigen, und wunderbaren Begriffen, welche sonst nirgends anderswoher entstehen können. Selbst die Andacht führt etwas reizendes und entzückendes mit sich, welches das Gemüth über die Sphäre der Endlichkeit erhebt. Ein Gedicht, welches demnach, außer den übrigen Schönheiten der Poesie, mit den Religionssätzen des Dichters angefüllt ist, bekommt, in Absicht auf ihn und seine Glaubensverwandten eine ganz besondre und ungemeine Schönheit. Die heydnischen Dichter haben diese Schönheit durch die Mythologie ihren Gedichten verschafft. Sie gaben sich selbst für begeisterte Personen aus und riefen die Musen herbei. Sie führten in allen ihren Gedichten ihre Gottheiten nach der Analogie ihres Glau-

---

[1]) Vgl. Lessing, Dramat., Ankündigung: „Es ist gut, wenn das Mittelmäßige für nichts mehr ausgegeben wird, als es ist u. s. w."

bens an, und man kan sagen, daß sie dadurch der Dichtkunst ungemein aufgeholfen, und sie mit Gedanken angefüllt, welche in einem Heyden Ehrfurcht, Andacht und Bewunderung gewürkt haben. Wir Deutschen rauben unsern Gedichten mehrentheils diese hohe Schönheit. Wir entfernen sie von der christlichen Religion. Unsere deutschen Dichter bedienen sich entweder der Mythologie, und wenn sie in diesem Falle die heydnischen Gottheiten nicht blos als allegorische Personen anführen, so machen sie bei einem Christen keinen Eindruck, wenigstens können sie die heiligen Gedanken nicht verursachen, die dadurch bey einem Heyden entstehen. Oder sie thun in ihren Gedichten, als wenn sie gar keine Religion hätten, und ihre Gedanken mögen noch so schön seyn, so fehlt ihnen doch dasjenige erhabene, welches allein mit der Religion verbunden ist. Oder wenn sie ja das System der christlichen Religion in ihre Gedichte bringen, so geschieht es mehrentheils auf eine elende Art. — **Die Psalmen und alle Gedichte der Bibel sind poetische Meisterstücke.**[1]) Hat also der Geist Gottes uns nicht ein Muster gegeben, die wahre Religion in der erhabensten und feurigsten Poesie vorzutragen? Ich bin gut dafür, daß der gute Geschmack der Deutschen in der Dichtkunst, auch so gar unter dem gemeinen Manne, allgemeiner sein würde, wenn die Kirchenlieder poetischer wären." (S. 27.)

Wenn wir immer wieder von den urtheilsfähigsten Männern der vorklopstock'schen Zeit es aussprechen hören, welche Schätze der Poesie in der Religion und der Bibel zu heben seien, und sie immer wieder darauf, als auf das künftige Heil der deutschen Dichtung hinweisen sehen, so müssen wir immer von Neuem über die Urtheilslosigkeit eines Gelehrten, wie Danzel erstaunen, der, von seinem skeptischen philosophischen Standpunkt aus, eine historisch nothwendige Erscheinung, eine, die noch dazu so groß und still dem Zeitenschooße entstieg, anhöhnte. Alles was in lebendiger Weise wirken will, muß, aus dem Gemüthe geboren, das Gemüth treffen und ergreifen.

---

[1]) vgl. damit Füßli's, des schweiz. Malers, Aeußerung: „Es ist nicht wahr, daß die Psalmen Poesie seien."

Was hat Gottsched mit seiner ganzen verständigen Boileaus=
miene der deutschen Dichtung genützt? Herzlich wenig. Und
ist der Erfolg der Wirksamkeit Lessings denkbar ohne Klop=
stocks voraufgehende und begleitende, den ganzen geistigen Men=
schen, nicht blos den Verstand, bildende Thätigkeit? Es ist so un=
psychologisch wie möglich gedacht, wenn man glaubt, die Geschmacks=
bildung gehe von der des Verstandes aus. Wo, so zu sagen, der
Geschmack des Gemüthes nicht vorhanden ist, da wird der Ver=
stand und aller Scharfsinn es höchstens zur zierlichen Affectirt=
heit, niemals zur lebendigen Grazie, zur ergreifenden Majestät
bringen. Auch Lessing hat sein warmes Selbstgefühl an Klop=
stock gestärkt; und wenn Klopstock nicht gewesen wäre, wer
weiß, ob er in so kühner Weise den Muth gehabt hätte, an
die dichterischen Erzeugnisse der gefeiertsten Nation heranzu=
treten und bei sich zu sagen: Wir wollen sehen, wer Ihr seid?
Indem Klopstock den richtigen Geschmack des Gemüthes dadurch
bewährte, daß er den Stoff wählte, der in dem damaligen
Deutschland allein allgemein fesseln konnte und der ihn selbst
darum innig fesselte; indem er mit heiliger Hand aus dem
Borne der Sprache schöpfte und der Mitwelt zum Trunke bot,
hat er auf diesem nicht verstandesmäßigen, nicht begrifflich con=
struirten Wege mehr geleistet für den Geschmack überhaupt, als
sonst Jemand neben und vor ihm.

„Es gibt einige Vorurtheile", fährt Meier auf S. 34
fort, „die in Deutschland herrschen, wodurch der Geschmack un=
gemein verdorben wird. 1) Die Dichtkunst sei für den ge=
meinen Mann erfunden. — Ich behaupte, daß ein Gedicht von
der höchsten Art von dem gemeinen Mann gar nicht müsse
verstanden werden können, weil es über den Horizont desselben
weit erhaben ist. Wer ein großer Dichter sein will, muß ein
großer Geist sein und kein mittelmäßiger, folglich auch kein
kleiner Geist ist vermögend, die höchste Poesie zu schmecken.
2) man glaubt, ein jeder, der gesunden Verstand hat, müsse
vermögend sein, ein Gedicht zu verstehen. Die höchste Poesie
ist aber eine Sprache der Götter, und schwinget sich so hoch
über die gewöhnlichen Begriffe, daß sie über den Horizont der

meisten Leute geht. Sie bringt so viel Licht in die Gedichte, daß mittelmäßige Geister dadurch verblendet werden. Sie treibt das erhabene zu einer solchen Höhe, daß mittelmäßige Geister schwindlicht werden und fallen, wann sie diese Höhe ersteigen wollen. 3) man glaubt, daß ein Gedicht, ohne Mühe, Nach= denken und Kopfzerbrechen müsse können verstanden werden. Haller wird daher getadelt. — Man muß in einem Gedichte die Regeln der Verleugnung ausüben und eine kleinere Voll= kommenheit fahren lassen, um eine größere zu erhalten. — Wenn man die Reime abschaffte, so würden unsre meisten Ge= dichte gar keinen poetischen Schein behalten. Unsre meisten Dichter würden sich schämen Verse zu machen und folglich würde der Geschmack der Deutschen besser werden."

Meier bekennt sich in diesen Sätzen zur Theorie der Schweizer. Und so ist es denn nicht wahr, daß er Klopstock aufgestellt, als er schon stand; er half die Aufnahme Klopstocks vorbereiten. Aller dieser Männer Gedanken spann Klopstock weiter, spann goldene Fäden daraus, spann den Raphaelischen Teppich seines großen Gedichts daraus. Und dann verrieth er in kleineren und größeren Aufsätzen die kleinen Geheimnisse der Technik, die ja freilich nur in der Hand des Meisters zu Etwas werden, in der Hand des Meisters, dem das große Geheimniß im Busen ruht, dessen Technik sich nicht verrathen läßt, wie die alles Organischen nicht. So hat er über die poetische Sprache einige Beobachtungen gemacht in dem Aufsatze, den ich früher bereits genannt habe (im Nord. Auss. 26. Stück 1. Bd. 1758). Ich entnehme ihm nach der A. D. D. folgende Re= sumtion.

Schon lange ist es her, daß Luther die Deutschen durch die Art, wie er die poetischen Schriften der Bibel übersetzte, von dem Unterschiede der prosaischen und poetischen Sprache hätte überzeugen können. Aber sie haben von diesem großen Manne überhaupt weniger gelernt, als sie von ihm hätten lernen sollen. Opitz erinnerte sie nach ihm von neuem daran, Haller noch mehr, doch scheinen sie noch immer daran zu zwei= feln. Wenn man alle Stufen des prosaischen Ausdrucks hin=

aufgestiegen ist, so kommt man an die unterste des poetischen.
— Die Poesie soll vielseitigere, schönere und erhabenere Ge=
danken, als die Prosa haben. Wenn wir sie aber ausdrücken
wollen, so müssen wir Wörter wählen, die sie ganz ausdrücken.
„Hier finden wir gleich anfangs eine nicht geringe Anzahl, von
denen wir gar keinen Gebrauch machen können. Einige sind
zu pöbelhaft, andere nicht edel genug für die Art, in der wir
arbeiten, wieder andere wegen des Sylbenmaaßes oder Übel=
klangs nicht brauchbar, und also ist die Sprache der Poesie
wirklich ärmer: wie sollen wir diesen Abgang ersetzen? Edle
und für die Poesie besonders brauchbare Wörter sind zuerst
die ohne niedrige oder lächerliche Nebenbegriffe. Die Deutschen
müssen hierin nicht unbedingt den Franzosen folgen, die vieles
ohne Grund lächerlich finden. Ferner sind solche Wörter für
die Poesie vorzüglich geeignet, die wirklich und nicht blos schein=
bar etwas sagen. Bei dieser Untersuchung können die Deutschen
nicht zu sorgfältig sein; denn sie besitzen viele Wörter dieser
Art. Anerkannt „starke" Wörter gehören zu den brauchbarsten
der Poesie, z. B. Wörter, die mit Geschmack zusammengesetzt
sind. [Vgl. Breitinger's Crit. Dichtk. 2. Band, 2. Abschnitt
Von den Macht=Wörtern.] Es liegt in der Natur der deutschen
Sprache, sie anzuwenden. Man sagt selbst im gewöhnlichen
Leben: Ein Gottesvergeßner Mensch. Doch soll sich der poe=
tische Ausdruck, besonders in gewissen Dichtarten, nicht durch
die Stärke unterscheiden: je nach dem Gedanken müsse man auch
angenehme und sanfte Worte wählen. —

Die deutsche Sprache hat noch neue Wörter nöthig. Hier=
her gehören auch einige veraltete, die man wieder anwenden
müsse. — [Dasselbe empfiehlt Lessing in seinem Logau.] Wenn
ein Deutscher aus einem Alten einen bildlichen Ausdruck blos
übersetzt und in seiner Sprache ein eben so edles Wort wählt,
wie es Virgil oder Homer in der ihrigen brauchten; so könnte
ein Tadler nur aus zwei Gründen etwas einzuwenden haben:
entweder mißfällt ihm das Bild selbst, oder er tadelt den Dichter
wegen der Unschicklichkeit des Bildes an diesem Orte. Findet
keines von beiden statt, so ist er darüber verdrießlich geworden,

daß fusus im Deutschen hingegossen heißt. [Der Referent in der Bibl. der schönen Wiss. 5. Bd., 1. Stück. 2. Aufl. Lpz. 1762. S. 287 macht an dieser Stelle die verständige Notiz „Könnte man aber nicht vielleicht auch dies an ihm tadeln, daß er dem Original zu getreu gefolgt wäre? Und daß das Bild durch den Sprachgebrauch derjenigen Sprache, in die man übersetzt, nicht gerechtfertigt würde?" Hierzu gleich eine practische Anwendung. Ges. XI., V. 1374 sagt Kl.:

Hingegangen, mein Joel, mein Bruder Joel, zu wachsen
Hoch im Himmel ein Schatten empor an dem Strome des Lebens.

Vorberger macht die Anm.: „Die Lesart „ein Schatten", die alle Ausgaben bieten, giebt keinen rechten Sinn; es muß wohl heißen im Schatten, oder in Schatten." — Virgil sagt aber einmal: an dem Bache wachsen Schatten. Demnach steht Schatten für Baum, und Joel soll am Strome des Lebens als Baum emporwachsen, ein passendes und treffliches Gleichniß. Aber zu des Referenten kluger Bemerkung ist der deutsche „Schatten" eine gute Illustration.]

Der Dichter erhebt sich aber nicht blos durch die Wahl der Wörter, sondern auch durch die Wortstellung über die Prosa. „Nur selten sind die Leidenschaften, welche die Prosa ausdrückt, so lebhaft, daß sie eine nothwendige Veränderung der eingeführten Wortfolge erfordern.¹) — — Die Regeln der zu verändernden Wortfolge sind die: „Wir müssen die Gegenstände, die in einer Vorstellung am meisten rühren, zuerst zeigen. Die Stellen, wo die Einbildungskraft herrscht, sollen ein gewisses Feuer haben, das sich der Leidenschaft nähert. — — „Aber nicht allein die Wahl guter Wörter, und die geänderte Verbindung derselben unterscheiden den poetischen Perioden von den prosaischen. Es sind noch verschiedene von den anscheinenden Kleinigkeiten zu beobachten, durch welche Virgil vorzüglich geworden ist, was er ist." Bald muß eine Redensart für ein Wort eintreten, bald umgekehrt; bald müssen die Satz und Satztheile verbindenden Partikeln fort; bald muß die Inter=

---

¹) Hier sagt Kl. gerade das Gegentheil von dem, was Breitinger Cr. Dichtk. II, S. 354 f. erörtert.

jection ihre Stelle wechseln u. drgl. „Wenn in den poetischen Perioden zu diesen Fehlern noch die beiden größern kommen, daß die Hauptwörter theils nicht gut gewählt, theils nicht nach der Natur der Handlung geordnet sind, so haben wir eine Statue, die weder Bildung noch Stellung hat. — Die besten Gedanken sind in Gefahr, auf diese Weise verdorben zu werden." Wenige unter den Deutschen haben nach den oben angeführten Grundsätzen gearbeitet, und diese haben die Sprache noch nicht völlig so gebildet, wie sie es ihrer Natur nach werden sollte. Die Mittel dazu sind etwa folgende. Die deutsche Sprache hat bei ihrem Reichthum überflüssige Wörter, die bei genauer Untersuchung nicht einmal in Prosa sollten geduldet werden. „Sie ist männlich, gedankenvoll, oft kurz und selbst nicht ohne die Reize derjenigen Annehmlichkeit, die einen fruchtbaren Boden schmückt, wenn sie mit sparsamer Überlegung vertheilt wird." — Auf zwei Arten kann sie noch gebildet werden. Entweder richte man sich nach der Wendung, die sie einmal genommen hat, also nach dem Wege, den Luther, Opiz und Haller zuerst betreten haben; oder man ahme der griechischen, römischen und einiger unsrer Nachbarn nach. — — Die Grenzen dieser Nachahmung lassen sich viel bestimmter bei der praktischen Anwendung als durch allgemeine Regeln festsetzen. „Jede Sprache hat Idiotismos. — Man weiß oft wider die Übersetzung solcher nichts einzuwenden, als daß man diesen Gedanken in dieser Sprache nicht denken wollte, auch wenn man zugegeben hätte, daß er in der andern Sprache schön war." Die Römer ahmten selbst die grammatikalischen Idiotismen der Griechen nach. „Meine Meinung ist nicht, daß die Deutschen dies auch thun sollen; (obgleich ich nicht zu viel zu wagen glaube, wenn ich die sparsame Nachahmung einiger Wortfügungen ausnehme) ich meine nur, daß sie sich das Geschrei derjenigen, welche die platte Sprache des Volkes allein für gut deutsch zu halten scheinen, nicht abhalten lassen sollen, den Griechen und Römern in ihren glücklichen Ausdrücken der Poesie nachzuahmen." — Auch die morgenländischen Sprachen, die hebräische, kann zu einer reichen Quelle der Nachahmung werden

den. [Dies war bereits von Bodmer auf Grund von Addisons Aufsatz über Milton hervorgehoben, wie oben von Meier].
„Gebildete Sprachen haben vieles mit einander gemein, und vieles, das sie von einander unterscheidet. — Die feurige bildervolle Kürze der hebräischen; die Fülle und angemessnen feinen Bestimmungen der griechischen; den Anstand, die Würde und den hohen Ton der römischen; die Stärke und Kühnheit der englischen; die Biegsamkeit und Annehmlichkeit der italiänischen; die Lebhaftigkeit und sorgfältige Richtigkeit der französischen wird die männliche und ungekünstelte deutsche Sprache desto glücklicher erreichen, je freier die Art und je reifer die Wahl seyn werden, womit sie nachahmen wird." Ohne jedoch ihrem Originalcharacter etwas zu vergeben. Sie könnte vielleicht mehr geben als sie nimmt. Sie ist, wie die Nation, die sie spricht. Sie denkt selbst, und bringt die Gedanken anderer zur Reife. „Man wird mir also die Gerechtigkeit widerfahren lassen, und von mir glauben, daß, wenn ich wünsche, daß sie einige angenehme, oder stark gezeichnete Züge der Alten und Ausländer entlehnen möge, um sich vollends zu bilden, daß ich weit entfernt bin, mich dadurch für diejenige sklavische Nachahmung zu erklären, welche die Hälfte Deutschlands angesteckt zu haben scheint, und die es noch dahin bringen kann, daß die Ausländer glauben werden, die Deutschen am richtigsten von andern Nationen zu unterscheiden, wenn sie dieselben Nachahmer nennen."

So schließt Klopstock seinen schönen Aufsatz, in dem nichts enthalten ist, was man nicht noch heut fast Punkt für Punkt, hier und da der Natur der gebildeten Sprache Rechnung tragend, unterschreiben könnte. Man ließ aber Klopstock nicht Gerechtigkeit widerfahren, und zwar von Seiten eines Mannes, der es doch Gottsched zum hohen Ruhme anrechnet, daß er die deutsche Prosa in die Schule französischer Regelmäßigkeit nahm. Die denn so weit getrieben ward, daß Klopstock seine letzten Worte auch hierauf sicherlich angewendet hat. Aber Danzel hat offenbar übersehen, was denn Kl. eigentlich verlangt, nämlich nichts, was nicht in dem Wesen poetischer

Diction begründet ist, und was nicht die Folgezeit als richtig durch ihr Fortschreiten auf Klopstocks Bahn dokumentirt hätte. Man nehme doch nur den zweiten Theil des Faust in die Hand! — Zu allen Punkten, die Klopstock berührt hat, liefert das Folgende Belege. Auf die übrigen Aufsätze Klopstocks über ähnliche Themata kann hier nicht weiter eingegangen werden; alle sind kritischer Ausbruch seines poetischen Weinbergs.

Als Beispiele sind mit Vorliebe solche gewählt, deren Änderung durch zeitgenössische Kritik veranlaßt wurde oder doch als dadurch veranlaßt angesehen werden kann. Man wird viele entdecken, die schon früher hätten angeführt werden können, was aber nicht hindert, daß sie sich auch jetzt mit zulänglichem Grunde präsentiren. Zuerst soll nun eine Reihe von Verbesserungen und Veränderungen Klopstocks unter allgemeineren Gesichtspunkten betrachtet werden; sodann wollen wir einige besondere Punkte hervorheben.

## a) Allgemeinerer Theil.

1) Hier wären **einige zusammenhängende Stücke** zu geben. Doch beschränke ich mich auf die bloße Angabe einiger in Beziehung auf Veränderungen besonders hervorragender Partien. *a)* Die Zustimmung der Hölle zur Erwürgung des Messias II, 731 ff. *b)* Abbadona vor dem Weltgebäude II, 755—779. *c)* Eloa, Gott folgend V, 136 ff. *d)* Eloa, das Weltgericht ankündigend V, V. 322—342.

2) Von der **Darstellung, die den Dichter auszeichnet,** hat Klopstock in dem Fragmente über Sprache und Dichtkunst gehandelt. Cramer faßt im V. Theil S. 327 f. die bestimmenden Punkte klar und trefflich zusammen. „Der Dichter stellt dar, durch 1) Zeigung des Lebens, welches ein Gegenstand hat — "Wenn Schlag auf Schlag Lebendiges Lebendigem folgt, so nimmt dadurch seine Kraft beinah so sehr zu, als die Schnelligkeit der fallenden Last durch den größern Raum zunimmt." Z. B. VII, Beschreibung des Barrabas, V. 664—668 [Ich citire nach der Ausgabe 1800, Cramer konnte es nur nach der

von 1780]. 2) Genau wahren Ausdruck der Leidenschaft. VII, 490—497. 3) Einfachheit und Stärke. VII, 636—638. 4) Zusammendrängung des Manigfaltigen VII, 745—750. 5) Durch die Wahl kleiner und vielbestimmender Umstände. (Die Blumen VII, 388 [und die Morgensonne 389]). 6) Durch eine Stellung der Gedanken, daß jeder da, wo er steht, den tiefsten Eindruck macht. Z. B. das Händewaschen Pilatus VII, 770—73. 7) Durch Innerlichkeit, oder Heraushebung der eigentlichsten Beschaffenheit der Sache. VII, 39—47. 8) Durch Ernst. "Der Dichter hat eine solche Überzeugung von der Wahrheit und Wichtigkeit seiner Gegenstände, daß man sieht, er rede vielmehr um ihrentwillen, als aus Neigung zu gefallen." VII, 421—426. 9) Durch herzlichen Antheil des Dichters an dem was er sagt. VII, 804—817." — Der siebente Gesang ist einer der hervorragendsten des Messias in jeder Hinsicht.

Kleinere Beispiele zu den eben genannten Punkten (Darstellung).

IX, 189, 190.) 1755,80    Sie rang die Hände gen Himmel, und blickte
           1800            ringt                               blicket
           1755,80 Starr hinauf: Ob selber die göttliche Rache noch säume?
           1800          , und staunt, daß die göttliche Rache noch säume.

Cramer zu 1780: „Man könnte über das „selber" chica=niren. Es scheint eine Unrichtigkeit in dem Begriffe zu liegen, indem das: selber, sogar, die göttliche Rache von der mensch= lichen Rache, als das Kleinere, unterscheide. Ich für mein Theil glaube: der Dichter habe die Stärke des lateinischen tandem hineinlegen wollen: Quousque tandem abutere, Catilina, patientia nostra? Selber die gerechteste, sonst un= ausbleibliche der Ahndungen, hebr. Rache!" Daher die Än= derung 1800. Zu oben 1, 3 gehörig. —

VII, 612)    Bei der erschütterten Gruft, dem Gebein Herodes des Großen,
    613) 1755,80 Deines Vaters Gebein! die Entweihung räch du, Herodes!
         1800         Vaters! ha die Entweihung

Cramer zu 1780: „die Entw.; die lang!" Zu 1, 6 ge= hörig. —

I, 355,356) 1755,80 Portia hatte sich wieder gewandt. Mit Augen voll Liebe
1800 zuletzt sich
1755,80 suchte Maria der Römerin Auge; sie fand es, und sagte:
1800 Aug', und redete wieder:

Zu 1,4 vielleicht zu stellen. Diese Veränderung wurde durch einen Tadel Mendelssohns in der Allg. d. B. veranlaßt, s. Cramer V, S. 492. Es hieß daselbst: „Er sucht öfters Empfindungen auszudrücken, wo keine sind, und dann verfällt er ins süße und spielende [was übrigens Lessing schon aufgemutzt hatte]. Z. B. Mit Augen voll Liebe — sie fand es, und sagte. Diese zwei Verse sollen etwas sagen, aber sie sagen in der That nichts." Elend ist diese Kritik immer genug; nach der negativen Seite so maßlos, wie Cramer's nach der positiven: „Welch Leben! wie vielfache Wendung, Stellung, Rückkehren sezten diese lebenden Bewegungen voraus." — Man könnte zur Rettung der Lesart 1780 sagen: Maria kommt zu Portia, sie um Beistand zu bitten. Portia, durch ihr Herz und den Traum bereits die Göttlichkeit Jesu ahnend, bittet im Gegentheil die überrascht Maria, sie zu ihrem Sohne zu führen: „Daß er der Dunkelheit mich, den Zweifeln entreiße! von fern nur Auf mich blicke, und mir die Lehre der Gottheit entfalte." Von dem religiösen Gefühl übermannt, wendet sie sich ab; Maria, theilnahmsvoll, will ihr tröstend voll ins Auge sehen; aber Portia kann den Blick, von ihrer Erregung beherrscht, noch nicht verweilen lassen; die Blicke streifen sich; endlich gelingt es Marien, der Portia Blick zu fesseln: „Wie ist deine Seele bewegt! Ja, Portia liebt mich!" Cramer hat vielleicht doch nicht zu viel gesagt. Was aber zu tadeln bleibt, ist der Ausdruck: „sie fand das Auge", und deshalb änderte Klopstock mit richtigem Tact. Das Finden liegt ja ohnehin schon in dem Suchen und Wiederreden, sie redet nicht eher wieder, als bis sie fand. Aber diese Stelle, wo der leiseste Ausdruck der höchsten psychischen Erregung mit größter Wahrheit und feinster Beobachtung wiederzugeben versucht wird, empfindungsleer, süß, spielend zu finden, dazu gehört die ganze hölzerne Nüchternheit eines Mendelsjohn, oder auch die eigenthümliche geistige Beschaffenheit Lessings, die entweder zu sauer oder zu bitter, stets aber scharf und epigrammatisch sich äußert, und eben dadurch bisweilen unwahr wird, da das Leben auf nichts weniger als auf Nadeln gegründet ist, eher auf glühende Kohlen. Wer die Empfindung eines Vaters, der eben seine Tochter ermordet hat, in dem Epigramm gipfeln lassen kann: „Eine Rose gebrochen, ehe der Sturm sie entblättert" — der kennt den wahren Ausdruck großer Leidenschaft nicht, besitzt sie selber nicht, empfindet höchstens den Stich, aber nicht die Gluth der Leidenschaft. Es erinnert mich unwillkürlich an das Mephistophelische: „Sie ist die Erste nicht." Aber wie empfindet Faust? Hund, Ungeheuer und was er alles ausruft. —

VII, 314-324.) (Portia trifft die in ihrem Schmerze sie suchende Maria).

314) 1755      Doch nicht lange, so kömmt, aus einem fernen Gewölbe
     80                kommt,
     1800      Aber nicht lang, so

315) alle Ausg.    In des Palastes Seite, die sich zu dem Richtstuhl hinzog,

316) „    „    Eine Römerin her, und sieht Maria. Die junge

317) 1755      Bleiche Römerin bleibt so, wie ihr aufgelöst Haar fließt,
     80 f.          blieb, so wie gelöst ihr das Haar floß,

318) 1755      Und ihr leichtes Gewand die bebenden Glieder herunter,
     80 f.          das leichte

319) 1755      Bleibt sie bewundernd stehn. Denn die Mutter des Unerschaffnen
     80 f.          Voll Bewunderung

320) 1755      Zeigt, wiewohl der Schmerz sie verhüllt, in ihren Gebehrden
     80            Zeigte,                                Geberden
     1800                              verhüllte, in

321) 1755, 80    Eine Hoheit, von Engeln (weil die sie am meisten verstanden!)
     1800                Engeln, weil die auch dann sie verstanden,

322) 1755 Selbst bewundert. Vom Schmerze bedeckt, Dann stieg sie am tiefsten
     80            Von                                dann
     1800 Noch bewundert: verhüllt vom Schmerze, stieg sie am tiefsten

323) alle Ausg. Zu den Menschen hinab, von ihnen bewundert zu werden; — Der Vers 324 fehlt in den vor 1800 (1799) erschienenen Ausgaben. —

324) seit 1800: Denn die kannten nicht, was an der Heitren die Himmlischen sahen.

Cramer zu 1780: „Beschreibung des Schmerzes der Maria, V. 319—322: übt das Nachdenken des Lesers sehr.

Es scheinen Antithesen zwischen dem Effecte dieser Hoheit auf Engel und Menschen darin zu liegen, die stutzen machen. Worauf bezieht sich: ihnen (V. 323)? Auf Engel, von deren Bewunderung V. 321 die Rede war? oder grammatischer, auf das unmittelbar vorhergehende: Menschen? Ich erkläre, zweifelhaft, so: "Maria, als Mutter des Unerschaffnen, hatte eine angebohrne Hoheit der Gebehrden, auch dann selbst, wenn der Schmerz sie verhüllte; die sogar Engel, weil die sich auf das wahrhaftig Erhabene am meisten verstehen, bewundern." (Aber wenn der erhabene, standhaft Leidende: Spectaculum Deo dignum [nach Seneca] ist: wie verhüllt dann der Schmerz die Hoheit? wie zeigt er sie nicht vielmehr in ihrem schönsten Lichte?) "Vom Schmerze bedeckt, stieg sie am tiefsten zu den Menschen herab (näherte sie sich der humanae conditioni) und ward dann desto mehr ein Gegenstand der Bewunderung der Engel, je schwerer es ist, im Leiden noch Würde beizubehalten." — Wähle ich die entgegengesetzte Erklärung, beziehe ich das ihnen auf Menschen; da unmittelbar darauf Maria von Portia bewundert wird; erkläre ich so: "In Marias Schmerze leuchtete am meisten ihre Hoheit hervor, die dann selbst Menschen bemerkbar, und von ihnen verstanden und bewundert war"; so macht mir das „selbst" und „wiewohl" (V. 320) Schwierigkeit. Wär es ein Wunder, daß s e l b s t Engel diese Hoheit bewundern, da s ch o n Menschen sie bewundern können? Oder liegt, bei dem stets so genau bestimmenden Schriftsteller, eine Gradation in dem verhüllt und bedeckt? "Im leichteren Schmerze schon (verhüllt) wurde sie von ihnen bewundert. Im tiefsten Schmerze, (bedeckt), wo der Abstand zwischen Engel und Mensch am sichtbarsten, und also die Beibehaltung der Hoheit, das größte Verdienst ist, noch mehr." Vgl. Ges. III [107—110:

1800: Sehet, sanfter rührender Schmerz deckt ihre Gesichte,[1])
Doch entstellt er sie nicht. So zeigen edlere Seelen
Ihre Wehmuth. Sie weinen u. s. w.]

Hier wünschte ich des Dichters eigne Paraphrase; denn ich halte die Stelle für eine der sehr wenigen höchstschweren

[1]) Kl. sagte in den ersten Ausgaben für Erscheinungen „Gesichter", hier sagt er, wie später auch für jene, statt Gesichter Gesichte.

der Messiade." — Klopstock erfüllte Cramers Wunsch in dem Briefe an ihn vom 11. Januar 1791: „Die Engel bewundern sie **selbst dann noch**, wenn sie durch Leidenschaft etwas verlieret: aber die Menschen bewundern sie nur, nach diesem Verluste. Denn **ohne** Leidenschaft wäre sie für sie zu erhaben, sie könnten sie dann nicht bewundern. Man kann auch mit Grunde sagen: Jgnoti est nulla admiratio." Demgemäß änderte Kl. und fügte noch den Vers 324 hinzu. Aber so verständlich, wie seine Erklärung, sind die Verse doch nicht geworden. —

VII, 4) 1755,80 Ewigkeit bir! komm, werde gebohren! o werde gebohren,
    1800   Ewige Wirkung bir! komm, werb', o werde geboren,
  5) 1755   Bluttag! Er wandelt am Himmel herauf! Sein Nam' ist Erbarmer,
    80    Sieh, er wandelt herauf! Sein
    1800   Opfertag! Er wandelt

   Cramer zu 1780: „Ewigkeit bir! — Gruß, nach Analogie von „Heil bir!" Nicht zu konstruiren: (welches gezwungen wäre, und wegen der doppelten Anrede verschiedener Objecte, des bir und du, nicht anginge) „Du Bluttag, komm, und werde geboren, wem? Dir, Ewigkeit!" (Solche Erklärungen könnten unnütze Commentatorenmühe scheinen, wenn man nicht sähe, daß selbst diejenigen, die einen Dichter am meisten verstehn sollten, sie gar nicht, oder mißverstanden. Der Italiäner [Zigno, Übers. des Messias] hält Ewigkeit bir für das begrüßte Object: Salve, beata Eternità! — Der Engländer: To thee, Eternity, is born this awful Day. — Der Franzose: Eternité, je te salue." — Daher die Änderung 1800.[1])

VII, 266, 267) 1755 Nach Jerusalem. Doch sie fand ihn im Tempel nicht, wo sie ihn suchte
    80 f.            ; fand ihn
   alle Ausg. Fand den göttlichen Sohn nicht! u. s. w.

---

[1]) Kl. im Briefe an Cramer, 11. Jan. 91: „„Ewigkeit bir!" (Ich finde nicht gleich, wo es steht, aber es fällt mir eben ein) der **Wirkung nach**; denn der Tag mußte endigen. Christus hat eine **ewige** Erlösung erfunden, die in einer bestimmten Zeit vollbracht wurde. Wenn Elsa nicht sänge; so würde ich „Kom, werde gebohren, angefangen, und mit . . . . Wirkung des Bluttages (ich weiß jetzt nicht, mit welchem Ausdrucke), geschlossen haben."

Cramer: „Verstärkung des Gedankens durch Wieder=
holung." Kl. verstärkte noch mehr durch die Stellung der Wie=
derholung. Zu 1,6 gehörig.

Ähnliche Stellen findet man VIII, 17—19, vgl. Cramer
IV, S. 340 f. Die Allg. d. B. und Lessing dazu; V, 679,
vgl. Cramer (ich kürze Cramer von jetzt an Cr. ab) III, S. 291;
V, 670, vgl. Cr. III, S. 290; V, 624 vgl. Cr. III, S. 288;
V, 613, dazu Cr. III, S. 288; V, 555, dazu Cr. III, S. 274;
V, 500, vgl. Cr. III, S. 265 f.; V, 444, vgl. Cr. III, S. 256;
V, 436, vgl. Cr. III, S. 256; V, 426, vgl. Cr. III, S. 253;
V, 418, vgl. Cr. III, S. 252; V, 283, vgl. Cr. III, S. 226;
I, 190; I, 256; I, 185; I, 50; I, 88. —

IV, 97) 1751   Besser stirbt Einer, als daß das ganze Judäa verderbe!
55 ff.          tödten wir Einen, als daß wir alle verderben!

Aus der Lesart 1751 klingt noch Breitingers Theorie
durch — so könnte man sagen — Cr. Dichtk. II, S. 377:
„Ein anderes Symptoma der Leidenschaften ist, daß sie die
Sache nicht nach ihrem wahren Maaße, sondern entweder
größer oder kleiner, als sie einem ruhigen Gemüthe vorkommen
würden, betrachten; dahero sie sich auch in Vorstellung ihrer
Begriffe immer der Vergrößerung bedienen; und aus Furcht,
zu wenig zu sagen, die Sache zuweilen bis zu dem Unwahr=
scheinlichen erhöhen."

Ferner I, 13, 14; I, 40, wo Gott erst **voll Zorn**,
dann passender blos **mit Zorn** zum Himmel hinaufsteigt;
I, 47, 48; und viele andere.

Zu größerer Deutlichkeit oder Bestimmtheit trägt es bei,
daß „sich" nahe an sein Verb tritt, z. B.

I, 622) 1748—55 Da, wo **sich** fern von uns die Erde zum Mittelpunkt **lehret**,
80              ferne von uns die Erde zur Mitte **sich senket**,
1800                     zu der Mitte die Erde

eben so I, 609; V, 54.

Poetischer hat sich der Sinn gestaltet z. B. in folgenden
Beispielen.

II, 603) 1748—55 Jene mit hohen Traubengeländern umhangenen **Hügel**,
80 f.            Hügel, belastet von dichten schattenden Reben.

V, 142—146) 1751—80 Da erklangen die goldenen Achsen, da flog ihm sein Haupthaar
    1800         erklang's um die                               das
143) 1751,55 Und sein Gewand, wie Wolken, zurück. Mit muthiger Stärke
    80                                               der Ruhe der Stärke
    1800      das
144) 1751    Stand des Seraphs Fuß da. Er hielt in der hohen Rechte
    55       der Fuß des Unsterblichen da! Er hielt in der Rechte
    80 f.    der Unsterbliche da! In der hochgehobenen Rechte
145) 1751,55 Ein Gewitter empor. Bey jedem erhabnen Gedanken
    80 f  Hielt er ein Wetter empor. Bey jedem erh.
146) 1751,55 Donnert er aus dem Gewitter hervor, und folgte Jehovah.
    80           Wetter
    1800    Donnert' er        hervor. So folgt' er Jehovah.

Dergleichen Stellen giebt es eine übergroße Zahl. Ich bemerke aus dem I. Gesange folgende: V. 3, 4; 9; 10; 18; 19; 30; 36; 41, 42; 47; 56; 69; 81; 88 und 89; 95; 111; 164; 176: wie es ihm vorkam, in: so dacht' er; 175, 176; 182 sich brünstig sehnen, in: mit jedem entflammten Verlangen verlangen, und dies in: mit innigem, heißem V. v.; 189 hohen tiefsinnigen Inhalts; in: schicksalenthüllenden Inhalts (Lessing hat also auch hier Unrecht, daß Kl. überall Schicksal in Vorsicht verändert habe); 193, 194; 195; 206; 219, 20; 221; 228; 239; 240; 250 das interjectionelle Wie in Ach verwandelt; 252; 284; 285; 289, 90; 297; 315; 319; 353, 54: besprach sich, in: hielt Gespräche; 368; 397; 414; 426; 436, 37; 462; 486 Hüllte den — in, in: war dem — zur Hülle geworden; 499; 503; 505; 513; 546; 548; 557; 585,86; 594 ff., hieran knüpfte sich eine lange Discussion: Heß Zuf. Ged., dann Freym. Nachrichten 1749, XXVII. Stück, XLIV. Stück, LIII. Stück und in Briefen; 620 das positiv Gesagte ist endlich blos Gleichniß geworden: 1748,51 Blieben wehende Flammen in seinem Fußtritt zurücke, 1755 in seinen Tritten, 80 f. Blieb es in seinem Tritte zurück, wie wehende Flammen; 621; 659; 655; 669; 703; 716, 717: Die Väter sehen auf die Erde herab, um den Messias zu erspähen, die Väter,

    1748,55 Die unverwandt den feurigen Blick zu den Strahlen gesellten,
    80                              suchenden Blick
    1800                                    mit den Strahlen vereinten,

717) 1748 Welche den Tag in die canaanitischen Gegenden senden.
      51 Die den weckenden Tag in Canaans Gegenden
      55 Welche den                     -sandten.
      80 f.            in die Thäler Kanaans

Hinzufügung kleiner bestimmender Nebenzüge, z. B. in

I, 624) 1748,51 Mitten darinnen erhebt sich mit flüssigem Schimmer bekrönet
          55                       bekrönt mit flüßigem Schimmer
          80           schwebet,
        1800 Dort schwebt, leise bewegt, und bekrönt mit fl. Sch.

I, 691) [Gabriel that jetzo der ganzen Geisterversammlung
           Alles das kund, was Gott ihm befahl vom Messias zu sagen.
           Diese blieb, wie entzückt, um den hohen göttlichen Lehrer,]
   1748—55 Und ließ ihre Gedanken in tiefe Betrachtungen nieder.
     80 f. Sanfte froh die Gedanken in tiefe

I, 288) [Zweymal die Zeit, in der ein Cherub den Namen Jehovah,]
   1748—55 Und das anbetende Dreymalheilig der Ewigkeit ausspricht,
     80 f. Tief in Gebet, und das Dreymalh.

Größere Bestimmtheit in Stellen wie I, 48, wo „in heiligen Grotten" fortfällt, weil bereits die Gräber genannt sind, in denen gewacht werden soll. I, 71 Also sagt' er, in: Gabriel sagt's.

I, 73) 1748,51 Gott war daselbst. Hier betet er. Unter ihm u. s. w.
      55 ff. Dort war Gott. Dort betet' er.

I, 94) [In der Stille der Ewigkeit, einsam, und ohne Geschöpfe,
          Waren wir bey einander. Voll unsrer göttlichen Liebe,
   1748—55 Sahen wir auf Menschen, die noch nicht waren, herunter.
     80 f. auf die Menschen, die noch nicht w.

Hier könnte man zweifeln, ob das „Menschen" in seiner Unbestimmtheit nicht besser zu der unbestimmten Bestimmung „die noch nicht waren" gepaßt hätte. Aber — Kl. hat zu jeder Änderung seinen Grund. Er erdichtet ja auch Menschen auf anderen Welten, s. Ges. V, die ewig, unsterblich waren, aber erschaffen. Mit der ersten Lesart hätten auch sie gemeint sein können; oder man hätte meinen können, durch „Menschen" sollten einzelne, die noch nicht erschaffen waren, bezeichnet werden neben bereits Erschaffnen. (Dies ist das Wahrscheinlichere). „Die Menschen" dagegen sagt deutlich, daß die, um welche es sich handelt, alle noch nicht da waren. Übrigens ist der ganze Ausdruck in diesem Verse hoch

30

metaphyſiſch, und lehrt uns, daß Kl. ſich wahrſcheinlich bereits 1748 mit platoniſcher Philoſophie vertraut gemacht habe. Nichts iſt unbeſonnener, als die Behauptung, die man wohl hie und da findet, (in der Biographie Kl.'s vor der Ausg. des M. in der kleinen Maier'ſchen Bibliothek der deutſch. Claſſ., Anthologie, Hildburgh. und Newyork, ſteht ſie ganz ausdrücklich) Klopſtock ſei kein Philoſoph geweſen. Das iſt wahr, ſobald man an ein Syſtem denkt; falſch, ſobald man den philoſophiſchen Kopf meint. Den hat ihm zwar auch Leſſing abſprechen wollen; aber das darf für uns nicht unbedingt maßgebend ſein. Klopſtocks Abſtractionsvermögen war ſo groß — wie Schiller, der gewiß ein urtheilsfähiger Philoſoph war, ihm nachdrücklich bezeugt — daß jener Franzoſe mit Recht ſagen konnte, der Meſſias ſei das Höchſte, was die Vernunft erſteigen könnte; und in ſeinen Werken finden ſich viele philoſophiſche Gedanken. Das ſoll weder Klopſtock erhöhen, noch Leſſing herabſetzen. Beide können einander weder etwas geben noch nehmen. Man muß dies aber ausſprechen. — I, 204 vom himmliſchen Urquell entſpringend; mehr beſondert in: am Fuße des Thrones entſpringend.

I, 237) [Wenn er wandelt, ertönen von ihm, auf den Flügeln der Winde,
An die Geſtade der Sonnen des wandelnden Harmonieen]
1748,51 Hoch hinüber. 1755 ff. Rauſchend hinüber.

Ähnlich I, 241 dieß hohe Getöne, in: die Geſänge des Himmels.

I, 238, 239) 1748—55                           Dieß vereinbarte Tönen
          80 f.                               So vereiniget, ſchweben
239) 1748,51 Führt vorm unſterblichen Hörer manch hohes Loblied vorüber.
     55    Führt dem                       ſein
    80 f. Töne vor dem, der das Ohr gemacht hat, und Preiſe vorüber.

Hier mußte die Beſtimmtheit dem feineren Nebenzuge weichen. Der poetiſchere Ausdruck muß dagegen der Beſtimmtheit weichen I, 256: Jeder Gedanke, mit dem du dein herrliches Weſen durchſchauſt, in: mit dem du dich ſelbſt, o, Erſter, durchſchauſt. — I, 410 das künftige Heil, beſtimmter: das Heil des Erlöſenden (welches der Erlöſer bringt). I, 647 von ihm — von dem Seraph.

b) **Besonderer Theil.**
a) **Die poetische Periode betreffend.**

1) Das Wesentlichste der Theorie Klopstocks über die dichterische Periode habe ich schon früher gegeben. Anstatt aller weiteren Erörterungen will ich eine Musterperiode aus der Fülle des Guten, das auch in dieser Beziehung Klopstock bietet, hierhersetzen. Von ihr sagt Cramer IV, S. 390 f. zur Lesart 1780: „Einer der gestaltvollsten, vollkommensten Perioden der Messiade. Gewählte Wortfüße, Klang, dreimal mit Wohlgefallen wiederholter, das dritte besonders glücklich zum Anfange des Verses gestellter Name des Sterns, die rastlos stürzenden, stets forteilenden Umstände, und dann der gewaltige spondäische Schluß, mit zwei Monosyllaben: Homer und Virgil haben nichts Vollendeteres wenigstens!" Dem Engel Uriel wird befohlen, den Stern Abamiba vor die Sonne zu führen, um sie beim Tode des Mittlers zu verfinstern. (Ges. VIII.

| | | |
|---|---|---|
| 384) | alle Ausg. | Und die Himmlischen hörten umher die gebietende Stimme. |
| 385) | „ „ | Da sie in den Gebirgen des Abamiba verhallt war, |
| 386) | 1755,80 | Wandt' herüberschauernd der Stern die donnernden Pole, |
| | 1800 | Wendet' |
| 387) | alle Ausg. | Und die stehende Schöpfung erscholl, da, mit schreckendem Eilen, |
| 388) | 1755,80 | Abamiba, mit stürzenden Stürmen, mit rufenden Wolken |
| | 1800 | Stürmen, rufenden |
| 389) | 1755,80 | Fallenden Bergen, gethürmten Meeren, gesendet von Gott, flog! |
| | 1800 | gehobenem Meer, |

Die folgenden Verse können zugleich zum Beispiel einer anderen Eigenthümlichkeit des Klopstockschen poetischen Stiles dienen:

| | | |
|---|---|---|
| 390) | 1755 | Uriel stand auf dem Pole des Sterns, und hörte den Stern nicht; |
| | 80 f. | der Wende des |
| 391) | alle Ausg. | So in Tiefsinn verloren betrachtet' er Golgatha. Donnernd |
| 392) | „ „ | Eilte der fliegende Stern. Jtzt war er in deine Gebiete |
| 393) | 1755,80 | Sonne, gekommen; itzt naht' er sich dir. Es staunten, beym Anblick |
| | 1800 | Es erstaunten, |
| 394) | alle Ausg. | Dieser neuen Sonne, die sanften menschlichen Seelen, |
| 395) | „ „ | Und erhuben sich über des Sterns hocheilende Wolken. |
| 396) | 1755,80 | Abamiba erreichte die Sonne. Nun wandelt er. Langsam |
| | 1800 | erreicht |

| | | |
|---|---|---|
| 397) | alle Ausg. | Tritt er vor ihr Antlitz, und trinkt die äußersten Strahlen. |
| 398) | „ „ | Aber die Erde ward still vor der sinkenden Dämmerung. Die Dämmrung |
| 399) | „ „ | Wurde dunkler, stiller die Erde. Schatten mit bleichem |
| 400) | „ „ | Schimmer, ängstliche trübe Schatten beströmten die Erde. |
| 401) | „ „ | Stumm entflogen die Vögel des Himmels in tiefere Haine; |
| 402) | 1755,80 1800 | Bis zum Wurme verschlichen, bestürzt, die Thiere der Felder zu dem |
| 403) | 1755,80 1800 | Sich zur einsamen Höhle. Die Lüfte verstummten, und tobte Sich in die einsame Kluft. Die Lüfte rauschten nicht, tobte |
| 404) | alle Ausg. | Stille herrschte. Der Mensch sah schweraufathmend gen Himmel: |
| 405) | „ „ | Jetzo ward' es noch dunkler, und nun, wie Nächte! Der Stern stand, |
| 406) | „ „ | Hatte die Sonne verlöscht. In fürchterlichsichtbare Nächte |
| 407) | 1755,80 1800 | Lagen die weiten Gefilde der Erde gehüllt, und schwiegen. gehüllt die weiten Gefilde der Erb', und |

Die obige Stelle steht in nichts den Schilderungen der „Frühlingsfeier" nach. Von dem Worte „verschleichen" sagt Cramer, es sei Klopstocks Eigenthum. Analog gebildet im Faust: „Was hast du da in Höhlen, Felsenritzen Dich wie ein Schuhu zu versitzen?" Von dem Worte „aufschaffen" — bemerke ich hier, da ich sonst wohl keine Gelegenheit finden möchte, — sagt Cramer das Nämliche, s. III, S. 188. Ist es wirklich Klopstocks Eigen, „Der ich eine Wolke nur bin, woraus du mich aufschufst", so hat Goethe es ihm entlehnt im Faust: „Aus Aschenruh Zu Flammenqualen Wieder aufgeschaffen." Auch das Wort „Geleiter" gehöre Kl., meint Cramer III, S. 200. Faust wenigstens verbal: „Kann ungeleitet nach Hause gehn." „Darf ich euch nicht geleiten?" —

Doch zu den **kleinen Perioden**. Klopstock hat, wie ich finde, darin aber Joungs Stil nachgeahmt, den er erst später kennen lernte. „Klopstock — sagt Cramer IV, S. 205 f. — macht oft sehr kleine Perioden, bisweilen sogar von zwei Wörtern. Zigno (dem ital. Übers. des M.) ist das aufgefallen; er findet einen Unterschied der angenommenen Contextur der italienischen und deutschen Sprache darin, daß das „maestoso ondeggiamento periodico" (S. XIX seiner Vorr.) jener sich mit so kurzen Sätzen nicht vertrage ... Wer hat

aber wiederum Perioden von einem majestätischern ondeggiamento, als Klopstock?... Hat Zigno überlegt, daß die
Punkte, die Kl. sezt, oft nur Verschiedenheit von Andern in
der Art zu interpungiren sind; Winke für den Declamator,
gehörig, durch nicht zu schnelle Pausen, zu sondern ...?"
V, S. 17: „Er erschöpft, was an einem Gegenstande be=
merkbar ist, mit der äußersten Kürze."

Weitere Beispiele, Periodenbau betreffend.
I, 185: Jesus sah ihm in Niedrigkeit nach, doch erblickt er
von ferne u. s. w., in: Jesus schaut' ihm vom Oelberg nach.
Der Göttliche sah schon u. s. w. — Auslassung von prosaisch
störenden Conjunctionen. — I, 213: Damals wandten sie
schauernd sich weg. Denn die stillen Gebirge u. s. w., in:
weg. Die stillen Geb. u. s. w. — I, 240, 241: Wie sich
sein freudiger Blick an seinen Werken ergetzet, Also vergnügte
sein göttliches Ohr itzt dieß hohe Getöne; in: Wie sein fr.
Blick an seiner Werke Gestalten Also vergnügten sein göttl.
Ohr der Sphären Gesänge; in: Wie sein fr. Blick an s. W.
Gestalten Sich ergetzt, so vergnügten sein Ohr die Ges. des
Himmels. —

I, 569—578, besonders V. 573, 574.

|  |  |  |
|---|---|---|
|  | [1800. | Der du nach Gabriel jetzo den Kreis der Erlösung beherrschest, |
|  |  | Göttlicher Hüter der Mutter so vieler unsterblicher Kinder, |
|  |  | Die sie, wie ihre Begleiter, die schnellen Jahrhunderte, eilend |
|  |  | Und unerschöpflich an Fülle den höheren Gegenden sendet,] |
| 573) | 1748 | Und dann des ewigen Geistes zerfallne vermorschte Behausung |
|  | 51 | in Trümmern zerfalle |
|  | 55, 80 | Dann die Hütte des ewigen Geistes zertrümmert hinabgräbt |
|  | 1800 | Dann zertrümmert die Hütte des ewigen Geistes hinabgräbt |
| 574) | 1748,51 | Unter verlassenen Hügeln in traurige Dunkelheit einschließt; |
|  | 55 | Hügel, worauf der fliehende Wandrer nicht ausruht. |
|  | 80 | ausruht; |
|  | 1800 | , auf denen der |
| 575) | 1748,51 | O du dieser verherrlichten Erden erwählter Beschützer, |
|  | 55,80 | einst herrlichen Erde gewählter |
|  | 1800 | verherrlichten Erde Beschützer, |

576) 1748,51  Seraph Eloa, verzeih dieß deinem zukünftigen Freunde,¹)
     55                                       künftigen
     80 f.              es
577) 1748—55 Wenn er deinen seit Edens Erschaffung verborgenen Wohnplatz,
     80            deine Wohnung seit Edens Erschaffung verborgen,
     1800                                          Schöpfung
578) 1748,51 Von der heiligen Muse gelehrt, den Sterblichen zeiget.
     55 ff.         Sängerin Sions gelehrt,

**2) Aus einem selbständigen Satze ein abhängiger.** Beispiele bereits dagewesen.

I, 513, 514.

513) 1748,51 Ist es sein göttlicher Wille, so wird er dich zu sich berufen,
     55 ff.                                      Adam gebieten,
514) 1748,51 Du wirst ihn sehn, wie er ist, die erniederte Herrlichkeit Gottes.
     55 ff. Daß er ihn seh, wie

**3) Parenthesenliebe.** Beispiele schon dagewesen.

V, 594—96.

594) 1751,80 Da er wieder zu denken vermochte, da dachte er also;
     1800                                    vermag, da denket er
595) 1751,55 (Bald verschloß er die bangen Gedanken; bald ließ er sie jammernd,
     80    Jetzt                                    ; und ließ sie
     1800          verschließt er die              ; itzt läßt er sie
596) 1751,55 Durch die Schauer der Nacht, in vollen Seufzern, ertönen.)
     80    Jetzt durch die
     1800  Durch die

Cramer zu 1780: „Hinter also sollte eigentlich unmittelbar die Rede Abadonas [Abadona schrieb selbst Kl. öfters] folgen; V. 595 u. 96 müssen daher als Parenthese angenommen werden. [Die Zeichen derselben ließ Kl. seit 1755 fort.] Solche Parenthesen geben der Rede Wendung und Leben. Wären die Gedanken prosaischer gestellt: Er dachte, indem er u. s. w., so würde mehr Ordnung, aber auch weniger Kraft darinnen sein."

---

¹) zukünftig verändert Kl. sehr oft in künftig, so I, 151; 576; 600; mit Recht stehen geblieben I, 668.

I, 331.
1748,51 Jtzo will ich, nach deines erhabnen Vaters Entschliessung,
  55 ff. [80 Jetzo] will ich, so hats dein grosser Vater geboten! u. s. w.

## 4) Einzelne poetischere Wendungen. Inversionen.

I, 212: Gegenden, die die Verwüstung des Todes entstellte, besuchen, in: Gegenden sehn, die vor ihnen des Todes V. entstellte. — 219,220: Die Erde ... ihren vordem unsterblichen Kindern ein allgemein Grabmal, in: war ihrer v. unst. K. grosses Grab. — V, 169 das lockichtwerdende Haar, in: das lockichter wurde; doch auch nach Cramer in dem Sinne: das nunmehr anfing sich in Locken zu kräuseln (Cr. III. S. 211). — V, 20,21: den ewigen Sünder zu vernichten, poetischer in: dass den ewigen S. du vernichtest. — Das prosaische „zusammen" fort in I, 439: Bis sie zusammen dereinst — Bis sie dereinst vollendet u. s. w.; I, 632: die Himmel zusammen erfüllet — Alle Himmel erfüllet. — Für: Zu dem die Stimme geschah I, 40, -dem die St. geschah. Für: Jesus verbarg sich vor diesen Entweihten I, 31, Jesus verbarg sich diesen E... Für: Führt vorm unsterbl. Hörer vorüber I, 239, führt dem unst. H. v .. Für: Sprachst du ... zu den Wesen I, 279, den W.. Für: kommen bis aus I, 329, zum. Für: deckt vor dem I, 333, deckt dem. Für: Stieg vom Allerheiligsten nieder, I, 365 stieg das A. nieder. Für: Bücher, die unter dem Hauche sich öffnen I, 376: die dem H. sich öffnen. Für: hier weinten die Seelen mit Thränen der Engel, I, 481: Seelen Thränen der Engel. Für: gewidmet zur. I, 579: gewidmet der..

Aus einem einfachen Aussagesatz ein Befehlssatz: I, 182,83: Hier kannst du mit Glanze, als der Gesandte des hohen Messias, vor Gott erscheinen; in: Dort leuchte als der G. des Gottversöners im Glanze der Engel! — Ähnlich für: Jtzo stand auf einmal u. s. w. I, 336: Sieh! auf Einmal stand. — Aus einem Aussagesatz ein interjectioneller Satz I, 505: Nach dir seh ich sehnlich hinunter, in: Wie sehn' ich nach dir mich hinunter! — Umgekehrt I, 389: Wie schrecklich bist du, in: Schrecklich bist du. — Die Interjection an den passendsten Ort gestellt I, 113: Bald aber wird mich, in: Bald aber, ach, bald. — Kleine Personifikationen lebloser Gegenstände: I, 602: Mitten in diesem Gefild' erhebt sich die englische Pforte, Durch die der Erde Beschützer zu ihrem Heiligthum eingehn; in: Die der Erde B. zu ihrem H. einführt. — IX, 208: Jener Hütte, die lang, des Allerheiligsten Vorbild, opferte, statt: in der geopfert ward. So auch an einer Stelle: mit dem Wege, statt auf dem Wege fortgehn, u. öfter. —

Die **Inversionen** hatten schon Bodmer und Breitinger empfohlen, ohne jedoch von der Kühnheit Klopstocks noch eine Ahnung zu haben.

a) Das Pronomen nach dem Subjecte (besonders in späteren Gesängen): Wir brachten dir Farren, sie mit Blumen geschmückt! Widder, sie mit Laube, im 16. Ges.; ebenda: Der aufgeschwollne Verbrecher hatte seinem Volke die heiligen Rechte der Freiheit, sie mit Schlangenentwürfen, und Klauen des Löwen entrissen. (Vgl. Cr. Tellow, S. 37.) Ges. V, 155: Und ihr erster Vater stand freudig, in: er stand voll männlicher Jugend; doch wieder in: stand voll m. J. — Und so oft das Pronomen später in den zehn ersten Gesängen ausgelassen, weil es der Einfachheit der epischen Diction schadete; doch in den späteren Gesängen taucht es sehr häufig wieder auf.

b) Umstellung von Substantiv mit abhängigem Genitiv, so daß dieser vor jenes zu stehen kommt. „Mir kommt es vor, daß nur die Dichtkunst Des Stroms Geräusch, sagen darf. Wenn ich in einer prosaischen Schrift blättre, und diese poetische Umsetzung darin antreffe; so fange ich gewiß nicht an zu lesen. Denn ich weiß nun schon, woran ich mit dem Verfasser bin." (Gramm. Gespr. 7. Göschen 9, S. 191). I, 46: Unter dem Anschaun des Vaters, Unter des Vaters Anschaun. I, 88: Da wir die Reihe der Zeiten durchschauten; der Zeiten Reih. So im ersten Gesange noch Vers

83, 107, 171, 199, 364, 390, 420, 433, 465, 483; zweimal hinter einander in
    I, 507/8.
    1748 Wären wir in der Gesellschaft des Mittlers, den eben der Körper
51,55        in des Meßias Gesellschaft, den eben der Körper
  80 f.
                                                          den jenes Todes
508) 1748,55  Jenes Todes umhüllt, den ich dort im Staube zurückließ —
    80    Leib umhüllet, welchen
  1800                                                     in dem
ferner in 562, 582, 609, 672, 673, 674, 677, 707, 720, 721.

Umgekehrt:
VII, 10: Ewigkeiten der Ruh sind seiner Triumphe Gefolge!
        1800:                    Gefolge seiner Triumphe!
eben so im I. Ges. A. 261, 275, 573, 647, 668, 707. Ein Schwanken zeigt sich in
    I, 531.
1748,51 Die sich zwischen den Gipfeln des himmlischen Oelbergs hinabließ.
  55                                                      herabließ.
  80                  des himmlischen Oelbergs Gipfeln
1800            herabließ zwischen den Gipfeln des himmlischen Oelbergs.

c)
    I, 573.
Des ewigen Geistes in Trümmern zerfallne Behausung . . . .
                                                                           einschließt.
Die Hütte des ewigen Geistes zertrümmert . . . . hinabgräbt.
    I, 577.
Deinen seit Edens Erschaffung verborgenen Wohnplatz
Deine Wohnung, seit Edens Schöpfung verborgen.

d) „Ich hatte verschiedentlich das Zeitwort vor der Benennung gesezt. Haben Sie das auch von Goethe angenommen? fragte er. "Wie so? angenommen? Ich nehme nichts an. Ich denke für mich selbst . . . Diese Neuerung dünkt mir gut. Goethe braucht sie nicht allein. Es brauchen sie viele. Sehen Sie einmal, unser Stolberg schreibt nicht leicht eine Seite ohne das". — Aber ich sage Ihnen, mir ist sie völlig unausstehlich. Zu sagen, z. E. ich habe ihm gegeben die Lanze, statt: ich habe ihm die L. gegeben, thut so üble

Wirkung auf mein Ohr — oh! . . . Und Sie brauchen das
doch selbst! sagte ich. — Wo? — — Ich nahm die Oden her.
„Ei, zum Exempel hier in Kaiser Heinrich: Der zuerst den
Schall gab in Hermanns Vaterlande Gestalt." — In Poesie!
das ist was anders! da ists erlaubt, ist nothwendig oft, und
auch da, wo's nicht nothwendig ist und die Sache es nicht er=
fordert, ists nicht erlaubt. Ich rede ja von Prosa. Wir müssen
auch etwas für die Poesie übrig behalten." — [Hier sieht man,
wie durch Kl's Dichtung auch die Prosa sich veredelte, was er
freilich unmittelbar in solcher Weise nicht wollte.] Ich sprach
dann davon, wie viel logicalisch richtiger es mir schien, das
Zeitwort vor dem Hauptworte zu setzen, wie viel oft die Rede
an Nachdruck dadurch gewönne. — Das ist alles gut, sagte
er . . . . Alles philosophiren hilft da nichts. Der Sprachge=
brauch entscheidet, er ist ein Tyrann. — Aber was ist der
Sprachgebrauch? u. s. w. So erörterten wir diese Materie,
aber jeder blieb bei seiner Meinung." [Cramer, Tellow, S.
179 ff.) „Kl. macht Unterschied im Gebrauch des Zeitworts
vor der Benennung. Er erlaubt diese Fügung, wo Pathos in
der Rede nöthig ist. Es kommt also nicht auf die Frage: ists
erlaubt? an, sondern bei jeder einzelnen Stelle auf die Frage:
soderts, leidets hier der Affect?" ebenda, S. 188. Beispiele
für und wider:

I, 249.
1748—55 Deiner Erlösten, die du des seligen Anblicks auch würdigst.
80 f.                          auch würdigst des seligen Anblicks.

I, 673.
1748—55 Hatte die Oberfläche der Erde kaum staunend erblicket.
80            kleinen Gefilde der Erde kaum st. erbl.
1800      kaum staunend erblickt der Erde kleine Gefilde.

V, 337: Der seiner Gerechtigkeit Dauer Mit Unendlichkeit
maß; der hält die Schlüssel des Abgrunds; der mit rügender
Flamme die Hölle, den Tod mit Allmacht Und mit Gericht
bewaffnet u. s. w. Cr. III, S. 233: „Das Verb "hält" voran
der Feierlichkeit wegen. Aber warum nicht auch die andern
beiden Verba? Vielleicht der Manigfaltigkeit wegen."

c) Ähnliche Inversionen:

I, 266.
Und zu seiner Herrlichkeit heiligen Stäte dich weihte
Dann zu der Stäte dich der Herrlichkeit kohr, und des Anschauns.

I, 540.
Doch war sein Abdruck daselbst in Zügen des Schlafes verdunkelt.
  durch die Züge des Schlafs sein Abdruck
Aber verdunkelt war durch des Schlafes Gebehrde der Abdruck.

V, 783.
Mich aus Dunkle der Herrlichkeit Gottes hinüber zu tragen!
  hinüber zu tragen aus Dunkle der Herrlichkeit Gottes!

Hier steht Herrl. Gottes für herrliche Folgen der Versöhnung (nach Cr. III, 304), und da diese in den folgenden Versen berichtet werden, so scheint die Umstellung aus diesem Grunde vorgenommen zu sein.

V, 613.
Hoch vom Thron, auf Flügeln des dunkeln Gerichtstuhls getragen.
Hoch von dem Thron, auf Flügeln getragen des flammenden Wagens.

I, 597.
Aber zu tiefen Gedanken, und zur Betrachtung gewidmet.
Aber tiefen Gedanken geweiht, und ernster Betrachtung.

I, 112.
Noch mit den Zügen der Menschheit, nach deinem Bilde, gezieret,
  nach deinem Bilde geschmückt mit den Zügen der Menschheit.

I, 525.
Also ertönte der Umkreis von englischen Stimmen belebet
   durchhallt von englischen Stimmen der Umkreis.

I, 616.
Die Pforte von Wolken erbauet — die Pfort' erbauet von Wolken.

I, 252.
Unsere Lieder, von Schwung und Harmonien begeistert,
Unser Gesang, lebendig durch Kräfte der Urbegeistrung.

I, 624.
Mitten darinnen erhebt sich, mit flüssigem Schimmer bekrönet
  schwebet, bekrönt mit fl. Sch.
[Dort schwebt, leise bewegt, und bekr.  ]

I, 205.
Einst ein Strom der Himmelsheitre nach Eden herunter.
  nach Eden ein Strom der Himmelsheitre herunter.

I, 342,3.
Göttliche Töne, den opfernden Seraph zum hohen Gebete vorzubereiten.
   zum hohen Gebete den opfernden Seraph
I, 631.
Um sie lächelt ein ewiger Morgen in thauenden Wolken.
   in röthlichen Wolken ein ewiger Morgen.
I, 653.
Die den denkenden Weisen in seiner Entfernung begleiten
   in seiner Entfernung den denkenden Weisen
I, 707.
Also sehen des Mondes Bewohner den Tag der Erde.
   der Erde Tag die Bewohner des Mondes.
V, 459 f.

459) 1751 Wenn wird tönen um euch der Pole Donnern, wenn vor euch
55 ff.                                       , mit ihnen
460) 1751 Wird der Gesang der Sphären, in Stimmen der Meere verwandelt,
55 Dann
80              Welten, in
1800       der Welten Gesang, in Stimmen

Cramer: „Die Wortfolge ist hier sehr absichtlich, um der Herrscherrede Gottes Feierlichkeit zu geben. Man könnte den Einwurf gegen diese von Kl. beinah allein gebrauchte Voranstellung des Hülfswortes „wird" machen, daß dadurch der hypot. Satz mit dem fragenden Ähnlichkeit und die Rede Zweideutigkeit bekäme. Allein die Stimme des Vorlesers kann ihn genau unterscheiden. Man hat in neuern Zeiten unsern alten Imperativ im Plur. wieder hervorgezogen: Thun wir das! statt: Lasset uns das thun! und Sprachkenner haben dagegen dieselbe Einwendung gemacht. Wenn Klopstocks Beispiel Rechtfertigung ist, so rechtfertigt's auch diesen Gebrauch des Imperativs. Aber Kl. bedient sich dieser Wortstellung sehr mit Discretion, nur an Stellen, wo sie besondre Wirkung thun soll. Hier ist eine davon, und darum stehen hier mehrere Zeitwörter voran: werden zittern … kommen … sinken … An andern Stellen dagegen, wo vielleicht nur das mechanische Versbedürfniß diese Voranstellung veranlaßt hatte, ist in der gegenwärtigen Ausgabe [1780] manches in die gewöhnlichere Wortfolge wieder zurückgewiesen. Z. B. V. 549, V."

V, 548 f.

548) 1751 Ach, Blut! Blut unschuldiger Menschen! Das je ward vergossen
     55   Blut! . . . Du Blut
     80 f. Blut! du Blut unschuldiger Menschen! Das jemals vergossen
549) 1751 Und noch künftig, durch manches Jahrhundert, vergoss. wird werden,
     55   durch lange Jahrhunderte noch vergossen
     80 f. Ward, und lange

V, 530, 31.

530) 1751,55           er neigte sich tiefer, und hörte die Stimme
     80 f.          neigte sich tiefer, und hörte sie werden
531) 1751  Immer trauriger werden, und näher beim Tode.
     55                          fürchterlicher.
     80 f. Immer trauervoller, und fürcht.

Cramer: „Diese Voranstellung des "werden" hier wieder der Feierlichkeit wegen; auch um das drittemal Himmel beim Schlusse des Verses zu vermeiden."

f) **Ein eigenthümlicher Wechsel von Worten** wird beobachtet in Versen, wie

I, 215, 16.

215) 1748,51 Die das Säuseln der Gegenwart Gottes sonst sanft beseelte;
     55 ff. Welche vordem das Säuseln der G. G. bes.
216) 1748,51 Seelige friedsame Thäler, vordem von der Jugend des Himmels
                                                                         u. s. w.
     55,80               , die sonst von
     1800                , sonst von

I, 268, 271.

Dein unermeßlicher Kreis . . . Formte sich noch in seine Gestalt . . . Ihre Gestade hörten sie, doch kein Unsterblicher nicht; in: D. unerm. Kr. Bildete sich zu seiner Gestalt . . . Ihre Gest. hörten sie, noch kein Unst. nicht.

I, 438, 39.

Die noch sterblichen Kinder der Erde
438) 1748,51 Werden sich allgemach alle zu euch vollendet versammeln,
     55 ff.     , Geschlecht auf Geschlecht, zu euch sich alle
439) 1748,51 Bis sie zusammen bereinst, u. s. w.
     55 ff.     bereinst vollendet, u. s. w.

I, 460, 61.

1748—55 Wie sich die neue u. s. w. 80 f. Wie die neue u. s. w.
1748,51 Damals erhub, wie u. s. w. 55 ff. Da sich erhub u. s. w.

5) **Statt des Genitivs die Präposition „von".** —
I, 32 Zwar sagen hier Palmen Des ihm begegnenden Volks in Vom begleitenden Volk. —

Umgekehrt: I, 266 Und dich zum heiligen Wohnplatz von deiner Herrlichkeit weihte; in: Und zu seiner Herrlichkeit h. St. dich weihte; in Dann zu der Stäte dich der H. kohr u. s. w.

I, 709. Auf die Gipfel von ihren Olympen herunterwallen; in: ihrer Gebirge.

I, 502. Die Kinder von Adam, in: Adams. — Durch eine andere Wendung: I, 300 Himmel von Wolken, in: voll Wolken.

6) **Participialconstructionen.** — Cramer IV, S. 356: „Das Participium noch mit andern Bestimmungen zusammengesetzt, in der gewöhnlichen Form, hat immer etwas schleppendes, schwerfälliges. Deswegen vermeidet's entweder der Dichter, durch gewagte Wortstellung (die Bestimmung hinter das Part. und Subj. gesetzt) oder ändert auch in Stellen, wo jene alte Wortstellung stand, durch das Pron. relat., die ganze Wendung. Dies hat schon Lessing bemerkt: Literaturbr. I, S. 121."

I, 55.
1748,51 Der dem Messias auf Erden zum Dienste gegebene Seraph,
1755     Und der Seraph, der Jesu auf Erden zum Dienste gesandt war.
80                Jesus
1800                          zum Dienst' auf der Erde

I, 100.
Und die zum ewigen Bilde verneuerte Schöpfung der Menschen.
Und die Schöpfung der Menschen verneut zu dem ew. Bilde.

I, 195.
1748,51 Hell, gleich einem vom Lichte gewebten ätherischen Vorhang.
55      Und                 von
80 f.           einer Hülle gewebt aus Strahlen des Urlichts.

I, 216.
Selige, friedsame Thäler, vordem von der Jugend des Himmels
, die sonst die Jug.
Liebreich besucht; — Gern besuchte;

aber 1800 wieder das Participium: Thäler, sonst von der Jug. d. H. Gern besucht.

I, 270.
Ihre gleich irdischen Welten zusammengebirgten Gestade. 1748,51.
Ihre Gestade, die sich, wie Welten, zusammengebirgten. 1755 ff.

I, 474.
Hört er von fern aus den hohen Gewölben herwallende Seufzer,
Höret' er Seufzer, die fern den h. G. entwallten. 1780.

I, 666) Dieses Gebeine, Durch die Hand des gewaltigen Todes so traurig entstellet, in: Dieses Gebeine, Das die H. d. g. T. s. tr. entstellt hat, in: Diese G., Welche u. s. w.

Umgekehrt:

536: 1748,55 Die die vereinbarte Gottheit der menschlichen Bildung ertheilte.
80 f. Durch die [1800 vereinte] gegeben.

Statt eines Part. Präs. ein Substantiv: I, 384: Der wahren Gemeinen vorbildende Leuchter, in Vorbilder der gottversöhnten Gemeinen.

7) **Auflösung von Substantiven und Substantiv-Verbindungen in Sätze, und umgekehrt,** I, 186) sein ganzes Betragen, in: was der Seraph that. I, 566) vor seiner Erhebung zur Sonne, in: eh er sich erhübe zur Sonne. I, 603) zur Zeit des belebenden Winters, in: zur Zeit, wenn der W. belebt. Bernhard von Tscharner, der die ersten Gesänge des Messias ins Französische übertrug', übersetzte diese Stelle mit „Tel qu' à la fin de l' hiver." Bodmer tadelte in einem ungedruckten Briefe vom 7. November 1749 an Tscharner diese Übersetzung: „Der Poet redet von der Mitte des Winters." Auf diese Stelle bezieht sich auch Heß in einem Briefe an Bodmer vom 18. Dec. 1749 (bei Stäudlin): „Für mich kann dieser gegenwärtige Winter überall nicht viel liebenswürdiges haben, er mag heiter oder trüb aussehen, oder wie er will. Denn ich kann ihn schier gar nicht anders ansehen, als auf der traurigen langwürigen Seite, wie er mir das Frühjahr und damit zugleich die Ankunft Klopstocks aufhält. Von dieser Seite her aber kann mir auch der heiterste Winter

nicht viel freundlicher vorkommen, als ein anhaltender Nebel. Der belebende Winter mag nun in der Messiade bedeuten was er will, so soll mir doch Tscharner für diesesmal recht haben, wenn er die belebende Zeit überhaupt lieber „à la fin de l' hyver" saget. Ein Frühling, der Klopstocken bringt, muß für mich die belebende Zeit heissen und seyn, oder es soll eh kein einziger Tag in diesem ganzen Jahrhundert, darinn ich lebe, ein belebender Tag jemals genannt werden." — I, 551) nach deines . . Vaters Entschliessung, in: so hats dein . . Vater geboten. I, 447) der Messias, Gottes und Menschensohn, in: der M., er, der Gott ist und Mensch. — Umgekehrt, s. auch Nr. 6: I, 365) da erwartete, in: zum wartenden.

**8) Active Construction in passive, und umgekehrt. Intransitive in transitive.**
I, 280, 81.
280) 1748,51 Unter dem Liede, das nach dem erhabenen Dreymalheilig,
      55            das, nach dem Dreymalheilig, die Himmel
      80 f.                  , der Himmel
281) 1748 Allzeit gesungen wird, hatte u. s. w.
      51   Stets
      55   Allzeit singen, hatte u. s. w.
      80 f. singet,

I, 289) Ward er des Anschauns der Gottheit gewürdigt, in: Würdiget ihn des Anschauns Gott. — Umgekehrt: I, 486) ein ätherischer — schwebender Leib Hüllte den seligen Geist in eine verklärte Behausung, in: War dem sel. G. zur verklärten Hülle geworden. — I, 285) Indem erschien der Seraph, in: sie erblickten den Seraph. (Poetischer, weil dadurch eine gewisse Theilnahme angedeutet wird). I, 596) Wo kein Todter begraben liegt, in: wo sie keinen Todten begruben.

9) „Spätere Dichter haben schon mehr darauf raffiniren müssen, die in einem epischen Gedichte nothwendig oft wiederkehrenden Begriffe: er sagte, er dachte, antwortete u. s. w. verschieden auszudrücken, zu umschreiben, ihnen die tödtende Einförmigkeit zu benehmen. Kl.

hat auch hierin manche neue Wendung." Cr. III, S. 269 f.[1])
— „Bezeichnend für den Character des Klopstock'schen Epos sind auch die häufigen Dialoge oder Duette mit einfach vorangestellten Namen der redenden Personen, wie im Drama oder der Ekloge. Homer's biederer τὸν δ' ἀπομειβόμενος, προσέφη, oder τὸν δ' αὖτε προσέειπε, in seiner unverdrossenen Wiederholung, ist der aufgeregten Stimmung des Messiasdichters viel zu umständlich." (Strauß. a. a. O.) Dergleichen ästhetische Urtheile, wie dieses von Strauß, würden jede Entwicklung der Kunst tödten, erstarren machen, wenn sich die großen Dichter daran kehrten. Die unverdrossen wiederkehrende, biedere Stellung der Hände, Füße, Bärte u. s. w. auf altassyrischen oder ägyptischen Reliefs — die aufgeregte Stimmung, d. h. das wachsende Bewußtsein der Kunst verharrt nicht bei ihnen. — V, 532: Da bebte sein Herz von diesen Gedanken. VI, 132, 33: Philo vermag diese Worte zu zürnen. Im VI. Ges. auch: und so rüstet' er sich; u. andere Wendungen.

I, 385 ist „sprach Urim" ganz fortgefallen. Auch in: I, 546 Endlich redte der Seraph. O du, der du allwissend bist, sprach er mit zärtlicher Stimme, in: Endlich redte der Seraph. O du dessen Allwissenheit sich durch die Himmel verbreitet u. s. w.

10) **Vermeidung gleicher Anfänge von Sätzen oder Satztheilen.** — I, 119, 20 schon seh' ich ... schon sink' ich, in: ich sehe schon, sinke. I, 474, 75: Seufzer, die ... entwallten, die ... verlangten, in: und verlangten. — Absichtliche Wiederholungen: I, 257) Ist viel erhabener und heiliger, in: Ist erhabner, ist heiliger. I, 292) Vor allen, die Gott schuf, ist er groß, der Nächste dem Unerschaffnen; in: ist er groß, ist der Nächste u. s. w. —

Eine der bedeutendsten Stellen, wo die Wiederholung vermieden ist, steht VIII, 9—11.

---

[1]) Vgl. hierzu die Note unter Nr. 29 und Nr. 31.

9) 1755,80                      Es sank ihm,
    1800                     Er bebte
10) 1755,80 Und er blutet', es sank ihm sein Haupt, er blutet', es sank ihm
    1800   Rang mit dem Tode, da sank ihm sein Haupt, er blutete, neigte
11) 1755   In die Nacht hin, sein heiliges Haupt; da verstummte der Gott=
                                                                                               mensch.
    80 f.   Nacht sein h. Haupt;

Cramer: „Traurende Entzückung ergreift ihn; und es ist nicht etwa Erzählung, es ist die höchste Theilnahme der Empfindung, wenn er uns mit den drei Versen 9—11 den summarischen Inhalt, den Hauptgegenstand der drei folgenden Gesänge angiebt. Was soll man aber von der ... Critik! des Critikers (Bibl. d. sch. W. 1, 328) sagen, der diesen Vers, in dem die ganze Seele, beim Schmerze verweilend, wiederholend, den Begriff: der Messias stirbt! gleichsam ausathmet, für spielend und gar nichts ausdrückend erklärte? In solchen Fällen fühlt man, welch eine göttliche Wohlthat es ist: **mens sana in corpore sano.**" Trotz dieser schmeichelhaften Expectoration fühlte Kl. doch — nicht das Unpassende der beim Schmerze verweilenden Seele — aber ihres Ausdrucks. Nicht gesteigert, sondern abgeschwächt wurde der Eindruck durch die Wiederholung derselben Wendung. Ähnlicher Stellen giebt es mehrere. — Die ganze Construction änderte Kl., um die Wiederholung Eines Wortes zu vermeiden. „Ich habe bemerkt", sagt Cr. III, S. 303 f., „daß Kl. die Construction: Ihr, die das thun, gemeiniglich der andern: Ihr, die ihr das thut, vorzuziehen pflegt, vermuthlich um die Wiederholung des Ihr zu vermeiden." So V, 780: Und ihr, die meine Seelen noch füllen.

## b) **Einzelne Wörter und Wortverbindungen betreffend.**

### 11) **Wiederholung einzelner Wörter vermieden.**

VII, 157) itzt ging er, itzt stand er, itzt floh er, in: drauf ging er, stand nun, dann floh er.[1]

---

[1] Itzt, Itzo verändert Kl. sehr oft in jetzt, jetzo, doch nicht immer.

I, 134.

Ich will leiden, den furchtbarsten Tod will ich Ewiger leiden!
1780 f.      Tod ich Ew.

I, 192) Gottes Erlösung vor allen Erlösten verherr=
lichen, in: vor allen Erschaffnen.

I, 203, 4.

203) 1748,51 Durch den glänzenden Weg, der gegen die Erde sich kehret,
55 ff.                wendet,
204) 1748   Floß, nach der Erden Erschaffung, u. s. w
51 ff.    ihrer Ersch.

I, 212) Gegenden, die die Verwüstung .. entstellte, in:
Gegenden, die vor ihnen des Todes Verwüstung entstellte.

I. 221, 22.

1780: Die Erde ... war ihrer ... Kinder Großes Grab. Doch
bereinst, wenn die Morgensterne verjünget
1748,51 Und aus der Asche des grossen Gerichts triumphirend her=
                    vorgehn,
55    von
80 f Aus der Asche des Weltgerichts triumph.

Also ward durch die Änderung 1780 „großes Grab"
(aus: allgemein Grabmal) das „grosse Gericht" der Lesart
48,51 unmöglich und 80 zum „Weltgericht."

I, 247.

1748,51 Siehe, den Seeligen ohne Verhüllung, frey, ohne die Dämmrung,
55,80          Verhüllung, ohne die D.
1800               nicht in der D.

I, 326, 28.

326)    und sich vor ihrem noch grösseren Vater umarmen.
327)    Gott sah sie, und segnete sie. So gingen sie beyde,
328) 1748—55 Herrlicher noch durch die Freundschaft, dem himmlischen
                    Thron entgegen.
   80            dem Throne des Himmels
   1800   Herrlicher durch die     Thron

I, 617, 18.

Wich ihm aus und zerfloß vor ihm, wie in himmlische Schimmer.
618) 1748 Unter dem Fuß des Unsterblichen floß die flüchtige Dämmrung.
  51                zog sich
  55 ff.     Fuße des Eilenden zog sich flücht. D.

12) **Partikeln vermieden — hinzugefügt**.

Breitinger schon in der Cr. Dichtk. II, S. 373 sagt es: „Die von der Hitze der Gemüthsbewegungen entstehende Eilfertigkeit, die sich von nichts aufhalten läßt, äussert sich auch in der Art des Ausdruckes, indem sie der gewöhnlichen Verbindungs=Wörter, womit die Theile eines ganzen Rede=Sazes ordentlich verknüpft werden, wegläßt, weil sie ihren hitzigen Begierden im Wege stehen, und sich also nur in abgeschnittenen Sätzen erkläret."

„Und" fortgelassen: I, 138, 139: Jesus sprachs, und stand auf, und in seinem Antlitz war Hoheit, Und erbarmender Ernst, und Seelenruh, als er vor Gott stand. Und, unhörbar den Engeln u. s. w., in: Jesus sprachs, und erhub sich. In seinem Antl. war H., Seelenruh, und Ernst, und Erbarmung, als er vor Gott stand. Aber, unh. den Engeln, u. s. w.

I, 143: Meinen Arm durch die Unendlichkeit aus, und sag: Ich bin ewig! in: M. A. aus durch die U., sage: Ich bin — u. s. w.

I, 199: Da eilen die Erden klein und unmerkbar dahin, in: Klein, unmerkbar dahin (die Geringschätzung wird durch die asyndetische Anfügung gesteigert). Eben so in I, 222;

306: Endlich redt' er und sagte, in: redt' er, sagte (hier der Form redt' er wegen, um redt' zu vermeiden); 423; 444; 502: Aufhub und schwur, er wollte, in: Aufhub, schwur u. s. w.; 652: die Hüter der tugendhaften und wenigen Edlen, in: der Tugendhaften, der w. E.; 691 u. 692: Und ließ ihre Gedanken ... Und ein u. s. w., in: Senkte froh die Gedanken ... Aber ein u. s. w.; V, 536; V, 348: In das Heiligste hast du mich zwar, Sionitin, geführet, Aber ins Allerheiligste nicht. Und hätt' ich die Hoheit u. s. w., in: ... Aber nicht in das Allerheiligste. Hätt' ich die H. u. s. w. Cramer: „Dieses Und, so wie es Kl. hier gebrauchet, verbindet den folgenden Satz nicht mit dem vorhergehenden. Eigentlich und streng genommen abundirt die Partikel in solchem Falle, und ist von derselben Art, wie manche griechische uns unausdrückbare Partikeln; gränzt wenn man will, beinah an die Interjection. Hätt' ich u. s. w. würde das Nämliche sagen, nur mit einer Nüance von Stärke weniger." Kl. gab 1800 die Nüance von Stärke daran. — V, 821 Auch blieb Eloa, sank und neigte u. s. w., in: Auch Eloa Blieb, sank, neigte u. s. w.

Umgekehrt: „und" hinzugefügt.

I, 77.

1748,51 Furchtbar verkündiget, und in donnernden Wettern gesprochen;
1755   Angekündigt im Sturm, im donnernden Wetter
80     in            , in donnernd em
1800   Angekündet im           und in d.

I, 579—80.

579) 1748,51 Hat er sich jemals, voll einsamer Wollust, in tiefe Gedanken
55            ie voll
80 f.         in tiefe G. sich je, voll einf. W.,
580) 1748,51 Und in den hellen Bezirk der u. s. w.
55            In die hellen Kreise
80 f.         Und in die hellen Kr.

I, 615.

1748,51 Fern und rauhtönend ihm nach. Er ging, und sein heiliger
                                                           Wohnplatz
55      Tiefantönend ihm nach. Er ging, sein Heiligthum zeigte
80 f.                              ging, und sein H.

Wir sehen also, daß Kl. 1755 das Und am meisten anfeindete. Ich habe die prägnantesten Beispiele gewählt.

Ferner: „Oder":

I, 644.

     Aber die Menschen im Hesperus, oder im Jupiter sehn ihn,
1800:                    Hesperus sehn, die im J.

„Auch":

I, 552.

1748,51 Gleich von hier, deine Versöhnung auch mit zu verherrlichen, eilen.
55,80 Wieder von hier, die
1800                               Versöhnung mit zu v.

„Nur": I, 419) Ist nur um euretwillen: in: Ist um euretwillen, in: Ist zu dem hohen Altare um euretw. gekommen.

4

I, 668.
1748,51 Kommt nur, des Himmels zukünftige Bürger, u. f. w.
  55   Kommt, des H.
  80 f.        , zukünftige Bürger des H., u. f. w.

„So" im Nachsatz. I, 549) Als ich es that, so eröffnete mir u. f. w., in: that, eröff.

„Als". I, 564 Die als Vertraute, in: Die, Vertraute. I, 19: Da der Schöpfer der Welt, als Erlöser, auf Erden gekommen; in: Da der Sch. b. W. Versöhner wurde.

„Hier" ausgelassen I, 379; „daselbst" I, 540; „da" I, 556; „drauf" in: da verwandelt I, 563, 700; „alsdann" I, 634; „nunmehr" I, 621; „weiter" (Eloa sprach weiter, in: Da sprach Eloa) I, 388; „unterweilen" I, 632; „mitten darinnen" in „dort" I, 624. „Schon" I, 543: Wenn der Abendstern schon am einf. Himmel heraufgeht, in: an dem einf. H.; I, 610. „Bald — bald": Kam dazumal bald Engel bald Gott, in: Kamen damals Engel und Gott. I, 208; V, 595. — Andere f. unter 13 a).

13) **Umwandlungen**: a) Obgleich in obwohl I, 15. Doch in aber I, 38, 366; aber in doch I, 221. Doch in allein I, 429. Allein in nur I, 153. Indem in wenn I, 235. Indem in da, I, 285, 51. Indem in itzo, jetzo I, 515. Nun in jetzt, I, 27. Nunmehr in jetzo I, 347. Also in so I, 394, 607. Als in da, 155, 488. Damals in da I, 461. Dazumal in damals I, 208. Damals in noch, noch in da I, 262. Ehmals in sonst I, 26. Ehmals in einst I, 591. Alsdann in o dann I, 433. Jemals in je I, 579. Niemals in nie I, 227. Unterdeß in indeß I, 553, 441. Bisweilen in zuweilen I, 333. Sonst in vordem I, 215. Erst in zuerst I, 299. Allzeit in stets I, 281. Wiederum in wieder I, 305. Allgemach in Geschlecht auf Geschlecht I, 438. Häufig in alle I, 686. Zusammen in alle I, 224; vgl. S. 35. Beisammen in bei einander I, 93. Allda in dort I, 470. Um in ringsum I, 612, 234; um und um in ringsum I, 80; ringsum in rings I, 520. Um und um, f. Hiob 18, 11: Um und um wird ihn schrecken plötzl. Furcht. — Überall also ist das Trefflichere gewählt.

b) Klopst. hat einige Verba oder auch Tempora von solchen, denen er ganz besondere Bedeutung verleiht. So: Ward für wurde. „Eins von den fruchtbaren Wörtern, die ganze Begriffe ausdrücken." Ges. XX. V. 49 f.: „Der Entwurf des ewigen Reichs der Schöpfung ward", d. h. ihm wurde Existenz gegeben. (Die Verse des XX. Ges. sind in den Ausgaben noch nicht gezählt; ich habe es gethan, und citire nach dieser Zählung). Ward in dieser Bedeutung kommt öfter vor; so I, 301: Ein Himmel von Wolken floß um ihn da er ward; hier hatte 1748,51 noch wurde gestanden. — Ferner: that; er thats, und vollbrachte die große Versöhnung; und öfter. Hierher kann man auch „arbeiten" rechnen, im Sinne von sich gewaltig mühen, z. B. XV, 713: „Die zu dem Himmel hinauf aus ihrer Nacht arbeitet." XV, 1318 ff.: „Der Heiligen Schaaren . . . strahlten herauf von Jerusalem, viele der Wonne voll, die sie hatten gegeben, und viele der künftigen Wonne, Die, noch verborgen im .. Herzen itzt keimte, Trieb, arbeitet', und wuchs, zu der Ruhe Schatten zu werden über der Wanderer Haupt in dem heißen Pfade des Elends." (Schatten=Baum f. S. 18.) So auch „Arbeit": „mit schwerer Arbeit richtet' er sich auf XIII, 882; XVI, 452; im eigentlichen Sinn (Schweiß und Arbeit) XIX, 579 f.; 948. —

c) Verba der Bewegung.

I, 622: sich kehren zum, in: sich senken zum. I, 676 begleiten in: geleiten (Goethe). I, 32 begegnen, im Sinne von entgegengehen, in: begleiten. I, 610: ging, in: wandelt. I, 47 begab sich, in: ging. I, 198 fliehen, in: eilen. I, 491 kam, in: nahte sich. I, 9 und sehr oft sich nähern, in: sich nahen, z. B. I, 85. I, 705 beeilete sich, in: erhub sich. I, 566 sich schwingen, in: sich erheben. I, 138 stand auf, in: erhub sich. I, 392: Wälzet die Räder in fliehenden Wolken, in: hebt ihn in donnernden Wolken empor. I, 231: erhebt sich, in: strahlet. I, 659 ein Loblied erhebet, in: in Jubellieder sich ausgießt. I, 624: erhebt sich, in: schwebet. IX, 418: Aber der Sterbende hing, von Gottes Gerichte belastet, in: schwebte. Cramer

4*

V, S. 62: „Kl. hat, so viel ich weiß, zuerst schweben, welches sonst eine Mitwirkung des schwebenden Subjects voraussetzt, für das unedlere: hängen, gebraucht. So auch in den Worten auf Pergolese's Musik: Jesus Christus schwebt' am Kreuze." Cramer hat Unrecht; schon Breitinger in seiner Krit. Dichtk. II, S. 340 weist auf das edle Wort schweben hin: „Dem Worte hencken, aufhencken, hangen, ist bey uns die Idee vom Galgen zu starck eingepfropfet, als daß man sie von dem Hauptbegriff absondern könne, wenn es in neuen und ungewohnten Verbindungen mit andern ins Ohr fällt. Die Redensart z. E. Mein Wohlstand hängt an dem eurigen oder von dem eurigen ab, ist uns ganz geläufig, daher kömmt uns auch die zugeflickte Nebenidee nicht in den Sinn. Aber wenn ich das Lateinische animus metu suspensus geben würde, ein Mensch, der zwischen Furcht und Hoffnung aufgehenckt ist oder hängt; so würde ich diesen widrigen Zusatz nothwendig durch die bis dahin in deutschen Ohren ungewohnte Verbindung aufwecken. Darum sagt man lieber auf den gleichen Grund der Ähnlichkeit, zwischen Furcht und Hofnung schweben: da die Vergleichung von einem Vogel hergenommen ist, welches die Lateiner volatum suspensum nennen." — I, 212 besuchen, in: sehn. I, 203 kehret, in: wendet. I, 541: ein reisender Seraph, 1751 in: wallender Seraph. Vgl. Opitz, An Karl Annibal, Burggrafen zu Dohna (in der Triller'schen Ausg. von Mart. Opizen v. Bob. Teutsche Ged., in 4 Bde. abgetheilet u. s. w. Frkf. a/M. 1746, 2. Bd. S. 371): „Genug, o Held, genug! wie lange wiltu reisen Fast Tag und Nacht, durch Hitz und Frost, durch Eis und Eisen?"[1]

---
[1] Hier nebenbei, die auch in dem berühmten Gedichte Dach's: „Tiewe Lieb ist jederzeit Zugehorsamen bereit" (gewöhnlich Ännchen von Tharau gen.) vorkommende Verbindung Eis und Eisen:
    „Wördestu glihk een mahl von my getrennt,
    Lewbest dar, wor öm de Sönne kuhm kennt;
    Eck wöll by folgen börch Wöler, börch Mär,
    Dörch Yhß, börch Yhsen, börch schnblöckt Hähr —"
stammt aus dem Virgil Bucol. Ecl. X, 20 ff. . . . Tua cura Lycoris
      Perque nives alium perque horrida castra secuta est.
Und dies nach Theokrit?

I, 490 loswand, in: losriß. I, 289, 90 kam herunter, in: eilet' herab. I, 531 hinabließ, in: herabließ. I, 691 ließ nieder, in: senkte nieder. I, 517 kam hernieder, in: schwebt' herunter. (I, 714 hernieder, in: herunter; I, 517 herunter, in: herab. Herab fand Cramer poetischer als herunter.) I, 452 Laßt euch hinab, in: steiget hinab, nämlich: diesen Lichtweg. Dies erinnert an die Stelle in Opitz' Übersetzung von „Daniel Heinsen Lobgesang Jesu Christi" (1621 gedruckt) in M. Opitzens v. B. Gedichte, Von J. J. B. und J. J. B. (Bodmer und Breitinger) besorget. Erster Theil. Zürich 1745, Nr. 6 im Anf.: „... Der schöne Gabriel Hat sich **herab gemacht**, auf Dein Gebot und Rath Bis hin in Nazareth der Galiläer Stadt." — IX, 616: entgegenstrecken, in: entgegenneigen. I, 713 (der Engel) schoß, in: flieget. I, 536: ertheilt, in: gegeben. I, 447 bestimmet, in: gegeben. I, 55: Seraph, zum Dienste gegeben, in: zum D. gesandt. I, 597 gewidmet, in: geweiht. I, 516 vertheilet, in: verbreitet. Vgl. XVIII, 737: „in drei Söhne verbreitet, entfloß mir mein Leben."[1]) I, 350 Rauch stieg vom Altar, in: stieg empor. —

d) Andere Verben.

I, 224 vereinbart, in: vereinet; I, 536: vereinbarte, in: vereinte; I, 581 vereinet, vereinbart, vereinigt (**sonst liebt Kl. die Verba auf igen nicht**: angekündigt in angekündet). I, 100: verneuern, poetischer in: verneuen. I, 268 formte sich, in: bildete sich. V, 338 strafen, in: rügen. I, 651 sich brüsten, in: sich aufblähn. I, 45: verhüllt', in: verbarg; I, 178 verhülle dich, in: hülle dich ein. V, 319 stehst, sitzt, ruht. I, 266 weihte, in: kor; I, 85 erlesen, in: erkoren; I, 498 beschlossest, kohrest; I, 99: Also erfanden wir unser Geheimniß, das Blut der Versöhnung, in: Also beschlossen wir u. s. w. Der Ausdruck „beschließen" ist in diesem Sinne biblisch. I, 307 empfand (Gedanken), in: hatte. I, 18, 36: verherrlichen, in: verklären. I, 547 ruhet, nicht besonders gut in: schlummert. I, 96 verstellet, in: entstellet. —

---

[1]) Luther in 1. Mose 24, 60: Du bist unsere Schwester, wachse in viel tausendmal tausend und dein Same besitze die Thore seiner Stadt.

X, 700 heulen, seufzen (so veredelt Kl. oft Bibelausdrücke). I, 568 eröffnen, kundthun. I, 83 sprechen, sagen. V, 28 sage, ruf' (dieses stärker). I, 525 von Stimmen belebt, durchhallt. —

I, 185 sah ihn an, schaut' ihn an. Cramer: „Schauen wird gebraucht 1) vom bloßen ansichtig werden, wie: sehen. In diesem Betracht kann man z. B. nicht sagen: daß man die Sonne nicht schaun kann. 2) Von der Continuität des Blicks." I, 286 sah ihn an, schaut' auf ihn. I, 346 sah an, schauete. I, 185 erblickte, sahe. I, 89 erblickten, sahen. I, 431 betrachten, sehen.

e) Adjectiva und Adverbia.

Über die Beiwörter haben Bodmer und Breitinger des Umständlichen abgehandelt. — III, 413 Traurig, bang (Ithuriel blieb bang vor Selia stehn. Mein ganzes Herz erbebt mir u. s. w. Vgl. Kirchenlied: Mein ganz erschrocknes Herze bebt u. s. w.) I, 115 allein, einsam. I, 573 vermorscht, zertrümmert. I, 584 modernde Trümmer, liegende Tr. I, 428 verrucht, verloren. (In den Freym. Nachr. 1749, Stück XXXVIII heißt es, der Dichter habe nie Schimpfnamen gebraucht, sondern sich in diesem Betracht blos an Wendungen der Bibel gehalten. — Vielleicht änderte Kl. deshalb auch noch das starke verrucht.) I, 443 verehrungswürdig, geheimnißvoll. I, 550 unsterblicher Mittler, erhabener M. I, 592 unsterbliche Pyramiden, ewige P. I, 427 weichmüthige, weinende. I, 423 mit unsterblichem Jauchzen, mit ewigem J. I, 558 mit stillem, behutsamen Säuseln, mit stillem, bebenden S. I, 677 Klang belebender Harfen, Kl. beseelender H. I, 358 sein freundlicher Blick, des Ewigen Blick. I, 362 Gottes geistiger Wind, Gottes lebender W. I, 372 des ewigen Geistes vertraulichster Engel, vertrauterer E. I, 344 voll Andacht, entflammter. I, 320 liebreich, liebend. I, 295 würdig, werth. I, 102 brünstig, innig. I, 112 geziert, geschmückt. I, 196 dunkler, dämmernder. I, 46 in großen Gebeten, ernst in Gebeten. I, 298 jugendlich neu, jugendlich schön. I, 164 gewaltig, mächtig.

I, 148 furchtsam, schweigend. I, 21 Theure gesellige Freunde des Mittlers, theure herzliche. I, 631 thauende Wolken, röthliche (es ist Morgen). I, 72 benachbart, näher. I, 698 leutselige Zähre, Zähre der Huld. I, 535 voll Verwunderung, bewundernd. — I, 351 Unsere Gebirge, der Erde Geb. I, 453 Sieht meine Natur, sieht die weite Natur.

f) Substantiva.

Judäa in Juda I, 6; VI, 280; IV, 97 fehlt es endlich ganz. — II, 845 die vernünftigen Wesen, Erschaffene Gottes (Cramer: der metaphysische Ausdruck ist durch den poetischeren ersetzt worden.) VII, 2 Schutzengel, Hüter (Cramer: das edle Wort aus Jes. 21, 11). I, 570 Schutzgeist, Hüter. Schächer gebrauchet Kl. auch nicht, dafür Missethäter VIII, 297; auch nicht Schriftgelehrte, sondern Gesetzerklärer VII, 53. — Silberne Quelle, für Waschwasser. VII, 770, vgl. Benkowitz; XIV, 748: trug das Gefäß, und darin die lebende Quelle; so Hiob 9, 30: reinigte meine Hände mit dem Brunnen. II, 540 Langeweile, lange Muße. VII, 424 Haufen, Auswurf (von Ameisen). X, 534 gleitendem Schritte, wankendem Schritte, Fuß (in Folge der Bemerk. Cramers V, S. 201). I, 490 Erdreich, Land; I, 67 Erdreich, Erde. I, 714 Burg, Tempel. I, 636 Regenbogen, Himmelsbogen. I, 647 Königreiche, Völker. V, 145 Gewitter, Wetter. I, 540 Züge, Geberden; I, 184 Minen (so schreibt Kl. stets!), Geberden; V, 736, 737:

1751,55 Wenn ich seh das Gericht in den sonst lächelnden Zügen,
80 f.                              des Sohns erloschnen Geberde,
1751,55: Und in den trauernden Zügen, nur dunkel, der Göttlichkeit
                                                                    Spuren.
80 f.           der müden Geberde nur

Cramer: „Geberde hier, da erloschen dabei steht, so viel als Mine. Beide Wörter sind aber im Grunde nicht völlig Synonyma. Geberde ist umfassender, auf alle Theile der menschlichen Glieder sich beziehend, in so fern sie Etwas in der Seele vorgehendes bezeichnen. Mine wird blos von den Zügen des Gesichts gebraucht. Erloschne Geberde ist sehr bedeutungsvoll; es ist der höchste Grad der den gehäuftesten Empfindungen des Schmerzes unterliegenden Menschheit." —

I, 275.

1751—80
1800

Voll von Gedanken, voll mächtiger Kräfte, des Ewigen Bildung, des Schöpfers Gedanken Kraft, die Gedanken des Sch.

I, 479 Bildungen, Nachbild, Bild. I, 673 Oberfläche der Erde, der Erde kleine Gefilde. I, 620 Fußtritt, Tritt. I, 613 Flüsse, Ströme. I, 334 Vorhang, Hülle; ebenso I, 195. I, 166, 167 Körper, Leib; ebenso Körper, Leiber V, 74; I, 670 (Cramer: „Gegen Körper hat er was, weil's von corpus herkommt. Leib ist edler.") Früher und zu Klopstocks Zeit ward es auch Cörper geschrieben. I, 53 Oelbaum, Palme. I, 70 Menschengeschlecht, Adams Geschlecht. I, 50 Spitze des Bergs, Gipfel des B. I, 559 treufle du Segen und Wärme, harmlose Ruhe, tiefere Ruhe. (s. Gram. Gespr., 7. Gespräch, Göschen W. W. 9, S. 182). I, 29 Gemüthsart, Gemüth, Empfindung. I, 163, 539 Gesichte, Antlitz; I, 141 ernstes Gesichte, schauendes Antlitz. I, 577, 523 Wohnplatz, Wohnung; I, 266 Wohnplatz, Stäte (so schreibt Kl. stets!); I, 674 ist Schauplatz geblieben, weil es hier gleichsam für Bühne steht: der größere Schauplatz der Welten, der Welten furchtbarer Schauplatz. I, 621 heiliger Wohnplatz, Engelversammlung; I, 615 heiliger Wohnplatz, Heiligthum. I, 665 Behausung, Wohnung; I, 573 Behausung, Hütte; I, 486 Behausung, Wohnung, Hülle (des Geistes). Daß Kl. Behausung ausmerzte, dagegen eiferte Lessing. Vgl. Schiller: „Vom kalten Duft der Hoffnung in den kalten Behausungen des Grabes hingehalten" (Resignation); Hiob 5, 24: „wirst deine Behausung versorgen." Goethe, Faust: „Bin ich der Flüchtling nicht, der Unbehauste?" Weshalb vielleicht Kl. das Wort vermied, s. unten Nr. 17. —

I, 705 Gesandschaft, Botschaft; I, 494 Gesandschaft, Sendung. I, 468 der Gesandte Jesus, des Mittlers, in: der Gesendete. I, 281 Gesandte, Bothe. Vgl. Opitz, Heinsens Lobgesang Jesu Christi, in der oben erwähnten Zürcher Ausg.:

„Ihr Herz war voll von Gott, sie hielt in ihrer Hand Sein Wort und seinen Bund, der himmlische Gesandt' und Herold stund vor ihr" u. s. w. I, 463 Allein jetzt . . . soll mein unsterblicher Sohn viel größere Werke vollenden, in: Thaten vollenden; I, 101 Werk, That. I, 220, 221 Grabmal, Grab (oft auch Grabmal geblieben). I, 291 Geliebter Gottes, Erwählter. I, 448 Gedanken, Gefühl. I, 307 unsterbliche Rührungen, erhabne Empfindungen; I, 311 göttliche Rührungen, große Empfindungen. I, 376 Schicksal, Vorsicht, Vorsehung. I, 580, 317, 223 Bezirk, Kreis. I, 393 mit Verderben bewaffnet, mit ewigem Tode bew. I, 457 Geistergeschöpfe, erhabene Wesen. I, 441 des hohen Thrones Bewohner, ihr hohen Engel der Throne. I, 572 unerschöpflich an Reichthum, an Fülle. I, 591 Gestade, Ufer. I, 522 Geschöpfen, Geschaffenen. I, 577 Erschaffung, Schöpfung. I, 527 Kühlung, Mühle. I, 516 Weltgebäude, Welten Umkreis, Welten Kreise. I, 553 Anblick, Blicke.

g) Nachtrag zu c). Die mit Adverbien oder anderen Wörtern zusammengesetzten Adjectiva pflegte Kl. getrennt zu schreiben, z. B. leise bewegt. Später, besonders im 2. Theile des M. schrieb er die Bestandtheile zusammen. Besonders auffallende Bildungen mögen hier eine Stelle finden. XIII, 975 fürchterlichlachende Ruhe. XIV, 403 überschwänglichtröstender Anblick. XIV, 1419 Und der Engel verschwand mit langsamverlöschendem Schimmer (höchst malerisch!). XIV, 132 der immerunsterbliche. XIV, 157 schnellfliegende Worte; XIX, 194 mit feuriggeflügelten Worten. XIV, 328 Frühwegblühende Mutter. XV, 491 die gedankenstützende Rechte. XV, 583 der erndtesinnende Mann. XV, 934 du elendbeseligter. XV, 541 sanftzulispelnder Segen. XV, 1090 süßüberredend. XVI, 470 die wahnsinntrunkene Fodrung. XVIII, 187 schreckentragendes Auge. XIX, 272 f. Ein Nachen entglitt da langsamsichtbar Voll von Freunden dem lieblichen Duft des werdenden Tages. (in anderthalb Versen das herrlichste Landschaftsbild!)

Dankweinende Fromme XIX, 386. Der Baum der Erkenntniß Gottes breitet' über die Völkerheere der Erde lebenschattend sich aus XIX, 544 f. feierlichernst XIX, 617. mit halbgeheitertem Kummer XIX, 1003. fluchentlastete Erde XIX, 1005. himmelnaher Gedanke XIX, 1023. der wasserärmere Waldstrom XX, 13. tanzbeginnende Braut XX, 499.

### 14) **Verwandlung zusammengesetzter Wörter in einfache und umgekehrt.**

I, 527 herniedersinken, sinken. I, 446 entstaunt, staunt. I, 380 eröffnen, öffnen. I, 219, 292 erschuf, schuf. I, 323 erzittern, zittern. I, 591 zusammendrängen, drängen. I, 584 besingen, singen (so beweinen, weinen; beklagen, klagen; vgl. 1. Mos. 30, 28: Stimme den Lohn; 1. M. 37, 11: seine Brüder neideten ihn); II, 87 (zum erstenmale) klagen für beklagen, nach Cr. II, S. 111 Klopstocks Eigenthum. X, 385 dürfen für bedürfen, schon Luther; Cramer citirt Hiob 22, 2: Was darf Gott eines starken? Opitz und andere reichlich. Kl. lichtdürftige für lichtbed. I, 554 hineilen, eilen. I, 367 annahen, nahen. IX, 65 hält ihn, für hält ihn auf „tenet für retinet" Cr. V, S. 18. I, 575 erwählen, wählen. I, 8 erkennen, kennen. (Vgl. Schiller: Kronion — niedert sich zum Erdensohne. Triumph d. L.) IX, 397 für vergleichen gleichen; XVI, 222 die Freude zögert des Todes Gang; XI, 1151 wandeln für verwandeln. Vgl. 1. M. 37, 14 wie sich's hält (für verhält). Goethe, Faust:

"Ein gutes Glas von dem bekannten Saft!
Doch muß ich euch ums ält'ste bitten;
Die Jahre doppeln seine Kraft." —

XIX, 423 uns lasten der süßen Erwartung Freud' und Unruh. XIX, 987 Salem fernte sich. XX, 945 der Verkläger, der sie schuldigte vor dem Thron. — Umgekehrt: V, 536 eilte in forteilte. I, 437 dauren in fortdauren. I, 299 schuf in erschuf (Kl. hat auch verschaffen, XVIII, 164: die Schöpfung verschuf sich nicht.) I, 267 gerufen in heraufgerufen, IV, 771 deckte in bedeckte. — Seltene Bildungen: XII, 651 die fast enterdete Seele. XIII, 7 die Lüfte der Erde entwehten ihnen wie Staub. XIII, 561 die Sonnen entzittern Gottes Hand. XVI, 412: der benachtete Himmel. XIX, 474 laß nicht säumende Qual die 'nahen am Ziel' überlasten. XX, 893 mit entstürzender Erde bedeckt. — Vgl. Goethe im 1. Thl. des Faust: „Berufe nicht die wohlbekannte Schaar, Die strömend sich im Dunstkreis überbreitet." „Und Bäume, die sich täglich neu begrünen." „Wenn ich sechs Hengste zahlen kann, Sind ihre Kräfte nicht die meine. (Hier entsinne man sich dessen, was Kl. früher über „die große Sprachverbesserer" gesagt hat.) „Und hier mit heilig reinem Weben Entwirkte sich das Götterbild!" „Und durch die übertrümmerten Klüfte Zischen und heulen die Lüfte." „Mißhör' mich nicht, du holdes Angesicht." —

I, 326 Wiedersehen, in: Sehen. I, 89 Anschaun, in: Schaun. (I, 575 verherrlicht, in: herrlich). — Umgekehrt I, 720 Herrscher, Beherrscher. — Seltene Bildungen: Wandlung XVII, 605; Söhnung XIX, 546. Drang für Gedränge XVI, 136: in der Seelen dichtestem Drang stand er.

### 15) **Pluralis in Singularis. und umgekehrt**. (Bodmer, Breitinger.)

I, 44 Welches ... auf seinen Gipfeln, seinem Gipfel. I, 76, 77. I, 115: Richter der Welt, Welten, Welt. I, 184 mit göttlicherheiterten Gebehrden, mit göttlichheitrer Gebehrd'. I, 200 Gewürmen, Gewürme. I, 252 Lieder, Gesang. I, 280 die Himmel (biblisch Elohim), der Himmel. Ferner I, 275, 345, 348, 406, 425, 480, 524, 528, 529, 544, 601; 628: von sinkenden Halmen belastet, vom sinkenden Halme bel. VI, 342 u. sehr viel öfter.

Umgekehrt: Körper, Körpern, Leibern I, 670. I, 665 dieses Gebeine, diese G. I, 659; ein Loblied, Jubellieder. I, 620 Fußtritt, Tritten, Tritte (sing.). I, 612; 592; 580; 531: Gipfel, Gipfeln s. oben; 617: in himmlischen Schimmer, in himmlische Sch., dasselbe I, 175; I, 115 Welt, Welten, s. o.;

I, 173 Freude, Freuden; I, 53 der Oelbaum, die Palmen; I, 553 Anblick, Blicke; V, 283 Erkenntniß, Erkenntnisse. Cramer: „Kl. ist sehr kühn in der Bildung manches neuen Plur. bei Wörtern, die, ich weiß nicht aus welchem närrischen Eigensinn der Sprache, vorher keinen unter uns hatten, wenn gleich ihr Begriff die Mehrzahl gern zuließ. Die Ehren, die Frühen, die Tode, und nicht selten bei solchen, wo nur der Dichter sich ihn erlauben darf: Ewigkeiten, Verwesungen, Einsamkeiten u. a." Andere Beispiele solcher Pluralia sind: XII, 704 f. 718, 753: O du, deß alles was ich vordem litt, süße Vergessung komm, genß beiner Ruhen Gefühle.[1]) XI, 837, 846, 847 u. oft die Leben. XI, 1492 u. oft die Preise (Lobpreisungen). XII, 852 die Flüge. XII, 145 die Halle des Donners. XIII, 17 die Schwünge. XVI, 274 die Lispel. XVI, 212 die Erlebungen. XVIII, 622 die Naturen um mich herum (auch bei Schiller: Uhrwerk der Naturen). XIX, 913 die Fernen unsers Künftigen (unsrer Zukunft) u. a.

**16) Concreta für Abstracta und umgekehrt.**
I, 22 Zukunft des großen Gerichts, das kommende Weltgericht. I, 187 Gränzen, Sonnen (aus denen die Gränzen bestehen). Ähnlich I, 193 Gränze des Himmels, Schimmer des Himmels. V, 500:

1751 Unter schattende Decken der Abendröthe verhüllet
55,80                                            geleitet
1800                           der Abendwolke

Die Änderung 1800 in Folge der Bem. Cramers: „Die Abendröthe kann nicht verdecken; folglich müssen Decken der Abendröthe etwas anders sein, als „die Hüllen der Nacht"; und was anders als Bäume, die die A. verdecken? der Sinn: hält er sich wohl irgendwo in einem dichten Hain auf?" — V, 553: Ich muß schauen dahin, wo deine Verwesungen ruhen. Cramer: „Kühn statt: die verwesten, blutigen Leichname, wie gleich das folgende: Kinder Adams, auf eure Gebeine, es erklärt. V, 506, 507 Du hörst die jammernde Stimme meiner

---
[1]) Vgl. Goethe's: „Der du vom Himmel bist, alles Leid und Schmerzen stillest" u. s. w.

Ewigkeit nicht. Cramer: „Du hörst mich jammernden Ewigen, mich Geist einer höhern Klasse nicht" u. s. w. — X, 149 Verzweiflungen (für Verzweifelte). „Hallte vom dumpfen Geheul gestürzter Verzweiflungen wieder!" VII, 3: „Siehe, so werden die Auferstehungen jauchzen! (für die Auferstandenen). I, 584: nicht singt der Vorwelt liegende Trümmern, nicht singt verschwundene Größe der Menschen. Eine concrete Wendung für eine abstracte noch I, 596: wo kein Auferstehn sein wird, wo keiner erstehn wird. Umgekehrt, XX, 322 f. Blutgier lechzen. XX, 624 Trockn' ihm die Betrübniß von der Wang' ab. — An diese letzte Wendung können wir folgende Erörterung Bodmer's in der Abh. v. d. Schreibart in Milton's V. P. (Sammlg. der Streitschr. 1742—44 Neue Ausg. 1. Bd. 1755 S. 109 f.) reihen: „Wer die poetischen Schriften der Alten und der geschickten Neueren fleissig studirt hat, wird ungleich kühnere Figuren und diese häufig darinnen angetroffen haben, als die bisher vertheidigten sind. Ich will nur einer Art gedenken. Da nemlich die abgesonderten Dinge, die für sich kein eigenthümliches Wesen besitzen, in materialische Namen verwandelt, und ihnen solche Eigenschaften, Veränderungen und Eindrücke zugeschrieben werden, die sonst nur dem Cörper und der irdischen Materie zukommen. Von dieser Art sind folgende: Die Eitelkeit versüssen, das Leid ersäuffen. Die verwelkte Pracht. Mein Geist war in seinem Geist gewebet. Die Trauer von den Wangen wischen. Ich habe dieses Bild in der Klageschrift gebraucht, „die Trauer eines Vaters." Darin hatte ich geschrieben: Die Einsicht wischet ihm die Trauer v. d. W. Ohne Zweifel hatte dieses Bild dem Herausgeber des Gedichtes zu seltsam gedaucht, daher er vor dasselbe gesetzet [d. h. an Stelle desselben]: die Einsicht wischet ihm die Thränen v. d. W." — Kl. hat selten für eine abstracte Anschauung eine concrete gewählt. Mit Recht sagt Schiller, er ziehe allem das Körperliche ab, da andere Dichter das Geistige zu verkörpern trachteten. Aber zweierlei hat Schiller vergessen hinzuzusetzen: erstens, daß Klopstock mit wenigen Zügen eine ganze concrete Situation wie kein

Anderer dem Leser vor Augen zu stellen vermag, und zweitens, daß der Geist, dem das Stoffliche abgezogen ist, keinen — Leib, wohl aber eine Hülle bei Klopstock erhält, wo es nicht etwa die Umstände verlangen, daß die Erscheinung langsam verlischt. Ich führe es in dem folgenden Essay aus, daß Klopstock's Wesen in Extremen sich bewegt, zartester Idealismus und hausbackenste praktische Bestimmtheit — wie Jean Paul, nur daß bei Jean Paul das Bewußtsein dieses Contrasts vorhanden ist, wodurch beide Extreme vermittelt werden und so aus dieser Vermählung der Humor hervorblühen kann; während bei Klopstock beide Seiten seines Wesens wie die beiden Janusgesichter nach verschiedenen Richtungen schauen — Krieg und Frieden, Idealismus und Wirklichkeit, die in demselben Kopfe unvermittelt getragen werden. Daher konnte der Dichter bisweilen höchst nüchtern werden, und selbst sein idealer Aufschwung erhielt bisweilen einen Beigeschmack dieser Nüchternheit. Doch begegnet es nun, daß hie und da beide Wesen in der Brust des Dichters, nicht sich vermählen, aber wohl einmal einen freundschaftlichen Kuß wechseln oder Waffenstillstand schließen und in solchem glücklichen Momente beschenkt Klopstock uns denn mit reizenden Idyllen, so deutlich hingezaubert, daß Rubens nur den Pinsel zu nehmen brauchte, um Bild und Handlung festzuhalten; z. B. S. 57 am Ende. Und dann hat Klopstock's Seele Momente, wo der Waffenstillstand gelöst wird, aber nicht plötzlich, sondern allmählich, und da erhalten wir die erhabenen Bilder, die Sturm= und Donnerscenen, die sich der Wirklichkeit mehr und mehr zu entreißen trachten. Gelingt es ihnen, und es gelingt leicht, so schweben wir wieder mit allen Heiligen zwischen Himmel und Erde, auch wohl zwischen Himmel und — Himmel.

Schließlich ist zum vorliegenden Gegenstande noch zu bebemerken, daß auch vor Klopstock schon Brockes so kühne Pluralia abstracter Begriffe für Concreta gebraucht hat. Z. B. „Die Heiden haben dort bald Nymphen, bald Najaden — — Die nun die Christenheit mit allem Recht verlacht: Doch die zu Gottes Ehr' geschäft'gen Geistigkeiten, Die der Ge=

wächse Pracht, den Schmuck der Büsch' und Bäume Vermuthlich zubereiten, Sind nicht wie jene leere Träume." Und: „Wer aber ihre Zier, Pracht, Farben und Figur, Nutz, Eigenschaft, Geruch und Würckung der Natur Betrachtet und besieht, Der glaubt fast offenbar zu sehn, Wie unbekannte Geistigkeiten Auf ihres Schöpfers Wort und einziges Geheiß, Zu seinem Ruhm in ungehemmtem Fleiß Mit unsichtbarer Hand solch künstlich Werck bereiten." —

### 17) Fremdwörter.

In den Zürcher Streitschriften 1. Bd. Neue Ausgabe 1753 in dem Abschnitt Von der Schreibart in Miltons Verl. Par. hatte Bodmer Folgendes über diesen Punkt vorgebracht.

„Alles oder das meiste was Milton in der Sprache besonders hat, beruhet darauf, daß er die Eigenschaften ganz fremder Sprachen in der Form der Wörter und Redensarten in die seinige hinübergetragen. Virgil hatte dieses vorlängst gethan, und hundert Formen der Rede von den griechischen Skribenten geborget, welche von den Kunstrichtern Hellinismi geheissen werden. Und Horatz hat solche in seinen Oden noch häufiger als Virgil gebraucht. Und wer hat nicht von den verschiednen Mundarten reden gehört, welche Homer gebraucht hat? Dadurch beflissen sie sich, die Sprache zu erheben, und ihr eine poetische Gestalt zu geben. Die alten Kunstrichter hielten so viel darauf, daß Aristoteles eine Regel daraus formiert hat: 'Der herrliche Ausdruck, sagt er, der sich von den gemeinen Redensarten der Leute entfernet, entsteht von dem Gebrauche entlehnter Wörter. Ich heisse entlehnte Wörter die Wörter fremder Sprachen, die Metaphoren, die verlängerten Wörter, kurz, welche nicht eigentliche Wörter sind. — — Soll der Ausdruck weder pöbelhaft noch niedrig werden, so muß man seine Zuflucht zu fremden Wörtern nehmen, zu Metaphern, zu Figuren und dergleichen. Ein ganz sicheres Mittel die Rede zugleich deutlich und prächtig zu machen, ist dieses, daß man die Wörter verlängre oder beschneide, oder sonst auf eine andre Weise verändre; denn was in diesen Wörtern ungewöhnliches ist und was sie von den eigentlichen und gemeinen Wörtern entfernet, theilet ihnen eine gewisse Pracht mit; und was sie von dem gemeinen Gebrauche noch behalten, machet sie deutlich.' — Milton hat sich aller dieser Mittel ebenfalls bedienet, jedoch dieses mit gewisser Maase und Bescheidenheit, und so weit als es ihm seine Sprache zugelassen hat. Diese hat von alters her ein grosses Belieben gehabt, die nachdencklichen und nachdrücklichen Wörter der fremden Sprachen aufzunehmen und zu gedulden, wie sie denn nichts anders als ein Gemische von verschiedenen Sprachen ungleichen Stammes ist. Milton... hat kein fremdes Wort gebraucht, daß nicht seinen gewissen Werth gehabt hätte."

Was Klopstock von der Anwendung derselben im Gedichte halte, hat er deutlich in dem Fragmente „Vom edlen Ausdrucke" (Göschen W. W. 9, S. 425 ff.) ausgesprochen. Er macht das Ungehörige, reichlich oder unnöthig Fremdwörter zu gebrauchen, an einer Übersetzung der berühmten Stelle klar, in der Milton das Licht begrüßt. Es ist, als habe er Bodmer damit widerlegen wollen. Darin läßt er nämlich die Fremdwörter unübersetzt, oder er paßt sie blos dem Deutschen an. Ich setze des sonderbaren Einfalles und Eindruckes wegen einige Zeilen her: „Sey gegrüßet, heiliges Licht, erstgeborner Sohn des Himmels, oder des Eternellen coeterneller Strahl! Aber darf ich dich unblamirt exprimiren? (Hier macht Kl. die Anm.: Dieß und andere fremde Wörter sind im Deutschen nicht unschicklicher gebraucht, als im Englischen.) Denn Gott ist Licht, und wohnte von Eternität her nie anderswo als in unapprochirtem Lichte, wohnte in dir, helle Effluenz der hellen uncreirten Essenz" u. s. w. Da wird man unwillkürlich an die Sprachmengerei in Deutschland zu Anfang des 17. Jahrh. erinnert, von der uns C. G. von Hille in seinem Teutschen Palmbaum (1647 Nürnb.) ein paar rührendster Proben aufbewahrt hat, woraus hier ein Satz: „Monsieur mon tres honore frere, hochgeehrter Patron. Seine hohe meriten, dadurch er mich à l'extreme ihm verobligiret, causiren mich, denselben mit diesen Zeilen zu serviren. Mein Devoir hätte unlängsten mir adresse gegeben, solches zu effectuiren; aber aus manquement einiger occasion, habe ich bis Dato mein officium re ipsa nicht praestiren können." So sucht denn Kl., wo es irgend geht, alles auffallend Fremde zu vermeiden, und er hat meist recht vorzüglichen und trefflichen Ersatz gefunden; es ist ihm nicht wie Zesen mißglückt. „Seit länger als einem Jahrhunderte war kein Mann von ähnlicher Bedeutung für die Sprache erschienen." (Gervinus über Klopstock).

„Klopstock machte einen Unterschied zwischen ausländischen neuen und schon eingeführten Worten. Als practisch, Sphäre, Original [Original gab Bodmer zum Theil durch Grundschrift wieder] sind erlaubte eingeführte Worte." (Cramer). Einige Beispiele: I, 196: Planet, Erdkreis. (Für Firsterne sagt Kl. Strahlen.) I, 241: der Sphären Gesänge, die Gesänge des Himmels. I, 236: Wenn er wandelt, ertönen von ihm, auf den Flügeln der Winde, An die Gestade der Sonnen die sphärischen Harmonien, in: des wandelnden Harmonien (also vermieden). I, 334 majestätische Donner, (höchst glücklich in:) allmachttragende. I, 485 ein ätherischer Leib hellleuchtend gebildet, in: ein schwebender Leib aus Heitre gebildet. I, 489 der paradiesischen Fluren, in: des lebenduftenden Edens (hier ist freilich ein gewöhnlicheres durch ein seltenes Wort ersetzt. Kl. sagt auch einmal edenischer Hain XX, 374.) I, 709: Olympe, Gebirge. IV, 88 Und mit Asch auf dem Haupte, gewandlos, ohn Urim und Thummim, in: entstellt, und verwildert. Über diese hebräischen Wörter hatte sich Schönaich lustig gemacht, der besonders die Schweizer, Bodmer, mitnahm in seinen Satiren. Da diese Brochüren ungemein selten geworden, so setze ich eine Probe Schönaichischen Witzes hierher, der bisweilen ungemein ergötzlich wirkt. „Morbodunus Tigurinus stuhnd ganz erstattert." (Bodmer ist mit dem Morbodunus gemeint, die Composition dieser Stelle besteht aus Redensarten, die er — als Jünger Klopstocks gemacht hatte, besonders im Noah.) „Mein Sohn! rief er, Linie der Lenden! Eine mit kupfernen Schuppen bepanzerte Amphisbäne mit ledernen Flügeln ist über mein

Haupt in zirkelnden Linien geflogen. [Für „zirkelnd" setzte Kl. sicherlich in Folge dieses Hohnes „kreisend" an einigen Stellen.] Sohn meiner Rechte! Habe ich je an den Warzen der Mutternatur gelegen, und mit ihrer Milch die Heimlichkeit eingesogen; Habe ich je die Tafeln der Zeiten gelesen, die der Schwamm durchwäscht; Habe ich je die Mändne [Mäander?] des Geburthsgliedes durchwandert, und des Lichtes Faden zerspalten: ach, Landwin! die Erdreichspfeiler unseres Ruhmes sind unterfressen. Eine Nuß, [die Aesthetik in einer Nuß ist gemeint] die ich in der Sündfluth weder im Plätschern noch Wassertreten entdecket; eine Nuß be hau set [vielleicht ließ Kl. deshalb alle Behausungen fort!¹)] ein Wurm von einer die Weite zwischen einen Serafen und Menschen verschlingender Länge [die Participialschleppen sind hierdurch verhöhnt]. Wir sind ein Spott gruner Ungläubiger geworden: Halleluja, o Erster! Ach! wo bleibt nun der Lobgesang der Halleluja? Ich will die Feder in der Dinte verbergen, und meinem Haupte sollen entsprossen Herren der Welt Zamzummim, Zuzim und Emin, und der gläserne Mantel meiner Sündfluth soll die Erde bedecken." Dieser Spott trifft auch die Urim und Thummim Klopstocks, die er wie oben angegeben daher vermied. Die Stelle ist aus „Versuch einer gefallenen Satire; oder Etwas zum Lobe der Aesthetiker. 1755", der Verf. wohl ohne Zweifel, wie aus anderen Merkmalen hervorgeht, v. Schönaich. — IV, 1345 Unding (für Chaos) „Als er dem Unding' einst die kommenden Welten entwinkte". VIII, 455 Myriadenmal Myriaden Unsterbliche, in: Tausendmal tausend Schaaren Unsterblicher. IX, 333 und öfter Wende für Pol. Weniger geschickt, vielleicht abgeschmackt XV, 214 Mumien durch „bewundenes Gebein" gegeben. Dagegen ist in I, 300 ätherischer Leib geblieben, und seltene Fremdwörter im Messias sind VI, 535 Pomp, VI, 9 mystischer Sabbath, VIII, 408 Patrioten. — Rhythmus giebt Kl. trefflich XVII, 750 durch: der innigen Töne Gang

---

¹) Vgl. zu diesem Wort auch Franz Muncker, a. a. O. S. 125.

und Verhalt. (Verhalt braucht er für Verhältniß auch XVII, 505, 506: sprachen über vieles von diesem und jenem Leben und beyder nahem Verhalt). XIII, 523 Kriechsucht (wo wir freilich Devotion deutscher sagen). Practisch giebt er XVI, 354 durch: die er zu **taugenden** Männern erzog. In Kl.'s Prosaschriften und seinen Oden giebt es in dieser Hinsicht eine reichere Ernte.

18) Sicherer in seinem Programm Wingolf bemerkt richtig: „Es ist eine Eigenthümlichkeit der poetischen Sprache Klopstocks, daß er, **statt eines Substantivs mit einem Adjectiv, zwei Substantive verbindet, deren eines dann die Stelle eines Adjectivs vertritt,** z. B. Mädchen der Unschuld für unschuldiges M., Labyrinthe der Nacht für dunkle L." Vgl. Klopstocks siebentes grammatisches Gespräch (Göschen 9, S. 182): „Man braucht die Benennung statt des Beywortes. Wehmuth, Thränen für Wehmüthige Thränen. Das erste ist stärker. — Der Unterschied möchte Einigen wohl nicht groß vorkommen. — Ein kleiner Unterschied ist, der Verbindung nach, manchmal groß. Überdas tragen viele kleine das ihrige zu dem großen treulich bey. Es trifft auch hier zu, daß, wie das Sprüchwort sagt, das Große aus dem Kleinen kommt. Noch ein Beyspiel macht dir die Verschiedenheit vielleicht merklicher. In der wüthenden Verzweiflung; dafür: in der Wuth der Verzweiflung. Nur muß man es durch Und nicht verderben" u. s. w.

I, 66 Die weiche balsamische Staude, die weiche Staude des Balsams. I, 122 ich will dein allmächtiges Zürnen [grimmig gebrauchte Kl. später selten; es gehört zu den Wörtern der Bibel, die er vertauschte] . . . ertragen, in: des Allmächtigen Zürnen ertragen. I, 155 höllische Geister, Geister der Hölle. I, 205 ein verklärter ätherischer Strom, ein Strom der Himmelsheitre. I, 328 himmlischer Thron, Thron des Himmels. I, 353 aus vollem Gemüthe, aus der Fülle der Seele. I, 364 die Herabkunft der göttlichen Stimme, der Stimme Gottes Herabkunft. I, 547 sterblicher Leib, Leib von

Erde. I, 583 himmlische Jugend, J. des Himmels. I, 608
sein unsterblicher Fuß, des Unsterblichen Fuß. I, 677 in lieb=
lichen Liedern, L. der Wonne. I, 698 eine getreue leutselige
Zähre, eine Z. der Huld. I, 717 in die canaanitischen Ge=
genden, in Canaans Gegenden, in die Thäler Kanaans [der
Canaanite bildet den Ausgang eines Verses in einem der letzten
Gesänge.] — Umgekehrt: I, 677 Lieder der Wonne, in:
liebliche Lieder (s. oben). I, 22 Zukunft des großen Gerichts,
kommendes Weltgericht. — I, 139 erbarmender Ernst und
Seelenruh, in: Seelenruh, und Ernst, und Erbarmung. I, 451
Sohns Versöhnung und Thaten, versöhnende Thaten. I, 559
Segen und Wärme, in: tiefere Ruhe (treufle auf — senke
in . .) — I, 654 irdische Seligkeit, Erdeseligkeit. — Bei der
Verbindung von Substantiv und Adjectiv wird
dieses zum Substantiv und jenes zum Adjectiv:
I, 556 mit reger sorgfältiger Aemsigkeit, in: mit ämsiger reger
Sorge.

19) **Statt eines zusammengesetzten Adjectivs
ein einfaches**. I, 282 hellleuchtend, leuchtend. I, 467
Stillschweigend sahe der Himmel, in: Staunend schwieg Eloa,
und schweigend sahe der Himmel. — Auslassung von
Adjectiven: I, 299 Aus einer hellleuchtenden Morgenröthe
Schuf er ihm einen ätherischen Leib, in: Aus einer Morgen=
röthe Schuf er u. s. w. I, 561 Schweig, heiliger Hain, vorm
schlummernden Schöpfer! in: und schweig, o Hain, vor dem
schl. Sch. I, 575 O du dieser einst herrlichen Erde gewählter
Beschützer, in: O du dieser einst verherrlichten Erde Beschützer.
I, 594 Diese verlaßnen Gefilde gesehn, die in nächtlicher Stille
u. s. w., in: Diese Gefilde gesehn, die in n. St. ruhen u. s. w.
— Hinzufügung eines Adjectivs: I, 717: welche den
Tag . . senden, die den weckenden Tag senden. — Eigen=
thümliche Verstellung von Adjectiven, zur Ver=
meidung zweier aufeinanderfolgender. I, 496 in
jener holdseligen, menschlichen Schönheit, in: holdselig in jener
menschl. Sch. — Das Adjectiv adverbiell umge=

stellt. I, 532 in tiefe Gedanken versenkt, tief in Gedanken versenkt. Ähnlich I, 515 die göttlichen Engel, die Engel sey=
ernd. — Statt zweier durch „und" verbundener
Adjective ein zusammengesetztes. I, 615 Fern und
rauhtönend, tiefrauhtönend. — Statt eines Adjectivs ein
adjectivisches Participium Präsentis. I, 685 die
irren Sterblichen, die irrenden St., dann wieder die irren.
So lebend für lebendig, klagend für kläglich u. s. w.

20) **Der Comparativ Klopstocks.** — Cramer III,
S. 48: „Der Weisere sprach so. — Der bekannte Latinismus,
um einen hohen Grad, oder eine Menge von etwas anzuzeigen,
den Kl. aufgenommen hat und so oft gebraucht. Ich liebe ihn
deswegen so, sagte er zu mir einmal, weil er so sehr begriffs=
mäßig und bezeichnend ist, und gewissermaßen noch etwas Be=
scheidenheit an sich hat. Ich hebe eine Sache dadurch vor
andern heraus, aber doch nicht vor allen, und überlasse es dem
Leser, da ich die verglichenen Individua nicht nenne, wie vielen
er die Sache vorziehen, welchen Grad des Vorzugs er ihr geben
will. In so fern sagt er oft nicht einmal so viel als der
simple Positiv sagen würde. Z. E. Gamaliel der Weise —
da hab ichs festgesetzt was er ist, und wie sehr ers ist — aber:
Gamaliel der Weisere, da hat der Leser die Wahl, ob er ihn
nur für weiser als Kaiphas und Philo oder als das ganze
Synedrium, oder selbst als Nikodemum halten will." — Es
giebt demnach einen vergleichenden und einen
verstärkenden Comparativ. Verstärkende, aus dem
Superlativ in den Comparativ verwandelte, sind
folgende: V, 192: Steh vor ihm, Erd', und wandle nicht fort,
wie ehmals du standest Als er über dir ging, und sein er=
habneres Antlitz Wandelnde Himmel umflossen u. s. w.
(d. h. erhabener, als sonst, wo es schon sehr erhaben, erhabenst
ist.) I, 105: Erde ... mein erwähltes geliebtestes Augen=
merk, 1755 geliebteres Augenmerk. I, 372: des ewigen Geistes
vertraulichster Engel, 1755 vertrauterer Engel. I, 626 die
oberste Sonne, 1800 die obere Sonne (hier doch nur in Ver=

gleichung mit den anderen, nicht absolut, wie V, 192 und
I, 105, auch I, 372; oder auch absolut? Meist sind beide
Begriffe in solchem Comparativ enthalten.) II,
107: der Mann lag neben dem Grabe Seines jüngsten ge=
liebtesten Sohns in kläglicher Ohnmacht, 1755 seines jüngsten
geliebteren Sohns. Vorberger hält diesen Comparativ, „der
hier neben dem Superlativ steht", für „entschieden falsch."
Warum? Der jüngste geliebtere Sohn. Vorb. könnte sagen,
es wären dann mehrere geliebtere Söhne vorhanden, und jener
sei der jüngste all der geliebteren Söhne. Bei dieser Auffassung
hat Vorb. Recht. Aber was nöthigt uns, aus dem Compa=
rativ und dem Substantiv einen Begriff zu bilden, der durch
den Superlativ bestimmt wird? Im Gegentheil, wir müssen
jüngste und Sohn als einen Begriff fassen, und beide Wörter
als durch einen Zwischensatz, der in Ein Wort gedrängt ist,
getrennt ansehen. Der jüngste, geliebtere, Sohn, d. h. der
jüngste, welchen der Vater mehr liebt als den anderen, der
mehrgeliebte, der geliebtere, geliebtere Sohn. Besser wäre es
freilich, der Artikel wäre vor dem Comparativ wiederholt, oder
der Comparativ stünde mit dem Artikel hinter Sohn. Aber bei
Klop. kommt es einmal darauf nicht an. Und zu verstehen ist ja
auch der Comparativ wie er jetzt steht. — Aus dem Positiv
in den Comparativ verwandelt erscheint das Adjec=
tivum in Stellen wie I, 486 Hüllte den seligen Geist in eine
verklärte Behausung, verklärtere Wohnung (1755, doch 1800
wieder War dem sel. G. zur verklärten Hülle geworden). I, 564
Vertraute der Gottheit und ihrer verborgenen Vorsicht, 1755
verborgneren Vorsicht. I, 582 Und die enthüllete Seele, 1755
die enthülltere Seele. I, 625 Eine sanftleuchtende Sonne,
1780 sanftere. I, 684 Jener erhabenen Weisheit, 1755 er=
habneren; dasselbe I, 455. Ein merkwürdiger vergleichender
Comparativ steht VII, 740: welche die Angst und der wüthende
Hunger Noch in das Grab nicht gestürzt hat, ergreifen heißere
Krieger Und zerschmettern ihr zartes Gebein u. s. w. Cramer
sagte: „heißere. Hier kann es allenfalls in Vergleichung mit
dem Hunger der vergleichende Comparativ sein." Worauf Kl. an

ihn 19. Juni 1791 (Lappenb. S. 345): „Kann nicht anders als im Vergleich mit dem Komparativ genommen werden." Dies muß, wie aus dem Sinn von Cramers Bem. hervorgeht, heißen: nicht anders als im Vergleich mit dem Hunger. — Gebraucht Klopstock bei seiner Vorliebe für diese Ausdrucksweise nun einmal auch den Superlativ, so hat er meist eine besondere Bedeutung, wie z. B. VII, 264: Unterdeß kam die Mutter des Liebsten unter den Söhnen u. s. w. Hierzu Cramer: „hier entweder des Liebenswürdigsten, oder richtiger, es soll mehr Characterisirung der Empfindung der Mutter sein, und der Dichter will durch diese Umschreibung der Person mehr auf die Mutter als auf den Sohn aufmerksam machen." Das Letzte ist hier das Richtige. Gott ist XIX, 164: „der liebenswürdigste." — Als Seltenheiten zu erwähnen Bildungen wie: herrlicherer XX, 1098; die nähesten Engel XX, 1144. Ferner: XV, 489: Er wallte Leis' in den Labyrinthen umher, die des Sehers Geschichte, Welchen Bethlem [XX, 236 heißt Jesus Bethlemens Sohn] gebar, um seine Seele, je mehr sie forschte, je größer, und unausgänglicher herzog. Unaussprechlicher lieben XIV, 698. Man vgl. damit die Superlative im 2. Theil des Faust.) —

Vergleichendes „als" beim Positiv verändert Kl. meist in „wie" z. B. I, 293, 294: Schön ist Ein Gedanke des . . Eloa, Als die ganze Seele des Menschen, 1780 in: Wie die ganze Seele. Sodann fällt später das bestimmende „so" vor dem Positiv fort, z. B. in derselben Stelle: denkt er, so ist ein Gedanke von ihm so schön als die Seele, 1780 in: Schön ist Ein Gedanke des . . Eloa, Als die g. Seele. I, 487: Seine Gestalt war so schön wie, 1800 in: war schön, wie. — Das Als beim Comparativ edler in „denn" — wie bei Luther — z. B. XIV, 1211: daß er tiefer sehe denn wir."

21) **Änderung der Tempora des Verbs.** — Für das epische Imperfectum tritt später oft ein

episches Präsens ein, aber auch ein metaphysisches oder ein lyrisches. So I, 8 o Werk, das nur Gott allgegenwärtig erkennte, 1780 erkennet. I, 71, 72: Also sagt er. Der Mittler belohnt ihn ... und stand voll Ernst. (Aus dem „stand" geht hervor, daß „sagt er" und „belohnt ihn" auch Imperfecta sind, was man in den Ausgaben 1748,51 oft nicht erkennen kann, weil sie nie den Apostroph haben; 1755 setzt ihn auch nicht überall.) 1780: Gabriel sagts, der Mittler belohnt ihn ... steht voll Ernst. Ebenso I, 347, 565, 713, 714. Eine Kette trefflicher Beispiele liefert die Stelle: V, 322.

1751 Aber Gott dachte sich selbst; die Geisterwelt, die ihm getreu blieb;
55 Und Sich Selbst;
80 f. Jetzt denkt Gott sich selbst, und das Geisterheer, das ihm treu blieb,

323.
1751 Und den Sünder, das Menschengeschlecht. Da ergrimmt er, und stand itzt
55 er. Itzt stand er
80 ; da zürnt er. Er ruhet
1800 zürnet er. Ruhend

324.
1751,55 Hoch auf Tabor, und hielt den tieferzitternden Erdkreis.
80 hält
1800 , hält er den

325.
1751 Daß er nicht vor ihm vergieng. [Dieser Vers ist 1751 unvollendet.]
1755 Daß der Staub nicht vor ihm ins Unermeßliche stäubte!
80 f. in das stäube!

326.
1751,55 Drauf verwandt er sein schauendes Antlitz auf Seraph Eloa,
80 Wendet darauf sein schauendes Antlitz gegen Eloa,
1800 · gegen Eloa darauf sein schauendes Antlitz,

327.
1751,55 Und der Seraph verstand die Reden im Antlitz Jehovah;
80 versteht
1800 die Red' in dem Antlitz Jehovah's;

328.
1751 Stieg von Tabor gen Himmel. u. s. w.
55 vom
80 Steigt
1800 von dem T.

Ein Imperfectum für ein Präsens findet sich z. B. I, 717 welche ... sendeu, welche ... sandten. — Perfectum in das Imperf. umgeändert I, 548: deinen Befehlen hab' ich gehorchet, deine Befehle richtet' ich aus. — Präsens in das Perf. I, 556 da ihr .. dienet, die ihr .. gedient habt. — Imperf. für Plusquamperf. (mit fortgelassenem Hülfsverb) I, 19: Da der Schöpfer der Welt auf Erden gekommen, da der Sch. d. W. herabkam; dann in: da der Sch. der Welt Versöhner wurde. In I, 147 „Seelen, die jetzo wurden, noch nicht zu denken begonnen" kann man begonnen durch hatten ergänzen; es kann aber auch das Imperfectum sein. Vgl. Goethe: „was sich für Euch zu regen hier begonnte". Geändert wurde es 1755 in: begannen. — Für das Perfectum mit zu ergänzendem Hülfsverb I, 446 zurücke gelassen (habt): zurückließt; I, 498 beschlossen (hast): beschlossest.

22) **Vermeidung des substantivischen Infinitivs. Bedeutender Gebrauch des Infinitivs.** Klopstock (Göschen 9, S. 182): „Erlaube mir immer, mich auch um das Verschiedene in den Wortarten zu bekümmern. Wie nothwendig dieses sei, bemerkest du besonders auch dann, wenn du dir den nicht kleinen Unterschied denkest, der z. E. zwischen Das Trösten, und Der Trost ist. Das Trösten ist kälter, als Der Trost. Wenn du dir andere solche Benennungen, wie Das Trösten denkst, so siehst du, daß du durch sie auch herabsetzen, und auch wohl spotten kannst." — Bodmer: „Wir können auf gleiche Weise [wie das Adjectiv] das Zeitwort in seinem Infinitivo, oder der unbestimmten Weise, in ein Hauptwort verändern." — Den reichlichen Gebrauch, den Kl. zuerst von dieser Ausdrucksweise gemacht hatte, schränkte er später auf ein bescheideneres Maaß ein, als ihm die Bedeutung des Infinitivs klar geworden. — I, 41 sein göttlich freyes Entschließen, 1755 des Bundes Entschließung. I, 238, 239: Dieß vereinbarte Tönen führt u. s. w., 1780 So vereinigt schweben Töne u. s. w. I, 260 dein beseelendes Hauchen, 1800 den beseelenden Hauch, IV, 422 die Stimme des Rufens, 1800 der rufenden. V, 787

Dieses Jauchzen des ewigen Lebens wird über dich kommen.
1800 diese Wonne.
V, 26) alle Ausg. Daß das Heulen seiner Verzweislung die Höll' und der Himmel,
27) " " Und die Welten vernehmen, und ein Gestirne dem andern
28) 1751,55 Im Vorübergehn sage: Da liegt er verderbt, der Empörer!
.80 f. Ruf' im Vorübergange:       gestürzt,

Ganz eigenthümlich gebraucht Kl. den Infinitiv in Stellen, wie VII, 505 f. Die Kranken mit Worten Heilen? Mit Worten vom Tod' erwecken? und dennoch gefangen? Cramer: „Dies Tempus der Kindheit vollendet einen Gedanken nicht so sehr, als die tempora finita der Erwachsenen. Daher setzt der Meister es bisweilen, wo die Seele unbestimmt denkt, sich nicht die Mühe des genauen Entwickelns entweder giebt, oder, aus Mattigkeit z. E., nicht geben kann." Kl. hat auch darin einige zu bewundernde Stellen. Er weiß das leiseste Fühlen der Seele auszudrücken. Goethe hat darin von ihm Großes gelernt. — Die früheren Lyriker waren sich dieser lyrischen Allgemeinheit des Infinitivs wohl bewußt, aus dem Kreise der Königsberger Schule z. B. Georg Mylius (geb. zu Königsb., † 1640 als Pfarrer zu Brandenb., Freund von Dach) in dem Gedichte: Lebensmühsale.

„Weinen in den ersten Stunden,
Aller Schwachheit, aller Pein
Immer unterworfen sein,
Immer tiefe Herzenswunden,
Reizungen zu bösen Sünden
Und verderbte Lust empfinden; u. s. w.

Wünschen, und doch nicht genießen,
Glauben, und doch mit Betrug,
Reisen, und doch mit Verzug,
Lachen, und doch mit Verdrießen,
Streiten, und doch selten siegen,
Hoch sein, und doch unten liegen, u. s. w.

Das ist unser ganzes Leben . . .
Ist es nicht ein lauter Quälen?"¹)

23) **Klopstock gebraucht eine ganze Anzahl von intransitiven Verben transitiv oder reciprok;** z. B. VIII, 293 quellen=träufeln; athmen=aushauchen, (also als V. neutrum „die Morgenluft athmete kalt" s. Cramer III, S. 47.) Kl. sagt er nahte, und nahte sich, z. B. I, 230. Ferner: Liebe lächeln XV, 834. „Johannes drang sich hervor vor den andern" XIV, 1334, 1375, „die Liebe Christus bringe

---

¹) Und Fleming beginnt eins seiner schönsten Lieder „Ein getreues Herze" mit einem Inf. „Ein getreues Herze wissen Hat des höchsten Schatzes Preis." (ursprüngl. betitelt „Elgens treues Herz" s. Lappenbergs Fleming in der Ausg. des Stuttg. Literaturvereins. Übrigens nebenbei eine Entdeckung. Fleming hat die Idee und selbst einige Wendungen seines Liedes aus Opitz' Aristarchus (1618), wo sich das Gedicht findet:

Was in der Welt ist die Sonn, in der Sonn ist das Licht,
In dem Licht ist der Glanz, in dem Glanz ist die Hitze:
Das ist uns Menschen auch die wahre Liebes-Pflicht,
Und ein getreues Herz: es ist nichts nicht so nütze.
O wie glückselig ist, auch in dem höchsten Schmerzen,
Der, dem ein treuer Freund mit Liebes-Brunst von Herzen
Ohn falsch ist zugethan? u. s. w.

Man vergleiche Flemings Verse:

Ein getreues Herze wissen
Hat des höchsten Schatzes Preis.
Der ist selig zu begrüßen,
Der ein treues Herze weiß.
Mir ist wohl bei höchstem Schmerze,
Denn ich weiß ein ein treues Herze.

Die letzten Verse sind Refrain in Flemings Gedicht. Und Opitz' sowohl wie Flemings Gedicht vgl. man mit der dritten Strophe des ersten Liedes in Opitz' Schäferey von der Nymphe Hercynia: (Ist mein Herze gleich verliebet.)

Ein beständiges Gemüthe
Das aus keiner Furchte weicht,
Sucht ihm gleichfalls ein Geblüte,
Eine Seele, die ihm gleicht,
Siehet für allen Dingen an
Treu', auf die es bauen kann.

Fleming hat demnach auch fast dieselbe Strophenform zu demselben Gedanken von Opitz. —

dich" XV, 1065, u. öfter. Dringen und sich dringen sagt auch Luther, und Goethe gebraucht es sehr oft, z. B. Faust: „Der Menschheit Krone zu erringen, Nach der sich alle Sinne dringen" — und andere solche Verba. Nachdrücklich empfohlen wurde dieser Gebrauch schon von Bodmer in den öfter genannten Schriften. „Was vor Dienste thut dem Scribenten nicht das Vermögen, die Verba Neutra, die eine Actionem immanentem bedeuten, so zu gebrauchen, daß sie eine Actionem transeuntem anzeigen und per Enallagen generis aus intransitivis zu transitivis und activis werden, z. E. etwa: ein Pferd zu Tode rennen, seinen Gegner müde schreiben, einen krank trinken, einen in das Paradies hinein betriegen; hingegen viele Activa intransitive oder als Neutra, z. E. Er wollte nicht gern um der Religion wegen brennen, zu gebrauchen; die Activa bisweilen neutraliter fast wie reciproca zu setzen, zu den Neutris, die eine Actionem immanentem bedeuten, wie im Griech. und Latein. einen Accusativum vel suae Originis vel congruae significationis zu sezen, wie im Deutschen wäre: einen Kampf kämpfen, den Tod . . sterben, das Leben leben u. s. w."

Die letzte Äußerung ließ sich Kl. reichlich zu Nutze sein. Luther ging ihm in der Bibel damit freilich voran, wo oft ein Traum geträumt, ein Geruch gerochen wird u. s. w.; aber auffallend ist die Vorliebe Kl.'s für diese Wendung, besonders im 2. Theile des Messias, z. B. XI, 80 Geschrey schrie; XII, 852 als flög' er Flüge; XIII, 467: Flammenschwung, den ich schwinge mein Schwert; Namen nennen; XV, 43 Winke winken; 67 mit Segen gesegnet; XVI, 317: hier wird Schlacht geschlachtet; XVI, 414: kurzer geschleuderter Schlag schlägt hoch herunter; XVII, 51 u. öfter Erbarmung erbarnte sich; XVII, 188, mit Gürteln begürtet; XVII, 544 mit Hohn gehöhnt; 549 mit Tode getödtet; XVIII, 27 mit Flügeln geflügelt; 153 Leben leben, häufig; 369 Zeugen zeugten; 648 mit Maß messen; 702 Schlaf schlafen; 719 Kronen krönteten sie; 795 Rauschen rauscht;

XIX, 150 Gedanken denken; 471 Zeugniß zeugen; (550 Thäter der Gottesthaten); XX, 138 Triumph triumphiren; 154 Ruf rufen; 655 Entwurf entwerfen; 785 Wahn wähnt. VI, 437 Schrecken der Rache, die Gott schreckte, = womit Gott schreckte. Und oft.

24) **Pronomina sind fortgefallen** in Stellen wie: I, 128 Tödte du mich, tödte mich. I, 171 Gott selber dachte sich, der Ewige dachte sich jetzo. — Nebst Präpos. I, 198 Geht die bewölkte Natur vorüber: die Erden fliehn mit ihr klein dahin, in: da eilen die Erden klein u. s. w. — 303, 304 sahe vor sich Eloa den Schöpfer, Schaut ihn ent= zückungsvoll an, und . . . schaut ihn begeistert wiederum an, in: Schaut' in Entzückungen an, und . . . schaute begeistert wieder an. 393 Weltrichter, mit deinem Verderben bewaffnet, mit ewigem Tode bewaffnet. 416 Er, der von Ewigkeit ist, Der v. E. ist. 417 Gott Jehovah, er läßt, Gott J. läßt; ebenso 466. 511 Deine Verlangen, ich will sie, D. V. will ich. V, 648 ist mir's als hätt' ich; hab' ich, ich habe; hab' ich, habe. — Der, die, das in Welcher u. s. w. I, 284, 376, 508, 609, 666; V, 54. — Kl. (Göschen W. W. 9, S. 183): [Poetischer ist] „der Name statt des Für= wortes." I, 513: Ist es sein göttlicher Wille, so wird er dich zu sich berufen, 1755 wird er Adam gebieten. — Kl. a. a. O. S. 183): „Die Bestimmung Der statt des Fürwortes. Er hat Sein ganzes Leben damit, hat das ganze Leben damit zu= gebracht. — Also in ähnlichen Fällen immer die Bestimmung, und nicht das Fürwort? — Wie kannst du das meinen? Immer! — Sey doch nicht so lebhaft! Ich bedachte mich nur nicht recht. — Immer! überall! Du meinest wohl, daß ich es vergessen kann. An was erinnert es mich nicht alles! — Nun woran denn? Du scheinst jetzo ganz besonders zur Vergesell= schaftung der Gedanken gestimmt zu sein. — An die, welche sich von der obersten Locke an mit Blumen bestecken! An die Satire, welche . . — Gar an die Satire? — Auch an Lob= reden" u. s. w. I, 163, 164: Gabriel lag auf seinem Antlitz,

auf dem Antlitz; 530 seinen Messias, den M., Gott den Mittler. 308 sein grosses Herz, das grose Herz ihm. — Von allen diesen kleinen Änderungen gilt das Wort, welches Kl. selber darüber sagt: „Weißt du auch, was nicht wenigen Beispielen, die wir und andere anführen, nachtheilig, und es dadurch zugleich den Regeln selber ist? Jene werden außer der Verbindung, und daher weder richtig, noch lebhaft genung gedacht. Aber hieran sollte man sich auch erinnern, und der Regel seine Aufmerksamkeit deswegen nicht entziehn, weil das aus dem Zusammenhange gerissene Beispiel sie nicht genung unterhielt. Wer das Beispiel in bedeutende Verbindungen, oder an die Regel denkt, wenn er in jenen reden hört, der wird weder von dem einen, noch von dem andern unrichtig urtheilen". — Auflösung von Adverbialpronomina: I, 573 worauf, auf denen. — Wechsel des Pronomens: I, 483 zu diesem Altare, zu dem Altare; 239 manch Loblied, sein Loblied; 233 die Fülle aller sichtbaren Schönheit, jeder s. Sch.; dieß in es: I, 464, 695, 576, 549.

V, 679 f.
679) 1751—80 Wenn nun über euch auch das Bild von jenem Gedanken
     1800                   auch in euch das Vorgefühl des Gedankens
680) 1751—80 Mit der gefürchteten Miene der ernsten Ewigkeit stehn wird,
     1800                   dem erschütternden Graun der ernsten Ewigkeit strömet,
681) 1751—80 Jener Gedanke: Daß ihr, gleich uns, verworfen von Gott seyd—
     1800     Dann er selber: Daß

Die Änderung 1800 in Folge der Anm. Cramers zur Lesart 1780: „Das Bild von jenem Gedanken, und gleich darauf: jener Gedanke — Wie ist Bild des Gedankens und Gedanke selbst hier unterschieden? Bild muß hier offenbar die lebendige Vorstellung, das Bewußtsein des Gedankens bedeuten. Jenem hier, statt diesem, der nun nämlich folgt: Daß ihr gleich uns u. s. w." — I, 563 Und drauf eilt er zu jener Versammlung, Und er eilete zu der V. I, 276 selber, selbst; I, 35 dasselbe. — Auslassung des unbestimmten Artikels. Kl. a. a. O. S. 187: „Die Bestimmungen Ein und Der. Ein sondert weniger genau ab, als Der. Z. E. Wir erreichten einen Wald; und als wir durch den Wald gingen . . (Wenn du Berg und Thal sagst, so sonderst du gar nicht ab.) Weil die Vorstellung von dem genauer Abgesonderten lebhafter wird; so ist es gut, Der an statt Ein da zu brauchen, wo es der Sinn erlaubt. Auch läßt man die Bestimmung Ein oft besser weg, als daß man sie setzt. Ihre öftere Wiederkunft hat etwas Ausdehnendes; und dieß wird durch Zweysilbigkeit vermehrt. — Was kümmerst du dich um das Weglassen; dich gehet ja nur das Vorzuziehende an. — Wenn man weiß, wo man weglassen darf; so nähert man sich der Festsetzung des Vorzuziehenden. — Und wo lässest du weg? Da wo ich in Allgemeinem rede." (S. 190): „Sage mir, ist der Unterschied zwischen Wald und Ein Wald größer, oder der zwischen Ein Wald, und Der Wald? — Der Unterschied zwischen Wald und Ein Wald ist sehr klein. Denn du sagst: Ein rechtschaffener Mann thut so etwas nie; und Rechtschaffene Männer thun . . . Hier scheint nichts zu fehlen; und gleichwohl kannst du nicht sagen: Rechtschaffener Mann thut . . . Die Ursache, warum du Ein oft weglassen kannst, liegt darin, daß Wald und Ein Wald nur wenig verschieden sind. Aber Ein Wald und Der Wald sind viel verschiedener. Daher redest du auch beinah poetisch, wenn du sagst: Der rechtschaffene Mann thut so etwas nie. Gleichwohl wäre nicht gut: Die rechtschaffenen Männer thun . . . sondern es muß Rechtschaffene Männer . . . heißen. — Was hältst du davon, daß man jetzt anfängt, mit der Bestimmung Ein den Begriff der Geringschätzung dadurch zu verbinden, daß man sie abkürzt [. . .] — Ich habe eben so wenig gegen diese [..] Bedeutung von Ein, als ich gegen die verstärkende von Der habe, [. . .] An der Abkürzung stoße ich mich nicht; denn sie ist nichts Neues in der Sprache. Zum (zu dem) Thore" u. s. w.

I, 152 Nur in die Seelen zukünftiger Christen kam sanftes Entzücken, Und ein süßbetäubend Gefühl, Sanftes Entz. kam allein in der künftigen Chr. Seelen, und süßbetäubend Gefühl. So: I, 331, 349 (Ein heiliger Rauch, heil. R.), 364

(Ein Donnerwetter, D.), 367 Verkündiger einer annahenden, nur der ann.), 491 (Ein liebliches Lächeln, liebl. Lächeln); 415 (Sieh, der Erst und Letzte, ein ewig treuer Erbarmer, Sieh, d. E. u. L., der ist er, und ewig Erb.), 668 (ein helleres Anschaun, helleres Anschaun), 681.

I, 519: Gabriel schwebt' allein herab zu der seligen Erde, Die der benachbarte Kreis vorübergehender Sterne Still mit 1748,51 einem 1755 ff. seinem allgegenwärtigen Morgen begrüßte. — Cramer hat noch, wie mehrmals, die frühere Lesart im Gedächtniß, er sagt: „Die Sterne begrüßen die Erde mit einem allgegenwärtigen Morgen, weil sie rings umher die Ankunft der aufgehenden Sonne verkündigen. Man muß sich die gegen das Ende der Nacht aufgehenden Gestirne hier denken." Boxberger pflichtet dieser Erklärung bei, indem er sie ohne Bemerkung citirt. Meiner Ansicht nach brauchen es nicht blos die gegen das Ende der Nacht aufgehenden Sterne zu sein. Das Bild ist viel großartiger. Der Morgen ist allgegenwärtig auf allen Gestirnen, welche die Erde im ganzen Kreise umgeben, denn auf jedem Gestirn geht in jedem Momente irgendwo der Morgen auf, gerade wie auf der Erde selbst. Kl. sagt nicht, die Gestirne begrüßten jetzt die Erde mit dem Morgen, sondern überhaupt. Denn sie thun es ja fortwährend, ob wir Tag oder Nacht haben.[1]) Und es ist der Kreis der Sterne, nicht blos die für uns gerade aufgehenden. Cramer verwechselt seinen Standpunkt und den des Engels Gabriel. Wenn dieser zur Erde herab aus den Himmeln schwebt, so sieht er den ganzen Kreis der Gestirne um die Erde. Er schwebt eben so herab, daß er ihn sieht. Es ist ein complicirtes, aber grandioses Bild.

Ein in der Bedeutung „ein einziger, einer an dem alle Theil nehmen", ist eingetreten I, 440, wo erst Gott sprach: „Die noch sterblichen Kinder der Erde Werden, Geschlecht auf Geschlecht, zu euch [den Seelen der Väter] sich alle versammeln,

---

[1]) Allgegenwärtig in dem Sinne: immer vorhanden und immer irgendwo auf jedem Gestirn vorhanden.

bis sie dereinst vollendet, ... zu meiner Seligkeit kommen." Seit 1755 spricht Eloa, und sagt nun nicht zu seiner (Gottes) Seligkeit, sondern zu Einer Seligkeit. (Auflösungen von Verschmelzung des es mit anderen Wörtern z. B. VII, 358 wars, war es; V, 670: Aber weil ihrs denn seid, die süßen Lieblinge Gottes, 1800 in: ihr es, in Folge von Cramers Anm.: „Die s. L. G. bezieht sich auf das es in ihrs. Neuheit in der Wortstellung.") —

25) **Auflösung der Verschmelzung von Präposition mit dem Artikel und umgekehrt.** — Einige dieser Verschmelzungen waren schon in 1780 beseitigt, in größter Menge aber 1799, resp. 1800. Im ersten Ges. sind folgende vorhanden gewesen oder noch vorhanden: 1) ins aufgel.: in das, 45, 432; fürs, für das 324; vorm, vor dem, 30, 150, 397, 561; im, in dem: 98, 406, 508; vom, von dem: 35, 51, 225, 413; zur, zu der: 50, 517, 603, 622, 649; zum, zu dem: 40, 100, 419, 468, 469, 680; am, an dem: 186, 361, 459; vorm, vor dem, am, an dem: 297. Geblieben sind: zum 55, 342; zur 705; am 56, 67. Durch andere Wendungen vermieden: 107: vom Blute des Bundes, von des Bundes Blute; 368: vorm Angesichte der Thronen, vor der Thronen freudigem Blick; 433: im Schoosse des Friedens, in des Friedens Schoosse; 340: voll vom heiligen Räuchwerk, voll von heiligem Räuchwerk, heiliges Räuchwerks voll; 442 zur Feyrung, der F. — Umgekehrt: 543 am, an dem, am; 566 zur, zu der, zur.

Für die Verschmelzung von Präposition mit Artikel die einfache Präposition. — Vgl. oben schon in Wendungen wie „von des Bundes Blute"; und die ähnlichen: I, 70 zum Menschengeschlechte, zu Adams G.; 376 voll vom Schicksal, voll von Sch., voll Vorsehung; 612 In den Tiefen der Erde, in der Erd' Abgründen. Für im, in: 650 im Verborgnen, in Verborgnem; 131 im Triumphe, in Triumph; 121 im Todesschweiße, in T.; 77 im donnernden Wetter, in donnerndem W.; 62, 49 im Gebete, in G.; 59 im Stillen, in Stillem; 52 im Bilde, in Bilde. Für am, an: am Reichthum, an Fülle 572. Für zum, zu: 208 zum vertraulichen Umgang, zu vertraulichem U. Für vom, von: 325 vom Heldenblute, von H.; 195 vom Lichte, von L., aus Strahlen des Urlichts. — Umgekehrt: 650: in Verborgnem, im Verborgnen s. oben. — Für eine einfache Präposition diese mit Artikel: 118: mit Zorne der Gottheit, mit dem Z. d. G.; 235 auf Flügeln, auf den Fl. — Ersatz einer Präposition durch eine andere. Hiermit ist öfters eine kleine Sinnesänderung verbunden. 297: am Throne des Schöpfers, vor dem Antlitz des Schöpfers; 186 vorm Sitze der Herrlichkeit Gottes, am Throne der H. Gottes; 195 von Lichte, aus Strahlen des Urlichts; 66 beym Grabmal, am Grabe; 118 im grimmigen Zorne, mit dem Z. der Gottheit; 535 sah nach der Schönheit, auf die Sch.; 560 treufle Segen auf die, senke Ruhe in die; 345 der Ocean, wenn über ihm die Stimme des Herrn wandelt, auf ihm; 206 auf ihm (dem Strome), über ihm; 461 wie die Morgensterne mit eurer Gesellschaft vor dem Schöpfer sich neigten, in eurer G.; 284 der Anblick, mit dem der Vater sie belohnte, durch den; 229 Weg, durch den Gabriel fortgieng, mit welchem; 540 der Abdruck war in Zügen des Schlafes verdunkelt, war durch die Geberde des Sch. verd.; 90 mit was für Einmuth, (archaistisch) vor Einmuth. — Rückkehr zur erstgewählten: 565 Mit ihm beherrschen, nebst ihm, mit ihm. — Andere Wendungen, s. auch oben: 166, 167 in schnellen Gedanken, schnelles Fluges; so auch 612 langsamer Flut. — Imesis von Präpositionen. XVII, 236, 237 gegen des Grabes Eingang über; (vgl. Luther 1. M. 15, 10 legte ein Theil gegen das andere über; 1. M. 21, 23 da du ein Fremdling innen bist; 1. Mos. 43, 5 da mein Herr aus trinket.) IX, 231 vor dir über. (vgl. Goethe, Faust II: Als wenn er Unheil sänne, saß er gegen mir [sc. über]). —

26) **Änderung adverbieller Bestimmungen:** Vgl. auch unter 25). I, 485 hellleuchtend gebildet, aus Heitre gebildet; 495 jubilirend, in Jubel; 304 entzückungsvoll, in Entzückungen; 535 voll Verwunderung, bewundernd.

27) **Statt einer negativen Wendung eine positive.** I, 210: Als sich durch Sünde der Mensch von Gottes Freundschaft entfernte; zu Gottes Feinde sich umschuf; 414: weinet nicht; jauchzet; 446: das Gebein, das ihr im Staube sterbend zurückgelassen; das ihr reifend zur Auferstehung zurückließt; 526: Gabriel kam mit verweilendem Fluge zur Erde; doch kam er mit eilendem Fluge zur Erde. — Das letzte Beispiel führt über **zu der merkwürdigen Veränderung des Gesagten ins Gegentheil überhaupt.** I, 619: Weit hinter ihm blieben wehende Flammen in seinen Tritten zurück (wie lange müssen die geleuchtet haben! deshalb:) Nah hinter ihm. 365: Ein Donnerwetter stieg, da er wartete, schnell vom Allerheiligsten nieder (majestätischer:) Donnerwetter stiegen zum wartenden langsam das Allerheiligste nieder. In I, 670 ist ein geringerer Grad des Gegentheils vorhanden: Seelen, die dem kaum gebornen Körper entflohen; in: die zarten nur sprossenden Leiben entflohen. — Ein sehr schönes Beispiel Gesang V,

232) (Die himmlische Liebe)
1748 Ms.: Ist beinah noch allein, in paradiesischer Schöne,
51: bey nah nur Schönheit,
55, 80: Ist, doch nur wie ein Bild der Schatten, wenigen Bessern
1800: ein Schattengebilde,

233) 1748 Ms.: Als ein Zug des göttlichen Bildes, den Sterblichen übrig,
51: Einer einsamen Zahl von edleren Sterblichen übrig!
55, 80, 1800: Von der Unschuld übrig geblieben! u. s. w.

Vgl. auch unter den religiösen Veränderungen die Stelle Ges. I, V. 533 ff., wo an Stelle „leichttragender Blumen" ein „Felshang" tritt.

Mehr zur ersten Abtheilung gehört: 294: die Seele des Menschen, von Staube gebildet; in: geschaffen der Gottheit. Und 671: mit Weinen (der Kindheit), in: noch sprachlos (dieses kann man aber auch als bloße Exegese des früheren nehmen.) — Statt des Allgemeinen das Besondere. I, 369 den wartenden Himmel, in: die verlangenden Thronen (eine Engelart). — Umgekehrt: I, 30 schauendes Auge, für schauendes Angesicht; 29: Gemüthsart, Gemüth, Empfindung; V, 145: Eloa hielt ein Wetter empor, für: ein Gewitter. Cramer: „Wetter hat in dieser Bedeutung noch etwas mehr Stärke, als Gewitter. Es ist ein allgemeineres Wort."

Sonst sollte man meinen, daß, je abstracter die Vorstellungen würden, sie desto mehr an Stärke verlören; in der Poesie des Erhabenen scheint das aber nicht der Fall zu sein. Je weiter die Anschauungen, je abstracter die Vorstellung, je begrifflicher die Poesie, desto erhabener ist sie. Es giebt zwei Hauptgattungen des Erhabenen, das sinnlich und das geistig Erhabene. Das letzte kann den Geist nun durch Vorstellungen des sinnlich Erhabenen uns näher bringen, aber zugleich beschränkend, und dies thut die Bibel; oder es mißt Geistiges an Geistigem, Gedanken an Gedanken, und der eigentliche Schöpfer dieses Erhabenen ist Klopstock. Ich weiß nicht, ob der Grund dieser Eigenheit Klopstocks schon ausgesprochen ist. Von Schiller wenigstens nicht, der nur sagt, Klopstocks Sphäre sei immer das Ideenreich, und er wisse alles, was er bearbeite, ins Unendliche hinüberzuführen; er zöge allem den Körper aus, dahingegen andere Dichter das Geistige mit einem Körper zu umgeben trachteten. Damit hat Schiller noch nicht begründend gesagt, daß Klopstock dies thun müsse, um dem Begriff des Erhabenen, wie ihn das protestantische Christenthum ins Leben rief, dem des abstractest Erhabenen, gerecht zu werden, und so auch dem Gefühle, das mit der protestantischen Anschauung Gottes verbunden ist und nicht, wie der Katholicismus, Herabbeschränkung des Göttlichen fordert, genug zu thun. Deshalb also sucht Klopstock die weitesten Vorstellungen, muß sie suchen; deshalb ist in Klopstocks Dichtung, der einzigen ihrer Art auf Erden, der seltsamsten, seltensten Dichtung, der Gipfel des Religionsgebirges der Menschheit — so weit Religion Anschauung verlangt — erstiegen. Denn unbeschränkter läßt sich die Persönlichkeit Gottes als solche nicht fassen, als in dieser Dichtung; noch ein Schritt weiter, und alles geht in Anschauungslosigkeit über. Klopstocks Ge=

stalten, Anschauungen, seine höhere Dichtung ist oft recht eigentlich
Licht, dessen Körper, wenn man will, der Aether ist, gleichsam
das letzte feinste Arom des Concreten. Aber da sie Licht ist,
so hat sie ihr inneres Leben, ihre Contraste, ihren Streit, mit
einem Wort ihre ganze eigenthümliche Farbenpracht. Darum
ist es ein Wenig unüberlegt und gar nicht „tiefsinnig," wenn
Merck, und nach ihm natürlich Unzählige, äußerte, Klopstock
sei gar kein Dichter. Wenn Goethe darum recht eigentlich
einer ist, weil er in dem Besondersten den Keim des Allgemeinen herauszuspüren weiß, ihn mit dichterischer Wärme hegt
und endlich aus dem Mikrokosmus den Makrokosmus hervorblühen läßt, so findet bei Klopstock nicht der umgekehrte Prozeß
statt, — eine total falsche, wenn auch ganz allgemein angenommene Ansicht — so daß er nicht von
der geistigen Art Schillers, dem echten Gegensatze Goethe's, ist
und ebensowenig zu den Stolbergs und der großen Zahl ähnlicher Poeten gehört, sondern bei Klopstock findet derselbe dichterische Prozeß statt wie bei Goethe, aber
in der Weise, daß ihm der Makrokosmus Mikrokosmus, die
Ganzheit eine Besonderheit ist, die über sich hinausverlangt
nach dem anschauungslosen Allgemeinen, nach dem Reingeistigen.
Höher fliegen kann menschliche Phantasie nicht, als sie es in
Klopstock gethan, und der Franzose hat Recht, der ihn den
erhabensten Dichter, den es gegeben habe, nennt.

28) **Doppelte Negation.** — Diese Ausdrucksweise,
welche Kl. besonders im 2. Theile des M. aufnimmt, gehört
zu den Archaismen, deren wir schon einige zu erwähnen Gelegenheit hatten. Beispiele doppelter Negation findet man I,
271, 630; XVI, 277; XVII, 666; XIX, 566, 1022, XX,
27, und öfter.[1]) — Andere Archaismen sind z. B. ihm
für sich I, 276, später in „sich" verändert; seit 1780 ändert
Kl. auch das relativisch gebrauchte „so" öfters in das Rela-
tivum, aber nicht immer, vgl. X, 449; die Präposition vor

---

[1]) Auch Goethe gebraucht in volksthümlicher Rede die doppelte Negation noch.

statt für jetzt er I, 90; erhaben im Sinne von erhoben wird überall geändert; aber nicht überall sodern in fordern, vgl. X, 496. Der Heiligen alle statt aller der Heiligen ist nach Cramer zu V, 727 „ein Archaismus, den Kl. öfter braucht, und der sich hier zur Feierlichkeit der Rede Gottes schickt." Formen, wie geußt, fleußt, beschleußt, fleuß, genß, fleuch, zeuch, genenß, gebeut findet man im zweiten Theile nicht selten. — Über Gräcismen, Latinismen u. s. w. der Sprache unseres Dichters zu reden, ist hier nicht der Ort; so weit sie die Varianten betreffen, sind ihrer manche bereits erwähnt.

29) **Einzelne Ausdrücke, die Kl. besonders dadurch auszeichnet, daß er sie theils vermeidet, theils sie unter einander fortwährend wechselt**, sind: Grimmig, I, 118, 122, öfters auch Grimm, doch nicht immer. „Fern" in Verbindungen wie fern kommen, fern betrachten und dergl., „von fern" ebenso, wofür in der Ferne u. drgl. eintritt, z. B. I, 115, 164, 185, 327, 393, 474. „Fern" ist geblieben in 230, 622. Auch die Redensart „auf Erden" scheint Kl. nicht zu lieben; er sagt lieber auf der Erde, oder anderes, z. B. I, 55, 70, 526, 517. — Ganz merkwürdig ist der Wechsel in den Bezeichnungen des Messias, der Gottheit, der Engel. Wo Messias stand, wird Mittler, wo dieses, Versöhner, wo dieses, Gottmensch, und so fort, gesetzt; für die Seraphim treten einfache Engel oder Cherubim auf, diese erst später, und vice versa. Z. B. I, 171 Gott — der Ewige; 171 Seraph — Unsterblicher; 183 des hohen Messias, des Gottversöhners, Jesus des Mittlers; 185 Gottmensch, Göttliche; 189 Vater, Ewiger; 187 der eilende Seraph, der Eilende; 142 Messias, Mittler, Versöhner; 314 Mittler, Vers.; 337 ebenso; 389 Gottes Gerichtsstuhl, Seinen G.; 389, 390 für Gerichtsstuhl blos Stuhl; 417 Ich, die Gottheit, Ich, Jehova; 468 des Mittlers, Christus (das erste Mal im Messias); 471 Mittlers, Sohnes; 507 Mittlers, Messias; 512 Mittler, der Söhnende; 515 Engel, Cherubim; 530 Messias, Mittler; 532 Mittler, Gottversöhner; 534 Mittler, Messias, ihn; 539

Mittlers, Menschenfreundes; 562 die Stimme des Seraphs, des Unsterblichen; 582 Rede der Götter, der Himmlischen; 618 der Fuß des Unsterblichen, des Eilenden; 659 das unsterbliche Lamm, der Versöhner der Menschen; 669 der göttliche Mittler, der Überwinder; 687 Engel der Erde, der Erde Hüter, u. s. fort. — Diese Manigfaltigkeit hätte Strauß von seinem Standpunkt des Musterepikers, d. h. des antiken, (als ob wir immer und in allen Dingen abhängig vom Gewesenen bleiben müßten!¹) ebenfalls tadeln können, da er zum Vorwurf machte, daß Kl. in der Bezeichnung des Redens, Antwortens u. dgl. keine typischen Wendungen habe. Bei Virgil heißt ja Aeneas auch stets pius Aeneas, und beim Homer haben die Helden alle ihre festsstehenden Benennungen. Wir im Geiste der Entwicklung begrüßen Klopstocks kühne Unabhängigkeit, in der ihm auch Goethe im Faust in anderer Weise folgte. Wir kennen keine Formen, in welche hineingedichtet wird, sondern sagen, jedes Dichtwerk ersten Ranges hat seine eigene Form, und je manigfaltiger, desto großartiger. Der kühnste Befreier von der Schablone in dieser Beziehung ist aber auch wieder Klopstock gewesen. So ging er seine Bahn, nicht im Zickzack, sondern in ruhigem, majestätischem Dahinwandeln, mehr aus seinem eigenen Busen nehmend als die gar viele unserer anderen Dichter, nur der inneren Stimme gehorsam.

Hinsichtlich der Veränderungen in Kl.'s Engelsystem verweise ich auf folgende Stelle in einem gänzlich verschollenen Büchlein: „Anmerkungen zum Gebrauche deutscher Kunstrichter. Nebst anderen Wahrheiten. Auf Kosten des Verfassers 1762 o. O." S. 39: „Man denke nur nicht, daß die Nachwelt unsre Schriften in dem günstigen Lichte betrachten wird, aus dem wir sie beurtheilen. Selbst unser großes Heldengedicht, daß sich mit so vielem Rechte das Lob seines Zeitalters verdient hat, wird in ihren Augen verlieren. Soll es diesem Schicksale entgehen, so wird es sein Verfasser nochmals

---

¹) Eine seltsame, neue, Klopstock eigenthümliche Art epischer Beständigkeit könnte man jedoch in den oft wiederkehrenden Wiederholungen ganzer Stellen im 2. Theil des M. sehen. Vgl. unter Nr. 31.

von neuem durcharbeiten, verschiedene Scenen umbilden, ihm eine größere philosophische Richtigkeit und mehrere Eintracht mit dem System der Schrift geben müssen, als die Einsichten der itzigen Zeit erlauben. Alsdann aber wird es ein Werk seyn, dem die Homere und Virgile weit nachstehen. Nicht anders. Schon das ist ein Vorzug der zwo besten neuern Gedichte vor den alten, daß sie Wahrheiten vortragen und mit Wahrheiten ausschmücken. Jene wurden durch tausend mythologische Alberkeiten verunstaltet. Ich will nur eine Unrichtigkeit anmerken, die durch das ganze deutsche Gedicht fortläuft; an der aber sein Verf. sehr unschuldig ist. Man hat bisher geglaubt, Seraph und Engel wären gleich gültige Namen, und man hat sich geirrt. Die ersten werden von den letzten durch nichts geringers als eine ganze Welt getrennt. Sie spielen auf unsrer Erde keine Rolle; sie sind bloß Zuschauer, und werden ihrer Natur nach ausgeschlossen. Man gebe in der Schrift Achtung, ob jemals einem Seraph ein Geschäft aufgetragen wird. Stets werden sie als das Gefolge, als die Hofstatt der Gottheit vorgestellt. Der feierliche Ausdruck, den die Schrift von ihnen braucht, ist, daß sie vor Gott stehen. Der Cherub aber ist zuweilen, bey außerordentlichen Fällen, auf die Erde versandt worden. Der Dichter darf ihn also brauchen, aber nicht in gewöhnlichen Verrichtungen. Der bezeichnende Ausdruck der Schrift ist, daß sie Gott dienen. Ps. 103, 21; 7, 10." u. s. w.

In der That gebraucht Kl. später die Cherubim so, wie der ungenannte Kritiker angiebt, z. B. I, 115 Jetzo hatten die Himmel die Cherubim feyrend verlassen, Und sich überall schnell in der Welten Kreise verbreitet (um die Befehle Gottes, die Feier des Todes des Messias betreffend, auszurichten). Früher stand da noch Engel; und so öfter.

Endlich vermeidet Kl. in späteren Ausgaben eine große Anzahl zärtlicher Ausdrücke. Die große Zärtlichkeit war ihm schon 1749 von Heß in humoristischer Weise aufgemutzt worden. Dieser freundschaftlichen Mahnung sicherlich werden wir Veränderungen dieser Art zuschreiben müssen; z. B. I, 61 mit zärtlicher Stimme, mit leiserer Stimme; 671 mit Weinen, sprachlos; 669 die Umarmung des Mittlers erwartet euch liebreich, in: der erste der Überwinder erwartet euch, Seelen; 600, Seraphim schaun in prophetischer Stille, thränenvoll, der Menschen künftige Seligkeit, in: in prophetische Stille sanft verloren (schon 1751, also gleich nach Heß' Schrift); 546 ist: „sprach er mit zärtlicher Stimme" ganz fortgefallen; 538 zärtliche treue Erbarmung, ewigtreue; 422 doch ihr, mein theures Geschlechte, in: geborne der Erde; 106 mein sanftthränendes Auge, unverwendet mein Auge. **Vortrefflich ist die Änderung** II, 767 Wo wir von Gott und unserer Freundschaft uns zärtlich besprachen, 1800, resp. 1793 in: Wo wir mit **Innigkeit sprachen** von Gott u. unsr. Fr. **Das schöne Wort innig hat Kl. überhaupt erst etwa seit 1755 getroffen.** II, 793 der zärtliche Vaternamen, 1800: der liebende V., (wenig glücklich). III, 499 dein Herz voll zärtlicher Triebe, 1780 in: dein Herz voll **Innigkeit**; 500, 501 das Herz fließt von süßen Empfindungen über, 1780 edler: von süßem Gefühl; I, 216 liebreich besuchte Thäler, gern besucht.

III, 647, 648.

647) 1748—80 Ja, aus dem Reiche der Schatten, da deinentwegen noch zärtlich,
1800 des unteren Libanons Hain, selbst da für dich wachend,
648) Komm ich hierher.

Die Änderung 1800 in Folge von Cramers Bem., zärtlich stehe hier für bekümmert.

30) Wie wenig Kl. auf „seinen Lorbeern ausruhte", geht am deutlichsten daraus hervor, daß er **sich selbst bei seinen Verbesserungen oder Veränderungen nicht beruhigte, sondern diese immer wieder gegen die früheren Lesarten abwog. Daher kommt es denn, daß er bisweilen diese wieder herstellte.** Beispiele: I, 54 Gelindere Lüfte, gleich dem Säuseln der Gegenwart Gottes, dafür: in dem Gott wandelt, und wieder: der Gegenwart Gottes. 80: Ringsum lagen die Hügel in **lieblicher**

Abenddämmerung, dafür: beströmt von Düften der Dämmrung, 1780 wurde die viel schönere frühere Lesart wiederhergestellt. 166, 167: in feurigem Fluge, in schnellen Gedanken, feuriges Fluges. 216, 217 wird die Participialconstruction wieder hergestellt. 248 schauen, schaun, schauen. 258 erschaffene, erschaffne, erschaffene. 281 Allzeit, Stets, Allzeit. 395 Siebenmal hatte der Donner das heilige Dunkel eröffnet, das heilige Dunkel der Donner, der D. das h. D. 400: Sohns, Sohnes, Sohns. 463 größere, größre, größere. 511 Deine Verlangen will ich, du, in: ich will sie, du; wieder in: will ich, du u. f. w. 580 Und in den hellen Bezirk, In die hellen Kreise, Und in die h. Kr.; ebenso 615. 677: in lieblichen Liedern, in Liedern der Wonne, 1780 wieder: in lieblichen Liedern, vgl. oben V. 80. 685 die irren, irrenden, irren Sterblichen.

31) **Auslassung von Versen**. Es sind derartiger Stellen manche bereits im Früheren vorgekommen. Alle diese Stellen hier zu vermerken, wäre zu weitläufig, und auch von keinem rechten Nutzen, ehe nicht die ganze Lesartensammlung oder vielmehr der ganze Messias mit den Varianten Vers für Vers im Druck vorliegt, so daß man die Gründe der Fortlassung aus dem Zusammenhang selber entnehmen kann.[1]) Daher mögen hier nur die Stellen, wo Verse im I. Ges. ausgefallen sind, aufgeführt werden. Beispiele aus anderen Gesängen sehe man unter der Geschichte der Ausgaben. Nach Vers 14 zwei, nach 202, 234, 383, 386, 466, 533, 705. — Erweiterte Stellen im I. Ges. nach V. 124 die beiden in drei; 159—163; 207; 353—357; 399 (400—407); 475; 501, 502; nach 585; 639—646. — Wiederholungen finden in den ersten Gesängen nur wenige, und diese zum Theil auch erst in den späteren Ausgaben statt; dagegen im zweiten Theile in großer Menge und zwar von ganzen Stücken. — Als Curiosa sind anzuführen zwei gereimte Hexameter, in denen der Reim jedoch 1800, resp. 1793 fortfiel, nämlich X, 1025 und 1026. Der Todesengel:

---
[1]) Ich wiederhole hier, daß ich mit einer kritischen Ausgabe des Messias, mit sämmtlichen Varianten, im Manuscript fast fertig bin.

1755 Jede Furchtbarkeit gab, da er aufstand, Jehovah ihm wieder.
 80 f.                         stand,

1755 Schreckend steht er, und hält sein Schwert nach Golgatha nieder,
 80)       stehet er da, und hält nach Golgatha nieder
1800                                                der Schädelstäte

alle Ausg. Sein weitflammendes Schwert, und hinter ihm macht sich ein
                                                                Sturm auf.

Unvollendeter, d. h. absichtlich unvollendeter Verse giebt es noch zwei im Messias, den letzten Vers im X. Ges.: Und er neigte sein Haupt, und starb. Ferner XIII,
694) Da sich, mit Freuden Gottes, Jehovah freute! da Jesus
695) Auferstand!
Früher, in der Ausg. v. 1748, auch V, 325, schon erwähnt:
1748      Daß er nicht vor ihm vergieng.
1751,55 Daß der Staub nicht vor ihm ins Unermeßliche stänbte!
 80 f.                        in das            stäube!

Nur Ein entschieden falscher Hexameter ist im Messias anzutreffen gewesen, X, 283 in der Ausg. v. 1780.
1780 Um des Gekreuzigten willen, an des Wüthrichs Kette zu
                                                        liegen
1800 Wegen des ewigen Sohns, an

Und ein ganz abscheulicher in den Ausgaben 1748 u. 1751 I, nach V. 386: Wenn er sich, einen grössen Tag, uns offenbarend eröffnet. Der Vers fiel 1755 fort.

## Orthographie und Satzeichnung.

Kl.'s Orthographie ist aus den gegebenen Stellen genügend zu erkennen. Er hat manches Alterthümliche auch 1800 beibehalten. Was seine eigene betrifft, deren Grundsätze er in einer eigenen Abhandlung niedergelegt hat und in welcher die eine Octavausg. v. 1780 erschien, so ist hier darüber nur zu bemerken, daß er sie in den Ausgaben v. 1800 wieder aufgegeben hat. „Klopstock's System ist, mag es nun anwendbar sein, oder nicht, sehr durchgedacht, und ich gestehe dir gern, daß ich noch nichts dawider gelesen habe, was nicht mit seinem Vorschlag verglichen, Stümperarbeit ist. Selbst als Grille eines grossen Mannes sollte man Achtung dafür gehabt und

dem Mann, auf den, was auch der oder die wähnen, Deutsch=
land stolz sein muß, nicht ein so kindisches Kahlkopf nachgerufen
haben." Weinhold, Boie, S. 172 (Boie an Bürger, 1. Dec.
1781). — Auch über seinen Satzbau und seine Interpunction
ist hier nichts Eingehenderes vorzutragen. Die reichlich gelie=
ferten Stücke bieten auch dem flüchtigsten Blicke Stoff genug
zur Beobachtung. Die Interpunction war, wie an belehrenden
Stellen schon bemerkt, eine wesentlich declamatorischem Be=
dürfniß angemessene, am meisten in der Ausgabe von 1755.
Sie überall zu verlassen, ist nicht rathsam.

### Die Anzahl der Verse.

Sie schwankt bei den vielen Veränderungen bis zur letzten
Ausgabe. Diese umfaßt 19458 Verse, die sich folgendergestalt
auf die einzelnen Gesänge vertheilen: I 721, II 896, III 745,
IV 1345, V 828, VI 606, VII 861, VIII 627, IX 768, X
1052, XI 1569, XII 874, XIII 1003, XIV 1419, XV 1549,
XVI 699, XVII 785, XVIII 845, XIX 1079, die Verse des
letzten, XX. Gesanges sind bisher, auch bei Vorberger, nicht
gezählt, seines lyrischen Characters wegen; er enthält 1187
Verse.[1])

Im I. Gesange sind 147 Verse unverändert geblieben,
(d. h. überall als unverändert diejenigen mitgerechnet, welche
nur orthographische oder Veränderungen wie itzt in jetzt und
drgl. aufzuweisen haben); im II. 202; im III. 210; im IV.
552; im V. 301; im VI. 332; im VII. 382; im VIII. 317;
im IX. 260; im X. 605. Von 8449 Versen, die der erste
Theil des Messias enthält, sind demnach 4308 nicht verändert,
4141 verändert, also nur 117 weniger verändert als nicht ver=
ändert. Da aber hierbei die nicht ersetzten ausgelassenen Verse
nicht mitgerechnet und viele Stellen nicht einmal, sondern drei=
bis fünfmal verändert worden sind, so verhält sich Nichtver=
änderung zu Veränderung doch wenigstens wie 1 : 3. —

---

[1]) Franz Muncker in seinem genannten auch in philologischer Beziehung
vortrefflichen Buche hat sie nun auch gezählt.

# Zur Erkenntniß
# Klopstockischen Wesens und Wirkens.

Obgleich in dem ausgezeichneten Werke Franz Muncker's: Lessings persönliches und literarisches Verhältniß zu Klopstock, Frankfurt a. M., in diesem Jahre erschienen, zum Theil dieselbe Materie bearbeitet ist, so halte ich es doch nicht für überflüssig, folgende schon vor einem Jahre vollendete Abhandlung zu veröffentlichen. Es ist nicht werthlos zu sehen, daß wir, unabhängig von einander, zum Theil zu denselben Resultaten gekommen sind; dann aber ergänzt meine Arbeit Munckers Werk nicht selten und bietet überdies eine Reihe neuer Ausführungen und eigenartiger Betrachtungen. Auch Loebell in seiner Entwicklung der deutschen Poesie von Klopstocks erstem Auftreten bis zu Goethes Tode 1856 hatte schon die Angriffe Danzels beleuchtet, doch nicht in so ausführlicher Weise, wie es Muncker und in selbständiger Weise meine Arbeit thut.

# Zur Erkenntniss Klopstockischen Wesens und Wirkens.

Man erstarrt zuerst förmlich, wenn man Danzel, der doch durch das „quellenarme Wüstenland" Gottscheds und der Seinen des Langen und Breiten unermüdlichst gewatet ist, über Klopstock reden hört. Ihm gilt der Gründer unserer neuen nationalen Poesie, der Erwecker unseres so oft und auch jetzt zum Theil wieder selig entschlafenen Nationalgefühls, nicht mehr als Basedow, Cramer, Dusch (Lessings Leben und Werke, S. 411), und „mit diesen ist es ja nichts"; Klopstock bildet vor seiner Phantasie einen „dreiköpfigen Cerberus" mit Basedow und Cramer, einen dreiköpfigen Cerberus, der Lessing aus dem Spiegel in dem berühmten Gleichniß anschaut, (S. 402 f.); er beehrt ihn mit dem Namen eines „literarischen Schnabelthiers" (S. 493), läßt ihn eine „ewige Schraube aus seiner von Anfang an vorhandenen Verschrobenheit machen"; ja, er rangirt ihn unter Gottsched, welchem er doch noch nachrühmt, „es sei die Idee seines Lebens gewesen, eine nationale Literatur zu begründen, an deren Verwirklichung er mit unermüdlicher Thätigkeit und nicht zu verachtender Einsicht gearbeitet habe"; während er Klopstock als einen „eichenabknickenden Omophagen" hinstellt (S. 458), ohne für sein Verdienst auch nur ein gerechtes, geschweige freudig anerkennendes Wort zu haben. Das Leben des Herrn Jesu Christi habe er in Verse gebracht (eine Lieblingsphrase Danzels), an diese „Gymnasiastenaufgabe" eine Reihe von Jahren gekettet, und sei nie zu freier und heiterer Männlichkeit erwacht. (S. 393). Der letzten Beschuldigung gegenüber denke man nur an Klopstocks ganzes so männlich und frei poetisch wie nur möglich gestaltetes, durch seine eigene Kraft gestaltetes Leben, an die Jugendfrische, die er sich immer gewahrt und die aus der ersten berühmten Ode, der auf den Züricher See, nicht minder laut spricht als aus den späteren Eisoden. Ja, in dem Messias selbst können wir seine Lebenslust in leisen Zügen wahrnehmen. Seiner Männlichkeit wegen und unbeugsamen Jugendfrische halber entzweite er sich sofort in Zürich mit dem pedantischen, eingetrockneten Bodmer und dessen gelehrten Freunden. Er lehrte die Deutschen erst, was heitere Männlichkeit ist; geniale Wüstheit lernten sie erst später, von Anderen, trotz ihm.

Man höre was Friedrich Matthisson über Klopstock sagt: „Klopstock der Mensch ist mir eben so verehrungswürdig als Klopstock der Dichter. Der Hauptzug seines poetischen, wie seines moralischen Characters ist Adel; dabei ist er einer der liebenswürdigsten Gesellschafter; sein Scherz hat attische Feinheit; sein Witz ist schnell und treffend; seine Erzählungen sind voll Feuer, Leben und Darstellung; und alles was er sagt, thut oder schreibt, trägt, ohne Ausnahme, den Stempel der Wahrheit, Anmuth oder Geisteshoheit. Daß er nie gelehrte Kriege weder selbst geführt hat, noch durch andere hat führen lassen, zeugt von einer sich fühlenden, über die armseligen Künste der literarischen Stier- und Hahnengymnastik weit erhabnen Seele. Nie hat er ungerechte Angriffe beantwortet und nie über schaale Recensionen seinen Unwillen öffentlich geäußert. — Briefe, Zürich 1795, Theil 1. —

Ähnlich Sturz (bei Cramer, Tellow S. 303 f.): „Klopstock ist heiter in jeder Gesellschaft, fließet über von treffendem Scherz, bildet oft einen kleinen Gedanken mit allem Reichthum seiner Dichtergaben aus, spottet nie bitter, streitet bescheiden, und verträgt auch Widerspruch gern; aber ein Hofmann ist er darum nicht, wenn ich auch nur einen Gefälligen unter dem Worte verstehe, der sich geschwind bey Höheren einschmeichelt. Seine Geradheit hält ihn vielmehr von der Bekanntschaft mit Vornehmern zurück, nicht daß er Geburt und Würde nicht schätzte, aber er schätzt den Menschen noch mehr. Er forscht tiefer nach innerm Gehalt, so bald ihn Erziehung und Glanz blenden können, und er fürchtet als eine Beschimpfung die kalte herablassende Beschützung der Großen. Darum muß nach dem Verhältnisse des Rangs immer ein Vornehmerer einige Schritte mehr thun, wenn ihm um Klopstocks Achtung zu thun ist."

Aus diesem Berichte von Augenzeugen wird man nun selbst das Urtheil modificiren können, welches sich über Klopstocks Wesen auf S. XXV des 1. Bandes von A. L. v. Knebels lit. Nachlaß und Briefwechsel findet. Als Knebel Ende 1774 in Karlsruhe war, mußte er dem Markgrafen, spätern Großherzog Karl Friedrich aus dem Klopstock vorlesen. „Seltsam war es, daß Klopstock gerade zu derselben Zeit nach Karlsruhe kam. Der immer auf hohem Kothurngang auftretende Messiasdichter schien sich jedoch andre Vorstellungen von dem Empfang gemacht zu haben, der ihm hier zu Theil werden möchte. Denn bei aller Gefälligkeit, die man gegen ihn am Hofe hatte und bei der vorzüglichen Auszeichnung seiner Person sowohl von Seiten des Markgrafen als hauptsächlich der poetisch gebildeten Louise ließ es doch die alte Hofetikette nicht zu, **ihn anders denn als einen bloßen Legationsrath zu behandeln.** Damit war jedoch Klopstock, der eigentlich der erste war unter den deutschen Dichtern, der auf einen **Jupiterkultus** Anspruch machte, keineswegs zufrieden; er blieb nur wenige Tage, zeigte sich mürrisch, übelgelaunt, und ging so weit, daß er, ohne Abschied zu nehmen, von Karlsruhe wieder fortreiste. Dieß ganze Benehmen sieht der pedantischen Großartigkeit dieses deutschen Dichters recht ähnlich, und man denkt an den Klopstock, der in einer Krankheit auf die Knie fiel und betete: „Gott, erhalte mich für Deutschland!" — Woher dies letzte Histörchen, weiß ich wirklich nicht; das Andere richtet sich selber: Wie paßt es zusammen, daß man Klopstock auf das Zuvorkommendste behandelte und ihn doch seinen Legationsrathscharakter fühlen ließ? Daß sich Klopstock, der Mann des Selbstbewußtseins, eine solche öffentliche Bedientenbehandlung nicht gefallen ließ, ist ein schöner und männlicher Zug. Überhaupt — was man von der Selbstvergötterung und Eitelkeit unsrer Schriftsteller so sagt! Am richtigsten betrachtet diese Sache Friedrich Jacobi in einem Briefe an Knebel (a. a. O. Bd. II, S. 72): „Als ich Ihren Brief las, fiel mir ein, daß ich vor sechs Jahren, als Klopstock bei mir zu Mannheim war, über Lavater mit ihm zu reden kam. Mein Freund Lavater, sagte Klopstock, ist sehr eitel; der gute Mann weiß es selber nicht wie sehr! — Einige Tage darauf erwähnte Goethe einer gewissen Dame gegen mich, die Herder der Eitelkeit beschuldige und sich nicht mit ihr vertragen könne, weil er selbst der eitelste unter allen Menschen sei. — Was Goethe von Herder sagte, sagt ganz Deutschland wieder von ihm; er sei aus Eitelkeit und Hochmuth zum Narren geworden. Wie von Wieland und Klopstock geurtheilt wird, ist Niemand unbewußt; und von Lessing heißt es gar, daß er sich aus Eitelkeit dem Teufel ergeben habe. Nun frag' ich, ob wir Alle schuldig oder ob wir Alle unschuldig sind?" —

Aber zur „hinreichenden" Begründung seiner Urtheile weist Danzel auf drei Grillen Klopstocks hin. Ob man sie bei tieferer Betrachtung für solche gelten lassen kann und darf? Die Gelehrtenrepublik ist die eine. Nun, Goethe hat sie selbst für die „einzige Poetik aller Zeiten und Völker" erklärt, und als Prosawerk — so weit sie nicht Luther nachahmt — darf sie sich meiner Ansicht nach oft kühn mit dem Besten Lessing's messen. A. W. Schlegel in Krit. Schriften 1. Theil Berl. 1828 sagt: „Klopstock ist Meister im prosaischen Stil. Wenn nicht geleugnet werden kann, daß er in seinem Messias und besonders in seinen Oden durch Verkünstelung, durch absichtliche Dunkelheit und Verworrenheit, die Grenzen der rechtmäßigen dichterischen Freiheit häufig überschreitet, so ist dagegen seine Prosa gediegen, klar, nachdrücklich und frei von allen fremden Zierraten, welchen die neuere Rhetorik der Poesie nur allzu gern abzuborgen pflegt." „Brevis esse laboro, obscurus fio; so geht es ihm oft. Er sucht die Sprache der Poesie von der Prosa zu unterscheiden und sucht es vielleicht zu sehr." Voie

30. Dec. 71 an Knebel, Knebels Nachlaß 2, 112, Weinhold Boie S. 168. Ich kann Munckers Urtheile (a. a. O. S. 46 f.), daß Klopstocks Prosa nüchtern und dürftig sei, nicht beistimmen. Klopstock wendet auch Bilder und Gleichnisse an; Lessing hat ohne Zweifel an Klopstocks Prosa die eigene geschult. —

Die praktische Wirkung der G.=R. auf die damalige jüngere Schriftsteller=Generation ist übrigens auch durchaus nicht zu unterschätzen. Die „Scholiasten" freilich höhnten, und man vernahm vorerst blos ihr Geschrei. Auch den bekannten lakonischen Briefwechsel mit Goethe kann man aus verschiedenen Gesichtspunkten betrachten; daß Klopstock ihn hätte nicht überleben dürfen, wie Danzel meint, wüßte ich nicht. Es ließe sich sagen, daß Klopstock eben aus Besorgniß für die Ehre des „von ihm zu Ehren gebrachten" Dichternamens gehandelt habe; und daß die ungezogene Abfertigung von Seiten Goethe's dann so sehr „gerecht" gewesen wäre, wie auch Strauß meint, dürfte man billiger Weise bezweifeln. „Jeder große Mann ist bescheiden", hat Lessing, ja Lessing gesagt (im 65. Literaturbriefe); Goethe hat sein ureignes Dictum, daß nur Lumpe bescheiden seien, Klopstock gegenüber selbst mißverstanden. Und drittens die orthographischen Grillen Klopstocks! Aber wie, wenn er sich mit naturwissenschaftlichen getragen hätte? Der Linguist darf wohl so fragen. Und jene bezogen sich doch wieder auf Ein Deutschland! Nehmen wir in der neuesten Zeit nicht das gleiche Bestreben wieder auf? Wenn Klopstock nun die wissenschaftlichen Mittel Grimm's besessen hätte? „Klopstocken ist für seine Person jenes Gefühl (der Entrüstung über die unthätige Gleichgiltigkeit Friedrichs des Großen gegen deutsche Wissenschaft und Kunst) um so eher zu verzeihen, da er unstreitig fähig gewesen wäre, nicht bloß in der Dichtkunst, sondern in allen Theilen, und in dem ganzen Gebiete der Literatur einen neuen Geist und einen wohlthätigen Einfluß zu verbreiten. So viel Böses Voltaire in Frankreich, eben so vieles und manigfaltiges Gutes hätte Klopstock nach seinem umfassenden Geiste in Deutschland wirken mögen, wenn ihm Raum und Gelegenheit, Macht und Hilfsmittel dazu gegeben worden wären. (Friedr. Schlegel's s. W. W. 2. Bd. S. 258). Man kann gar nicht unvernünftiger, jeden Prüfenden fast persönlich verletzender (weil selbst menschlich ungerecht) urtheilen, als Danzel es thut. Daß was Klopstock vollführte, er in seiner Weise that, aus seiner schroff abgegrenzten Individualität heraus, das soll uns hindern, den Kern seiner Leistungen anzuerkennen, uns von diesem erquicken, anregen, ja begeistern zu lassen? Danzel, der so thut, als wäre er die historische Würdigung selber, sobald es Gottsched oder Lessing gilt, gebärdet sich wie vernunftlos, wenn er der Persönlichkeit Klopstocks, die doch dem ganzen Wesen nach so historisch fertig vor uns steht wie selten eine, gegenübertritt. Er erhebt ein groß Geschrei des Hohns darüber, daß Klopstock „wie ein Gymnasiast" nach dem denkbar größten Stoffe zu seinem Epos gegriffen habe. Diese Wahl war jedoch so historisch begründet! Gesteht nicht Klopstock in seinem Briefe (vom 10. August 1748) an Bodmer selber, daß er die Schriften Breitingers und Bodmers „verschlungen" habe; daß er gerade das Bild des epischen Dichters, welches Bodmer aufgestellt, „weinend angestaunt" habe? Und die Schweizer wiesen wiederholt auf das Verdienst hin, welches dem Dichter lächle, der einen die ganze Menschheit interessirenden Epenstoff wählen möchte. Breitinger aber war vor Baumgarten entschieden der bedeutendste Aesthetiker und selbst Lessing noch in späterer Zeit fußte auf ihm, ja hob seine Schätze im letzten Grunde aus ihm. Auch G. Fr. Meier sagte 1746 in den Untersuchungen einiger Ursachen des verdorbenen Geschmacks der Deutschen, S. 27: „Ein Gedicht, welches, außer den übrigen Schönheiten der Poesie, mit den Religionssätzen des Dichters angefüllt ist, bekommt ... eine ganz besondre und ungemeine Schönheit. — Wir Deutschen rauben unsern Gedichten mehrentheils diese hohe Schönheit. Wir entfernen sie von der christlichen Religion." u. a. m. Und daß Klopstock den Bedürfnissen seiner Zeit, sie verklärend, gemäß gewählt, lehrt uns der Beifall, der ihm wie im Allgemeinen, so gerade aus der Wahl des menschheitlichen Stoffes von allen Seiten her reichlich floß. Eine Menge Belegstellen aus Briefen und Zeitschrif-

ten konnten dafür beigebracht werden. Nur Einiges will ich
anführen. Kleist schreibt 10. Juni 48 an Gleim (Körte, Kleists
W. I, 44 f.): „Sie haben doch schon den Messias gelesen?
Ich bin ganz entzückt darüber . . . . solche Poesie und Hoheit
des Geistes war ich mir von keinem Deutschen vermuthend."
Spalding an Gleim, 21. Sept. 1748: „Was halten Sie von
dem Messias in den Beyträgen? Beym Durchlesen habe ich
vor Entzücken nichts darin auszusetzen finden können. Nachher
da ich es eben zu dem Ende im Gedächtniß etwas wieder=
holet, hat mir das Wunderbare etwas gar zu sehr gehäuft ge=
schienen. Die Engel sind in einer unendlichen Bewegung, und
bemühen sich mit manchem, das sie nicht nöthig hätten. Die
Wahrheit aber zu sagen, so kann ich diese Beschuldigung fast
nur auf den Raphael werfen, der den Meßias den Zustand
des Johannes erzählet, den derselbe doch so gleich selbst sehen
wird. Und die Leiden=Thränen der Gottheit? Lassen sich die
auch mit der Poesie entschuldigen? Mich dünkt, die Empfin=
dungen und Handlungen der Gottheit sind fast eine beständige
Klippe für die Dichter. Aber so spricht wol nur der unge=
heiligte Pöbel, der zu den Geheimnissen der Poesie nicht ge=
weiht ist. (Br. v. Sp. an Gl. S. 45). Bodmers Begeiste=
rung über Stoff und Form ist genugsam bekannt. Er schreibt
u. a. an Gleim 11. Sept. 48 (Körte, Br. d. Schweizer):
„Was für ein großes Gemüth mußte es sein, die Idee von
dem Messias zu empfangen und den göttlichen Personen an=
ständig zu denken und zu empfinden!" Und in dem wunder=
seltsamen, rührend begeistert=pedantischen Briefe an Klopstocks
Geliebte Fanny Schmidt, durch den er ihre Sprödigkeit gegen
Klopstock erweichen wollte, ruft er aus: „Das ist das
himmlische Vorrecht der Tugend, daß sie die Herzen der Jüng=
linge durch Blicke, durch süsse Reden, durch kleine Gunstbe=
zeugungen, zu erhabenen Unternehmungen geschickter macht.
Dadurch bekommen Sie an dem Werke der Erlösung Antheil.
Die Nachwelt wird den Messias nie lesen, ohne mit dem zwei=
ten Gedanken auf Sie zu fallen, und dieser Gedanke wird alle=
mal ein Segen sein! Wenn ich die Nachwelt sage, was für

eine Menge von Geschlechtern verstehe ich, die auf einander folgen werden! Ganze Nationen,¹) die ihre Lust am Messias finden und neben der Lust göttliche Gedanken und Empfindungen darin lernen werden, welche sie mit dem Mittler vereinigen und zu dem versöhnten Gott erheben. Nationen werden Ihnen dann nicht das Gedicht auf den Messias allein, sondern die Seligkeit mitdanken, die sie durch das Gedicht gefunden haben. Welche Last von Glückseligkeit ist daran gelegen, daß der Poet das große Vornehmen vollende! Wie kostbar ist sein Leben Welten, die noch nicht geboren sind!" u. s. w. Dieser denkwürdige Brief ist vom 5. October 1748.²) — Sulzer an Bod-

¹) Ganze Nationen! 12. Mai 50 konnte Sulzer schon Maupertuis' Urtheil an Bodmer schreiben: „Il me parait qu' il y a du feu et des images dans ce poème qui ne me parait pourtant qu' une imitation de Milton. Il tire apparemment ses principaux avantages de la poésie et du style, dans lequel il est écrit; mais je doute fort qu' il se soutint dans notre langue." a. a. O. Und gar erst Voltaire! Sulzer an Bodmer 30. Juni 51: „Seit diesem habe ich Gelegenheit gehabt, den Herrn von Voltaire vom Messias zu unterhalten. Was ich aber vermuthet habe, ist eingetroffen. Was Haller mir überhaupt von den Franzosen gesagt: Qu' ils sont trop impies pour gouter un poème de cette nature, das habe ich an Voltaire mit der größten Gewißheit erfahren. Er wollte sich nicht nur nicht bereden lassen die französische Übersetzung zu lesen, sondern er spottete darüber, daß man ihm ein Gedicht geistlichen Inhalts vorlegen dürfte. Er sagte, er dürfte es eher nicht annehmen, bis er mir etwas anderes vom gleichen Schlage dagegen geben könne; er erwarte aus Dänemark ein Gedicht über den Engel Gabriel und die h. Jungfrau; sobald es gekommen, wollen wir diese Gedichte gegen einander austauschen. Unter andern sagte er mir auch diese spöttischen Worte: Je connais bien le Messie, c'est le fils du père éternel et le frère du St Esprit, et je suis son très-humble serviteur; mais profane que je suis, je n'ose pas mettre la main à l'encensoir. — Ich konnte auch wohl sehen, daß er vom Milton nicht besser dächte. Er sagte, es wäre kein neuer Messias nöthig, da den alten (Miltons Paradies) Niemand lese. Ich glaube fast, daß er blos aus Furcht vor den Engländern Hochachtung für Milton zeigt." —

²) Vgl. zu diesem Brief den an Gleim vom 25. Merz 1752: „Wenn ich gedenke, daß diese Dinger, diese Dorisse, einen so starken Einfluß auf das Gemüth der Jünglinge haben, sie tugendhaft, freundschaftlich, fromm zu machen, so wünschte ich, daß jeder die Seine gefunden hätte.

mer 8. Januar 1749: „Was für Hoheit und Reichthum in Erfindung, Gedanken und Ausdrücken!" 4. Mai 1749: „Der Messias hat Herrn Sack entzückt; er konnte nicht ruhig zwei Zeilen hinter einander lesen hören. Er hat dieses Gedicht hernach lange in der Tasche getragen und überall gepriesen u. s. w. Ein andrer Freund, der zugegen war, da ich es zum ersten Mal brachte, hatte die folgende Nacht einen ausserordentlich poetischen Traum, der es verdiente, neben dem Messias zu stehen." (Den 27. Sept. 1749 will Sulzer freilich schon neben Bodmers Noah „Milton und Messias [nehmen Sie mir dies nicht übel], missen" können.) Boie noch am 30. December 71 an Knebel (Knebels Nachlaß 2, 112): „Wo ist bei Ramler eine Spur von dem großen ungestümen Feuer, das uns bei Klopstock hinreißt, in die Wolken erhebt und das ganze Herz erschüttert? . . . Kl. macht mir das Herz schlagen, der Athem wird mir zu enge — ich muß aufhören zu lesen . . . Gott, Mädchen und Vaterland ist sein Thema." Ähnlich äußert sich Herder in einem Briefe vom 23. November 1771, zunächst in Beziehung auf die Oden: „. . . Man sieht, seine Ideen haben Welt und Umkreis . . ." G. F. Meier in seiner Beurtheilung des Messias 1749 sagte: „Aristoteles und nach ihm alle gründlichen Kunstrichter haben bemerkt, daß ein Dichter zu der Haupthandlung eines Heldengedichts eine sehr große und interessante That erwählen müsse, und der Held müsse eine Person sein, für welche sich die Leser interessiren. Die Haupthandlung in der Iliade und die Helden gehen die Griechen ungemein nahe an, und so verhält es sich auch mit der Aeneis in Absicht auf die Römer. Unser Dichter übertrifft, in diesem Stücke, den Homer und Virgil. Die Erlösung des ganzen menschlichen Geschlechts ist wohl unstreitig eine unendlichemal größere That als Schlachten gewinnen und

Aber wenn ich ferner bedenke, daß der göttliche Charakter der Dorisse im Ehestande so gerne verschwindet, so darf ich kaum wünschen, daß jeder Damon sich mit seiner Doris vermählte." Woher dieser hochkomische Umschwung der Anschauungsweise des ewig Alten? Er hatte in der Zwischenzeit Klopstocks persönliche Bekanntschaft gemacht und war besonders durch dessen Mädchenliebeleien fast zum Bruche mit ihm gekommen.

Städte erobern, und das ganze menschliche Geschlecht ist dabei interessirt. Der Held, der Messias, ist aus unsrer Mitte, ist unser Bruder, und wir nehmen an allen seinen Umständen theil. Ja der ganze Himmel und die ganze Hölle sind bei der That interessirt..... Es würde einen sehr elenden Geist verrathen, wenn man glauben wollte, daß das Wesen des Heldengedichts kriegerische Prinzen, Bezwinger des Erdbodens und Eroberer erfordert [Stich auf Gottsched?] Solche Thaten sind auch Heldenthaten, aber es sind nicht die einzigen und vornehmsten, u. s. w." — Heß stimmte Meier natürlich bei. „Übrigens kann ich dem verehrungswürdigen Dichter die getroste Versicherung geben, daß es ihm in meinem geliebten Vaterlande [Heß war Schweizer] an Kennern, Liebhabern und Verehrern niemals mangeln werde, so lange man in der gelehrten Welt den Namen unsers Vertheidigers des Milton nennen wird [Bodmer]." „Seines gleichen [Messias] ist noch nicht gemacht, so lange die Welt steht. Ich weiß, die Bibel ausgenommen, kein Gedicht, kein Buch in der Welt, das mir in allen Stücken so gar angenehm sey, keines, das alle meine oberen, unteren, alle bekannten und unbekannten Kräfte der Seele, sammt dem Gesichte und Gehöre, kurz, das mein ganzes Ich so überaus angenehm beschäftige und mit einem süßbetäubenden Gefühl solchergestalt einnehme und erfülle, daß ich oft überwallend von Freuden und süssen Empfindungen weine, wenn ich dieses heilige, hohe, zärtliche, nachdrückliche, anmuthsvolle Gedicht und besonders gewisse rührende Stellen in demselben lese u. s. w." Zuf. Geb. 1749 gegen den Schluß. — In der moralischen Wochenschrift „Der Gesellige" (von Lange redigiert, Mitarbeiter u. a. General v. Stille, Gleim, vgl. Brief von Gleim in Lange's Sammlung gelehrter und freundschaftl. Briefe, I, S. 110) heißt es Theil 3, Halle 1749, 15. Febr.: „Sie haben ohne Zweifel die ersten Bücher des Messias gesehen: finden Sie nicht, daß dieses Werk erst würdig das sechste Heldengedicht der Welt werden könne (Homer, Virgil, Milton, Tasso, Voltaire.) Wenn ich im Stande wäre jemanden zu beneiden, so wolte ich nicht dem Mogol seine Reich=

thümer, noch einem Weltbezwinger seine Lorbeern, sondern dem Herrn Klopstock [so!] seine Ehre beneiden. Ist er nicht [so glücklich] in der Wahl seines Gegenstandes, wie unerschöpflich in der Mannigfaltigkeit seiner Charaktere? Der Inhalt seines Gedichts betrifft die allergrösseste Handlung, die je geschehen ist, und es ist keine Nation auf der Welt, die nicht besonderen Antheil daran nimmt, u. s. w."—

Ähnliches in den Züricher Freymüthigen Nachrichten, schon am 25. Herbstmonat 1748[1]), ohne Zweifel von Bodmer selbst: „Wissen Sie auch schon, was vor einen hohen Ruhm der Himmel der deutschen Muse zugedacht hat? Sie soll ein episches Gedicht in dem Geschmacke des verlohrnen Paradieses hervorbringen, und einen Poeten formieren, der einen gleichen Schwung mit dem Milton nehmen wird; dieser soll keine geringere Handlung zu besingen erwählen als das Werk der Erlösung; seine Helden sollen unter den himmlischen, unter den höllischen, unter den irdischen die grösten seyn, der Meßias, Raphael, Uriel, Eloim; Satan, Abramelech, Satans heimlicher Nebenbuhler, der ihn von der unseligen Monarchie der Hölle zu verstossen, und sich selbst auf seinen Thron zu erheben sucht, Abdiel Abbadonaa, der sich mitten in der Verdammniß Mitleiden und gütige Wünsche zu erwerben weiß; die Jünger und Apostel des Meßias. Diese Personen wird er mit einer Anständigkeit denken, empfinden und handeln lassen, die sich für den Caracter der seligsten Geister, der verdammten Engel, und der würdigsten Menschen schicket. Vor allem wird die Menschenliebe des Erlösers auf dem höchsten Grade der Liebenswürdigkeit hervorleuchten. Die Menschheit wird in einer Würde vorgestellt werden, welche den Rath der Erschaffung rechtfertigt, und den Leser in eine so hohe Gemüthsverfassung setzet, die ihn vor das Angesicht Gottes nähert. Die Stunden sind schon vorhanden, in welchen alle diese Dinge in die Erfüllung kommen sollen. Die grosse Seele, die sie empfangen und an das Licht

---

[1]) Freymüthige Nachrichten von neuen Büchern und andern zur Gelehrsamkeit gehörigen Sachen. 5. Jahrg. 1748. Zürich bey Heidegger u. Comp. XXXIX. Stück.

bringen soll, ist wirklich mit einem Leibe bekleidet, sie arbeitet wirklich an dem grossen Werke. Ich könnte Ihnen den Nahmen melden, der jetzt noch so dunkel und so schwer auszusprechen ist, der doch in die späteste Nachwelt erschallen soll; ich könnte Ihnen den unansehnlichen Ort nennen [Langensalza], wo er den Grossen, den Glücklichen, und dem Pöbel unangemerket, auf Verse von einem Inhalt singt [sinnt], der weit über die Grossen, über die Glücklichen, und den Pöbel weg ist.¹) Sie können schon die drey ersten Bücher seines Meßias gedruckt lesen, und die werden Ihnen alle Furcht benehmen, daß er die heiligen Wahrheiten in mythologische Fabeln verkehren oder den Weg auf dem weiten Felde, das vor ihm eröffnet steht, verlieren, oder die Sachen, die er beleben will, verdunkeln werde." U. s. w. — Der sechste Jahrgang 1749 sagt in der Vorrede gleich: „Wie stehet es mit den schönen Wissenschaften? Vorher kannte die meisten Leute das Schöne in der Dichtkunst aus dunkeln Empfindungen, von denen sie keinen Grund zu geben wußten. Wer aber kennt die grossen Männer nicht, welche das innere Wesen der Poesie entwickelt, und ihre Regeln in eine philosophische Gewißheit und Ordnung gesetzt haben, daß man weiß, warum etwas schön; warum es so genau, und nicht anders bestimmt ist; und warum es da und nicht anderstwo stehet? Das sind die Männer, die den Parnaß vom falschen Geist gereinigt, und das Reich der Midas zerstöret haben! Die Neukirchische Muse ist mit der Lohensteinischen auf den Blocksberg verjagt! Opiz ist in Hallers, Homer in Bodmers, und Milton in Kloppstoks [so!] Gestalt mit verschönertem Lobe wieder auferstanden!²) — Im XXII. Stück, Mittwochs am 26. Mertz 1749 heißt es

---

¹) In der That eine erhabene Prophezeiung.
²) Hier wird Klopstock zum zweiten Mal öffentlich genannt. Daß Bodmer den Namen falsch schreibt, ist um so seltsamer, als die Göttinger Gel. Zeitgn. schon am 29. Aug. 1748 Stück 95 ihn richtig gebracht hatten. Das dritte Mal nannte ihn Meier in seiner Beurtheilung d. M. 1749. Heß meinte fälschlich in den Z. G.: „Herr Klopstock wird, so viel ich weiß, in Meiers Beurtheilung zum ersten Male öffentlich genannt."

in der Ankündigung von Meiers Beurtheilung des Messias: „Einigen Nachrichten gemäß, die ich aus Deutschland empfangen habe, wird Herr Professor Meier nicht lange mehr Ursache haben, über die Nachlässigkeit seiner Landesleute in der Anpreißung dieses poetischen Werckes zu klagen, nachdem die **angesehensten Männer**, und selbst vornehme Gottes-Gelahrte [ist wohl Sack gemeint] in procinctu stehen, um ihm das verdiente Lob öffentlich widerfahren zu lassen." Hier folgt die Stelle über den Character des Lebbäus, in dem sich Klopstock selbst gezeichnet haben sollte, die ich bei Gelegenheit der Kritik des Vorbergerschen Messiaskommentars gebe. (Heft 3, S. 110 ff.) In den Freymüthigen Nachrichten folgt noch eine Anzahl Besprechungen und Controversen, z. B. über Abbadona, Judas und einzelne Verse, die ich an anderen Stellen verwende. Auch im Jahrg. 1750, S. 209, Stück XXVII findet sich vor der Ankündigung des Noah folgende merkenswerthe Stelle: Die deutsche Poesie hat seit etlichen Jahren ein so schnelles Wachsthum bekommen, daß wir von Jahr zu Jahr dergleichen Unternehmungen glücklich ausgeführt sehen, da vor einigen Jahren Niemand Muth genug gehabt hätte, nur einen Versuch zu wagen. Ein moralisches Gedicht, worinnen man mehr auf philosophische starke Gedanken als auf moralische Schildereyen, die durch die Einbildungskraft hohe Empfindungen in die Seele senken, Achtung gab, schien der oberste Gipfel zu seyn, über den es einem deutschen Kopf nicht zu steigen erlaubt wäre, bis man endlich die vorige Bahn verlassen, und den Fußstapfen der Alten nachgeforscht, worauf bald ein deutscher Anakreon, Horaz, Ovid u. s. w. erschienen, welche uns einen angenehmen Vorschmack des güldenen Weltalters zu genießen gaben. Dieses aber in seiner vollen Pracht zu erleben, dorften wir uns nicht schmeicheln, wir beneideten von ferne das Glück unserer Nachkommen; bis zuletzt die drey ersten Gesänge des Messias auch diese Sorge vertrieben und auf einmal die Poesie der Deutschen auf den obersten Gipfel sich geschwungen, **so daß wir keine andere Nation zu beneiden haben**. Eine feurige Erfindungskraft, ungekünstelte Anordnung der Umstände, neue unerwartete

Charactere, vollkommene Macht über die Einbildungskraft und das Herz, mächtige und bestimmte Ausdrücke, machen das Wesen dieses Göttlichen Gedichts aus, welches ich denen zu loben überlassen, die eine geübte Einsicht in die Critick, und das Vermögen, ihre Empfindungen deutlich und in ihrer Macht auszudrücken, darzu würdig macht." — Joh. Chr. Dommerich in seiner: De Christeidos Klopstockianae praecipua venere prolusio, Wolfenb. 1752 ruft aus S. V: „Dedit nobis, quod vivimus, saeculum poetam, in quo natura quid valeat, experta esse videtur, suspicionem pertaesa, quod in Homeris et Vergiliis omnes suas exhauserit vires." Dommerich zuerst weist darauf hin, daß Klopstock als voller Mann in seiner Kunst aufgetreten sei: „Non in cunis gementem, neque puerum, neque praetextatum, neque togatum novimus divinum hunc vatem: sed vir natus est, immo, ut vere dicam, virilem superavit aetatem, (fallor ne, si dico, humanam?) antequam nasceretur totus. Nulla, quae ego scio, suo nomine insignita, edidit poemata ante, quam excellentissimum hoc opus luci exponeretur publicae, in quo, nondum ad umbilicum perducto, virum se iam praestitit.

   Crescit occulto velut arbor aevo
   Fama Klopstocci: micat inter omnes
   Jllius sidus, velut inter ignes
     Luna minores.  Hor. Carm. I, 12, 45.

Gaudet iam Germania nostra poeta, nemini omnium saeculorum secundo, gratulatur sibi ingenium poeticum, quod exteris, magnam in hac re gloriam prae se ferentibus, imitandi desiderium post se relinquit, cum ad eius magnitudinem difficilis ipsis pateat aditus." Wie es kam, daß Klopstock in solchen fast übergeschnappten Ausdrücken oft gefeiert ward, erhellt am besten aus einer Charakteristik seiner Zeit, wie sie in der folgenden Stelle der Zeitschrift „der Hofmeister" Leipzig Pouillard, 1751, 1. Theil, 27. Stück, enthalten ist von einem Wilhelm Klimm (was natürlich Pseudonym ist): „Diejenigen Leute sind nicht seltsam [selten], die zwo gereimte

Zeiten mit Müh und Noth erzwingen können und sich dennoch wegen ihrer Stärke in der Dichtkunst schmäucheln. Jene Zeiten haben zwar aufgehört, da mancher Bänkelsänger am Parnaß die prächtigen Worte kaiserlich=gekrönter Poet hinter seinen Namen schrieb: doch diesem Zeitpunkt möchten wir nun auch bald ein erwünschtes Ende wünschen, da mancher schlechte Dichter dieses thut, was jener Römer saget: Interstrepit anser olores. — Unsere Tage scheinen von einem aufgeklärten Witze und gutem Geschmacke zu seyn, und dennoch verrathen unsre schlechten Poeten das Gegentheil. **Das Gereiße nach dem Namen eines Poeten ist so groß**, und ein unglücklicher Schwung, durch seine Verse die Welt zu belustigen, und die Pressen seufzend zu machen, so allgemein, daß wir allemal vor einen Gottsched, einen Haller, einen Hagedorn, einen Gellert, einen Klopstock, fünfzig elende Reimschmiede aufstellen kön= nen." — Höchst merkwürdig ist die **Vergleichung Klop= stocks mit Shakespeare**, wie man sie nicht so selten in damaliger Zeit antrifft. Längst vor C. F. Cramer, der beide Dichter mit einander vergleicht in seinem Klopstock; Er und über ihn, 1780 ff., z. B. Theil IV, S. 315, zu VII V. 702 bis 743, Philo's Rede (ein Citat gebe ich anderswo), finde ich in der Zeitschrift „Das Reich der Natur und der Sitten" 1758, 142. Stück Klopstock mit Shakespeare betreffs der mo= ralischen Stärke poetischer Stellen verglichen. „Ich will noch eine Stelle aus einem deutschen Dichter hier anführen", heißt es daselbst, „die eine vielleicht eben so starke Wirkung hervor= bringen kann, ob sie gleich des Vortheils, von einer Handlung unterstützt zu werden, beraubt ist. Es ist die Stelle unseres vortrefflichen Klopstocks, mit der er die Erzählung von dem grausamen verführerischen Traum Judä Ischariots und von dessen darüber angestellten Betrachtungen beschließt: (3. Ges. Schluß) [ich gebe alle Lesarten]:

1718,51: Also sagt er. Indem war er, seit dem unselgen Gesichte,
55 dacht seit seinem Gesichte,
80 f.: rief er, wüthet' er, war, seit
alle Ausg.: Zwo erschreckliche Stunden der Ewigkeit näher gekommen.

Welcher Gedanke, welcher Nachdruck! [wie man sieht, seit 1780 viel stärker] Wie stark muß er nicht auf die Seele eines jeden Lesers eindringen!" u. f. w. „Solche Anmerkungen sind Züge von einer Meisterhand, solche wirken oft mehr als Oktav- und Quartbände, die von nichts als von Moral handeln. . . . Klopstocks Anmerkung bringt das Gewissen zur Aufmerksamkeit, sie hält den noch vorsätzlichen Sünder von der Ausübung ab" u. drgl. In demselben Blatte wird 1760, 7. Theil, der Begriff der Epopöe unter dem Einfluß der Messiade bestimmt. „Sie erzählet in einer pathetischen und erhabenen Schreibart eine grosse, d. i. eine solche Handlung, an der einer Nation oder wol gar dem ganzen menschlichen Geschlecht gelegen ist. Das Wunderbare wird aufs Höchste getrieben. Man hat eine Reihe von grossen Begebenheiten. Mitten unter denselben sieht man die mächtige Hand der weisen, aber verborgenen Vorsehung an einer höchstwichtigen Veränderung arbeiten. Die Scenen werden immer ernsthafter: die Finsternisse immer stärker. Wir befürchten alles für den Helden und das Volk, weil wir sehen, daß die Begebenheit immer größer, aber auch gefährlicher wird: wir widmen ihm aus Mitleiden Thränen, zu einer Zeit, da wir ihn wegen seiner standhaften Tugend, wegen seiner Tapferkeit u. f. w. bewundern und des größten Glückes würdig achten. Die Vorsehung thut was ausserordentliches für eine ganze Nation und für den grossen Geist, der sich dem Wohl derselben aufopfert. Dieser siegt über alle Schwierigkeiten und erhebt sich plötzlich und jene wird auf einmal glücklich. Klopstock hat endlich die Ehre der Deutschen durch seine unvergleichliche Messiade gerettet." Der Verfasser schließt mit dem gutgemeinten Wunsche: „Vielleicht wird sie zur Ehre ihres größten Gegenstandes noch lange das einzige Meisterstück bleiben." Höchst merkwürdiger Weise findet sich in Spaldings Briefen an Gleim (1771) unterm 11. Febr. 1750 (die obige ist also 10 Jahre später von einem Andern gemacht) fast die gleiche Äußerung: „Billig sollte nach dem Meßias kein deutsches Heldengedicht mehr gemacht werden." — Die gegnerischen Stimmen, zum größten Theil aus Gottscheds

Kreise, sind hier nicht zu berücksichtigen. Die Creme ihrer Polemik schlug Bodmer in einem Epigramm gar nicht übel (bei Körte, Kleists Werke Theil 1, S. 60):

Triller: Was sagen Sie, mein Gönner, zum Messia?
Gottsched: — — Jesu Maria!
Triller: Und, großer Mann, was sagen Sie zum Noah?
Gottsched: — — O ha!
Triller: So dacht' ich auch; Gott thu mir dies und das! —
Behüte Gott uns die Hermannias,
Die Schwarzias und die Theresias!
Gottsched: Den Prinzenraub und den Wurmsamen!
Triller: — — Ja, Amen! —

(Sollte sich auf diese Heldengedichte übrigens Kästners Epigramm beziehen? S. A. G. Kästners neueste großentheils noch ungedruckte Sinngedichte und Einfälle. 1782 o. O. S. 55:

Drei deutsche Heldengedichte:

Bey'm ersten muß man lachen; (Messias?)
Bey'm zweyten muß man gähnen; (Noah?)
Was aber bey dem dritten ? (?)
Wer Henker! kann das lesen!)

Den Wünschen seines Zeitalters gab Klopstock, wie wir hinlänglich sahen, Gestalt, das macht ihn zum großen Mann; er that aber noch mehr, er ließ der Folgezeit in sehr vielen Beziehungen die Anknüpfungs= und Ausgangspunkte. „Die ganze weitere Geschichte des deutschen Geistes ist nur eine Ausführung des großen Themas, das schon in Klopstock vorliegt, jeder neue Fortschritt ist nur eine concrete Ablagerung dessen, was wir in ihm in einfacher Allgemeinheit schon umschrieben finden, und eine inhaltvollere Erfüllung dessen, was wir in dunkler Ahnung schon gewollt." (Sicherer, Wingolf; Gervinus). Wie mir däucht, erweckte Klopstock mehr noch, als er selbst wollte, ja nur wünschte. Die in Schiller mit ganzer Gewalt hervorbrechende Idee des Weltbürgerthums ist schon in der Wahl des Messiasstoffes, des die Menschheit betreffenden

Werkes, gegeben. Dies hob die jungen Talente von vorn herein
über den Vaterlandsgedanken hinaus, ja, stand in bewußtem
Gegensatze zu ihm, im bewußten Gegensatze bei Klopstock selbst,
der naiv genug singt, daß es ihn über das irdische Vaterland
hinaus zu dem Vaterlande des Menschengeschlechtes zog, und
uns sein Schwanken zwischen Heinrich dem Vogler und dem
Messias erzählt. Ein Mann aber, dessen Geist so reichhaltig
ist, daß die Folgezeit so viel aus ihm herauszuspinnen vermag,
ein solcher Mann, wofern er für einen Menschen gehalten wer=
den soll, kann nicht alles zugleich in sich gezeitigt,
er muß eine innere Entwicklung gehabt haben.
Aus diesem psychologischen Grunde schon ist es doch wohl nicht
richtig, von Klopstock zu behaupten, er sei aller wirklichen
Entwicklung baar, er sei fertig und vollendet gewesen gleich
bei seinem Auftreten. Es lassen sich in Klopstocks geistigem
Leben die Epochen freilich nicht so bezeichnen, wie etwa bei
Schiller vor und nach seinem Studium Kants oder bei Goethe
vor und nach seiner italiänischen Reise; einfach aus dem Grunde
nicht, weil Klopstock alles aus sich selber nahm. Er war (trotz
Hettner) eine durchaus musikalische Natur; dies liefert uns den
Schlüssel zu der bisher räthselhaft gebliebenen Erscheinung seines
scheinbar von vorn herein abgeschlossenen Wesens (wie es uns die
Erkenntniß des Wesens seiner Poesie erschließt.) Es leben
in seiner Seele gleichsam einige Melodien, einige musikalische
Themata, die sein Leben nun entwickelnd durchführt. Je nach=
dem sie sich vereinigen oder abstoßen, je nachdem die eine die
andere überklingt oder allein klingt, wird man von Entwicklungs=
phasen reden können. — Man nennt Klopstock den Sänger
der Freiheit, der Liebe, des Vaterlands, der Unsterblichkeit, und
man setzt mit diesen Bezeichnungen unbewußt den Grund, wes=
halb wir Klopstocks geistiges Leben nicht klar und scharf schnei=
bend und zerlegend trennen können. Wer von Anfang an gleich
in jenen allgemeinsten Ideen lebt, muß sich nothwendiger Weise
bei ihnen beruhigen; eine Entwicklung darüber hinaus giebt es
nicht; wer noch weiter wollte, gliche Einem, der auf der Spitze
des Berges angelangt in die Lüfte selber zu steigen begehrte.

Es ist also nur Rückkehr möglich, entweder Besonderung innerhalb des Kreises dieser Ideen, oder Rückkehr zum realen Leben. Beides aber wird wie Abfall vom Höchsten zum Niedrigeren, wie Schwächung aussehen. Wer den umgekehrten Weg geht, wie Goethe, dem werden wir nimmermehr Entwicklung absprechen können. Goethe erweitert sich, Klopstock und Schiller müssen die Weite verlassen und sich beschränken voll Resignation.[1]) So verengert sich in Klopstock die Idee des Vaterlandes des Menschengeschlechts zu der vom deutschen Vaterland, durch welches er freilich nun alle Welt überwinden möchte. Goethe machte es gerade umgekehrt, er kam vom Götz her zu der Überzeugung: Orient und Occident sind nicht mehr zu trennen. Diese ideelle Wandlung wird sich bis in den Stil nachweisen lassen. Klopstock wird enger, einseitiger, einfacher, klarer, energischer; Goethe wird dunkler, breiter, vielseitiger, symbolischer, schwächer. Ferner läßt sich behaupten, dasselbe was das philosophische Studium in Schiller hauptsächlich bewirkte, Klärung der Kraft, künstlerische Besonnenheit, was bei Goethe die Beschäftigung mit der Antike ergab, das brachte in Klopstock das Studium der metrischen Formen und der Sprache hervor. So sehen wir in unserer Literatur die Idee in dreierlei Weise, aber mit gleichem Ergebniß, wundersam werkthätig: die reine Idee in Schiller, die zur Gestalt gewordene bei Goethe, die in Bewegung begriffene — rythmisches Empfinden, Musik — bei Klopstock. S. mein Z. T. d. Kl. Messias, 1879, S. 11. Muncker in seinem Lessing=Klopstock, 1880, S. 148, weist auf die Verwandtschaft der Wagnerschen Rhythmen mit denen Klopstocks hin, als für die Composition vorzüglich geeignet, mit vollem Recht. — Schon am 19. Mai 1756 berichtet Sulzer an Bodmer, daß „Jemand den Einfall gehabt, einige Stücke aus dem Messias in vollständige Musik zu bringen." Wie Gleim hinzufügt, hatte damals der Kapellmeister Graun verschiedene Stellen aus der Messiade componirt, sehr einfach, nach Sulzers Vorschrift: das

---

[1]) Dieser Anschauung widerstreitet nicht, daß Klopstocks Art zu dichten grundverschieden von Schillers und ähnlich der Goetheschen ist. Vgl. Mein Z. T. d. Kl. Messias, Rostock 1879, Nr. 4, S. 60.

Mittel zwischen Recitativ und Arie, zum Versuch, wie die Griechen ihre Tragödien gesungen hätten. Sulzer war entzückt davon, „diese beiden Künste, von großen Meistern vereinigt, reißen das Herz hin, wie der Wind eine Schneeflocke." (Körte, Briefe der Schweizer.) Klopstocks Entwicklung ist freilich nur dem sich dauernd mit ihm Beschäftigenden merkbar. Man glaubt etwas für ihn Absonderliches zu sagen, wenn man über Klopstock urtheilt, daß im Jünglinge der Mann und Greis sich andeuten; dasselbe ließe sich u. A. an Schiller durchführen. Ich unterscheide in Klopstock drei Epochen: die der religiös=weltbürgerlichen Gesinnung und Thätigkeit, die der wissenschaftlichen Studien (metrische Formen und Geschichte), die der vaterländischen Bestrebungen. Nur entsinne man sich des oben über das Wesen Klopstock'schen Geistes Gesagten. Es spielt eben Eins in das Andre hinein, jedoch so, daß diese drei Epochen ziemlich deutlich hervortreten. Es scheint, als ob Klopstocks Persönlichkeit so recht vorhanden wäre in unserer Literatur, daß sich der Scharfsinn an ihr erprobe. Alles Erörterte dient zur Erkenntniß Klopstock'schen Wesens und Wirkens und so zugleich zur Widerlegung Danzels, auf dessen frivole Äußerungen im Einzelnen einzugehen, gar nicht nöthig ist. Solche Dinge richten sich selbst. Einmal betitelt er die hohe Fürstengestalt des vaterländischsten unsrer Dichter sogar mit dem Ausdruck „der Mensch" (S. 207).

Ist nach der allgemein ideellen Seite hin Klopstocks geistige Entwicklung nicht mit scharfen Strichen zu zeichnen, so können wir dies desto besser nach der formalen Seite hin. Wie er z. B. allmählich zu seinen Gesetzen vom Hexameter, dessen Bewegung, Wohlklang, Zeitausdruck und so fort gelangte, läßt sich bis ins Kleinste an der Hand der Varianten verfolgen. Und sein Kampf mit dem Ausdruck! Luther erzählt einmal von seiner Bibelübersetzung: „Ich hab mich deß geflissen, daß ich rein und klar deutsch geben möchte. Und ist uns wol begegnet, daß wir vierzehn Tage, drei, vier Wochen haben ein einziges Wort gesucht und gefragt, haben's dennoch zuweilen nicht funden. Im Hiob arbeiteten wir also, M. Philipp,

115

Aurogallus und ich, daß wir in vier Tagen zuweilen kaum drei Zeilen konnten fertigen. Lieber, nun es verdeutschet und bereit ist, kann's ein Jeder lesen und meistern, läuft einer jetzt mit den Augen drei oder vier Blätter und stößt nicht einmal an, wird aber nicht gewahr, welche Wacken und Klötze da gelegen sind, da er jetzt überhingeht, wie über ein gehobelt Brett, da wir haben schwitzen und uns ängsten müssen, ehe denn wir solche Wacken und Klötze aus dem Wege räumten, auf daß man konnte so fein dahergehen." Und Klopstock hat an der Sprache seines Werkes gearbeitet von 1748 bis 1800, also zweiundfünfzig Jahre lang. In dieser Beziehung ist der Messias dreist neben die Bibel zu stellen, wie wohl auch auf den nicht ausgesprochenen Wunsch Klopstocks in dem Briefe (20. März 1800) an den Rector der Schulpforte, Heimbach, welchem der Autor für die Schulbibliothek die große Ausgabe von 1800 schenkte, in dieser Bibliothek geschehen sein mag. So ist der Messias in seinen verschiedenen Gestalten ein unschätzbares Document für die Geschichte der Sprache.

Klopstock schrieb, je nachdem er seine Einsicht in die Behandlung der Sprache oder der Metrik erweitert hatte, kleine Abhandlungen, in welchen er gewissermaßen sich selber Rechenschaft ablegte von seinem Schaffen, und um dem denkenden Leser ein Wenig seine dichterische Werkstatt zu öffnen. So schrieb er auch — doch ich lasse Danzel reden. „Klopstock hat eine eigene Abhandlung geschrieben, um zu beweisen, daß, wo irgend bei einem Volke die Poesie zu einer hohen Ausbildung gelangt sei, eine von der Sprache der Prosa unterschiedene poetische Sprache vorhanden gewesen wäre. Das ist eine Aufstellung, die in Sachen der deutschen Poesie ganz und gar von Übel ist. Es kann nicht fehlen, wo einmal eine Poesie vorhanden ist, wird sie sich auch über die Prosa erheben, denn wenn diese einfacher natürlicher Ausdruck ist, so wird die Poesie erhöhter Ausdruck der Natur sein, und insofern spricht auch Goethe's Iphigenia wirklich ganz anders als Friedrich Nicolai in der Reise durch Deutschland, aber jene Sonderung als eine allgemeine Forderung auszusprechen, heißt die Poesie in eine

8*

bestimmte Sphäre eingrenzen, welche, da hier das Zurückgehen auf den frischen Quell der Natürlichkeit zum mindesten erschwert wird, zuletzt eine rein conventionelle sein wird. So ist's auch wirklich bei Klopstock ausgefallen; die Dichtersprache in seinen Oden ist in solchem Grade eine latinisirende, daß der ganze Apparat der alten Rhetorik in ihr verwendet ist, und manche Umschreibungen z. B. die bekannte, „des frommen Mönchs Erfindung schallt", oder „Krieger, die im Gefilde der Schlacht mit dem Donner im Arm stehen" — geradezu — ein schlimmer lapsus für den hochfahrenden Erneuerer der deutschen Dichtkunst — an neulateinische Gelegenheitsoden erinnern." (Lessings L. u. W. S. 494.)

Welch eine historisch=aesthetische Einsicht in dieser Auseinandersetzung! „Wo einmal Poesie vorhanden ist", d. h. doch wohl poetischer Sinn, Geist. Nun, poetischer Sinn war wahrlich genug in Haller; aus seinem Gedichte an Mariane blitzt wirkliche lyrische Kraft und Empfindung, und sprachbildende Macht besaß er auch in reichem Maaße, und dennoch ist er nicht Klopstock geworden, und dennoch ist seine Sprache abscheulich, ungelenk und bewegt sich oft anders als die Empfindung, das poetische Gefühl will. Man kann die Sprache den sinnlich wahrnehmbaren Leib der Seele nennen, der seelischen Empfindung; nun, so lange der Leib ungeübt, ungelenk ist, wird die stärkste Empfindung sich nicht adäquat in ihm zu äußern vermögen. Ein Reiter mag die stärkste Lust und Bestimmung in sich fühlen, die feinsten und größesten Reiterkünste auszuüben: was hilft ihm die Kraft, die Lust, wofern er nicht den ganzen mühsamen halsgefährlichen Kursus seiner Kunst durchmacht? Und dann endlich gelangt er zu dem Gipfel, wo auch die Kunst Natur scheint, wird. Je gesuchter, überschwänglicher die Wendungen waren, die er im Beginn seiner Laufbahn oft verfehlend übte, desto reizender, gewandter erscheinen nachher auch die gewöhnlichsten und natürlichsten. So mußte vor allen Dingen in unserer Sprache erst der Bann der französirenden seichten und der kanzleimäßig schwülstigen Redeweise gebrochen, überwunden werden, und das römische, griechische

Alterthum und die deutschen älteren Autoren waren die schwersten und wuchtigsten Waffen, die Klopstock handhaben konnte. Was in aller Welt sollte Klopstock mit der Sprache nach Form und Inhalt, wie sie damals war, machen? Die bloße Empfindung, das hatte Haller bewiesen, konnte sie nicht veredeln; sie mußte erst turnen, um tanzen zu können. Und sobald er diese Erkenntniß gewonnen hatte, konnte Klopstock nichts Besseres thun, als sie allgemein aussprechen und gleichsam als Forderung aufstellen, und noch besser, die Forderung selber gleich zur That werden lassen, oder vielmehr, nach seiner Art vorher schon zur That geworden sein lassen. („Ich lasse mich auf das können gar nicht ein; ich rede nur von dem, was getan worden ist" an Cramer, 29. Juni 99.) Schafft man mit halben, nicht dictatorisch ausgesprochenen Forderungen neue bessere Zustände? Nur erst Neues, mußte damals die Parole sein, ob besser oder nicht, das möge die Wirkung lehren. Und der Erfolg hat Klopstocks Bemühungen glänzend gerechtfertigt. Übrigens war Klopstock auch hierin ein Jünger der Schweizerischen Kunstkritik, speziell Breitingers, der manche von den Forderungen, die Klopstock in der erwähnten Abhandlung thut, bereits in seiner Kritischen Dichtkunst aufgestellt hatte. Auf Kürze, originelle Wortstellungen und Satzgliederungen, und auf eigenthümliche Ausdrücke mußte Klopstock dringen, und was sonst sollte er in diesem allem zum Vorbild nehmen als die römischen und deutschen Alten? Daß er in seinem Streben einseitig schien und war, gereichte uns nur zum Heil. Danzel dreht sich im Zirkel mit obiger Auslassung. Das Alte soll fort, das Neue soll kommen, aber beileibe nicht in neuer Art! Der alte Breitinger in seiner Critischen Dichtkunst, Zürich 1740, 2. Thl. S. 346 denkt viel richtiger als Danzel: „ . . . wenn eine Sprache noch in ihrer Kindheit ist, und an zierlichen Ausdrückungen einen grossen Abgang leidet — in solchem Falle, da sie nicht genug Wörter hat, alle Dinge geschickt auszudrücken, muß sie sich mit allen denen Redensarten helffen, die ihr nicht nur alte, sondern auch heutige Scribenten an die Hand geben." Davon hat Breitinger aber mit größtem Feinsinn die Sprache der Leidenschaften ausgenommen: „diese hat keine besondere Wörter oder Redensarten, sondern es dienen ihr zu ihrem Ausdruck alle in einer jeden Sprache gewöhnliche und übliche so wohl bloß willkührliche, als figürliche Zeichen, weil sie von ganz bekannten Dingen redet, und also durch den Gebrauch ungewohnter und besonderer Zeichen ganz unverständlich würde." Ebenda S. 354. Diese Regel hat Klopstock, trotz seiner theoretischen Opposition dagegen, im Messias stets, in den Oden sehr oft beachtet. „Die Natur ist die Lehrmeisterinn, bey welcher man in die Schule gehen muß, wenn man diese natürliche Sprache erlernen will." Ebenda S. 356. „Die oratorischen und poetischen Figuren, von welchen unsre Kunstlehrer so weitläuftig handeln, und die den Reden und Gedichten so viele Anmuth und Pracht mittheilen, sind auch nichts anderes, als die natürliche Sprache dieser Affecten, die in unserer Brust aufgewecket werden. **Ohne diese inwendige Bewegung wären diese besagten Figuren unwahrscheinlich und keines Lobes werth.**" S. 362. Dies hat Klopstock so sehr beachtet, daß er selbst metrische und grammatikalische Begriffe personifizirt, um ihnen innere Bewegung leihen zu können. Das Kapitel „Von der hertzrührenden Schreibart" in der Crit. Dichtkunst von Breitinger hat Klopstock überhaupt eingehend studirt, wie die übrigen kritischen Schriften der Schweizer. Doch diese Untersuchung würde hier zu weit führen.

Daß Klopstocks Verfahren bei ihm selbst in Manier, in konventionelle Formen ausartete, scheint uns jetzt so tadelnswerth, uns, die wir bereits alle Früchte gekostet haben, zu denen Klopstock den Samen legte. Etwas Anderes ist es mit den Nachahmern Klopstocks. Allerdings mußten die damaligen Zustände in dieser Hinsicht Lessings Satire herausfordern. Wurde doch auch Klopstocks Freund Schmidt, Fannys Bruder, zu dem Ausrufe veranlaßt: „Sie haben unfehlbar den ganzen Schwarm von neuen Heldengedichten kennen gelernt, der in der letzten Messe die Welt, wie Heuschrecken, überzogen hat. Klopstocks Epopee hat auf diese Art in sehr kurzer Zeit eine sehr zahlreiche Nachkommenschaft erhalten, die alle (wie Bodmer sagen würde) aus ihrer Gebärmutter hervorgegangen ist. Ramler pflegt zu sagen: Es wird noch dahin kommen, daß es eine Schande seyn wird, ein Heldengedicht gemacht zu haben, und keins gemacht zu haben." (An Gleim, 30. October 1751, bei Klamer Schmidt, Kl. u. s. Fr.) Aus demselben Jahr 1751 besitzen wir eine recht anschauliche Schilderung dieser Zustände in der Zeitschrift „Der Hofmeister", die allerdings zu Gottscheds Partei hielt. Es heißt da: „Wer wollte ein großer Dichter sein und die alle Menschlichkeit übersteigende Schwulst unsrer heutigen Modedichtkunst gelassen ansehen können? Es sey fern von mir, daß ich ein poetischer Ketzermacher sein wollte: so viel muß ich aber doch von den auf englischen Fuß gesetzten Gedichten bekennen, daß sie unter tausend Lesern wohl nicht einer beym ersten Durchlesen verstehn wird. Prächtige und neuersundene Worte, welche den übertriebenen Gedanken als eine Hülle dienen, machen das wesentliche der Dichtkunst noch lange nicht aus. Es ist aber nun einmal so. So bald iemand was neues an das Licht bringet, so bald findet der größte Theil daran einen Geschmack. Die Untersuchung folget erst auf den Beifall. Wir sind gar zu geneigt, Erfindungen beizutreten. Wir ahmen nach ohne unsre Kräfte zu untersuchen. Insgemein herrscht diese Nachahmungssucht [hierzu macht der Verfasser die Anmerkung: Ich kann die Kühnheit, ein neues Wort zu flicken, mit der heutigen Mode entschuldigen] unter jungen Gelehrten. Der Witz ist bey ihnen lebhaft, sie klügeln: und die Herren Buchhändler die etwas neues mit auf die Meßen bringen wollen, geben ihnen gute Worte, eine Schrift nach der Mode aufzusetzen; weil ihr Nachbar in der vorigen Meße einen ansehnlichen Theil einer gleichen Schrift verkauft hat. Dieses ist der Ursprung der Wochen= und Monatsschriften, der Todtengespräche, der Romanen und seit zwei Jahren der Epopeen." —

Danzel hält es für einen feinen Griff, daß Lessing nie direct Klopstock tadelt, sondern immer nur seine Nachahmer. Mir scheint dies, sobald Lessing Eindruck auf Klopstock hervor=

zubringen beabsichtigte, ein gänzlich verfehltes Manöver. Was könnte man nicht Lessing selbst, Goethe, Schiller, jedem großen bahnbrechenden Manne auf diese Weise zum Verbrechen anrechnen? Klopstock — und diesen entscheidenden Punkt vergißt Danzel total — hat durch seine bisweilen rigoristisch-seltsamen Sprachbestrebungen auch die Prosa veredelt, und nachdem diese aus dem Born der Poesie, der höheren Empfindung und der gewählten Rede, getrunken, konnten die großen folgenden Dichter poetisch schreiben ohne der Sprache mehr spanische Stiefel anzulegen. Goethes Faust, zweiter Theil, unvergessen. Mit welchem schöpferischen Takt Klopstock das Richtige traf, kann man ermessen, wenn man seine „gesuchte" Sprache einerseits mit der Flachheit der König, Besser, Gottsched, andererseits mit dem pretiösen Schwulste der Lohenstein und Hoffmannswaldau vergleicht. In welchem Abstande von Klopstock sich selbst Haller, der doch gewiß der Sprache Würde zu geben suchte, noch befand, leuchtet aus folgender Bemerkung ein. Der Pastor Heß, der Verfasser der zufälligen Gedanken über das Heldengedicht der Messias, versuchte einmal Klopstock durch Haller zu korrigiren. Heß tadelte die scheinbare Tautologie in dem Verse Klopstocks „Wo kein Todter begraben liegt, wo kein Auferstehn seyn wird" (Vers 596, Gs. 1, der ersten Ausgabe). „Mir ist es anstößig", sagt er, „daß der Dichter hier zwei so gar genau relative Begriffe, begraben liegen, und Auferstehn in einen Vers zusammen setzet. Mir ist in den Sinn gekommen, daß das Hemistichium mit dem Hallerschen Ausdruck ausgemacht [d. h. korrigirt] werden könnte: „Wo keine Stafel vom Engel zum Vieh, wo kein Auferstehn seyn wird." Aber ich habe diesen Einfall auch sogleich aus Ursachen, die man leicht errathen wird, wieder verworfen, und mein Bestreben hat mich nur gelehrt, wie schwer es ist, dem Dichter eine halbe Zeile zu geben."[1]) — Hätte Goethe noch wollen auffallende Klopstocksche Wendungen, we-

---

[1]) An diesen Vers knüpfte sich in den Zürcher Freymüthigen Nachrichten übrigens eine ganze Korrespondenz, deren bei Betrachtung der Varianten zu gedenken wäre.

nigstens in seiner Lyrik, gebrauchen, so hätte er sich einfach lächerlich gemacht, wie sich so viele dadurch späterhin lächerlich machten. Einer edlen, sinnigen Sprache Gewalt anthun, heißt sie verunstalten. Aber Klopstock fand eine unedle, kraft- und saftlose Sprache vor. Was ihm zu thun erlaubt war, durch Kontrast und Überschwang sich in schroffste Opposition zum herrschenden Sprachgeiste zu stellen, war Niemand ungestraft nach ihm erlaubt.[1]) In Gegensätzen bewegt sich die Weltgeschichte, und auch die Literärgeschichte ist ein Theil der allgemeinen. Das Nämliche gilt für Klopstock's von Danzel eben so heftig angegriffene „Deutschthümelei." Es galt einmal zu zeigen, daß man Deutscher sei, es auszuüben bis zum Chauvinismus. Daß übrigens zur herben, einseitigen, überspannten Äußerung des Nationalgefühls in Klopstock seine Vereinsamung in dieser Hinsicht unter seinen Zeitgenossen beitrug, welcher Kenner der menschlichen Seele sieht das nicht ein? O was war uns Klopstock! Man lese aus dem Briefe an Ebert vom 3. April 1770 (Lappenberg's Sammlung, S. 227) die Stelle: „Ein Deutscher, was das ist, geistvoll, offen, schnell, kühn, entschlossen, als Vorbild jeder europäischen Nation zu sein! — Ich bin unsäglich stolz auf Uns! u. s. w." („Ich bin niemals auf mich selbst, aber immer auf meine Freunde stolz" Vorrede zu den Hinterl. Schriften von Marg. Klopstock, Hamb. 1759.) Wo ist eine Stelle in Goethe, Schiller, Lessing, wie diese? Was ist der ganze Kosmopolitismus Lessings und der anderen Großen — übrigens ein „kindischer" (ich gebrauche Danzel's Ausdrucksweise) Widerspruch, da die Welt kein Staat ist — gegen dieses Bewußtsein, und damals, im Jahre 1770! Das ist der Klopstock, der „unendlich schwächer war als Friedrich der Große." Man vergleiche den Brief, den der Redner vor der deutschen Nation, Fichte, an Klopstock schrieb, was er in ihm geweckt habe, (Lappenb. S. 356) und damit ferner Gräter's Brief vom 30. Jan. 97: „den zärtlichsten Dank, den ich Ihnen, als dem Vater des deutschen, wenigstens als den Schöpfer meines eigenen Patriotismus, im Stillen gezollt habe."

---
[1]) Es freut mich, daß auch Muncker desselben Urtheils ist.

(Lappenb. S. 375). Wer weiß, ob ohne Klopstock Lessing's Minna, Goethe's Götz, trotz der Thaten Friedrichs so großen Anklang gefunden hätten? Ja, daß man Friedrich ein so warmes Herz entgegenbrachte, dazu dürfte Klopstocks warme Vaterlandsbegeisterung nicht wenig beigetragen haben. Daß Klopstock endlich die Lust zu der deutschen Sprach= und Alterthumswissenschaft zu kräftigen Flammen entfachte, denn Bodmer vermochte es nicht, ist allbekannte Thatsache. Und wie Klopstock überhaupt auf die edle Jugend wirkte, darüber nur Weinhold S. 105 (Boie): „Als Barthold Niebuhr von dem halbjährigen Aufenthalt bei Büsch in Hamburg zurückkam, berichtete Boie an Voß 15. Sept. 93: Der junge Niebuhr kam am Dienstage zurück und hat durch seine Reise in aller Absicht an Selbständigkeit, äußerlicher und innerlicher Ausbildung gewonnen, welches mich um desto mehr freut, als die Reise eigentlich auf meinen Antrieb unternommen ward. Sein Hauptumgang ist Klopstock gewesen." „Klopstock ist immer von Jugend umringt. Wenn er so mit einer Reihe Knaben daherzog, hab' ich ihn oft den Mann von Hameln genannt. Aber auch dies ist Gefallen an der unverdorbnen Natur, und Deutschland verdankt einige seiner bessern Menschen seiner Jugendliebe." (Cramer, Tellow S. 306 nach Sturz' Berichten).

Klopstocks Verdienst besonders um die Veredlung der Sprache bleibt unbestritten. Morgenstern (in der Vorlesung auf der Universität zu Dorpat, 12. Dec. 1813) hat nicht zu viel behauptet, wenn er sagt: „Keiner erkannte, wie er, die Urkräfte unsrer Sprache, die, gleich der griechischen, eine ursprüngliche, aus eigenem Vermögen sich ergießt, im Ganzen und im Einzelnen regsam, mit immer erneuertem Zuwachs aus sich selbst fortströmt. Alle wahre Kenner unserer Poesie und unsrer Literatur überhaupt, sind auch darüber einig, daß ohne seine besonnene kühne, still ausdauernde, doch gewaltige Energie in Bearbeitung unserer Sprache die letzte Periode der deutschen Poesie, in welcher vorzüglich Goethe und Schiller als echtdeutsche Dichtergenien, Voß und Aug. Wilh. Schlegel besonders als Sprach= und Verskünstler glänzen, gar nicht möglich ge=

wesen sein würde." „Wer hatte", sagt Sachse in seiner Schrift: Klopstock und sein Verdienst, 1803, „auch seine Sprache und ihre Begriffe so scharfsinnig bis in ihre feinsten Elemente erforscht, wie er; wer ihre Zusammensetzung und Bildsamkeit so klar erkannt, so fein und zart benutzt, wie er? Wer sich je auf diesem Felde oder nur in irgend einer Gattung der schönen Redekünste versucht hat, der weiß, wie viel richtiges Gefühl, wie viel Nachdenken und Prüfung, selbst wie viel Kenntniß und reichhaltige Gelehrsamkeit dazu gehört, einem so wenig lächelnden Boden Ausbeute abzugewinnen. Dieß ist der ungesehene Theil aller Sprachstudien, dieß sind die Mysterien der Eingeweihten! Nur der Idiot kann hier von Kleinigkeiten reden. Ist wohl irgend eine menschenwürdige Idee Kleinigkeit? und wie? die Art ihrer Bezeichnung sollte Kleinigkeit heißen? Klopstocks Nachforschung dieser Art, die Frucht seines stillen Privatlebens, die wir in seiner Gelehrtenrepublik und in den grammatischen Gesprächen auf allen Blättern finden können, lassen es auf immer bedauern, daß er seinen Vorsatz, uns eine deutsche Sprachlehre zu geben, nicht ausgeführt hat. **Jede neue Überarbeitung seiner Dichterwerke brachte ja in dieser Hinsicht jedesmal einen neuen Gewinn mit.** „Verbesserungen", sagt Lessing, „die ein Dichter, wie Klopstock, in seinen Werken macht, verdienen nicht allein angemerkt, sondern mit Fleiß studirt zu werden. Man studirt in ihnen die feinsten Regeln der Kunst. Denn was die Meister der Kunst zu beobachten für gut finden, das sind Regeln." Wenn Lessing über Klopstock dieß Urtheil fällt, so habe ich mit diesem Urtheil Alles erschöpft, was in diesem Betracht je zum Lobe unseres Dichters gesagt werden kann." Und etwas spezieller heißt es in einer bei Basse in Quedlinburg 1824 erschienenen Schrift: „Verbesserer unserer durch pedantischen Ungeschmack, kleinlichen und ungelenksamen Zwang entstellten Sprache ward er Schöpfer ihrer höhern und kraftvollern Redeform. Hier wirkte er, wie selbst das Ausland bekennt, was die menschliche Kraft eines Einzigen zu übersteigen schien und ohne Beispiel ist in der Geschichte der Wissenschaften. — Zu ihrer Urreinheit führte er unsere Sprache zurück, gab ihr den verlorenen gleichartigen Character wieder, benutzte tiefforschend ihre Sprachähnlichkeit mit den Mundarten der Alten, indem er nach klassischen Mustern die Wortversetzung ordnete, der Worte Fügung und Folge vervollkommnete, sie lehrte der Griechen schönes Geheimniß in Bildung aus eigenem reichhaltigen Urstoff gezogener neuer Worte, und dann in kühnem und muthigem Kampfe Roms Koryphäen besiegte durch gedrungene Kürze und Kraftfülle des Verses. So gab er Deutschland eine Nationalsprache und diese strahlende Hoheit, gedankenvolle Einfalt und dichterische Kühnheit. — Dann, die Leyer stimmend zum Wohllaut der Gesänge, verwarf er überflüssige Wiederholung von Mitlauten und Buchstaben, die ebenmäßige Vertheilung der Silben und der periodischen Rückkehr der Wortendungen zur Bezeichnung des Schlußreims des Verses, woran die Kunstwerke der ältern Dichter sich banden. Überzeugt, daß mehr auf der Silben Gewicht, als auf der Silben Zahl der wohlklingende Fall des Verses beruhe, unterwarf er den schwankenden Accent den Regeln einer strengen Prosodie, entwickelte und sichtete sein Grundwesen und schrieb ihm Gesetze vor. In dem so errungenen Bewußtsein, den Sprachwohlklang der Alten erreicht zu haben, überlieferte er dann, in einem den Jünglingsjahren kaum entwachsenen Alter, gleich kühn in Wahl seines Gegenstandes wie in der Lehre der Dichtersprache, dem zwiefach erstaunten Deutschland ein Epos, dessen Held der Messias und dessen Verse der Hexameter der Griechen und Römer waren."

Diese letzten Behauptungen sind freilich falsch. Den Sprachwohlklang der Alten, wenigstens was die Sanftheit betrifft, wähnte Klopstock nie wiedergeben zu können, und als er die drei ersten Gesänge des Messias herausgab, war er mit sich noch keineswegs, wie das Studium der Ausgaben lehrt, über die Theorie des Hexameters im Reinen. Auch wollte er nie den Hexameter der Römer nachbilden (ich begreife nicht, wie Wackernagel in seiner schönen Schrift „Geschichte des deutschen Hexameters und Pentameters" alle seine Beispiele und seine ganze Theorie, wodurch er die Unmöglichkeit eines deutschen

Hexameters nachweisen will, nur den Schriften der Römer entnimmt, als ob diese für uns maßgebend wären), sondern hielt sich vielmehr zu den Griechen. Über den Eindruck, den das Auftreten mit diesem Verse zuerst auf die Zeitgenossen hervorbrachte, ist es vielleicht nicht uninteressant, Einiges beigebracht zu sehen. Die Urtheile sind Anfangs manchmal sehr naiv. So schreibt Kleist den 10. Juni 48 an Gleim (Körte, Klopstock's Wesen 1. Theil S. 44 f.): „Schade, daß die Versart noch toller ist als die meinige!" Verständiger hieß es in den Göttinger G. Zeitungen 29. August 1748, 95. Stück: „Die Verse sind nach dem römischen Sylbenmaaß in Hexametern ohne Reimen. Uns ist diese neue Art von deutschen Versen gar nicht anstößig, ob wohl andre seyn mögen, denen die vielen Dactylen zu hüpfend, und die Spondeen holpricht vorkommen." In den Züricher Freym. Nachrichten 1749, XXXI. Stück S. 244 heißt es gegen einen fingierten Widersacher der neuen Versart, der gut als Repräsentant des gegnerischen Geschmacks überhaupt gelten kann: „In dem Inbegriffe [Inhalte, des Schreibens] erkannte ich dießmal den Geschmack nicht, den ich bey Ihnen zu finden gewohnt bin, und der Ihnen bey mir und Ihren hiesigen Freunden so viel Ehre machet. Ist es denn wahr, daß folgende Zeilen Ihre eignen Gedanken in sich enthalten, die ich mit so viel Worten und Buchstaben in Ihrem Briefe lese: 'Was für schwirrendes Zeug wollen Sie mir in der Meßiade zu lesen aufbürden? Sind Sie meiner Zunge und meinen Ohren so feind, daß ich jene mit Aussprechen und diese mit Hören solcher entsetzlichen Härtigkeiten zerfleischen sollte? Sie dürfen dieses Verse nennen, was von den Versen schwerlich etwas mehrers in sich hat, als daß es die Zeile mit einem Versal-Buchstaben anfängt! Wo nicht einmal die Sylben richtig abgezählt sind! Ich bin versichert, daß man die prosaischte Poesie in solche Verse verwandeln könnte; und ich getraue mir, meinem Nachbar, dem Herrn Pastor Vorstmann so gut zu beweisen, daß er seine Sammlung einiger Worte des Glaubens wider Wissen und Willen in Versen geschrieben hätte, als man es dem **Monsieur Jourdain** ehemals bewiesen hat, daß er seine Lebtage unwissentlich Prosa geredet hätte. Ich wollte gewißlich die Zeilen seiner vortrefflichen Predigt so abzusetzen wissen, daß sie sich skandiren ließen und dieses oder jenes Metrum herauskäme. Warum nicht, da alle Füsse der Griechischen und Römischen Poeten zu meinen Diensten stünden, und ich im Nothfalle noch neue Füsse zu denselben ersinnen dürfte. Also wollte ich die Predigten bald zu Gesängen erhoben haben. Ich finde in einem von Ihren vorigen Briefen die Worte: Ach, ich weiß es noch wol, wie er uns inbrünstig umarmte, wie er uns an die klopfende Brust mit Zärtlichkeit drückte. Sie redeten von dem Besuche, den wir vor etlichen Jahren bey unserm rechtschaffenen Freunde Paulinus ablegeten. Wissen Sie auch, daß Ihnen da zween Verse entfallen sind; ich darf diese Worte nur nach der Ordnung der Verse setzen, so werden es zween so fliessende Verse seyn als einige andere in der Messiade sind . . .' Dieses alles, mein Herr, sind Ihre Worte. Hätte ein Frauenzimmer oder ein ungelehrter Laicus dergestalt von Klopstocks Versart und Gedichte geurtheilt, so hätte ich es" . . . „gelten lassen; aber da Sie, ein Mann von Geschmack, der Homers Vers kennt, wie ein Mädgen, oder ein Idiote urtheilen, kommt es mir schier unbegreiflich vor. Als mir jüngst die verständige Clarissa klagte, sie könnte den Klang in den Versen dieses Poeten nicht finden, gab ich ihr den Rath, daß sie nur einen klingenden Periodus aus einem guten Redner sollte lesen lernen, und dann nach derselben Aussprache die Verse der Meßiade lesen. Ich versicherte sie, daß ihr dann sehr vieles von dem Klange dieses Verses in das Ohr fallen würde. Zum wenigsten würde ihr davon soviel übrig bleiben, als sie in der Frau **Dacier** Ilias von Homers Klange fände. Ich sagte" . . . . „die eingebildeten Mängel des Verses sollten sie nicht abhalten, dieses Gedicht zu lesen, welches von Männern, die man billig für Kenner hielte, so hoch als die Ilias angepriesen würde. Clarissa folgte und fand Klang und noch etwas mehreres in der Meßiade." Und nun folgt eine metrische Auseinandersetzung, die augenscheinlich **unter Klopstocks Einfluß** entstanden ist. Deshalb setze ich sie ganz hierher.

„Sie kennen", sagt der Verfasser, „die Dactyle und die Spondeen des Homers, sie wissen auf was für Stellen er ihnen ihre Sitze in dem Hexameter anweiset. Der Vers unsres Poeten ist eben ein solcher Hexameter von Dactylen und Spondeen oder Trochäen, die in den Sitz der Spondeen kommen. Aber das sind deutsche Dactylen und Spondeen.
Einen so | furcht|samen | Feind zu ver|folgen war | meiner nicht | würdig.

Dieser Vers besteht aus lauter Dactylen, wie die deutsche Sprache Dactylen hat; bei welchen die Zusammenkunft zweener Mitstimmer kein Hinderniß in den Weg streuet. Spondeen hat die deutsche Sprache sehr wenige; dergleichen sind Gottmensch, auszieht, durchschaut. Zu diesen kann man die Wörter zählen, Sturmwind, Abgrund, Arbeit, Lichtheil u. drgl., in welchen doch die zweyte Silbe ein wenig leiser ausgesprochen wird, so daß sie dem Trochäe nähern; sie werden auch gemeiniglich für solchen gebraucht. In dem deutschen Hexameter kommen sie ebenfalls aus Trocheen vor. Der Trochäe bekleidet da größtentheils die Stellen des Spondäe. Nemlich ein Trocheen, wie er gewöhnlich bey den Deutschen gebraucht wird, nicht der Griechen oder Lateiner, welche auf der zweyten Silbe nicht mehr als einen stummen Buchstaben leiden. Liebend, lächelt, sind im Deutschen so gute Trochäen als liebe, lächle. Die Aufnahme der Trocheen in die Plätze der Spondeen machet den deutschen Hexameter in der Aussprache nicht im wenigsten von dem Griechischen und Lateinischen unterschieden; wie wir gewohnt sind diese auszusprechen. Ohne diese Einführung der Trocheen wäre uns der Hexameter allzuschwer geworden. Diesemnach ist folgender Vers ein guter deutscher Hexameter:

Sing, unsterbliche Seele der sündigen Menschen Erlösung.
Man kann den ersten Fuß für einen Spondäe oder einen Trochäe nehmen, weil seine zweyte Sylbe zweydeutig ist; nicht so laut als die erste, doch auch nicht so tief wie bey den reinen Trochäen. Der zweyte Fuß ist ein reiner griechischer Dactylus. Seele der | sündigen | Menschen Er | sind auf deutschen Lippen so fliessende Dactylen als die meisten Griechischen. — Die

einsylbigten Wörtchen ohne und mit Doppellauten werden wie in unsern gewöhnlichen Versarten für kurze oder für lange Sylben gesetzt, wie es der Ort und der Umstand erfordert. Von diesen einsylbigten Wörtern entstehen bey den ungeübten Lesern einige Schwierigkeiten. Je geschickter sie angebracht werden, desto fliessender wird der Vers. Durch diejenigen, welche vier oder mehr stumme Buchstaben in sich enthalten, kömmt einige Härtigkeit in den Vers, wenn sie für die dritte Sylbe des Dactylus gesetzt werden, welchem doch im Aussprechen oft geholfen wird. Ein Vers bekäme ein plattes Aussehen, in welchem jeder Fuß aus einem absonderlichen Worte [besondern W.] bestünde. Die Wörter müssen in der Skansion verschiedentlich gespalten werden, die Füße zu bilden, so daß die abgetrennten Sylben verschiedentlich wieder zusammenfließen. — Diesen Vers männlich zu machen, muß der Trochäe oder Spondäe den Dactylus hier und dar unterstützen. Dieses macht auf dem 4. Fuß eine recht gute Würkung. Lauter Dactylen machten den Vers nicht nur ganz weich, sondern durch die Einförmigkeit ekelhaft. Es ist ein Lob dieser Versart, daß nicht beständig ein gleicher Vers auf den andern folget; und doch wird sie vielleicht eben deßwegen den Unerfahrnen, die an den einförmigten Versen gewöhnt sind, am anstößigsten. — Homer hat auf dem 5. Fuße einigemal einen Spondäus für den Dactylus gesetzet; Hesiodus hat dieses sehr häufig gethan. In der Meßiade werden wir auch einige Exempel dessen antreffen:

Steht er in | Wolken und | donnert da | raus mit | schwerer | Arbeit.

Wer siehet nicht, wie geschickt dieses da geschieht, die schwere Sache, wovon hier die Rede ist, mit dem schweren Ton vorzubilden? — Mit einem Worte, diese Versart ist Homers Versart mit einigen Veränderungen, welche die Natur der deutschen Sprache nothwendig gemachet hat. Ihre Mannigfaltigkeit, und das übrige, worinn sie sich dem griechischen Verse nähert, giebt ihr zum Mindesten so viel Vollkommenheit, daß es der klingendste Vers werden kan, den die deutsche Sprache hat. Wenn Ihnen und andern, welchen Ho-

mers Vers bekannt ist, dieser deutsche Vers nicht
anständig ist [ansteht], so müssen sie der deutschen
Sprache übel nehmen, daß sie nicht die Griechische
ist; wenn Sie ihr dieses nicht übel nehmen, so werden sie
dem deutschen Hexameter nicht schlechterdings eben die Regeln
vorschreiben, die der Homerische hat; Sie werden nicht
läugnen, daß folgender Vers nicht voller Dacty=
le sey:
Über die Felsen, sie krachen und | donnern und | tödten von | ferne;
ungeachtet es nach der Griechischen Prosodie lauter Spondäen
wären, bis auf das einzige Wort krachen. Ich fürchte sehr,
daß die Amtsgelehrten die letzten sein werden,
welche die Vollkommenheit des deutschen Hexa=
meters erkennen. Andre wackre Leute, auch von dem weib=
lichen Geschlechte, werden sich leichter darein finden können,
wenn sie hören, daß man nichts weiter von ihnen verlangt,
als daß sie eben den Ton auf die Worte eines Hexameters
setzen, den sie auf die Worte einer klingenden Periode setzen.
Ihr Urtheil, mein Herr, von dem Inhalt der Meßiade hat
mich erschrecket; es ist gerade so beschaffen, wie es von einem
Menschen fallen muste, der sich durch das ungewöhnliche Syl=
benmaß hat abschrecken lassen, etwas mehrers davon zu lesen
als einige Ausdrücke, einige halbe Verse außer dem Zusammen=
hange. U. s. w." —

Man muß hierzu das auf S. 44 f. meiner „Metrischen
Beobachtungen" (Z. T. d. Kl. M. 1879) Entwickelte vergleichen,
so wird man sofort erkennen, daß obiger Aufsatz bisweilen so=
gar Klopstocks eigene Worte wiederholt aus dem Briefe, den
er an Bodmer den 27. September 1748 geschrieben. Es ist
anzunehmen, daß zwischen Beiden ein weiterer Austausch über
diese Dinge stattgefunden habe. Zu bewundern ist aber, daß
Klopstock bereits kaum nach Jahresfrist, denn obiger Aufsatz
ist vom 30. Heumonat 1749, seine theoretischen Einsichten in
solchem Umfange erweitert und vertieft hatte. Von diesen Ein=
sichten machte er zum Theil schon bei den 196 Verbesserungen
der drei ersten Gesänge in der Ausgabe von 1751 Gebrauch.

— Haller sagte Sulzer, wie dieser am 15. September 1750 Bodmer schrieb: „daß sein Freund, Herr Werlhoff, noch nicht im Stande sey, die Hexameter zu lesen, und daß er ihm den Rath gegeben, den wir allen Schwachen geben, daß er diese Gedichte als Prosa lese." — „Ich weiß nicht, wie Hagedorn verlangen kann, daß wir die lateinische Prosodie im deutschen Verse beobachten. Aber ich wollte diese Regel unverletzlich gehalten wissen, daß man im Verse die natürliche **Quantität der Aussprache niemals verletze**, und eine genugsame Abwechselung der Füße und des Abschnitts beobachte. Alsdann würde mir der Hexameter sehr wohlklingend sein." — „Daß in der Messiade Hexameter von ungewisser Skansion sind, mag sein, **aber sind sie darum gut?** Sind auch solche in der Aeneis?" (24. December 74). Reichel in seiner Critik über den Wohlklang des Sylben=Maaßes in dem Heldengedicht der Messias 1749 erklärte das erwählte Silbenmaaß zu diesem Gesange für das anständigste und das bequemste die Herzen zu rühren. „Es führet etwas majestätisches bey sich; daher es auch Homer und Virgil in ihren erhabensten Gedichten von den Göttern und Helden erwählten." Daß Gottsched, der selbst das Vaterunser in Hexameter gebracht hatte, von der Art, wie Andere nach ihm, besonders Klopstock dieselben bildete, nichts wissen wollte, ist bekannt. Vgl. Krit. Dichtkunst. 4. Aufl. Leipzig 1751, S. 398 f. und das Neueste aus der anmuthigen Gelehrsamkeit 1753, S. 91 f. Nur eins von den Urtheilen des Gottsched=Knappen v. Schönaich möge hier Platz finden. In dem „Versuch einer gefallenden Satire 1755" heißt es: „Wir erklären den Herrn Klopstock für einen elenden Sechsfüßler, der die Bibel ausfüllt und von GOtt und seinem Sohne die schändlichsten Lügen ausposaunet." Es kann hier der Ort nicht sein, eine Geschichte des Hexameters seit Klopstock zu geben; nur zur Illustration der Aufnahme des neuen Verses wollten wir einige authentische Daten beibringen. Eingehend wird zwischen Boie und Knebel über den Hexameter correspondirt. An Gleim hatte Boie 8. December 1767 geschrieben: „Viele dieser Gesänge haben mich zu einer Art von begeisterter Entzückung erhoben, aber bei vielen habe ich gar nicht gewußt was ich sagen sollte. Die Silbenmaaße wollen gar nicht in mein Ohr; sie tönen mir so fremd und ich kann sie gar nicht mit dem Genie unsrer Sprache einen." Allmählich aber ward Boie beim eingehenden Vergleichen der Ramler'schen Prosodie mit der Klopstockschen zum eifrigen Bewunderer der Verse des letzteren und sprach sich gegen Knebel um so mehr darüber aus, als dieser selbst sich in dem neuen Maaße übte. Bei Gelegenheit der Lectüre Knebelscher Hexameter in einer begonnenen Übersetzung der Virgilschen Georgica fand er den Bau viel zu dactylisch und tadelte den Mangel an Spondäen. In dem Spondäenreichthum liege die Schönheit des nicht genug gepriesenen und einzig schönen Hexameters Klopstocks. (Knebels Nachlaß 2, S. 142). Knebel war im Allgemeinen zurückhaltend in seiner Anerkennung Klopstocks. Und doch ist er schließlich selbst zum Verfechter der Principien desselben gegenüber dem Rigorismus von Voß geworden und zeigt sich in seiner Lucrezübersetzung durchaus als Schüler Klopstocks. Am 10. Mai 1820 schreibt er: „Was den Versbau betrifft, so ... glaube ich durchaus nicht, daß unser Vers nach den strengen metrischen Gesetzen der Griechen und Römer zu regulieren sei. Die Natur der Sprache lehrt es schon an sich selber. Da es uns nämlich an dem großen Vortheil fehlt, durch Position die Silben länger oder kürzer zu machen, so ist z. B. der ächte Spondäus bei uns fast immer ein peinlicher, wenn er auch den Trommelschlag des Verses — wenn ich so sagen mag — ausfüllt, doch durch seine Schwere und Härte Sinn und Ohr gar oft beleidigt. [Auch Klopstock kam vom häufigen Gebrauch desselben zurück, vgl. meine Abh. Z. T. d. Kl. Messias 1879, S. 24 ff.] Der Ton und Wohllaut des Verses ruht bei uns fast blos auf dem Accent und auf der richtigen Wahl und Stellung der Worte. [Also dasselbe, was Klopstock schon 1749 einsah.] Kein genialischer Dichter wird sich bei uns je in dieses strenge — zum Theil doch nur eingebildete — Maß der Sylbenfüße fügen können; Goethe hat deshalb (vermuthlich um sich dieses Vorwurfs zu

entledigen) längst schon den Hexameter verlassen und sich zu
andern Versarten gewendet, welches aber unserer Dichtung
und Sprache nicht zum Vortheil ist. Durch den Hexameter
allein — wenn es auch nur der unsrige ist — nicht der
römische und griechische,[1]) sondern eine unsrer Sprache ange=
messene mögliche Nachbildung, die den freien Geist nicht zu
sehr beschränkt, und die Vortheile unsrer Sprache auf andere
Weise kund thut, durch Wahl, Stellung und Ordnung der
Worte — ich sage, durch den Hexameter fast allein hat sich
unsre Sprache erhoben und einen poetischen Vortheil über
andere neuere Sprachen erlangt. Dieses hat auch selbst der
König Friedrich erkannt, der sonst eben kein Freund unsrer
Sprache, doch den Wohllaut eines deutschen elegischen Ge=
dichts von Götz gefühlt hat [in der Abhandlung des Königs
de la littérature allemande: „J'ajouterai à ces Messieurs,
que je viens de nommer un Anonyme dont j'ai vu les
vers non-rimés; leur cadence et leur harmonie résultait
d'un mélange de dactyles et de spondées; ils étaient
remplis de sens, et mon oreille a été flattée agréable-
ment par des sons sonores, dont je n'aurais pas crus notre
langue susceptible. J'ose présumer, que ce genre de ver-
sification est peut-être celui qui est le plus convenable
à notre idiome, et qu'il est de plus préférable à la rime;
il est vraisemblable qu' on ferait des progrès si on se
donnait la peine de le perfectionner."] Freilich kommt es
bei dem deutschen Vers viel aufs Lesen an. Deßhalb auch
der Berliner Wolf stets predigte, daß die Deutschen erst müß=
ten lesen lernen." Aus Knebels Nachlaß, Knebel an Böttiger
3, 71 ff. Diese Anführungen werden genügen, eine Anschau=

---

[1]) „Unser Hexameter hat drey Formen, die griechische, die griechisch=
deutsche, und die deutsche. Man kann es gegen jede von ihnen versehen;
und dann hat man nichts so sehr zu wünschen, als daß die negligentia
grata seyn möge. Aber die gute Beobachtung der deutschen Form ist weder
negligentia noch Verleugnung des Tanzschritts. Sie hält nur einen an=
dern Tanzschritt, als die gleiche Beobachtung der griechischen und griechisch=
deutschen Form hält." (Klopstock an Cramer, 18. Juni 91).

ung sowohl von dem ersten Eindruck der neuen Versart auf die Zeitgenossen, als auch von der Richtigkeit der Klopstockschen Principien zu erhalten. Jeder Versuch, davon ab- oder darüber hinauszugehen, ist mehr oder weniger gescheitert oder auf die Dauer unhaltbar geworden. Als Seltsamkeit möge noch bemerkt werden, daß Klopstocks Frau Meta am 6. Mai 1758 an Richardson einem Berichte über den Messias die Bemerkung hinzufügte: „Die Verse des Gedichts sind ohne Reime, sind Hexameter. Mein Mann ist der Erste, welcher diese Art Verse in unsre Sprache einführte, die nur an Reime und Jamben gebunden war." (Bei Schmidlin, 1, 259).

Was Klopstock für die Sprache geleistet, dessen war er sich selber genau und stolzen Muthes bewußt. Als Basedow Klopstock einst aus dem Messias vorlesen hörte, sagte er: „Aber man wird ihre Sprache in Deutschland nicht verstehen". „So mag Deutschland sie verstehen lernen" erwiderte Klopstock. (Cramer, Klopstock in Briefen von Tellow an Elisa S. 81; Er und über ihn, 2. Theil, S. 322). In dem Fragmente „Zur Geschichte unserer Sprache" sagt Klopstock selber: „. . . Es sind Morgen, heilige Frühen, an denen etliche Thautropfen vom Himmel fallen, die nur der empfinden kann, dem der Genius das Auge wacker macht. Luther brachte der jungen Sprache nicht wenig dieses Thaues, so wie er in seiner Schönheit und Frische noch am Palmblatte herunterhing, und stärkte ihre innersten Lebensgeister damit. Luther war nicht mehr, und nun wurde die Sprache nicht mehr wie zuvor gepflegt. Endlich kam Opitz. Der gab ihr wieder Trauben. Seit ihm hat sie ziemlich lange fürlieb nehmen müssen. In den letzten Tagen der schlechten Kost hat man ihr gar Krätzer und Kirbisbrey aufgetischt. Sie war in ihrem sechzehnten Jahre, und hatte seit kurzem wieder von guten Reben" [bezieht sich auf Hagedorn und Haller] „gekostet, als einer zu ihr kam, der gleich bei ihrer ersten Erblickung ernst, und von der wechselnden Röthe und Bläße der schnellentstehenden Liebe ergriffen wurde. Das soll sie ihm nie vergessen haben. Auch hat sie, wie man erzählt, nur vor ihm getanzt. Es ist von ihm be-

Fabelns noch mehr. Er brach ihr, heißt es weiter, . . . . .
die man gutedel nennt, . . . . . . . getroffen war; und von
dem soll so gar dem stolzen hohen Mädchen das Auge glänzen."
—Übrigens hatte er schon früh („bei ihrer ersten Erblickung")
mit dieser Schöpfung einer eigenen Sprache begonnen. Denn
eine Rede, die er auf der Schulpforte noch in Alexandrinern
verfaßt hatte, wollte man ihn nicht halten lassen, weil seine
Sprache Niemand verstehen möchte. So veranlaßte jedenfalls,
wie später Schiller, so auch Klopstock Albrecht von Hallers
energische, sinnvolle Kürze und Gedrängtheit zu ähnlichen Sprach=
übungen. Auch hat auf Klopstock neben Luther und Opitz
— wie noch nicht bemerkt sein möchte — auch Brockes Sprache
eingewirkt. Wo mir dergleichen nebenbei auffiel, habe ich es bei
den Varianten bemerkt. Auch auf das, was die auf Klopstock
folgenden großen Dichter ihm verdanken, habe ich hie und da
hingedeutet. Im Allgemeinen läßt sich auf Schillers und Her=
ders Jugendsprache hinweisen. Doch auch in ihren reifsten
Productionen findet der Vertraute Klopstock'sche Eigenthümlich=
keiten und sein Eigenthum wieder, und zwar gerade bei der
Darstellung ergreifender seelischer Momente. Denn in der
Sprache des Herzens besteht, wie schon Herder bemerkte,
Klopstocks größte Kraft. Er hat unsere moderne Gefühls=
sprache ganz allein geschaffen oder doch wiedergeschaffen. Ganze
derartige Situationen haben aus ihm die zeitgenössischen Poeten,
vielleicht unbewußt, entlehnt. Zu ganzen Gedichten gaben
Stellen aus dem Messias Veranlassung. Nur einige Beispiele.
So hat unzweifelhaft Schubart seinen schrecklich=großartigen
Ahasver aus der Stelle V. 818 ff. des 2. Gesanges entnom=
men, wo Abbadona sich vernichten will und nicht kann. Abba=
dona ist überhaupt so eine Art ewiger Jude im Messias selbst
schon. Jedenfalls ist seine Gestalt die interessanteste der ganzen
Messiade und sogar kulturhistorisch wichtig. An Abbadona
knüpft sich ein ordentlicher dogmatischer Streit. In der „Ge=
schichte Abbadonas" findet man eine nähere Darstellung dieses
Streites. Jene Stelle ist auch insofern interessant, als sie
durch Schubart's Ahasver selbst Anklang und Nachahmung

fand in eines englischen Dichters Werke, des achtzehnjährigen Shelley Königin Mab. Daß Wieland im Oberon, G. IX, die Strophen 64—68 nach den Versen 597—602 (letzte Ausgabe) des zehnten Messiasgesanges inhaltlich gebildet hat, ist schon von Cramer Er und über ihn 5. Theil S. 202 ff. nachgewiesen worden. Wie Klopstock auf Wieland wirkte, schildert der letztere selbst, s. Schmiblin, Klopstock's sämmtliche Werke ergänzt, Stuttgart 1839, Theil III, 399 f. Die Scene in Schillers Maria Stuart, wo Leicester der Hinrichtung der Maria zuhören muß, erinnert in Sprache und selbst Situation ein Wenig an den 6. Gesang, Vers 203—8. Die Verse 209 und 210

„Keines Fußtritt hör' ich nicht mehr! Wie ist es hier öde! Wie so stumm die entsetzliche Nacht! Doch die Stille verliert sich".. hat unbewußt Schiller bei den gegen den Schluß seines Spazierganges sich findenden Versen nachempfunden:

„Aber wo bin? Es birgt sich der Pfad — — — Wild ist es hier und schauerlich öd. — — Hoch herauf zu mir trägt keines Windes Gefieder Den verlorenen Schall menschlicher Mühen und Lust."

Ferner Ges. II, V. 23 ff.:

„Zärtlich seh' und mit irrendem Blick' ich hinab zu der Erde; Dich; Paradies, Dich seh' ich nicht mehr" u. s. w. — vgl. Schillers Götter Griechenlands:

„Traurig such' ich an dem Sternenbogen, Dich, Selene, find' ich da nicht mehr" u. s. w.

Der herrliche, malerisch-architektonische Ausdruck „dunkle Wölbungen", mit dem Goethe das schöne Geisterlied im Faust eröffnet:
„Schwindet, ihr dunkeln
Wölbungen droben"
(den Ausdruck Wölbung braucht er auch im eigentlichen Sinne, in der Scene in Auerbachs Keller), erinnert an den Gesang VII, V. 880: „Daß er die dunkeln Wölbungen flieh'", dort freilich von Wolken, hier vom Grabe gebraucht. In der Kerferscene des Faust heißt es: „Der Menschheit ganzer Jammer faßt mich an!" Im Messias G. X, V. 1048—49: „Schnell

ergriff ihn, allein zum letztenmale, der Menschheit Ganzes Ge=
fühl." Hier ist der Ausdruck nur, als in epischer Erzählung
gebraucht, gemildert, dort dem Drama angemessen, subjectiv
stärker gefärbt.

Diese Notizen im Vorbeigehn. Fast unsäglich ist jedoch
was Voß, was die Stolberge und viele Andere Klopstock ver=
danken. Alle diese haben sich ja von Klopstock im engsten Sinne
geistig genährt. Auch Lessing besonders in seinem Philotas,
Kleist im Cissides und Paches verrathen die Sprache und den
Stil Klopstocks; einzelne Bemerkungen findet man unter den
Varianten, besonders in Beziehung auf Goethe's Faust — von
dem Heine bekanntlich besonders zu rühmen weiß, daß er sich
von der Sprache, „den Glockenerzen", der Reformation vieles
bewahrt hat!

Wenn man im Allgemeinen rühmen hört was Klopstock
für unsere Sprache gethan, so darf man nicht glauben, daß
es ihm so gar leicht und mühelos gelungen sei. Nein! Sprang
die deutsche Dichtung mit ihm auch aus der Zeiten Schooß in
voller Rüstung, wie Athene aus Zeus' Haupte, so gewann sie
liebenswürdigen Reiz, Geschmeidigkeit, Anmuth und — sinnige
Verschwiegenheit, erstere auch durch Klopstock erst allmählich,
letztere gar erst durch Goethe. Durch Goethe gewann sie jene
Grazie, die mehr sagt, als sie auszusprechen für gut findet,
oder die nicht nur sprechend, sondern auch schweigend zu reden
versteht. Will man dies aus dem Augenschein entnehmen, so
vergleiche man Maria's Klagen in der herrlichen Scene zwischen
Portia und Maria Ges. VII, etwa von Vers 286 an, mit
Gretchens Klage vor dem Muttergottesbilde im Faust. Maria
sagt alles, was sie nur sagen kann, wofern sie nicht „sprachlos"
bleibt vor Schmerz, Gretchen aber, daß ich mich so ausdrücke,
ist sprachlos trotz ihrer Klage. Maria's Klage enthüllt uns
durch sich selbst die ganze Fülle ihrer Schmerzen, wir schaun
die helle ganze Sonne, und werden geblendet; Gretchen's Worte
brechen wie einzelne große Strahlen durch die Wolken ihres
Grams und lassen uns die Größe ihres Leids mehr ahnen als
wissen. Und doch ist dieses Verschweigen wieder ein ganz an=

deres als das in Klopstocks Oden, wo ihm ja nachgerühmt und mehr noch nachgetadelt wird, daß er sich die kühnsten, bis zur Unverständlichkeit kühnsten lyrischen Sprünge und Lücken erlaubt habe. Was Klopstock nicht sagt, ist eben wirklich nicht gesagt, und muß auf Verstandeswege konstruirt werden; dagegen bei dem, was Goethe nicht sagt, hat der Verstand nichts mühsam zu konstruiren, das geht lediglich Gefühl und die Imagination an und kann oft begrifflich gar nicht deutlich gemacht werden. Dies unerklärliche Etwas der Goethe'schen Sprache spielt in dieser eine ähnliche Rolle wie der Aether in der Chemie und Physik; ohne ihn würde alles in platte Dürftigkeit auseinanderfallen, und er selbst ist ein undefinirbares, unerklärliches Ding. In Bildern aus der Malerei zu reden, besitzt Klopstocks Sprache noch keine Luftperspektive, was nicht klar gesehen wird, ist nicht vorhanden bei ihm oder muß logisch ergänzt werden; Goethe's hingegen verfügt über den ganzen Reichthum malerischer Technik, und so versteht er in die Ferne verhüllend zu entrücken, Hintergrund zu geben und in Duft aufzulösen, anzudeuten und zu verschleiern. Goethe steht in der neueren deutschen Sprache genau auf dem Gipfel, den Raphael in der Malerei Italiens einnimmt: die verschiedensten Richtungen vor ihm vereinigte er in sich wählend, und ward so der große Einzige. Klopstocks engelhafte Zartheit und knappe keusche Kraft, Schillers stets jugendliche Männlichkeit, Wielands weiche und breite Verschwommenheit mußten seinem Griffel sich bildsam fügen zu dem, welches wir Goethisch nennen und womit wir den Höhepunkt unserer Sprache bezeichnen. Goethe umkleidet mit dem Gewande der Sprache die Dinge, Situationen und Gedanken so, wie große Maler die Gewänder an ihren Figuren ordnen: man kann aus dem sichtbaren Faltenwurf die frühere oder nächstfolgende Bewegung errathen. Dies glückt der Sprache Klopstocks noch nicht; sie ist durchaus nicht hölzern und steif — es ließe sich behaupten, sie stehe im Ganzen unsrer neuesten Sprache näher noch als Lessings häufig —, nicht steif wie das Gewand der Athene auf dem aeginetischen Tempel oder die Sprachgewänder unserer literarischen Byzantiner, sondern sie ist schön bewegt, flüssig wallend, bisweilen in erhabenen und ernsten Falten wie an Dürer's Apostel Paulus, so knapp und doch ausreichend, aber oft auch noch, im Messias, mit dem üppigen Stoffreichthum der alten Kölner und Niederländer; sie hindert sich selbst bisweilen in ihrer freien Bewegung und scheint oft um ihrer selbst willen da zu sein.

Allmählich wie die Versmaaße, in denen er dichtete, vervollkommnete sich auch Klopstocks Ausdrucksweise. Wie wohl selten bei einem Dichter und Schriftsteller, haben wir das Glück, dies bei ihm beobachten zu können. Gestattet ist es uns, seinen Studien in dieser Hinsicht Schritt vor Schritt nachzuspüren. Wir können uns so das innere Werden des Dichters deutlich machen, indem wir die ganze Umwandlung bis ins Kleinste, bis auf die Interpunction und Satzzeichnung, bis auf Buchstabenverschluckung und Orthographie, bis auf die Abwägung des poetischeren Gehalts des Wörtleins Aber vor Doch und Herab vor Herunter, verfolgen können. Wie kein Anderer vor ihm und nach ihm gewann er die Gesetze seines Schaffens aus sich selber und war sich selbst Kritik und Citat. In dieser Hinsicht bildet er einen interessanten Kontrast mit Lessing. Lessing war erst theoretisch thätig, und gab dann seine Werke gleichsam als Beispiele seiner Theorien; der Genius in Klopstock verfuhr gerade umgekehrt; bei ihm war erst Plan und Werk da und dann die Kritik, die Theorie. Im Briefe an Herder vom 5. Mai 1773 (Lappenb. S. 249) sagt er: „In der Theorie der Poesie gilt mir nichts als Erfahrung, eigene und solcher Anderer, die erfahren können, und nach ihr nichts weiter als was geradezu so recht mit der Thür ins Haus aus der Erfahrung folgt". Klopstock war als Dichter wie als Mensch eine vorwiegend praktische Natur (trotz seiner seraphischen Stimmung); er war kein vor seiner schöpferischen Thätigkeit über sie reflektirender Poet und Mensch; faßt man den letzteren ins Auge, so denke man nur an seine Kaufmannsprojecte mit Rahn, an seine Unterhandlungen mit Bodmer über die zu gewinnende Pension, an sein festes und kühnes Zugreifen, als ihm wirkliche Liebe entgegenkam und er wirklich liebte (denn die praktisch nüchterne Fanny liebte er trotz oder eben wegen seiner Schwärmereien nicht ernstlich, auch mußte ihn die Wesensgleichheit in diesem Punkte abstoßen — wie schnell vergaß er sie zu lieben!); an seine diplomatischen Verhandlungen wegen der Akademie mit dem Hofe des Kaisers Joseph; an sein Talent, energische, kurze, schlagende wie für die unmittelbare Anwendung gemachte Gesetze und Anordnungen zu verfassen, und an andere dergleichen Züge. Selbst in kleinen Dingen zeigt sich das. So berichtet Sturz (Cramer, Tellow, S. 305), daß Klopstock auf Spaziergängen wohl mal auf einen fernen Baum zeigte. Dorthin! rief er, aber gerade zu! — „Wir werden auf Morast und Gräben treffen". — Ey, Bedächtlicher, so bauen wir Brücken! — Und so wurden Aeste gehauen, wir rückten mit Faschinen beladen als Belagerer fort, sicherten den Weg und erreichten das Ziel." — Ähnlicher Züge giebt es viel; wie er z. B. kühn geheirathet hatte bei kaum gegründeter Existenz, so rieth er anderen im ähnlichen Falle Befindlichen nur nicht zu zögern. Denn wer wüßte, wie es nach Jahren stünde? Lessing, so praktisch er auf den ersten Blick scheint, war es im Grunde doch gar nicht; dies beweist sein unstätes Leben, sein seltsames Zögern bei praktischen Entschlüssen, aus zu starker Reflektion hervorgehend, und die fragmentarische Gestalt so vieler seiner Werke ist in der Charaktereigenheit des Mannes begründet. Überblicke ich Klopstocks Leben, so begreife ich Gustav Freytag's Wort in seinen Bildern: Aus neuer Zeit Leipzig 1867 gar nicht: „Aber auch er (Friedrich der Gr.) war von poetischer Anlage, war ein Kind aus dem Jahrhundert, welches sich so sehr nach großen Thaten sehnte und in dem Aussprechen erhabener Stimmungen so hohe Befriedigung fand, er war im Grund seines Herzens ein Deutscher mit denselben Herzensbedürfnissen, als etwa der unendlich schwächere Klopstock und dessen Verehrer." (Ich verstehe auch die Jronie Dr. Paul Wagner's nicht, der in seinen „Briefen aus dem Freundeskreise von Goethe u. s. w. Leipzig 1817" vor die bekannten beiden lakonischen Briefe Klopstocks an Goethe als Motto die Worte von Sturz über Klopstock setzt: „Auch als Freund ist Klopstock Eiche, die dem Orkane steht". Ich wüßte eben nicht, daß Klopstock je ein Freund Goethe's gewesen oder sich je mit Innigkeit als solcher gerirt hätte. So flickte man bisher Klopstock am Zeuge!) Es ist so leicht, einem großen Könige, auf dem Gipfel der Macht geboren, der bei einiger Anlage nur groß sein zu wollen braucht, um es zu sein, Huldigungen darzubringen; weshalb ihm gegenüber zur vermeintlichen Vergrößerung seines Ruhmes andere Größen erniedrigen, opfern? Denselben kleinlichen und engherzigen Fehler, den Danzel beging, da er durch Klopstocks gänzliche Zerdrückung Lessing zu erhöhen trachtete, begeht hier, in noch schmerzlicherer Weise, Gustaf Freytag. Es ist ja überhaupt ein mißliches Ding, Schriftsteller und Männer der That mit einander zu vergleichen. Will man es aber thun, so thue man es in Emerson's Weise (s. Essays, übersetzt von Fabricius, Han. 1858): „Der Dichter ist Kaiser in seinem eigenen Reich. — Der Dichter ist der unbeschränkte Mann, der das sieht und übt, wovon Andere nur träumen, der die ganze Skala der Erfahrungen durchmacht, und den Menschen repräsentirt vermöge seiner unendlichen Kraft zu empfangen und mitzutheilen. — Die Kritik ist mit einer Kunstsprache des Materialismus geplagt, die annimmt, daß Geschicklichkeit und Thätigkeit mit der Hand das höchste Verdienst des Menschen ist, und hämisch die tadelt, die reden und nicht geschäftig sind, indem sie ganz das Faktum übersieht, daß einige Menschen, namentlich Dichter, von Natur Redende sind, zum Zwecke des Ausdrucks in die Welt gesandt, und sie mit denen verwechselt, deren Gebiet das Thun ist, die es aber verlassen, um die Redenden nachzuahmen. Aber Homers Worte sind ebenso herrlich und bewunderungswerth für Homer, als Agamemnons Siege es für Agamemnon sind. Der Dichter wartet nicht auf den Helden oder den Weisen, sondern wie sie zuerst handeln und denken, so schreibt er zuerst, was gesprochen werden will und muß, indem er die Anderen, die ebenfalls die Ersten sind, dennoch in Hinsicht auf ihn als die

Zweiten und ihm Dienenden betrachtet; als Sitzende oder Modelle in dem Atelier eines Malers, oder als Gehülfen, welche einem Architekten das Baumaterial bringen. — Worte und Thaten sind eine ganz indifferente Art und Weise der göttlichen Wirksamkeit. Worte sind ebenfalls Handlungen, und Handlungen sind eine Art Worte". Jean Paul drückt dies in einem Gleichniß seines Titan etwa so aus: Manche Worte sind Späne von der Keule des Herkules. Übrigens hat diese sinnreiche Sonderung von Wort und Handlung, Werk und That Klopstock selber schon angedeutet. In dem VII. Ges. des Messias V. 693—94 steht eine ähnliche: „So schwindet Vor des Hohen rauschender That des Weisen bescheidne."

Bei Klopstock ging also die Kritik, die er an sich selbst ausübte, aus seinem poetischen Schaffen hervor, bei Lessing diesem voran, und bei Schiller und Goethe begleitete die Kritik fast dauernd ihr poetisches Thun. Müssen wir also bei Lessing die poetischen Werke aus seiner kritischen Thätigkeit begreifen, so nehmen wir bei Klopstock den entgegengesetzten Weg.

Gegen die von außen kommende Kritik verhielt sich Klopstock kühl, ja verachtend; doch nicht so, wie man bisher allgemein angenommen hat und annehmen mußte, da man sich noch nicht in das Studium der Varianten einließ, daß er nämlich die Schriften seiner Gegner gar nicht berücksichtigte. Dies muß jetzt durch meine Arbeit als ausgemacht hingestellt werden: er berücksichtigte sie sehr. „Ich fand" sagt Böttiger in dem sogleich zu nennenden Werkchen, „daß Klopstock sehr gern Vorstellungen annehme; denn als ich ihn wieder besuchte, sagte er mir, wie er die (von Böttiger getadelten) Stellen abgeändert habe." Er las diese Brochüren, Artikel und Artikelchen eifrigst; dieß bezeugt die Anecdote in Böttigers Aufsatz: Klopstock im Sommer 1795 (im Taschenbuch Minerva aufs Jahr 1814) „In den ersten zehn Jahren seines Aufenthaltes in Copenhagen, erzählte Klopstock, hab' er sich durch nichts so schnell seine Kopfschmerzen verbannen können, als wenn er die ganze Aesthetik in einer Nuß oder andere Wasserblasen dieser Art, welche die Gottschedsche Schule gegen ihn aufschäumen ließ, zu seiner Erbauung wieder vorgenommen hätte. Einst habe ihn Tyge Rothe, den man wegen seiner dänischen Übersetzung des Batteux in einem dänischen Journal heftig angegriffen, und dadurch sehr zum Zorn gereizt hatte, bei einer solchen Lectüre laut auflachend angetroffen, und sich vorgenommen, die Kritiken auch als gute Magen= und Digestivpillen zu betrachten. Er habe sich zweimal die sämmtlichen Schriften, die gegen ihn erschienen wären, mit schwerem Gelde gekauft, aber sey immer durch Wegborgen und Fortziehen wieder darum gekommen." Er beantwortete zwar nie eine, ausgenommen gegen Herder in einem Briefe vom 5. Mai 1773: „Ich habe noch in meinem Leben an keinen Criticus, selbst an keinen im guten Verstande des Wortes, geschrieben; Sie sollen die Ausnahme machen; und werden auch wohl die einzige bleiben." (Aus Herders Nachlaß, herausgegeben von Düntzer und J. G. v. Herder 1. Bd. 1856 S. 202 ff. Auch bei Lappenberg, S. 249 ff.) Vergleiche hiermit den Brief an Ebert, 21. April 1773 (bei Lappenberg S. 248): „Bei diesem Berliner Recensenten [es war Mendelssohn f. Cramer Er und über ihn V. Theil, S. 534, die Kritik stand in der Allg. deutschen Bibl.] ist mir verschiedenes wieder eingefallen. Ich habe seit Johann Christoph Gottsched bis auf diesen letzten Ehrenmann, seit 1748—73, gegen diese Leute geschwiegen; und hätte es doch so ziemlich in meiner Gewalt gehabt, sie nicht allein bis zu ihrem völligen Unrecht, sondern auch zu ihrer völligen Lächerlichkeit, auch nicht allein bis hierher, sondern auch bis zu ihrer gar besonderen Abgeschmacktheit herunter zu bringen."

Und trotz dieser gewiß nicht unbilligen Verachtung der meisten Äußerungen seiner Gegner oder Tadler, beachtete er doch viele ihrer Winke. Ich werde bei der Betrachtung der Varianten außer den sämmtlichen des ersten Gesanges hauptsächlich solche aus den folgenden Gesängen nehmen, bei denen ich den Grund der Veränderung in dieser Weise zeigen kann. Vieles auch, was seine Kritiker lobten, änderte er trotzdem. Denn Herr in seinem Reiche blieb er auf alle Fälle,

so sehr, daß er sogar seiner Erzfeindin, der Allgemeinen deut=
schen Bibliothek gegen den alles vertheidigenden C. F. Cramer
Gerechtigkeit widerfahren ließ. Beherrschen ließ er sich nicht;
sein eigenes Urtheil entschied. „Ich habe nie andere in irgend
einer Sache beherrschen wollen: aber andere (Dank dir noch
einmal mein Genius!) haben mich auch nie beherrscht." (An
Herder, 13. November 1799, Lappenberg S. 417). In der
Ausbildung seines Versmaaßes folgte er ganz seinem Urtheil,
und er konnte bei den allgemein schwankenden Ansichten gewiß
in diesem Punkte nichts Besseres thun.

Über die Berechtigung religiöser Epen überhaupt entstand
sogleich nach dem Erscheinen des Messias ein heftiger Streit,
durch die Angriffe der Gottschedianer heraufbeschworen. Loebell
in seinen Vorlesungen „Die Entwicklung der deutschen Poesie
von Klopstocks erstem Auftreten bis zu Goethes Tode", Theil 1,
Braunschw. 1856, hat darüber schon Bericht erstattet.

Weitere einschneidende Beobachtungen und Betrachtungen
zur richtigeren Erkenntniß Klopstocks finden sich an verschiedenen
Orten meines Werkes. Dem künftigen Biographen, wer es auch
sein mag, wird die aphoristische Weise meiner Darstellung vor=
theilhaft sein. Ich reibe ihm Farben, möge er das Bild
liefern.

Druck von Fr Werneburg in Lübbecke.

# Klopstock-Studien.

*Ihm gab ein Gott in holder steter Kraft
Zu seiner Kunst die ew'ge Leidenschaft.*
　　　　　　　　　Goethe.

Von

## Dr. Richard Hamel.

---·◆·---

### Drittes Heft.

Inhalt: 1) Zur Entstehungsgeschichte des Messias. — Geschichte und Kritik der Ausgaben. — Commentare.
2) Zur Textgeschichte des Messias: Veränderungen aus religiösen und religiös-ästhetischen Rücksichten. — Geschichte des Abbadona.

Rostock.
Carl Meyer's Buchhandlung.
1880.

### Vor der Lesung des Buches zu beachten.

S. 85, Z. 3 v. u. zuerkannte für erkannte.
S. 102, Z. 6 v. o. bisweilen wörtlich, für oft w.
S. 127, Z. 8 v. o. die für der.
S. 131, Z. 22 v. o. Zu dem Worte Schicksal. Das Schicksal ist zur Vorsicht geworden (im Sinn von Vorsehung) 1., 634. Deutlich ist dies in I., 376 der Fall, wo erst Schicksal stand, dann Vorsicht, dann Vorsehung; s. Varianten, Sprache und Sinn betr. (Heft 2) S. 57.
S. 133, Z. 10 v. o. Heerschaar für Herrschaar.

Muncker hofft die Briefe Klopstocks an Hemmerde und G. F. Meier nächstens zu ediren. Sie versprechen noch manche interessante Einzelheiten für die Geschichte der Entstehung und der Ausgaben.

# Michael Bernays

der zuerst wieder das eingehende Studium Klopstocks anregte

in höchster Verehrung

gewidmet.

Auf dieses dritte Heft der Klopstockstudien wird ein viertes ergänzendes folgen, dessen Inhalt ich in diesem Hefte angedeutet habe. Die Klopstockstudien beziehen sich sämmtlich zunächst auf den Messias. Obgleich aphoristisch im Einzelnen, bilden sie doch im Großen ein abgerundetes Ganzes. Es wird das Material zur Geschichte der Entstehung des Gedichtes gegeben, eine Kritik der Ausgaben, eine Betrachtung der beiden größeren Commentare, (kleinere Schriften sind verzeichnet in Jördens Lexicon, 3. Band); ferner sind die Varianten nach den drei Hauptrichtungen und innerhalb derselben wieder in einzelne Abtheilungen gesondert, stets im Hinblick auf das Ganze des Werkes und auf das Wesen der Dichtung Klopstocks und des Dichters selber, betrachtet, und endlich ist ein allgemeinerer Essay über Klopstock beigefügt. Vielleicht ermöglicht sich nun eine kritische Ausgabe des Messias mit sämmtlichen Varianten, so weit dieselben eben von Klopstock selbst herrühren. Es werden also nur die von ihm selbst bearbeiteten und von ihm gebilligten Ausgaben Berücksichtigung finden. Daß ich mich bisher in der Bestimmung derselben geirrt hätte, ist von der Kritik nicht constatirt worden. Muncker wird finden, daß ich die Ausgabe 1768 nicht vergessen, sondern absichtlich und mit Recht ausgeschieden habe; ebenso ist von mir die Quartausgabe 1751 benutzt. In meiner vorliegenden Geschichte der Ausgaben mögen sich einzelne Lücken finden, sofern es sich um Abdrücke handelt; was aber auch in dieser Hinsicht noch zu bemerken sein sollte, so wird sich Muncker doch überzeugen, daß meine Werthbestimmung der Editionen die richtige ist.

Von den über das erste, 1879 herausgegebene Heft meiner Studien: „Zur Textgeschichte des Klopstockschen Messias, I. Metrische Beobachtungen, II. Aphorismen" erschienenen

Kritiken verdienen die folgenden Berücksichtigung. Professor Dr. Oskar Erdmann in Königsberg hat mich durch seine in der Zeitschrift für deutsche Phil. XI., 3, 1879 publicirte Besprechung zur Fortsetzung dieser in mehrfacher Beziehung mühsamen Arbeiten ermuntert. Ich fühle mich verpflichtet, dies öffentlich auszusprechen. Ebenso anerkennend und noch ausführlicher ist Franz Munckers Bericht in Nr. 2 des Heidelberger Literaturblattes für germ. u. rom. Phil., 1880. Muncker hat in diesem Jahre selbst ein bereits allgemein als vortrefflich anerkanntes Buch edirt: Lessings persönliches und literarisches Verhältniß zu Klopstock, Frankfurt a. M. Ich war so glücklich, mich noch auf ihn in wichtigeren meine Studien betreffenden Punkten beziehen zu können; verweise demnach auf diese Stellen meiner Arbeit. Hier muß ich folgendes bemerken. Muncker sagt in seiner Recension: „Zweifelhaft kann es höchstens erscheinen, wie Hamel zu dem Schlusse kam, daß Klopstock mehrmals seinen Plan abänderte, bisweilen zum Nachtheil des epischen Charakters seines Werkes. Sobald man von unbedeutenden Einzelheiten absieht, möchte sich der Beweis für diese Behauptung ohne neues, bisher unbekanntes Material, von dem der Verfasser nichts andeutet, ziemlich schwer führen lassen." In seinem Buche heißt es demgemäß: „Der Inhalt stand vom ersten Moment an fertig vor Klopstocks Seele. Auch in dieser Hinsicht änderte er später den einen oder andern Vers, aber nur um seiner immer strenger werdenden kirchlichen Gesinnung auch im einzelnen Ausdruck genug zu thun." S. 19. Es ist unmöglich, daß Muncker nach Erwägung der vielfachen diesbezüglichen Erörterungen in meinen neuen Arbeiten nicht von dieser Ansicht völlig abgehen und mir Recht geben sollte, vielleicht hie und da mit einer Einschränkung, aber doch — und das ist ja das Wichtigste in diesen nie ganz zu durchschauenden Dingen — im Ganzen. Bisher unbekanntes Material liegt meinem Urtheil freilich nicht zu Grunde; aber nicht blos „der eine und andere Vers" wurde abgeändert, sondern ganz neue Episoden wurden eingeflochten, rein persönlich lyrischer Art, z. B. die höchst merkwürdige von mir Seite 58 ff. besprochene, andere zuerst episch concipirte lyrisch ausgearbeitet, s. Seite 13, die nebst den anderen beigebrachten Daten Munckers Meinung entschieden mobificiren müssen. Den Vorwurf, die einzelnen Beispiele der Varianten seien auf den ersten Blick etwas unsystematisch an einander gereiht, nimmt Muncker selbst zurück. Sollte ich darin auch nicht immer glücklich gewesen sein — und dem ist in der That so, besonders im 2. Heft —, so bedenke man die Schwierigkeiten, diesen überaus spröden Stoff in ein regelrechtes System zu bringen. Nur der solcher Arbeiten mehr oder weniger Unkundige wird hier rigorös sein wollen. Es ist benn doch auch wohl nicht zu fordern, daß man einer chimärischen Vollkommenheit wegen Jahre lang an diesen Arbeiten haften soll. Meusebach hat uns gezeigt, welchen Nutzen die Neigung zur absoluten Vollendung bringt. — Mein Irrthum bezüglich der „Literaturbriefe" (Zur Textgeschichte, S. 53) ist von Muncker dankenswerth berichtigt; es muß „kritische Briefe" heißen; übrigens sage ich — was Muncker entgangen zu sein scheint — auch auf Seite 58, daß Lessings Kritik der Anfangsverse des Messias schon früher in dem „Neuesten aus dem Reiche des Witzes" erschienen war. In der Hempelschen Lessingausgabe bilden das Neueste, die kritischen und Literaturbriefe einen Band, und so versah ich mich. — Auch dem im Ganzen anerkennenden Recensenten C. in Zarnckes Lit. Centralblatt 1879, 33, Seite 1062, habe ich auf einige Punkte zu antworten. „[Bei den metrischen Beobachtungen]", sagt er, „hält sich der Verfasser nicht ganz von einem Fehler frei, der sich allerdings bei solchen Untersuchungen sehr leicht einstellt, daß er nämlich eine bewußte Absicht des Dichters annimmt, wo an eine solche zweifellos nicht zu denken ist." Schade, daß Herr C. nicht eine Stelle nennt! Bei Klopstock ist, wie auch der Specialkenner dieser Dinge, Muncker, bemerkt, an Absichtslosigkeit selbst in den geringfügigsten Kleinigkeiten fast nie zu denken. Dann bedauert Herr C., daß ich nicht auch den Hexameter der lyrischen Dichtungen Klopstocks in die Untersuchung gezogen habe. Ich vermied es absichtlich, um zuerst den Entwickelungsgang des Dichters in seinem Haupt= und Lebenswerke klar darzustellen. Es ließe sich übrigens a priori behaupten, daß Klopstock, was er im Messias gethan, bei den Oden nicht unterlassen haben wird. Die schärfste Verdammung erfahren die „Aphorismen". Von der Begeisterung hingerissen, sei ich unsäglich kritiklos verfahren. Ich bitte den Recensenten, Munckers Kritik zu lesen; er wird sein Urtheil dann zurücknehmen.

Robert Boxberger, der Federgewandte auf allen Gebieten literarischer Forschung, giebt in den Blättern für literarische Unterhaltung, 1879, folgende classische Recension:

Die metrischen Beobachtungen des Verfassers sind mit Geschick und Verständniß angestellt; da er aber in etwas prätentiöser Weise (überhaupt geht dieser Ton so ziemlich durch das ganze Schriftchen und verräth die Jugend oder wenigstens die Unerfahrenheit des Verfassers) schon auf dem Titel eine „weitere Arbeit" ankündigt, so wollen wir eine eingehende Kritik seiner Forschungen bis dahin versparen. Begreiflicherweise bin ich in dieser „weitern noch ungedruckten Arbeit" auf den Beweis begierig, den er mit den Worten verspricht: Die neuste Hempel'sche Ausgabe, welche als „nach den besten Quellen revidirt" aufgetreten ist, hat sich zum Theil der schlechtesten Quellen bedient, wie ich nachzuweisen im Stande bin."

Der Verfasser wird fühlen, daß er diesen Beweis unter allen Umständen zu führen hat, auch wenn das versprochene Werk nicht zu Stande kommt; der Gegenbeweis wird nicht auf sich warten lassen, obgleich ich gestehen muß, daß mich ein gelindes Gruseln bei dem Gedanken befällt, mich wieder in diesen Wust von Lesarten stürzen zu müssen. Anerkennenswerth ist übrigens auch, daß der Verfasser eine Reihe von zeitgenössischen Kritiken wieder an das Licht zieht.

Mit dieser durch meine rein wissenschaftliche Bemerkung veranlaßte persönlich beleidigende Expectoration habe ich durch eine Kritik der Boxbergerschen Arbeit am Messias in meinen Studien selbst abgerechnet. „Es gehört dazu," sagt Lessing, „um in irgend einer Sache vortrefflich zu werden, daß man sich diese Sache selbst nicht geringfügig denkt. Man muß sie vielmehr unablässig als eine der ersten in der Welt betrachten, oder es ist kein Enthusiasmus möglich, ohne den doch überall nichts besonderes auszurichten stehet." (Anm. über das Epigramm III.) Es liegt eine Mißachtung eigener und fremder Arbeit in Boxbergers von mir hervorgehobnen Worten, die Niemand, der ehrlich und wissenschaftlich arbeitet, billigen kann und darf. Ich rühme übrigens, daß Boxberger mich wenigstens nicht ganz oder halb anonym beleidigt hat.

Das thut der Kritikus W. in dem Eblingerschen Literaturblatt (Wien). Meine Mai-Erwiederung aus der Ecksteinschen Deutschen Dichterhalle will ich für die Liebhaber dieser Studien hierhersetzen.

In einer der letzten Nummern des **Edlinger'schen Literaturblattes** (Wien) befindet sich eine nur mit W. unterzeichnete, für mich und das weitere Publikum also anonyme Recension meiner Abhandlung „**Zur Textgeschichte des Klopstock'schen Messias**". Ich würde an eine Vertheidigung meiner Arbeit, deren schönsten Lohn, die Hochachtung hervorragender Männer, mir kein Recensent entwenden kann, gar nicht denken, wenn der anonyme Recensent mich nicht so gut wie direct des literarischen Diebstahls beschuldigte. Er schließt seinen Erguß mit den Worten: „Das leichtsinnige Publiciren oft sogar schlecht angelegter Lese- und Collegienhefte beginnt immer mehr um sich zu greifen, und es wird endlich an der Zeit sein, entschieden dagegen Verwahrung einzulegen." Ein Collegienheft enthält die nachgeschriebenen Vorträge eines Docenten. Es publiciren heißt literarischen Diebstahl begehen. Und diese Verleumdung spricht ein anonymer Recensent, ohne den Schatten eines Beweises zu liefern, aus gegen meine bis in die feinsten Details verlaufende Arbeit, die von Citaten aus dem sehr raren Schatz der Klopstockliteratur fortwährend begleitet wird! Wäre eine solche Beschuldigung nicht gar zu lächerlich, sie würde infam sein und gerichtliche Verfolgung heißen. Man weise mir gestohlenes Gut in meiner Arbeit nach, die für jeden Kenner den ausgeprägten Stempel der Eigenart trägt. Anonymus begnügt sich jedoch nicht mit allgemeinen Verdächtigungen; auch specieller begleitet er die von mir als Ergebnisse meiner Forschungen in der Einleitung hingestellten Punkte mit den Worten: „sofern sie wirklich neu sind". Was soll das heißen? Ich habe die Begründung der Resultate bereits angekündigt; es ist nicht meine Schuld, wenn die bezüglichen Arbeiten noch ungedruckt sind. Der Recensent hätte mich darum ersuchen sollen, und ich hätte sie ihm gern privatim mitgetheilt. Seine außerordentlich beleidigenden Verdächtigungen auszusprechen, hatte Anonymus um so weniger ein Recht, als er damit ja selbst seine Unkenntniß der Klopstockliteratur eingesteht. So kann der erste Beste jedes Mannes ehrliche Arbeit verunglimpfen. — Und nun die sachlichen Bemerkungen des Anonymus! Ich schreibe **Zur Textgeschichte**, und er recensirt diese Beiträge als hätte ich **Die Textgeschichte** geschrieben! Er kritisirt eine Skizze als Gemälde. Daß er eine bereits detaillirte Gruppe lobt, thut mir leid; denn was kann mir das Lob eines Mannes sein, der mir vorwirft: 1) daß ich in der Einleitung auf den Werth textvergleichender Arbeiten überhaupt hinweise und beim Beginn der Abhandlung auf den Werth solcher Arbeiten über Klopstock im Speciellen; 2) daß ich nicht die Zahlenverhältnisse der Varianten jeder Gruppe angegeben, was dem Einsichtigen bei Klopstock's oft fünfmaliger Verbesserung beinah unmöglich erscheinen muß. Wenigstens würde es die unfruchtbarste geisttödtendste Mühe mehrerer Jahre beanspruchen. Und der Gewinn? Eine Lappalie! Diese Arbeit sei dem Anonymus empfohlen; ich überlasse ihm meine Variantensammlung gern. 3) daß ich bei der Besprechung der Alliteration im Messias Verse aufführe, wie:

  Tilg', o Vater, aus deinem **B**uch der Lästerer Namen,
  Sie sind meine **B**rüder nicht mehr. Sie haben den Mittler.

„Hier", sagt Anonymus, „findet sich gar keine Alliteration, denn das **B** einmal im oberen, einmal im unteren Verse darf nicht dafür angesehen werden". Ich frage zuerst: Warum citirt Anonymus nicht den zu demselben Buchstaben gehörenden, gleich auf die obigen folgenden Vers dazu:

  Deines **B**undes, sein **B**lut, die Todesangst, die gebrochnen —?

Offenbar um meine Kenntniß der Alliterationsgesetze lächerlich zu machen.¹) Aber es handelt sich hier nicht um die Gesetze der Alliteration! Es ist nur die Frage, ob Klopstock ein Gefühl für Alliteration besessen habe. Ich bemerkte das ausdrücklich und sprach sogar von der Unwahrscheinlichkeit der Annahme, Klopstock habe eine genauere Kenntniß der Gesetze der Alliteration gehabt. Von den Gesetzen des Stabreims beim Hexameter reden zu wollen, ist an und für sich völliger Unsinn; da der Anonymus aber einmal so unsinnig ist, so verweise ich ihn blos auf Vilmar's Verslehre (II. Theil der deutschen Gr.) S. 23, §. 36: „Eine der gewöhnlichsten Abweichungen von der allgemeinen Regel ist die, daß sich in allen alliterirenden Gedichten häufig Langzeilen (zwei Kurzzeilen oder Verse) finden, die auch in der ersten Hälfte nur einen Stab haben:

want her dô ar armê
wúntâne bóngà Hild. 35 u. s. w."

Dazu ruht noch der Hauptsinn der beiden Verse in den Wörtern: Buch, Brüder. — Ebenso durchaus thöricht ist der Tadel meiner Wahl noch eines Verses. Vilmar bemerkt a. a. O. S. 27 ausführlich, daß in den neueren alliterirenden Poesien gleiche Consonanten sehr häufig auch ungehobene Silben beginnen, und diese Abweichung vom alten Gesetze in dem Mangel der neueren Sprache begründet sei. Klopstock ist übrigens nicht erst durch die Edda, sondern — wie ich jetzt gefunden — durch einen Aufsatz Bodmer's auf die relative Schönheit dieser Ausdrucksweise aufmerksam geworden. Eine Unwahrheit ist es ferner, wenn der Anonymus sagt: „Noch auffallender aber ist, daß alle Beispiele für Alliteration nur aus einer Ausgabe genommen sind." Gleich mein erstes Beispiel hat die Bezeichnung „1773 ff.", nennt also drei Ausgaben! Ist eine solche Lüderlichkeit nicht empörend? Anonymus scheint Halbmasken auch beim Studiren zu tragen, nicht nur vor dem Publikum; nur so sind solche Versehen erklärlich. Daß ich endlich die „nicht in die Textgeschichte gehörige" Beobachtung mittheilte, ist doch wohl ihres Interesses wegen verzeihlich. Ich schrieb ja: Zur Textgeschichte. Der Hyperpedant hat eine wahrhaft possirliche Angst vor allem „Unzusammenhängenden". So springt er denn mit kühnem Sprung über meine „Aphorismen" fort, frischweg behauptend, sie hätten zum Theil gar nichts mit den Varianten zu thun. Man höre! In der Einleitung stehen die gar nicht pedantischen Worte von Bernays: „Eine Sammlung der Varianten wird uns mannigfache Gelegenheit bieten, die Kunst des Dichters im Kleinen und Kleinsten zu studiren, und dies Kleine wird uns oft genug auf die Erwägung der bedeutsamsten Fragen hinlenken, die sowohl den Autor als sein Werk betreffen". Das war nach meinem Geschmack geredet, und so behielt ich denn stets das Ganze des Werks und des Wesens des Dichters im Auge und versuchte mich stets zu principiellen Erkenntnissen zu erheben heraus aus dem Sande pedantischer Buchstabenklauberei. Für des Anonymus Geschmack ist das nichts; nun, chacun ꝛc. Doch der Inhalt der Aphorismen Nr. 1: Die Widerlegung der Ansicht von Gervinus, die bis auf diese meine Arbeit gang und gäbe gewesen, daß Klopstock lediglich im Geiste der Orthodoxie verbessert habe, nicht mit ästhetischer Kritik, — diese wichtige, auch auf Klopstocks ganzen Charakter neues Licht werfende Betrachtung gehört unmittelbar zu den aus religiöser Sinneswandlung resultirenden Varianten. Nr. 2: Beleuchtung der Angriffe Lessing's gegen Klopstock, die ja doch Verbesserungen bezwecken sollten und in drei Fällen Erfolg hatten, sodann die Zurückweisung der Mäkeleien Lessings gegen den Messias

---

¹) Es ist selbstverständlich, daß ich ohne den dritten Vers die beiden voraufgehenden gar nicht genannt hätte. Eben die fünffache Wiederkehr des B fiel mir auf.

überhaupt und die Berichtigung eines wesentlichen Irrthums in seiner Auffassung des Planes des Messias, alles unmittelbar aus dem Variantenstudium fließend. Nr. 3: Hinweisung auf Klopstock's Verdienste um unsere Sprache, auf seinen Standpunkt in der Entwicklung derselben, die er durch seine fortwährende, in den Varianten sich besonders manifestirende Arbeit gefördert. Nr. 4: Die unmittelbar aus einer angeführten Variante hervorgehende ästhetische Betrachtung über Klopstock's Dichterberuf, nebst Zurückweisung der bezüglichen Merck'schen Ansicht. — Diese 4 Punkte haben also mit den Varianten zum Theil nichts zu thun und sind „kurios". Und diese „zusammenhangslosen Brocken", die „noch dazu nicht gerade besondere Wichtigkeit besitzen", hätte ich lieber weglassen sollen? Recensent: „Wir hätten sie gern vermißt." Gott sei Dank, daß ich sie habe drucken lassen! Jetzt hat mich Anonymus doch lehren können, was wichtig und unwichtig in der Wissenschaft ist! Die Zahlenverhältnisse der Varianten jeder Gruppe — ungeheuer wichtig! Die obigen principiellen Betrachtungen — unwichtig! Und dann „Brocken". Als ob schließlich nicht alle unsere Weisheit und Wissen aphoristisch wären. — Endlich findet Anonymus die Einleitung, 8 Seiten von 62, wozu noch 150 kommen sollen, (nun sind es zwei ganze Bücher geworden) „recht lang". — Das die leichte Widerlegung des wesentlichen Inhalts einer 82 Zeilen langen Recension. Warum so viel Geschwätz, wenn mein „Büchlein" kein weiteres Verdienst hat, als eine Anregung auf vergessenem Felde zu geben? Und nicht Ein Wort der Anerkennung für die langwierige, peinliche Sorgfalt, die Textvergleichungen erfordern, bei Klopstock, dem einfache Messias! Dessen einfache Lectüre schon eine himmlische Geduld voraussetzt, und dessen 19458 Verse der Anonymus höchst wahrscheinlich nicht Ein Mal gelesen hat, viel weniger je 10—20 Mal mit der Feder in der Hand verglichen, und mikroskopisch untersucht behufs Erspürung oft feinster Variantengebinde. Des mannigfachen aus eigener Spürkraft gegebenen Neuen gedächte ich gar nicht, wenn der anonyme Ehrenmann, der die Klopstockliteratur nicht kennt, nicht stracks annähme, es sei alles zusammengestohlen.

Das Interessanteste in allen diesen Besprechungen sind die verschiedenen Ansichten, welche die Beobachtung der „Alliteration" bei Klopstock hervorgerufen. Ich erwähne einige.

Erdmann: „Merkwürdig sind die Bemerkungen über die Alliteration, in der Hamel eine Nachwirkung von Klopstocks altgermanischen Studien sieht."

C.: „Für gänzlich verfehlt ist die Zusammenstellung der Alliteration zu halten, die Klopstock angeblich nach seiner Bekanntschaft mit der altnordischen Literatur in den spätern Gesängen des Messias angebracht haben soll; denn es lassen sich auch in der frühesten Fassung der ersten Gesänge des Messias mit leichter Mühe ähnliche Gleichheiten im Anlaute nachweisen, die offenbar vom Dichter nicht beabsichtigt waren." Offen gesagt, ich begreife bei ehrlichen Leuten nicht, wie sie recensiren mögen, ohne genau vom Inhalte des zu recensirenden Buches sich überzeugt zu haben. Ich für meine bescheidene Person würde mir graue Haare über eine solche Sünde wachsen lassen. Wo sage ich denn, daß in den späteren Gesängen Klopstock diese Alliteration angebracht habe? Ich finde keine Silbe. Meine Worte lauten: „Die Gesetze der Alliteration konnten des Näheren Klopstock wohl nicht bekannt sein, aber die allgemeine Bekanntschaft damit dürfte man nach Einsicht in Stellen wie folgende nicht leugnen können. Mich frappirten zuerst die Verse 415—17 des XVIII. Gesanges". Wo rede ich hier von früheren oder späteren Gesängen? Ich nenne nur die Stelle, wo ich beim ersten Lesen des Messias die Wahrnehmung machte. Und überhaupt die Bemerkung, daß sich „schon in der frühesten Fassung der ersten Gesänge ähnliche Gleichheiten im Anlaut mit leichter Mühe nachweisen lassen". Hätte der Herr Recensent doch nur das auf S. 7, 5b. Gesagte noch im Gedächtniß gehabt! Da steht: „Vom Herbste 1748 an beginnt die Arbeit am Weltgerichte, Ges. XVIII. und XIX. Februar 1752 war ein nicht unbeträchtlicher Theil vollendet." Der Herr Recensent hätte somit sehen können, daß der Gesang XVIII. selbst zum größten Theil zu den „ersten Gesängen" gehört. Wäre er wirklich scharfsinnig gewesen, so würde er mir einen anderen, begründeten Einwand gemacht haben, den ich nun hier selbst nachhole: Wenn der Gesang XVIII. zu den ersten gehört, in denen sich ja in der That Gleichheiten im Anlaut finden, so ist die Vermuthung des Verfassers, Klopstock sei durch das Studium der Edda darauf gekommen, nicht richtig, denn Klopstock beschäftigte sich mit dieser erst seit 1756. — Etwas naiv ist das Wort: „die offenbar vom Dichter nicht beabsichtigt waren". Natürlich, hie und da ergeben sich solche Gleichheiten ganz von selbst aus dem Charakter unserer Sprache; ich sagte ja auch deswegen: man wird meine Annahme bei „Stellen wie folgende" nicht in Abrede stellen können. Und das thue man einmal bei der Mehrzahl der angeführten Stellen (Seite 34), ohne dann überhaupt alles unter die Herrschaft des „Zufalls" zu stellen.

Zum besten Glück für mich hatte Muncker nun auch die Beobachtung selbständig bei den Oden gemacht. Er sagt: „Aus

Rücksichten der Lautmalerei, behauptet der Verfasser, wandte Klopstock endlich auch die Alliteration an, sobald er durch die Lectüre der Edda diese metrische Eigenthümlichkeit der urgermanischen Poesie freilich nur im allgemeinen ohne die erforderliche Einsicht in ihre noch jetzt viel bestrittenen inneren Gesetze kennen gelernt hatte. Hamel zweifelt, ob er mit Gewißheit den Einfluß des Stabreims im Messias entdeckt habe. In seinen Beispielen führt er allerdings manche ungenügende, selbst manche falsche Alliteration an: nur hochbetonte Stammsilben können hier in Betracht kommen; gleichwohl halte ich seine Behauptung für unantastbar. Sie bestätigt einen ähnlichen Gedanken, der sich mir bei dem Studium der spätern Oden immer wieder aufdrängte. Namentlich in der Ode „Wink" aus dem Jahre 1778 finde ich die Alliteration geradezu als metrisches Bindemittel in dem sonst überaus losen Versgefüge verwendet:

„Bevor er lernt, was die Edlen dann,
Wenn in Stimme sich nun ihr Verstummen wandelt,
Dann sagen, und welche Worte der Wahl sie würdigen,
Wenn sich nun ihr Verstummen wandelt!"

Oder: „Daß zu seiner Saite Klang mit der vollen
Harmonie das Herz der Hörenden klingt."

Aehnliche Beispiele finden sich namentlich auch in der Ode „mein Wäldchen" aus demselben Jahr:

„— — daß einst, wenn nun die Sonne
Sinkt, in eurer Kühle durchhaucht von Abend-
Lüften ihr Laub sich
Leise bewege, dann der Liebling sage" ꝛc.

Von Zufall kann hier ebenso wenig wie bei den von Hamel angeführten Stellen aus dem Messias die Rede sein."

Auch Muncker hat, indem er „ungenügende, selbst falsche Alliterationen" tadelt, vergessen, daß ich ja nur vom Gefühl für diese metrische oder Sprach-Eigenthümlichkeit bei Klopstock spreche. Also mußte es mir doch erlaubt sein, Stellen anzuführen, die meinen beschränkenden Ausspruch ja eben rechtfertigen.

Wiewohl Muncker nun meine Behauptung für unantastbar hält, so muß ich selbst sie doch antasten. Klopstock ist, wie ich in der längeren Erwiederung oben bereits gesagt habe, nicht erst durch das Studium der Edda oder überhaupt erst durch seine altdeutschen Studien, die etwa seit der Mitte der 60ger Jahre begonnen haben mögen, sondern schon lange vor 1748 durch Bodmers Arbeiten und durch die Engländer auf die Gleichheit der Anlaute aufmerksam gemacht worden. Hätte er sie ja doch in anderem Falle vor der Bekanntschaft mit den alten Sprachschätzen nicht anwenden können! Das hindert, wie ich gleich hier bemerken will, nun freilich nicht, daß er nach der Kenntnißnahme des Heliand, der Edda u. s. w. in dem Gebrauche der gleichen Anlautung bestärkt ist. Seit dieser Zeit könnte man dann auch erst bei ihm von wirklicher Alliteration reden.

In Bodmers Abhandlung von der Schreibart in Miltons V. P. (in der Sammlung der Zürcherischen Streitschriften, Neue Ausgabe, 1. Band, Zürich 1753) findet sich (S. 122) die Bemerkung: „Das Schlimmste, das Addison und Schaftsbury davon gesagt haben, war, daß man in seinen Worten eine Art Geschälles wahrnehme, wie zum Exempel in folgenden Stellen: Er bracht eine Welt voll Weh in die Welt; dieses führte uns in Versuchung, daß wir es auch mit ihm versuchten; du wirst dann sehen, ob wir kommen, den Thron des Allmächtigen zu verehren, oder zu verheeren." Daraus geht hervor, daß Bodmer in seiner Uebersetzung des V. P. diese Eigenthümlichkeit der Sprache des Engländers nachgeahmt hat. Ich citire aus derjenigen Ausgabe der Bodmerschen Uebersetzung, die Klopstock noch vor Herausgabe seines Messias gelesen hat (Zürich 1742, 1. Band) einige Stellen: S. 15: Hernach regieret er seinen Flug in der Höhe mit ausgespannten Flügeln, und schwebet in der dunckelbraunen Luft, welche eine ungewöhnliche Last fühlete, bis er an das trockene Land hinunterstieg; wenn je Land war, was beständig mit einem gebiegenen Feuer brannte, wie der See mit einem flüssigen siedet. Er schien an Farbe wie ein Felsen. — S. 316: Wie die Kriegesheere auf den Trompeten=Klang, (du hast von Kriegesheeren gehöret reden,) zu ihren Fahnen eilen, so drängte ein Haufen Wassers den andern fort, eine Welle jagte die andere, wo nur ein Weg offen war, war er steil, mit ungestümer Gewalt, war er eben, mit einer sanften Ebbe. — S. 397: Haß, nicht Liebe, noch

Hoffnung, die Hölle mit dem Paradiese zu vertauschen u. s. w. —

Auch mit Youngs Nachtgedanken beschäftigte sich Klopstock früh. Am 2. April 1752 (Schmiblin I., 148) schreibt er an Gleim: „[Bernstorff] hat auch sehr schöne Ausgaben von den englischen Poeten; und ich habe vor einigen Wochen aus dem Young englisch zu lernen angefangen." In Youngs The Complaint finden sich sehr viele alliterirende Stellen; z. B. Night 2, v. 372 ff.:

> The rest are on the Wing: How **fleet** their **Flight**!
> Already has the **fatal** Train took **Fire**;
> A Moment, and the World's blown up to thee;
> The Sun is **Darkness**, and the Stars are **Dust**.

Oder die berühmte, von Klopstock auch hinsichtlich des Stils nachgeahmte Stelle Night 2, v. 292 ff.:

> Time flies, Death urges, Knells call, Heav'n invites,
> Hell threatens: **All** exerts; in Effort, **All**;
> **More** than Creation labours! — Labours **more**?
> And is there in Creation, what, amidst
> This Tumult Universal, wing'd Dispatch,
> And ardent Energy, supinely yawns? —
> **Man** sleeps; and **Man** alone; and **Man**, whose **Fate**,
> **Fate** irreversible, intire, extreme,
> Endless, hair-hung, breeze-shaken, o'er the Gulph
> A moment trembles; drops! and Man, for whom
> All else is in Alarm; **Man**, the sole Cause
> Of this surrounding **Storm**! And yet he sleeps,
> As the **Storm** rock'd to rest. — Throw Years away?
> Throw Empires, and be blameless. Moments seize;
> Heav'n's on their Wing: A Moment we may with,
> When Worlds want Wealth to buy. Bid Day **stand still**,
> Bid him drive back his Car, and reimport
> The Period past, regive the given Hour.
> Lorenzo, **more** than **Miracles** we want;
> Lorenzo — O for Yesterdays to come!" —   (Eberts Ausgabe.)

Die überraschendsten Aufschlüsse über Klopstocks Sprache, Stil, selbst Interpunction giebt uns das Studium Youngs. Auch auf das, was man bisher für das ausschließliche Eigenthum Klopstocks hielt, die Art, wie er seine Gleichnisse gebraucht und Concretes durch Geistiges veranschaulicht, ist Klopstock durch Breitinger geführt worden, der seine Andeutung wiederum dem Studium eines Engländers, und zwar Pope's, verdankt.

In der That, wir müssen den Engländern ewig dankbar sein; aus der engverwandten englischen Literatur ist unsere große classische Zeit geboren. Und dieses Sachverhalts brauchen wir uns nicht zu schämen. Betrübend und empörend dagegen ist es zu sehen, wie in unserer Gegenwart eine ganze pseudogermanische Literatur-Coterie, die ihre Zweidrittel-Bildung Paris verdankt, den seichten Esprit dieser Nation mit handwerksmäßiger Routine übermäßig cultivirend, uns wieder in das elende Joch der Franzosen beugen will. Das Angesicht gen Paris, als den Mittelpunct ihrer Cultur, gewandt, überschwemmt uns diese Macherschaft mit Recensionen und Tiraden über jeden elenden daselbst ausgeheckten Wisch. Wie lange noch soll dieser Unfug dauern und wie weit noch soll er uns degradiren? Sehen wir nicht gar schon einen französischen Autor, der von seinen eigenen Landsleuten zwar gelesen, aber auch angespieen wird — „Man sieht sich eine Gemeinheit mit an", sagte mir über dessen Romane ein Pariser Fabrikant, „aber man speit dabei aus" — als Mitarbeiter an, fast möcht' ich sagen sogenannten, deutschen Zeitschriften fungiren? Und sehen wir nicht deutsche Dichter, deutsche Männer nicht erröthen, daß sie unter ihre Portraits eingereiht das jenes Menschen erblicken? Das Urtheil der künftigen Generation über diese und andere Kotzebuestreiche unserer Tage wird ohne allen Zweifel ein furchtbar vernichtendes sein. Wann werden endlich wahrhaft deutsche, wahrhaft patriotische Talente entschieden Front gegen den heutigen französischen und überhaupt unpatriotischen Schwindel machen, und seine Götzen mit wohlverdienten Geißelhieben aus dem entwürdigten heiligen Tempel unserer Literatur hinaustreiben?

Das aus unseres deutschen Klopstocks Geiste!

Zu dem vorliegenden Buche will ich sogleich hier folgende Berichtigungen und Zusätze machen. Auf S. 39 Zeile 13 bitte ich 1778 in 1758 zu verbessern. Zu den Quellen auf S. 3 und 4 sind auch noch zu rechnen: Klopstock in Jördens Lexicon deutscher Dichter und Prosaisten; Stäublins Briefe berühmter und edler Deutschen an Bodmer, Stuttgart 1794; auch in Schnorrs Archiv für Literaturgeschichte, Band 2, 4, 5 finden sich Briefe von Klopstock (durch Vorberger mitgetheilt) und Notizen über Klopstock, aus denen ich als beachtenswerth für die vorliegende Schrift herausgebe: Band 2: „Ich setze nie das Zeichen des weggeworfenen E, das Häkchen, vor einem Mitlaute, nie: in die Fern' sehn. Ich brauche auch nie den Strich u. s. w." (an Göschen, 28. Januar 1797.) Vgl. Nr. 82.

„Der Messias liegt schon seit ziemlicher Zeit zum Drucke da. Ich beschloß schon 1793 noch kleine Aenderungen zu machen; und deren sind, freilich oft sehr kleiner, nicht weniger geworden." (14. Februar 1797, an Göschen.) Vgl. Nr. 97 der Entstehungsgeschichte. Einzureihen daselbst als 94a.

94b) „Möchten Sie nicht (diese Frage ist mir aus gewissen Ursachen sehr wichtig) an den O. und dem Messias zugleich drucken?" (an Göschen, 1. November 1797.)

94c) „Sie sollen, liebster Herr Göschen, den ganzen Messias haben, so bald Sie ihn um anzufangen haben müssen." (20. Decemßer 1797.)

94d) „Je eher Sie mit den Oden fertig sind, je früher fangen Sie mit dem Messias an. Es liegt mir daran nicht wenig, daß dieß je eher je lieber geschehe." (13. Januar 1798.)

94e) „Herr Bassett, mein Freund, (ein Franzose) bringt Ihnen .. M. S. zu dem ersten Bande des Messias. Ich werde von Zeit zu Zeit jedesmal mit 5 Gesängen so fortfahren. Sie werden das M. S. immer früh genug bekommen, um Ihre Einrichtungen zu machen. Ich habe meine Ursache, um nicht alles mit Einmal zu schicken, wie ich versprochen hatte.

Ich bitte Sie, mir je eher je lieber zwei Blätter Probe= druck von dem Messias zu schicken, eins nämlich, worauf die Zeilen so weit aus einander stehn, wie in den Oden, und ein zweytes, worauf sie ein wenig, nur sehr wenig weiter aus einander sind. Die Zahl der Verse wird unten gesetzt.

Die Zahlen der Anzeige werden nicht durch Striche, nicht V. 30—50, sondern durch Punkte, so nämlich: V. 30 .. 50 abgesondert." (3. Februar 1798.) [Das Letzte geschah nur in der Prachtausgabe 1799, das Erste weder in dieser noch in den andern Ausgaben.]

94f) „Sie müssen Ihre schöne Ausgabe dadurch nicht verderben, daß Sie den Messias mit andern Lettern als die Ode drucken." (3. März 1798.)

94g) „Füger wird mir die Zeichnungen zu dem Messias schicken. Diese werden durch Ihre Hände gehn. Ich sollte Ihnen dieß nicht gönnen, weil Sie mir Johns Siona nicht geschickt haben; aber ich thue es doch!" (7. März 1798.)

94h) „So bald Sie Didots Virgil bekommen, L. G., so sehen Sie seine Vorrede über Boboni's Druckfehler mit Andacht. So bald ich von Ihnen höre, daß meine Bitte um andächtiges Lesen nicht fehl geschlagen hat; so verlasse ich mich auf die fast druckfehlerlose Ausgabe der Messiade. Nun kann ich doch noch eine Probe von der zweyten Ausgabe des Messias mit nicht abgebrochnen Versen bekommen." (Sommer 1798.)

94i) „Haben Sie mir noch keine neue Bogen vom Messias zu schicken? Sie sehen aus der Beilage Veränderungen u. s. w., daß ich glaube, daß sie nicht zu spät komt. Die folgenden 5 Gesänge sollen Sie so bald bekommen, als Sie sie notwendig brauchen." (13. Oct. 1798.)

94k) Gestern, M. L. G., sind 5 Gesänge des Messias an Sie abgegangen. (Die folgenden 5 sollen nicht ausbleiben.) Ueber meine heißen Wünsche, daß alle mögl. Sorge für die Korrektur getragen werde, habe ich Ihnen schon so oft gesagt, daß ich sie nicht wiederhohlen will. Sie sind doch nicht von Ihrem guten Einfalle abgegangen, den Fürstenschülern in Grimma lezte Korrektur geben. Sie begehen eine schwarze That, wenn Sie mir nicht bald Bogen mit der neuen Schwärze schicken. Ich habe einem Engländer, der Ihre Ausgabe kent, einen Brief an Schönborn mitgegeben. Er machte mir Hofnung, daß es gehen würde. Er sagte unter andern, daß keine ungeheftete Exemplare geschikt werden müßten." (3. Nov. 1798.) [Vgl. auch Nr. 93.]

94l) „Ich sehe, L. H. G., die Octavausgabe, weil die große nur wenige kaufen können, als die Hauptausgabe an. Ich bitte Sie daher mir einen Bogen (auf gewöhnliches Papier) mit beyzulegen, wenn Sie mir das versprochene Fertige von der großen Ausgabe zuschicken. Solte jenes schon abgegangen seyn, so lassen Sie die Bogen bald nachfolgen. Herr Clodius, der mir das Register zum Messias (zum Nachschlagen) noch vollständiger machen will, bittet mich Ihm die ehmaligen dem Messias vorgesezten Inhalte, oder Argumente zu schicken. Ich weiß nicht, wie Er darauf komt. Denn diese Inhalte werden ja auch jezt weggelassen, wie sie schon in der Altonaer Ausgabe von 1780 weggelassen wurden. Ich werde Ihm nächstens eine Altonaer Octavausgabe vom Messias durch Hr. Hofmann schicken." (2. Jan. 1799.) [Vgl. Seite 90 F². Ueber die Inhaltsverzeichnisse vgl. Seite 81. Schon am 17. Mai 1749 schrieb Heß an Bodmer (bei Stäublin): „Haben Sie wohl diesem herrlichen Dichter schon geschrieben, daß er eilen solle, die drei Gesänge seines Messias mit noch einem oder zwei neuen, oder doch mit einigen Oden begleitet, besonders herauszugeben? Wenn Sie es thun, so vergessen Sie doch nicht zu begehren, daß in der neuen Ausgabe die Verse zu 5 und 5 numeriret werden. Sie sehen, daß dieser kleine Umstand um des Citirens willen für das künftige unentbehrlich seyn wird. Meines Bedenkens wäre es auch gut, wenn der Dichter selbst einem jeden Gesange richtige und ausführliche Summarien voransezte. Dieses würde zu besserem Verstand des Gedichts für die meisten Leser nüzlicher seyn als alle Recensionen, die noch bisher gemacht worden sind." Vgl. auch Nr. 88.]

94m) „Es ist so tiefer Schnee gefallen, und die Kälte ist so außerordentlich groß, daß ich befürchtete, der Post könte etwas begegnen, wobey mein M. S. verloren ginge. Dieß ist die Ursache, warum ich es gestern nicht habe abgehn lassen. Um Sie indeß in keine Verlegenheit zu setzen, schicke ich Ihnen hier etwas davon. Ich denke, es wird genug seyn. Künftigen Dienstag schicke ich das übrige ab. Denn ich fürchte nicht, daß dann noch gleiche Abhaltung seyn wird.

Noch ein Druckfehler: S. 56 Z. 6 v. o. Triumphe l. Triumph.

Ich bitte Setzer u. Corrector doch aufmerksam auf meine gesetzten oder ausgestrichenen E. zu seyn. Schicken Sie mir bald wieder Bogen (der lezte erhaltne hat unten 41) damit Sie die Anzeige der Druckf. früh genug bekommen.

Um in der 8=Ausgabe die Zeilen nicht zu brechen, haben Sie mich beucht 2 Mittel. Sie machen den vordersten

Rand ein wenig schmäler, und wenn das nicht hilft, so rücken Sie die Worte ein wenig näher zusammen. Wenn aber das Brechen gleichwohl hier und da notwendig werden solte; so theilen Sie den Vers von ungefähr in zwey gleiche Theile; aber so, daß der zweyte mit einem kleinen Buchstaben anfängt, z. B.

        Italiam fato profugus
        lavinaque venit.

Ich hoffe, daß Sie mir den ersten Band des Messias so bald schicken, als er nur eben trocken geworden ist. Wenn Sie 24 Stunden länger sitzen und sich allein daran weiden, so wird Ihnen zur Strafe Ihre Frau eine Viertelstunde länger krank seyn. Aber lassen Sie ja recht gut einpacken." (9. Febr. 1799.)

96 a) „Nächstens beantworte Ihren Brief, M. L. G. Heute nur diese paar Zeilen, ich zeige Ihnen nämlich die Druckfehler an auf den Fall hin, daß die überschickten Bogen noch nicht abgedruckt sind:

    S. 9 Z. 10 v. o. ihm — ihn.
    S. 54 Z. 5 v. o. Getös' — Getös.
    71 Z. 1 v. o. den — denn.
    Z. 9 v. o. du — zu.

Mögen Sie mir nicht die Bogen vor dem Abdrucke schicken? Sie ersparten sich ja dann auch das Umdrucken, welches sonst doch wohl nicht ganz vermeidlich ist." (10. Nov. 1799.) Vgl. Seite 84 gegen Ende.

98 a) „Ich habe bis zu Seite 32 Ges. XI., erhalten. Der Korrektor oder die Korrektoren haben es, besonders in diesem Lezten, vortreflich gemacht. Denn ich kan darin schlechterdings nichts finden. — Der XX. Gesang mag bleiben, wie in der großen Ausgabe nämlich ohne Anzeige der Verszahl. Es müßte dann auch im Register geändert werden; und das würde nur aufhalten. — — Seite 54 u. S. 62 im VII. Ges. sind die Verse weiter abgesezt worden, als in der großen Ausgabe. Ich erinnere dieß nur, damit es nicht wieder vorkomme. — Das Blatt 33 Ges. VII. wünsche ich umgedruckt. Zeile 12 v. u. stehet: sollt, es muß soll heißen. — S. 14 Ges. VI. steht Zeile 8 v. o. ein Jubelg. für Ein Jubelg. Dieß mag unter die Druckf. kommen, ob es gleich auch ein wenig schlimm ist. Wenn soll ich Ihnen die Druckf. schicken? — Sie sind

wohl noch nicht in Grimma gewesen, sonst hätten Sie mir vermutl. das noch fehlende M. S. vom Messias schon geschikt.

Haben Sie schon an Lady Beauclerc in London geschrieben? — Wie heißt der jetzige Rector in der Pforte? u. was ist es vor ein Mann? Giebt es jetzt dort einen Alumus, der sich besonders hervorthut?" (8. Jan. 1800.) Zur letzten Notiz vgl. Nr. 2.

98b) „Hierbey meine Antwort an den würdigen Heimbach. Im Falle, daß Er in Leipzig drucken läßt; so bitte ich Sie, die baldige Absendung eines Exemplars nach Regensburg zu besorgen." (30. April 1800.) —

Aus Band 4:

21a) **8. Februar 1751,** Gleim an Schlegel: „Wir haben den 4ten und 5ten Ges. des Meßias gelesen. Sie sind beyde ganz fürtreflich, und des gött. Helden und seines Dichters würdig, wie die vorigen Gesänge."

Aus Band 5 die sehr interessanten Notizen:

**7. Juli 1747,** Giseke an Schlegel: „Vor einiger Zeit habe ich einen Brief von Bodmern erhalten.... Er lobt darinnen Klopstocks Gedicht mit ungemeinem Eifer. Ich will Ihnen den Brief bey Gelegenheit zuschicken." Darauf antwortete Schlegel wahrscheinlich im Juli noch (Datum fehlt a. a. O. S. 61 und 64):

**Juli 1747,** Schlegel an Giseke: „Wo Bodmer von Kloppstocks Gedichte etwas erfahren hat, möchte ich gern wissen; Es wundert mich nicht wenig, und wenn Kloppstock es nicht durch Sie gethan: So ist es ein Zeichen, wo nicht seiner Eitelkeit doch wenigstens schlechten Aufrichtigkeit." Seltsame Freundescharakteristik; wie die Sache sich in Wahrheit verhielt, stellt Strauß dar, Klopstocks Jugendgeschichte, in: Kleine Schriften, Neue Folge, Berlin 1866, S. 73 f. Im April hatte Hagedorn Bodmer auf den Messias aufmerksam gemacht.

Weiteres Material, den Messias betreffend, wird das vierte Heft dieser Studien enthalten. Es wird aber meist nur dazu dienen, die in vorliegendem Buche gezeichneten Grundlinien auszufüllen. Wesentlich Neues findet sich wohl nur noch Weniges vor. Vielleicht enthält die Correspondenz Klopstocks mit Hemmerde, aus welcher Gruber in seinem Leben Klopstocks Auszüge giebt und die er mehrfach erwähnt, dergleichen noch;[1]) Verhältnisse gestatteten mir bis jetzt nicht, näheren Einblick in diese Briefe zu thun. Im Ganzen werden diese Briefe aber auch nichts anderes bieten in Beziehung auf die früheren Ausgaben, als was hinsichtlich der von 1799, 1800 der von Borberger mitgetheilte, oben benutzte Briefwechsel mit Göschen bietet. Trotzdem werde ich alles den Messias betreffende daraus im vierten Hefte geben. Ueber den Inhalt dieses Heftes vgl. auch die Anmerkung auf S. 69.

Aus Briefen Klopstocks an Bodmer, die Michael Bernays demnächst ediren wird, entnehme ich die Notizen: „Ich kam den 3. Ostertag nach einer schnellen und glücklichen Farth über die beiden Belte in Koppenhagen an" (aus Friedensburg den 22ten May 1751). Dieses Datum war bisher völlig unbekannt. Danach sind meine Combinationen auf S. 25 unter Nr. 22 zu ergänzen. Der 3. Ostertag fiel auf den 13. April. Was übrigens die Ode an Friedrich V. betrifft, so ward sie Hamburg 1752 in 4 edirt, und stand vorher schon in den Oldenburgischen wöchentlichen Anzeigen und in den Hamburgischen gelehrten Berichten 1751, S. 441—444, welches Datums, sagt Jördens, dem ich die Bemerkung entnehme, nicht (S. 18, Bd. 3). Daß der 1. Band des Messias schon vor Klopstocks Ankunft in Kopenhagen im Druck erschienen war, ist auch aus der oben unter 21a) mitgetheilten Briefstelle Gleims an Schlegel vom 8. Februar nicht mit Sicherheit zu schließen. Vielleicht giebt ein Brief Klopstocks an Hemmerde den wünschenswerthen Aufschluß, ob Cramers Nachricht richtig oder falsch ist (s. Seite 26 und 27).

Ferner: 32a) (zu S. 30) **24. März 1753**, an Bodmer: „Ich werde künftige Michaelmesse zween Bände des Messias, jeden 4 Gesänge stark, herausgeben. Ich meine die ersten 5 Gesänge mit. Ich habe in diesen nicht wenige Veränderungen gemacht, die aber immer in kleinen Zügen bestehn,

---

[1]) Hiernach ist die Bemerkung auf Seite 21, unter Nr. 14 zu corrigiren; es muß daselbst Zeile 10 v. o. heißen: Sie sind zum Theil bei Gruber ... zu finden.

größtentheils das Sylbenmaaß und manchmal den Ausdruck angehn. Ich werde mich sehr bemühen, diese Ausgabe zu der wichtigsten, selbst unter allen denen zu machen, die künftig herauskommen können. Groß 4, neue Lettern, und, wenn es möglich ist, nicht Ein einziger Druckfehler. Ich werde fortfahren, wie ich bisher gethan habe, aus Religion gegen den Inhalt, und aus Hochachtung für die Welt, langsam zu arbeiten. Und, in Betrachtung dieser Langsamkeit, habe ich mich, so lange ich am Weltgerichte (wovon ein großes Stück fertig ist) gearbeitet habe, selbst übertroffen. — — Ich bin am Anfange vergangnen Monats über eine Stunde bey unserm besten Könige gewesen, und habe Ihm ein großes Stück aus dem 6. Gesange gelesen." Vgl. Seite 31, Nr. 34 und Seite 82 f.

In Betreff auch des 6. Gesanges erwähne ich noch die Stelle eines Briefes Gellerts an Bodmer (aus Stäublin):

9a, zu S. 13) **Maimonat 1749:** „Ich freue mich mit Ihnen über die Ehre, welche der Verfasser des „Messias" unsrer Nazion macht. Er hat mir schon in der Michaelismesse das vierte, fünfte und sechste Buch zugeschickt, und ich habe überall den großen Verfasser der ersten Bücher angetroffen. Izt warte ich mit Ungeduld ihn diese Messe auf einige Tage zu sehen und mich auf ganze Jahre mit ihm satt zu reden. Er hat mir verschiedenes von Ihrer großmüthigen Vorsorge für ihn gemeldet und ich müßte sein Freund nicht seyn, wenn ich dieses erwähnen könnte, ohne Ihnen von Herzen dafür zu danken." Das Datum des Briefes muß natürlich total falsch sein; erst am 13. Januar 1751 sind die Gesänge 4 und 5 vollendet. Es müßten denn Fragmente unter den „Büchern" zu verstehen sein.

Zu erwähnen ist auch noch, daß die Erklärungen zu den Kupfern in der Hemmerdeschen Ausgabe (siehe S. 73 oben) ohne Klopstocks Erlaubniß abgedruckt wurden. Er schrieb darüber an Hemmerde (Gruber, S. 68 f.): „Noch eins, das mir .. sehr unangenehm gewesen ist. Warum haben Sie denn meine Entwürfe zu den Kupferstichen als Erklärung derselben drucken lassen, ohne vorher deßwegen bei mir anzufragen: ob ich es erlaubte? Sie sehen nicht ein, und ich kann auch von Ihnen nicht fordern, daß Sie es einsehen sollten, wie lächerlich diese Erklärung der Kupfer dadurch wird, daß man in den Kupfern so sehr vergebens sucht, was in der Erklärung steht. Ueberdieß waren meine Entwürfe gar nicht dazu gemacht, jemals gedruckt zu werden. Ich hatte sie in höchster Eile geschrieben, und gar nicht daran gedacht, daß Sie jemals den sonderbaren Einfall haben würden, sie drucken zu lassen." Jeder Vorwurf, den einige Autoren Klopstock wegen seines Stiles in diesen „Erklärungen" gemacht haben, ist damit in nichts aufgelöst.

Als 52a, zu Seite 41) noch die Bemerkung aus einem Briefe Klopstocks an Professor Meier (bei Gruber, S. 81): 29. April 1760: „Der Tod derjenigen, die ich so sehr geliebt habe und liebe, hat, meines Bestrebens ungeachtet, solche Einflüsse auf mich gehabt, daß ich, da ich ohnedieß ein langsamer Arbeiter bin, bisher noch langsamer habe arbeiten müssen. Ich kann daher noch nicht mit Gewißheit sagen, wann ich den folgenden Band des Messias herausgeben werde."

Und endlich die Mittheilung, nach Gruber S. 107, daß Klopstock den letzten Gesang des Messias am 9. März 1773 an Hemmerde absendete. Das war denn auch der Tag, wo die Ode an den Erlöser entstand. (Zu Seite 51, als 81b; 81a siehe S. 68 unten).

Für jede mir für das vierte Heft meiner Klopstockiana zugehende Notiz werde ich mich stets dankbar erzeigen.

**Rostock,** im August 1880.

# Geschichte
### der
## Entstehung und der Ausgaben
### des
## Messias.

## Geschichte der Entstehung und der Ausgaben des Messias.

Es kommt zur richtigen Würdigung der Verdienste Klopstocks darauf an, die erste Gestalt aller seiner Poesien und in chronologischer Folge dann die Abänderungen und Verbesserungen zu betrachten. Man betritt so allein die Werkstätte des sprachschaffenden Genius, als welcher Klopstock in fast einziger Weise dasteht. Doch scheint es bei der Verwirrung, die sich in neuester Zeit über diese Dinge noch gezeigt hat, ebenso unerläßlich: die Geschichte der Ausgaben, die eng mit derjenigen der Entstehung des Messias selbst zusammenhängt, so daß Beides zugleich am Besten vorgelegt wird, zu geben, besonders, da die Skizze von Boxberger vor der Hempelschen Ausgabe des Messias manche Lücken läßt und ihrem Charakter gemäß nicht in philologisch brauchbarer, treu chronologischer Reihenfolge berichten konnte; ferner: ihren Werth und ihr Verhältniß zu einander zu beleuchten.

Klopstocks Briefwechsel mit seinen Freunden und seiner Freunde unter sich giebt uns einen, wenn auch nicht völlig genügenden, so doch befriedigenden Ueberblick über die Entstehung seines Werkes. Ich beschränke mich, was vorerst am meisten Noth thut, nur auf die eigenen Aeußerungen Klopstocks und seiner Freunde, so weit diese den Gegenstand in engerem Sinne betreffen, und gebe sie in genauester chronologischer Folge. Zu kritischen Thaten und Siegen ist, wie der Leser sehen wird, auch hier ein Feld gegeben. Sollte hie und da nun noch eine Notiz entdeckt werden, die Licht verbreitet, mehr Licht, oder mir entgangen ist, so läßt sich das mit weniger Mühe dann in meine Kette einreihen. Ich nenne der Uebersicht halber hier die wichtigsten Quellen: Doerings Leben Klopstocks

(Weimar 1825) ist recht mangelhaft und durch derbe Irrthümer, Resultate flüchtiger Arbeit, entstellt. Nur mit höchster Vorsicht zu verwenden. — Klamer Schmidt, Kl. und seine Freunde. Briefwechsel der Familie Kl. unter sich, und zwischen dieser Familie, Gleim, Schmidt, Fanny, Meta und anderen Freunden. Halberstadt 1810. 2 Bde. — (C. A. H. Clodius), Auswahl aus Klopstocks nachgelassenem Briefwechsel und anderen Papieren. Th. 1. Lpz. 1821. — Back und Spindler, Kopstocks sämmtl. WW. 6., 13. — 18. Bd. Lpz. 1830. — Gruber, Kl's. Leben, vor dem ersten Bande der Oden. Lpz. 1831. — H. Schmidlin, Kl's. sämmtl. WW., ergänzt in 3 Bdn. Stuttg. 1839. — Klopstock in Zürich im Jahre 1750—51, von J. C. Mörikofer. Zürich und Frauenfeld 1851. — Wichtig sind in besonderem Grade zum Theil die von Klopstock selbst herausg. Briefe in „Hinterlaßne Schriften von Meta Klopstock. Hamburg 1759." — C. F. Cramer: Klopstock (In Fragmenten aus Briefen von Tellow an Elisa), Hamb. 1777; und: Klopstock. Er; und über ihn, herausg. von C. F. Cramer. 5 Thle. Hamb., Lpz. u. Altona 1780 — 92. — Briefe von und an Klopstock. Ein Beitrag zur Literaturgeschichte seiner Zeit. Mit erläuternden Anmerkungen herausg. von J. M. Lappenberg. Braunschweig 1867. Dieses Werk ist aber nicht immer zuverlässig. — Briefe der Schweizer Bodmer, Sulzer, Geßner, herausg. von Wilhelm Körte, Zürich 1804. Sehr wichtig, aber in der neuesten „nach den besten Quellen revidirten" Ausgabe des Messias von Boxberger wahrscheinlich überhaupt unbeachtet gelassen oder in wichtigen Fragen augenscheinlich nicht genug beachtet. Die Nachweise für die einzelnen Daten aus diesen Werken finden sich im Anhange zu diesem Hefte.

Bereits seit seinem fünfzehnten Lebensjahre hat Klopstock an dem Entwurf zum Messias gearbeitet. Dies geht aus einer Stelle hervor in dem Briefe

1) an **Herder, 13. November 1799**: (Der Ungenannte) „meint, ich hätte Bahrdts Uebersetzung des neuen Testaments schon vor dem Entwurfe zum „Messias" lesen können. Es sind b e i n a h 6 0 J a h r e , daß ich diesen Entwurf zu machen anfing." (Klopstock ward am 2. Juli 1724 geboren.)

2) **An Heimbach, 20. März 1800**: „Die Erinnerung, in der Pforte gewesen zu sein, macht mir auch deßwegen nicht selten Vergnügen, weil ich dort den Plan zu dem Messias beinah ganz vollendet habe. Wie sehr ich mich in diesen Plan vertiefte, können Sie daraus sehen, daß die Stelle vom Anfang des 19. Gesangs bis zu dem Verse, der mit „um Gnade!" endigt" (V. 1—8) „ein Traum war, der wahrscheinlich durch mein anhaltendes Nachdenken entstand. Wäre ich Maler gewesen, so hätte ich mein halbes Leben damit zugebracht, Eva, die äußerst schön und erhaben war, so zu bilden, wie ich sie sahe. Das Ende des Traums fehlet indeß in der angeführten Stelle. Es ist, ich sah zuletzt mit Eva nach dem Richter in die Höhe, mit Ehrfurcht und langsam erhobnem Gesicht, erblickte sehr glänzende Füße, und erwachte schnell."

(Die Stelle im 19. Gesange lautet:

> Einen Anblick des ernsten Gerichts verhüllte der Menschen
> Vater durch Schweigen. Er sah, in der Mitte des großen, gedrängten,
> Unabsehlichen Heers der auferstandenen Todten,
> Eva auf einem Hügel stehn, und mit fliegenden Haaren,
> Ausgebreiteten Armen, mit glühender Wange, mit vollen
> Innigen Tönen der Mutterstimme, wie nie noch ein Mensch sie
> Oder ein Engel vernahm, um Gnade! sie lächelte weinend,

1769—80: Flehen für ihre Kinder, um Gnade! zum Richter, um Gnade!
1800: Flehn für die Kinder, um Gnad'! empor zu dem Richter, um Gnade!)

Am Schlusse der am 21. September 1745 zum Abschiede aus der Schulpforte gehaltenen Rede heißt es (in der Uebersetzung von F. C. Cramer, Er und über ihn Thl. 1, S. 98): „Du endlich, Pforte, ..... Ewig werde ich mich Deiner mit Dankbarkeit erinnern, und Dich als die Mutter jenes Werkes, das ich in Deiner Umarmung durch Nachdenken zu beginnen gewagt habe, betrachten, verehren! (Tu tandem, Porta ..... Tui saepe nominis recordabor pius, teque, tanquam illius operis matrem, quod tuo in amplexu meditando incipere ausus sum, recolam, venerabor." ebenda S. 132.)

Vgl. auch S. 75: „Du aber, geheiligter Schatten des Milton's! in welchem Kreise des Himmels Du Dich jetzo freust und, was in Deinen Liedern der Ohren der Engel werth ist, diesen Dir jetzt verwandteren Geistern vorsingst, vernimm es, wenn ich etwas Deiner Würdiges gesagt habe, und zürne nicht über meine Kühnheit, die nicht allein Dir zu folgen, sondern sich auch an einen noch größern und herrlichern Stoff zu wagen gedenkt."

3) Hierher gehören auch noch die bezüglichen Stellen in der Ode: **Mein Vaterland** (1768):

„Früh' hab' ich dir mich geweiht! Schon, da mein Herz
Den ersten Schlag der Ehrbegierde schlug,
Erkor ich, unter den Lanzen und Harnischen
Heinrich, deinen Befreier, zu singen.

Allein ich sah die höhere Bahn,
Und, entflammt von mehr, denn nur Ehrbegier,
Zog ich weit sie vor, Sie führet hinauf
Zu dem Vaterlande des Menschengeschlechts."

4) Und in der Ode „**an Freund und Feind**" (1781):

Voll Durstes war die heiße Seele des Jünglings
Nach der Unsterblichkeit!
Ich wacht', und ich träumte
Von der kühnen Fahrt auf der Zukunft Ocean!

Dank Dir noch ein Mal, mein früher Geleiter, daß Du mir,
Wie furchtbar es dort sey, mein Genius, zeigtest.
Wie wies Dein goldner Stab! Hochmastige, vollbesegelte Dichterwerke
Und dennoch gesunkne schreckten mich!

Weit hinab an dem brausenden Gestade
Lag's von der Scheiter umher.
Sie hatten sich hinaus auf die Woge gewagt, in den Sturm gewagt
Und waren untergegangen!

Bis zu der Schwermuth wurd' ich ernst, vertiefte mich
In den Zweck, in des Helden Würd', in den Grundton,
Den Verhalt, den Gang, strebte, geführt von der Seelenkunde,
Zu ergründen, was des Gedichts Schönheit sey?

Flog und schwebt' umher unter des Vaterlands Denkmalen,
Suchte den Helden, fand ihn nicht; bis ich zuletzt
Müd' hinsank, dann, wie aus Schlummer geweckt, auf ein Mal
Rings um mich her wie mit Donnerflammen es strahlen sah!

Welch Anschaun war es! denn ihn, den als Christ ich liebte,
Sah ich mit einem schnellen begeisterten Blick'
Als Dichter und empfand: es liebe mit Innigkeit
Auch der Dichter den Göttlichen!

Erstaunt über seine so späte Wahl, dacht' ich nur ihn,
Vergaß selbst der gebürsteten Unsterblichkeit
Oder sahe mit Ruh das betrümmerte Gestade,
Die Wog' und den Sturm.

Strenges Gesetz grub ich mir ein in Erz: erst müsse das Herz
Herrscher der Bilder seyn; beginnen dürf' ich erst,
Wäre das dritte Zehend des Lebens entflohn;
Aber ich hielt es nicht aus, übertrat und begann! —

Ueber Klopstocks Beginnen 1745 bis 48 in Jena und Leipzig, wie er zur Wahl des Hexameters und zur Herausgabe der ersten drei Gesänge kam, besitzen wir nur die Berichte C. F. Cramers, s. Er; u. über ihn I., 135 ff. Am 10. August 1748 schrieb er zum ersten Male von Langensalza aus an Bodmer, ihm für den regen Eifer dankend, mit dem der Züricher seine Sache betrieb. Die drei ersten Gesänge des Messias waren bereits zu Anfang des Jahres 1748, von dem vierten Bande der Bremer Beiträge das vierte und fünfte Stück (letzteres nicht ganz) füllend, wo nicht noch vor, doch kurze Zeit nach dem Abgange des Dichters von der Universität erschienen. (Das nächst vorhergehende dritte Stück trägt noch die Jahreszahl 1747, und hinter dem sechsten steht eine Nachricht an das Publikum, von der Jubilatemesse 1748 datirt. Ostern dieses Jahres aber verließ Klopstock die Universität. (S. Strauß, Kleine Schriften, Neue Folge, Berlin 66, S. 76 f.) Erst vom 27. September 1748 an beginnen die Nachrichten und Notizen über den Fortgang des Messias.

5) **27. September 1748, an Bodmer.** a. „Ihren Vorschlag mit der Subscription habe ich meinen Freunden nach Leipzig mitgetheilt. Ich getraue mich, auf Ostern mit dem IV. und V. Gesang fertig zu seyn. Die ersten fünf Gesänge könnten einen Band ausmachen". . . . . . . . . . . . . . . . . . . . . .

b. „Ich sende Ihnen hier wieder eine Ode . . . . . Die Verse, die unter der Ode stehen, sind aus dem fünften Buche des Messias. Sie scheinen mir deßwegen merkwürdig, weil ich sie meiner lieben Richterin einige Male hinter einander vorlesen mußte. Es wäre hier zu weitläufig, die ganze Verbindung zu sagen, in der sie stehen. Es sagt sie der Vater eines unsterblichen Geschlechts von Menschen zu seinen Kindern, da er Gott zornig vorübergehen sieht und vermuthet, daß Gott vielleicht hinginge, die sterblichen Menschen zu tödten. Seine Kinder hatten vorher noch nichts von uns gewußt; vorher hatte er den Tod beschrieben." (In der letzten Ausgabe von 1800 umfaßt die Stelle im 5. Gesange die Verse 153—278.)

c. „Denen werthen Herren, die so viel Mitleiden mit Abbadona haben, sagen Sie, daß ich selbst so wehmüthig über sein Schicksal bin, daß ich kaum so viel Gewalt über mein Herz habe, mich dem strengen Ernste der Religion, die über unser Herz ist, zu unterwerfen. Doch soll seine Geschichte, wie ich glaube, ihre Zärtlichkeit niemals zu gewaltig angreifen. Er ist zur Verherrlichung des Messias da. Bald wird er weinen, daß der Messias nicht auch sein Messias ist! Und beim Weltgerichte wird er so gewaltig um Gnade flehen, daß vor dem lauten Weinen des Menschengeschlechts und der Seraphim die Stimme der Donner nicht mehr wird gehört werden." („Bald wird er weinen u. s. w." bezieht sich auf Ges. V., 486—717 — ich bemerke hier, daß meine Citate sich, wo es nicht anders angegeben wird, stets auf die letzte Ausgabe in 8° von 1800 beziehen — specieller auf V. 503—7. „Und beim Weltgerichte u. s. w." bezieht sich auf Ges. XIX., V. 91—235 specieller auf V. 128—133 und V. 179—188).

6) **8. October 1748, an Schlegel.** a. „Ich will Ihnen eine Stelle aus dem fünften Gesange des Messias hierher

schreiben. Lesen sie dieselbe ohne ihre Verbindung. Diese zu sagen würde gar zu weitläufig sein. Sie heißt:

> Mirja erzog fünf Söhne, die macht er tugendhaft. Reichthum
> Ließ er den Tugendhaften nicht da. Sie sahen ihn sterben."

(V. 91—92 des 5. Gesanges. Diese Stelle ist eine von denen, die sogar schon im Manuscripte auf den ersten Wurf so glückten, daß sie durch alle Ausgaben unverändert blieben)....

b. „(Meine göttliche Daphne) empfindet den Messias, wie Sie ihn empfinden. Eine Stelle aus dem fünften Gesange, die sie mich etlichemal hinter einander lesen hieß, und bei der sie mir die Hand sanft drückte, und seufzte, ist mir noch immer heilig und unvergeßlich. Ich muß Ihnen einige Verbindung dieser Stelle sagen. Es redet ein Vater eines Menschengeschlechts, das unschuldig blieb, und nicht sterblich wurde. Er hat seinen Kindern kurz vorher unsern Tod beschrieben.

[V. 229] In ihr Elend vertieft stirbt eine theure Geliebte
[V. 230] An der Brust des zärtlichen Jünglings. Die himmlische Liebe
[V. 232] Ist beinah noch allein, in paradiesischer Schöne,
[V. 233] Als ein Zug des göttlichen Bildes, den Sterblichen übrig,
[V. 234] Aber nicht lange, sie sterben und Gott erbarmt sich nicht ihrer,
[V. 235] Nicht des abschiednehmenden Lächelns der theuren Geliebten,
[V. 236] Nicht des brechenden Blicks, der gern noch weilte, der Angst nicht,
[V. 237] Die sie betet, und Gott, nur um eine Stunde noch anfleht,
[V. 238] Nicht der Verzweiflung des liebenden Jünglings, der stumm sie umarmt.
[V. 239] So wie auch nicht verlaßner Tugend, zu welcher die Liebe
[V. 240] Und ihr zartes Gefühl die beyden Sterblichen aufhub."

(Der große Mirabeau, um seiner Sophie eine recht rührende Schilderung des Sterbens zu geben, wußte nichts Besseres zu thun, als dieses Stück des Messias geradewegs zu übersetzen. Dies hat C. F. Cramer durch Gegenüberstellung der sieben Klopstock'schen Verse und der Stelle aus Mirabeau's Lettres à Sophie nachgewiesen, in seinen Individualitäten, Amsterdam 1806, II., S. 211 f. Strauß S. 167.

Diese interessante Stelle zeigt, daß Klopstock noch vor der ersten Veröffentlichung seiner Verse schon im Manuscripte zahlreiche Veränderungen machte. Die Stelle findet sich im 5. Ges. V. 229—240 seit 1755 um einen Vers vermehrt. Ich will die Lesarten zu dieser Stelle hierher setzen. Der obige Text batirt also schon aus dem Jahre 1748 (Nr. 5. unterm 27. Sept. 1748,b.), man vergleiche ihn also zuerst mit dem vom Jahre 1751. Ich habe oben die Nummern der Verse in [ ] beigesetzt.

V. 229) alle Ausgaben wie 1748.
V. 230) 1751—80 wie 1748.
   1800: An des zärtlichen Jünglings Brust. Die himmlische Liebe,
V. 231) fehlt 1748 und 51.
   1755: Und was sie von sanften, von edlen Empfindungen eingiebt,
   1780, 1800:         und
V. 232) 1751: Ist bey nah nur allein, in paradiesischer Schönheit,
   1755,80: Ist, doch nur wie ein Bild der Schatten, wenigen Bessern
   1800:         ein Schattengebilde,
V. 233) 1751: Einer einsamen Zahl von edleren Sterblichen übrig!
   1755, 1780, 1800: Von der Unschuld übrig geblieben! Aber nicht lange,
V. 234) 1751: Aber nicht lange! Sie sterben! Und Gott erbarmt sich nicht ihrer!
   1755 ff.: Ach, nicht lang', und sie sterben; und Gott
V. 235) 1751 ff.: Nicht des abschiednehmenden Lächelns der frommen Geliebten,
V. 236) 1751 ff.: Nicht der brechenden Augen, die gern noch weinten, der Angst nicht,
V. 237) 1751 ff.: Die sie betet, und Gott, nur um Eine Stunde noch! anfleht;
V. 238) 1751: Nicht der Verzweiflung des bebenden Jünglings, der stumm sie umarmet;
   1755 ff.:            umarmt hält,
V. 239) 1751,55,80: Deiner auch nicht, bekümmerte Tugend, zu welcher die Liebe
   1800:        Tugend, welcher die
V. 240) 1751,55,80: Und ihr zartes Gefühl, die sterblichen Beyden erhöhte.
   1800:      Gefühl die beyden Sterblichen weihte.)

  7) **2. December 1748**, an Bodmer. a. „Ich würde Ihnen dasjenige, was ich noch von dem Messias fertig habe, übersenden, wenn ich's schon von Leipzig zurück erhalten hätte. Ebert ist nach Braunschweig zu Gärtnern gegangen; der hat es wahrscheinlich mitgenommen..... Das Weltgericht wird auf diese Weise in den Messias eingetragen. Adam ist mit den auferstehenden Heiligen. Dieser wird sich beim Messias sehr genau nach den Schicksalen seines Geschlechts erkundigen und auf sein Anhalten ein Gesicht vom Weltgerichte sehn." (Hier muß Klopstock später seinen Plan etwas verändert haben; denn Adam erkundigt sich durchaus nicht (Ges. 18) sehr genau erst nach den Schicksalen des Menschengeschlechts; er bittet den Messias blos in zwei Versen, ihm die Folgen seiner Erlösung etwas zu eröffnen. Dann folgt sogleich das Gesicht.) . . . . .
  b. „Die Religion der Herren Katholiken hat sich von mir

alle Ruhe zu versprechen. Urtheilen Sie, ob dieß Gleichniß dem, was ich gesagt, widerspricht? Ich kann es allenfalls weglassen.

Also sprach er (Satan). Sein Herz war voll der schwärz'sten Gedanken,
Ungestalt und abscheulich das Innerste seiner Seele
Und des ewig sündigen Geists verborgenste Tiefen.
Also liegen vorm Angesicht Gottes die tiefen Gewölbe
Des iberischen Religionsgerichtes, Mauer an Mauer,
Abgrund an Abgrund, im Schooße der Erde, voll starrender Ströme
Des vergossenen Bluts. Jetzt winkt der tödtende Richter
Seinen Mördern um sich; gleich tönen die eisernen Thüren
In die Tiefen hinab, das Winseln der Unschuld gen Himmel.
Säh' ein Christ die Gewölbe des Bluts, er ergrimmt' auf den Richter,
Schlüge die Hände zusammen und weint' um Rache zu Gott auf."

(Vorberger, der übrigens an beiden gesperrten Stellen „Gewölke" für „Gewölbe" drucken läßt, welchen sinnreichen Fehler er dem flüchtigen Doering verdankt (S. 91), sagt zu dieser Stelle: „Jedenfalls hatte er die Absicht, dieses wirklich später fortgelassene" [und überhaupt nicht abgedruckte!] „Gleichniß nach Ges. IV., V. 300 einzuschieben, nach den Worten, mit welchen Satan den blutdürstigen Philo zu seiner Rede weiht." Die Sache ist falsch ausgedrückt; das Gleichniß brauchte nicht „eingeschoben" zu werden, sondern befand sich im ursprünglichen Texte. Dieser ward einfach verkürzt:

„So sprach Satan für sich, und Seraph Ithuriel hört' ihn.
Aber Philo stand da, schaut' ernst gen Himmel, und sagte:") —

Mit Saurmanns, des Verlegers der Bremer Beiträge, Bewilligung, erschien 1749 ein Abdruck der ersten drei Gesänge (8½ Bg. 8°) zu Halle bei Hemmerde. Dieser hatte sich auch an Klopstock um Sanction dieses Abdruckes gewandt; Klopstock antwortete ihm:

8) **Ende 1748 oder Anfang 1749:** „Ich habe Ihren Druck des Messias nicht für einen unerlaubten Nachdruck angesehen und ich würde damit völlig zufrieden gewesen sein, wenn er mehr correct gewesen wäre."

9) **26. Januar 1749**, an Bodmer. „Ich will Ihnen bald den Messias, so viel ich davon fertig habe, zur Kritik schicken. Wenn ich meinen Unruhen entwischen können, so arbeitete ich

bisweilen einige kleine Fragmentchen aus. — Eva, die mit
dem Heiland von den Todten aufersteht, errichtet eine besonders
zärtliche Freundschaft mit der Maria. Maria mußte ihr die
Geburt Jesu erzählen; sie schloß also:

> Und ein Schauer der Ohnmacht befiel mich, da wurd' er geboren!
> Wie aus einer tiefen Entzückung erwachend, sprach Eva:
> Und da wurd' er geboren, Maria, da wurd' er geboren!
> Ach, Maria, der Sohn des Vaters! So sprach sie, und Beide
> Sahen einander erstaunungsvoll an und konnten nicht reden,
> Sahen einander mit himmlischem Lächeln und thränendem Blick' an."

(Hierzu ist zu bemerken, daß Klopstock wieder seinen Plan
änderte; Eva ersteht nicht mit dem Heilande, dessen Auf=
erstehung im XIII. Ges. beschrieben wird, sondern mit den vielen
Auferstehenden im XI. Ges. V. 230 ff. Und was die angeführten
Verse betrifft, so stehen sie meines Wissens nicht im Messias;
die einzige Scene, in welcher Eva zur Maria in sichtbarer
Erscheinung kommt, um mit ihr den Sohn zu preisen, findet
sich im XV. Ges. von Vers 1240—1362. Daselbst finde ich
einen Anklang an die obige Stelle; es ist höchst wahrscheinlich,
daß Klopstock aus leicht begreiflichen Gründen sie ausließ.

Eva singt: „Zweymal ward ich geschaffen! er rufte mich zweymal ins Leben,
Den du, Mirjam, gebarst! O Mutter, er wurde geboren,
Der dich schuf, und mich, der alle Himmel gemacht hat!"
Maria antwortet: „Der die Sonne, den Mond, der alle Sterne gemacht hat!
Der dich schuf, und mich, er wurd', o Eva, geboren!
Hast du den hohen Gesang der Engel Gottes vernommen,
Die ihm sangen, als er geboren ward in der Hütte?"
Eva antwortet: „Da nach Sion zurück des Preisgesanges Triumph kam,
Bebten vor seinem Donner die Wipfel der Lebensbäume!
Sanken, wo er tönte, die Himmlischen vor dem Gebornen!"
Maria antwortet: „Und er weint' in Bethlehems Krippe. Doch hatten schon Engel,
Eh' er weinte, den Namen des Wiederbringers genennet! u. s. w."

Man sieht deutlich, daß das, was Klopstock erst, wie aus
dem obigen Briefabriß hervorgeht, in einfacher epischer Erzählung
zu geben gedachte, sich ihm schließlich doch zu einem lyrischen
Wechselgesang gestaltete, der als solcher freilich, wirkend durch
den Kontrast der Personen und des Inhalts, an Großartigkeit
und lyrischer Gewalt vielleicht kaum in unserer Literatur seines

Gleichen hat. Warum aber der ursprüngliche Entschluß aufgegeben ward? Ich glaube, den richtigen Grund angeben zu können. Im X. Gs. V. 480—523 befindet sich der Wechselgesang der Mirjam mit der Debora, zu welchem C. F. Cramer in seinem Messiaskommentar, Er; u. über ihn, Bd. V., S. 191 ff. unter anderem Folgendes bemerkt: „Diese dialogisirte Elegie; dieses Traueridyll... ist schon durch das allgemeine Einverständniß aller ächten Leser des Messias, für eine der hervorstechendsten Partien, der schönsten, rührendsten Scenen des Gedichtes, anerkannt. Mehrere Tonkünstler (ich besitze eine ungedruckte von Telemann,... Auch hat der Musikdirector Knecht eine herausgegeben...) haben sich beeifert, sie mit Musik zu begleiten u. s. w." **Dieser große Beifall veranlaßte nun Klopstock, mehrere solcher Duette in dem zweiten Theile des Messias zu geben.** Der „reinen Dichtart" schadete er freilich dadurch. Besäßen wir doch die Manuscripte aus diesen Jahren! Sie würden lehren, daß Klopstock in dieser Zeit viel epischer dachte, als später. — Obige Mittheilung an Bodmer wiederholte er übrigens kurz im folgenden Briefe.

10) **7. Juni 1749, an Bodmer.**

a. „Maria wird Even in meinem Gedichte die Geburt und Jugend Jesu erzählen."

b. „Ich bitte mir von Ihnen und Herrn Breitinger... Kritiken über meine drei ersten Gesänge aus; ich bin entschlossen, sie mit noch zwei neuen Gesängen, als einen ersten Band, auf Michaelis drucken zu lassen."

(Diese hier schon zu Michaelis 1749 beabsichtigte Ausgabe der ersten 5 Gesänge erschien erst im Jahre 1751. Zu erklären ist diese Verzögerung erstens aus der Eigenthümlichkeit Klopstocks, deren er selbst mehrfach erwähnt, den Druck seiner Schriften immer möglichst lange hinauszuschieben; zweitens eben aus seinem Entschlusse, eine Kritik von dritter Hand der Ausgabe beizufügen. Bodmer that Alles, was er konnte, diesem Wunsche nachzukommen; und so brachte G. F. Meier seine Beurtheilung des Heldengedichts der Meßias 1749 bei Hemmerde in Halle an den Tag. Damit aber noch nicht zufrieden, bewog Bodmer den Pfarrer Heß zur Verfertigung der Zufälligen Gedanken über das Heldengedicht der Meßias. Veranlasset durch Herrn G. Fr. Meiers Beurtheilung dieses Heldengedichts, Zürich 1749. Klopstock hat diesen schwärmerischen Beurtheilungen gegenüber sicherlich in der Art Sulzer's gedacht[1]), welcher, in einem Briefe an Bodmer vom 8. Januar 1749 noch selbst voll Eifers: — „Sie thun ein sehr gutes Werk, daß Sie sich des Messias und seines Verfassers so eifrig annehmen. Wenn jemals ein Genie würdig gewesen, daß man sich seiner angenommen, so ist es gewiß dieses u. s. w." — schon am Schlusse desselben Jahres an eben diesen schreibt: „Wenn ich Herrn Pfarrers Heß Lob des Messias übertrieben genannt habe, so hab' ich nicht seine Empfindungen getadelt, sondern nur das, daß er sie so öffentlich gesagt hat. Stellen Sie sich in Klopstocks Stelle, was werden Sie denken, wenn Sie diese Schrift lesen? Ich wenigstens, an Klopstocks Stelle, dürfte mich vor Herrn Pf. Heß nicht zeigen. Ich würde alle Exemplare der Schrift an mich kaufen, um sie dem Publikum zu entziehen, damit ich nicht aller Orten erröthen müßte. Dann ist es auch unstreitig, und ich weiß es aus der Erfahrung, daß diese Schrift Klopstocken und seinem Gedicht Schaden thut. Viele Leute sagen: qui dit trop, ne dit rien. Leute, die die Messiade fast anbeten, haben mir vorgeworfen, das schweizerische Lob habe ihn verdorben. Man hat zum Beweis angeführt, daß er seinem Verleger Hemmerde sehr mitgespielt habe; anfangs z. B. habe er drei Thaler pr. Bogen accordirt, und nachher fünf Reichsthaler gefordert. So erweckt das allzu große Lob den Neid, daß man zu tadeln sucht, woran man vorher nicht gedacht hat." — In der That mögen diese Kritiken nicht wenig dazu beigetragen haben, Lessing so „witzig" hinsichtlich des Anfangs der Messiade zu machen! Sie reizten unwillkürlich zur satirischen Silbenstecherei. Klopstock wartete demnach vergebens auf eine vernünftige Kritik, bis die Reise nach Zürich hinzu kam, wo

---

[1]) Vgl. Klopstocks Brief an Bodmer 13. Sept. 1749: „Wenn das monstrari digito hier eine gewöhnliche Sache wäre so würde ich mich nicht getrauen auszugehen."

er bis zum März 1751 verweilte.¹) Aus obiger Stelle geht aber auch, was sehr wichtig ist, hervor, daß die beiden Gesänge 4 und 5 bereits vor der Reise in die Schweiz ziemlich vollendet gewesen sein müssen. Dies stellt sich noch mehr aus den folgenden Briefnotizen heraus. Damit erledigt sich Vorbergers Bedenken (a. a. O. S. 25): „Wenn es also wahr wäre, daß er in Zürich nur etwa 50 Verse gemacht hätte, wie Bodmer an Zellweger schrieb" (s. unten Nr. 18) „so hätte er ihn fast fertig mitbringen oder mehrere Motive, die er anzubringen beabsichtigt hätte, weglassen müssen, wovon seine Briefe nichts enthalten". Jene 50 Verse brauchen sich doch nicht auf den vierten und fünften Gesang zu beziehen! Wir wissen bereits, wie Klopstock arbeitete. Daß übrigens seine Briefe nichts von etwanigen Auslassungen oder Beschränkungen vermerken, begründet noch gar nicht die Unmöglichkeit derselben).

c. „Was halten Sie jetzo von Ihrem ehemaligen Vorschlage einer Subscription? Und wie ist die Einrichtung der-

---

¹) Uebrigens ließ Hemmerde ohne Wissen Klopstocks, der von dem ganzen Abdruck vorher nichts erfuhr, die erste Beurtheilung Meiers vor den Abdruck von 1749 binden. (Meier's Beurtheilung selbst wurde damals sehr verschieden beurtheilt; Lessing machte auf ihn (und nicht auf Bodmer, wie man hie und da angegeben findet), doch nicht ganz mit Recht, das Epigramm:

„Sein kritisch Lämpchen hat die Sonne selbst erhellet
Und Klopstock, der schon stand, von Neuem aufgestellet."

General v. Stille, ein damaliger Literaturfreund, schreibt am 11. Febr. 1749 an den Pastor Lange (Sammlung gelehrter u. freundschaftl. Briefe von Lange, 1. Theil, Halle 1769): „Herr Professor Meier hat ein Tractätgen über das epische Gedicht, der Messias genannt, herausgegeben, und mich deucht, daß er demselben einen sehr guten Dienst gethan hat". Dommerich in De Christ. Klop. praec. ven prolusio sagt S. VIII: G. F. Meierus, celeberrimus apud Halenses Philosophus, maximis ad caelum usque illud extulit dignis laudibus in der B. d. H. d. M. Halle 1749. cuius altera editio cum parte II. prodiit ibidem 1752. 8. cuius opera et studio magnam nactus est poeta noster famam atque existimationem." Meier hat übrigens in seinen Schriften manchen ästhetischen Wink gegeben, gewiß meist von den Schweizern herrührend, den Klopstock nutzte.)

selben zu machen? Verschiedene Buchführer liegen mich an, ihnen die Fortsetzung zu lassen."

(Vgl. S. 8. Nr. 5, 27. Sept. 1748 a.)

d. „Ich wünschte auch von Ihnen zu erfahren, ob die Juden keine Bildsäulen haben durften? Haller hat mir in diesem Gesichtspunkte eine Kritik wider die Bildsäule Hesekiels gemacht."[1])

Kritik wider die Bildsäule bezieht sich auf folgende Stelle des 3. Gesangs — sie würde in der Ausgabe von 1800 auf Vers 532 folgen:

1748: Petrus und Jakobus bey des hohen Hesekiels Denkmal,
   Wo er auf dem Marmor mit ernstem entzückten Gesichte
   Stand, und um sich herum erwachende Todten erblickte.

In der Ausgabe von 1751 fielen diese Verse fort. Im zweiten Gesange ferner befanden sich 1748 folgende Verse (nach Vers 236), die ebenfalls schon 1751 wegblieben:

1748: Nah bey dem stillen Gebein des entschlafnen kleinen Benoni
   Stand der König zu Salem, Melchisedek, marmorn gebildet,
   GOttes Priester, Prophet und König. Er stand und schaute
   Sterbend in sein Grabmal, nicht mit jenem traurigen Antlitz,
   Welches sterbende Sünder entstellt; nein, mit einem Gesichte,
   Das sich mit männlichem Lächeln die Auferstehung der Todten,
   GOttes Tag, und das Erwachen zum Bilde des Ewigen weissagt.
   Um ihn schlug kein weinender Greis sein Vaterherz; um ihn
   Jammerte keine verlassene Mutter; er stand ganz einsam
   Vor der Gottheit, und horchte, gehorsam ins Grab sich zu legen.
   Allda blieb mit seinem Johannes der göttliche Mittler.

---

[1]) Sulzer schreibt am 15. Sept. 50 an Bodmer: „In Göttingen besuchte ich Herrn Haller. Er sprach viel von Poesie mit mir, das Meiste betraf den Messias und Noah. Er meynt, daß im Messias Sachen sind, die man nicht könne stehen lassen. Unter diese zählt er, daß Satan Samma zwingt, seinen Sohn in Gegenwart des Erlösers zu zerschmettern." (Hieraus geht hervor, daß Klopstock ursprünglich diese Episode anders bearbeitet hatte, als sie später abgedruckt wurde. Planänderung. Ueber diese Stelle äußerte Sulzer schon am 26. Jan. 50 seinen Mißmuth an Bodmer: „Ich wollte was drum geben, daß ich die Stelle, wo der Besessene seinen Sohn zerschmettert, niemals gelesen hätte...." Die Stelle befindet sich Ges. II., B. 93—168 und war schon vor dem Drucke 1748 abgeändert!)

Ich möchte fast die Vermuthung wagen, daß auch aus eben dem Grunde im 3. Gesange nach V. 363 die Worte: 1748,51: Daß meine Gebeine
Felsen würden und ewig hier stumm und ewig hier einsam
Stünden, und ein Denkmal der bängsten Traurigkeit würden!
welche in den Ausgaben 1748 und 1751 stehen, seit 1755 ausgelassen seien.

e. „Ferner, ob es Ihnen wahrscheinlicher ist, daß die Leiber der Heiligen zur Zeit des Todes Jesu auferstanden, oder ob dies erst nach seiner Auferstehung geschehen?" (Dies geht den XI. Gesang an. Klopstock entschied sich, ob auf Bodmers Rath, ist unbekannt, für das Erstere.)

11 a.) 19. April 1749, an Hagedorn.

„Ich bin gesonnen, niemals, außer in dem Messias, in das iliadenlange zu verfallen."

(Diese humoristische Randglosse hat leider ihren gar ernsten Text bekommen!)

11 b.) 17. Juni 1749, an Cramer. „Von dem Messias ist meine Absicht, itzt mit den ersten 5 Gesängen eine gute Edition anzufangen. Es würde dem Verleger mich deucht, sehr schaden, wenn man den Hallischen Nachdruck und das Stück der Beyträge um einen viel geringeren Preis kaufen könnte. Hemmerde bietet mir 3 Rthlr. für den Bogen und ein Buchführer aus Gotha, der reich ist, verspricht mir auch sehr viel. Er wird sich bald näher erklären. Meine Absicht wäre wohl, was halten Sie davon? den Messias so zu verkaufen, wie Pope seinen Homer. Es versteht sich ohne dies, daß in Deutschland nur etwas weniges davon angeht" (soll abgeht heißen). „Ich habe auch noch einen Einfall gehabt, den ich auch Ihrer Beurtheilung überlasse. Ich wollte den Messias selbst drucken lassen. Ich ließ pränumeriren. Vielleicht könnte ich von der Pränumeration.... bezahlen. Und gäbe einem Buchführer ein gewisses, (ihn) zu verkaufen. Sie sehen leicht, daß ich mit Vortheil müßte (drucken) können, und daß mein Verkäufer ein ehrlicher Mann sein müßte. Meine Absicht wäre in groß 4. wie Hageborns Freundschaft mit solchen Lettern und auf solchem Papier drucken zu lassen. Wie hoch

halten Sie den Preis eines solchen ersten Bandes? Kupfer und Vignetten verlangte ich nicht. Ueberlegen Sie diese Sache. Wenn es auch nicht ganz so viel Pränumeration trüge, als ich verlangte, so glaubte ich auch hier Rath zu schaffen."

11 c.) **30. Juni 1749**, an Cramer. „Bodmer hat vor etlichen Tagen an mich geschrieben, und mir von neuem gerathen, auf Subscription drucken zu lassen. Er meint, die Sache könnte so gemacht werden, daß mir die Verleger 2000 Stück zu meinem Profit geben müßten..... Ferner: Ist ein kaiserlich privilegium nöthig? oder ist ein Churfürstliches zureichend? Was kostet ein kaiserliches auf 10 Jahre? Vielleicht habe ich Gelegenheit, ein kaiserliches mit geringeren Kosten als gewöhnlich oder gar ohne Entgeld zu bekommen." (Vgl. Nr. 10, 7. Juni 1749 c.)

12) **13. September 1749**, an Bodmer. a. „Ich bin jetzt beinahe ganz von einer Krankheit wieder hergestellt, die etliche Wochen hinter einander gewährt, und die, ob sie gleich nicht eben außerordentlich gefährlich war, mich doch sehr oft mit jener Welt beschäftigt hat. Ich habe zu dieser Zeit diese Verse gemacht, die ich Ihnen anvertraue, und die kein Freund von geringerem Muthe, als Sie und ich, lesen darf. Sie heißen:"

(Ich bemerke, ehe ich die Stelle unter der Jahreszahl 1749 gebe, mit Strauß (S. 112), daß ihm in seiner von Gemüthsunruhen mit hervorgerufenen Krankheit der Gedanke am schwersten fiel, vielleicht sein Gedicht unvollendet lassen zu müssen; er änderte für diesen Fall den Eingang zum dritten Gesange des Messias, der die Hoffnung auf Lebensfristung bis zur Vollendung desselben ausspricht, im Sinne frommer Ergebung in die höhere Fügung um. Ich setze nun die sämmtlichen vorhandenen Lesarten zu dieser berühmten Stelle hierher. — Auf diese Krankheit oder auf die unter Nr. 40 vermerkte spielt er noch in einer ähnlichen sehr denkwürdigen Stelle des XVI. Gesangs, 213 ff. an. (Vgl. am Schluß der Entstehungsgesch. Anhang 1.)

### Dritter Gesang.

V. 1) 1748: Sey mir gegrüßt! ich sehe dich wieder, die du mich gebahrest,
1749:           dich schon, dem Gottmensch erlöster
1751 ff.: wieder wie 1748. [1800: gebarest,]

| | | |
|---|---|---|
| V. 2) 1748: | | Erde, mein mütterlich Land, die du mich im kühlenden Schoße |
| | 49: | • Himmel, mein ewiges Land, der du mich im Schoße des Friedens |
| | 51,55 wie 1748. | |
| | 80 f.: | in kühlendem Schooße |
| | 1800: | . Schooße |
| V. 3) 1748, 51, 55: | | Einst zu den Schlafenden Gottes begräbst, und meine Gebeine |
| | 80: | bey |
| | 1800: | mir die |
| | 1749: | Unter den Schlafenden Gottes empfängst; indeß deckt die Erde |
| V. 4) 1748, 51, 55: | | Sanft bedeckst; doch dann erst, dieß hoff ich zu meinem Erlöser! |
| | 80 f.: | bedeckest; doch erst, dieß hoff' |
| | 1749: | Meine Gebeine, schon jetzt (so wollt' es mein hoher Erlöser!) |
| V. 5) 1748, 51: | | Wenn von ihm mein heiliges Lied zu Ende gebracht ist. |
| | 55: | Wenn, mein heiliges Lied von ihm, zu |
| | 80 f.: | Wenn des neuen Bundes Gesang zu |
| | 1749: | Da noch nicht mein heiliges Lied zu |
| V. 6) 1748: | | Alsdann sollen die Lippen sich erst, die ihn zärtlich besangen; |
| | 51, 55: | die den Menschenfreund sangen, |
| | 80 f.: | O dann Liebenden |
| | 1749: | Jetzo sollten die Lippen sich schon, die ihn zärtlich besangen, |
| V. 7) 1748: | | Dann erst sollen die Augen, die seinetwegen vor Freuden |
| | 51: | seinetwegen |
| | 55: | seinetwegen |
| | 80: | Dann die Augen erst, die seinetwegen vor Freude |
| | 1800: | seinetwegen |
| | 1749: | Jetzt schon sollten die Augen, die seinetwegen vor Freuden |
| V. 8) 1748, 51: | | Oftmals weinten, sich schließen; dann sollen erst meine Freunde |
| | 55 ff.: | [1800: schließen;] dann sollen, mit leiserer Klage, |
| | 1749: | ; jetzt sollten schon meine Freunde |
| V. 9) 1748, 51: | | Und die Engel mein Grab mit Lorbeern und Palmen umpflanzen, |
| | 1755 ff.: | Meine Freunde mein Grab mit Lorbern und |
| | 1749: | Und die Engel mein Grab stilllächelnd umgeben, und denken: |
| V.10) 1748: | | Daß, wenn ich einst nach himmlischer Bildung vom Tod erwache, |
| | 51: | Tode |
| | 55: | Tod |
| | 80: | Tod' |
| | 1800: | Daß, wenn in himmlischer Bildung bereinst von dem Tod' ich erwache, |
| | 1749: | Es sind Gottes Gedanken, nicht unsre Gedanken, sein Weg ist |
| V.11) 1748, 51 ff. | | Meine verklärte Gestalt aus stillen Hainen hervorgeh'. |
| | 1749: | Unser Weg nicht! So beweint will ich schlummern, bis ich erwache, |
| V.12) nur 1749: | | Ein Gott würdigers Lied der neuen Erde zu singen. — |

Herausgegeben hat Klopstock die Lesart von 1749 nicht.

Schmidlin macht (I., S. 485) die Anmerkung (nach Klamer Schmidt):
„Dem Gottmensch erlöster Himmel. — Daß diese Stelle keinen deutlichen

Verstand gewähre erhellt von selbst. Nach Klopstocks eigener Hand heißt sie: dem Gottmensch erlöste, Himmel, und wird vor Tr. Lasch folgendermaßen zu erklären versucht: Dem ist der sog. Dativus commodi und bezieht sich auf Himmel; Gottmensch ist Subject und Nominativ; erlöste ist Imperfectum. Also ist der Sinn: Ich sehe dich schon, Himmel, für welchen Christus (mich) erlöste. Die wichtige Veränderung und eigentliche Umkehrung dieses feierlichen Einganges des dritten Gesangs des Messias, welche der Dichter damit später vorgenommen hat, sind übrigens das weit Bemerkenswerthere." Die letzte Bemerkung könnte zu dem Irrthum veranlassen, Klopstock habe die Lesart von 1749 zuerst verfaßt und alle übrigen seien Abänderungen derselben, was meine Zusammenstellung oben widerlegt. Lasch's Erklärung beruht nicht auf Kenntniß der Eigenthümlichkeit Klopstock'scher Sprache. Die Erklärung der Stelle ergiebt sich daraus, daß der Dichter in der Apposition den Artikel ausgelassen hat, wie er bisweilen thut: „ich sehe dich schon, der dem Gottmensch erlöste. — ich, dem Gottmensch erlöste, — zu Substantiven gewordene Adjectiva schrieb Klopstock häufig nicht, später gar nicht mehr, groß. Es ist der lateinische Gebrauch des Nominativs, Parallelstelle im 20. Gesang: „O sie kommen herauf!.... Glückliche, befreyt, Entflohn sind sie weit weg vom Elend!" Felices, liberati sunt; also statt: glücklich, erlöst. Eine andere: „So erhöht', o Judah, dein Gott den Jüngling, Gab ihm ums Haupt Gold, und goldnen Gesang, Verwerfer des Benjaminit, Daß sein Blut troff am Gilboa." (Ges. 20) d. h. So erhöht, o Juda, dein Gott, (der) Verwerfer des Benjaminits, daß sein Blut floß auf Gilboa [Cramer, Tellow S. 266: d. i. Gott, der den Saul, aus dem Stamme Benjamin verwarf, und so verwarf, daß sein Blut floß auf Gilboa; der ihn auf Gilboa sterben ließ] den Jüngling u. s. w."

b. „Meine Freunde, denen die Buchhändler bekannt sind, widerrathen mir alle die Subscription, weil sie, wie sie sagen, ihr geliebtes Vaterland kennten." (Vgl. 30. Juni 1749).

13) **24. September 1749**, an Schlegel. „Hemmerde will mir 5 Thaler für den Bogen geben, und die übrigen Sachen, nehmlich Druck und Papier sind auch so beschaffen, daß ich damit zufrieden seyn kann. Ich glaube kaum, daß Dyck mehr thun würde. Wie wohl, wenn er dabey in groß 4. auf das weißeste Druckpapier drucken wollte, so könnte Cramer mit ihm tractiren. Ich müßte aber bald Nachricht davon haben. Es müßte auch Dycken nichts gewisses versprochen werden, denn wenn Hemmerde dies auch thun wollte, so hab ich ihm versprochen, ihm den Vorzug zu lassen."

14) **20. März 1750**, an Hemmerde. „Ich bin sehr mißvergnügt, daß ich Ihnen mein Versprechen, Ihnen den

vierten und fünften Gesang vor Ostern zu schicken, nicht halten kann. Die Gesänge sind noch nicht fertig, und ich kann Ihnen unmöglich alle Verhinderungen sagen, die ich damals nicht voraussah, da ich Ihnen mein Wort gab. Einen großen Theil des vierten und fünften Gesanges werde ich Ihnen indeß bald schicken."

Klopstock schrieb mehrere Briefe an seinen Verleger, die sich auf die Art des Druckes, die Kupfer, und dergl. beziehen, und ein größeres Interesse für unsere Chronologie nicht haben. Sie sind bei Gruber in Klopstocks Leben zu finden.

15) **Im Juni 1750**, [Klamer Schmidt fälschlich: „Im Juli", a. a. O. S. 9.] Schmidt an Gleim: „Ich glaube nicht mehr gegen Sie gesündigt zu haben, als Klopstock gegen die Welt, dessen Messias auch schon Ostern gedruckt werden sollte, vielleicht aber nicht viel *vor Johannis* dürfte gesehen werden."

16) **10. Juli 1750** an Fanny. „Ich habe von Lazarus und Cidli oft vorlesen müssen, mitten in einem Ringe von Mädchen...." (Bezieht sich auf Ges. IV., V. 740—889. Lazarus wurde seit 1755 in Semida verändert. Warum diese Aenderung, ist mir nicht klar. Vielleicht war ihm Lazarus später zu ätherisch. Vgl. übrigens hinten unter der Geschichte der Ausgabe von 1751.

16 a.) 16. Juli 1750, Spalding an Gleim. „Wird die Fortsetzung des Messias in der Sammlung vermischter Schriften gedruckt? Wo nicht, so machen Sie doch, daß ich sie bald erhalte,..."

17) **Am 30. Juli 1750** las Klopstock bei der Fahrt auf dem Züricher See die Liebesgeschichte zwischen Lazarus (Semida) und Cidli Ges. IV., Vers 619—889, ferner Ges. V., V. 486—702, wo Abbadona den Messias sucht und findet, und vor beiden Stellen Ges. V., V. 136—278, vgl. S. 8, Nr. 5, 27. Sept. 1748 b. und Nr. 6, 8. October 1748 b. (Mörikofer citirt S. 59 falsch Vers 136—178, was Borberger acceptirt hat). Dies ist die berühmte Stelle, welche „der große Mirabeau, um seiner Sophie eine recht rührende Schilderung des Sterbens zu geben, übersetzt hat," wie C. F. Cramer nachweist in seinen Individualitäten, Amsterdam 1806, II., S. 211 ff. Strauß, S. 167.

Uebrigens citirt Mörikofer die seit 1755 bedeutend veränderte, zum Theil völlig umgearbeitete Stelle Ges. IV., 619—889 nach der Schlußausgabe, was nicht zu dem historisch getreuen Bilde paßt, welches er so schön giebt. Unter der Geschichte der Ausgabe 1751 gebe ich die Stelle mit allen Aenderungen.

18) 5. **September** 1750, Bodmer an Zellweger. „Mosen und die Propheten versteht er vollkommen. In denselben hat er seine Poesie formirt. Seine Imagination ist in der höchsten Stärke. Er hat sein sujet völlig in seiner Gewalt. Er hat den Plan bis auf die kleinsten Theile ausgedacht. Er weiß von der kleinsten Dichtung, von der geringsten Ausbildung die richtigste Antwort zu geben. Alles ist in der besten Proportion angeordnet, das Bessere ist allemal dem Guten vorgezogen. Seine Erfindungen sind einnehmend, wunderbar. Das Weltgericht ist sehr geschickt damit verbunden, und soll vier Gesänge einnehmen. Die Auferstehung der Heiligen bei der Kreuzigung giebt ihm einen ungemeinen Stoff zu zärtlichen, gottseligen und erhabenen Gesängen. Das Gedicht soll zwanzig Gesänge bekommen. Er arbeitet sehr langsam. **In den letzten zwei Jahren hat er nicht mehr als zwei Gesänge geschrieben**, und diese sind noch nicht ausgearbeitet.... Fünfzig oder sechzig Verse sind alles, was er bisher [b. h. in der Schweiz] am Messias gearbeitet hat. Aber dieses Wenige ist vortrefflich, heilig und himmlisch.... Wie lange wird die Messiade noch verzögern? Ich habe wenig Hoffnung, daß ich ihr Ende erleben werde...."

(Hier sagt also Bodmer deutlich, daß die Gesänge 4 und 5 bereits fast fertig, nur noch nicht ausgearbeitet, b. h. durchgearbeitet, gefeilt wären. Vgl. Nr. 10, 7. Juni 1749 b. In Beziehung auf den Umfang des Weltgerichts ist eine Aenderung des Planes zu vermerken.)

19) 6. **September** 1750, Klopstock der Vater an Gleim. „Mein Sohn hat noch gar schwere Materien in seinem Werke zurück, und er muß in der Zukunft entweder sein Gewissen verletzen, oder frei, öffentlich, ohne Menschenfurcht, mit vollem Nachdrucke und aller Deutlichkeit sagen: wie entsetzlich groß das Verbrechen sey, den absolut nothwendigen Mittler nicht

ehren und verstehen zu wollen; wie dieser Unverstand, diese
Blindheit unausbleiblich die allertraurigsten Folgen haben
müßte; wie die Verächter auch mit aller Widerspenstigkeit gar
nichts ausrichten könnten, vielmehr sich mit Beben und Zittern
vor ihm in den Staub hinbeugen würden und sollten...."

20) **20. November 1750**, an Fanny. a. „Vielleicht miß-
fallen Ihnen einige Nachrichten von der Fortsetzung des Messias
nicht. Ich habe den 5. Gesang, dessen Inhalt viel Schwierigkeiten, besonders in Betrachtung der Religion, hatte" (er ist
Klopstocks Lieblingsgesang gewesen, und enthält das Gericht
Gottes auf Tabor über den Messias) „nunmehr ganz vollendet.
Und der vierte, welcher der längste des Gedichts seyn wird"
(der 4. enthält in der Schlußausgabe von 1800 1345 Verse,
der elfte dagegen 1569) „ist nun auch bald zu Ende. Das
neuste, welches ich nur vor wenig Tagen gearbeitet habe, geht
die Mutter Jesu an. Ihr Character ist:" (Ich gebe wieder
sämmtliche Lesarten). (Gesang IV., Vers 643—650, resp. 651.)

| | | |
|---|---|---|
| V. 643) | 1750,51: | Mild und voll Schmerz, (sie hatte den Sohn schon Tage gesucht; |
| | 1755 ff.: | nun |
| V. 644) | 1750,51: | Viel mehr Nächte geweint!) Doch durch den Schmerz nicht entstellet, |
| | 1755 ff.: | Lange Nächte |
| V. 645) | alle Ausg.: | Ging die hohe Maria, unwissend der eigenen Würde, |
| V. 646) | 1750—80: | Die die Unschuld ihr gab, und strenge Tugend bewachte; |
| | 1800: | Die ihr die Unschuld gab, |
| V. 647) | 1750: | Reines Herzens, vom Stolz nie entehrt, die menschlichste Seele! |
| | 1751 ff.: | nicht [1800 hat den Druckfehler: menschliche] |
| V. 648) | 1750,51: | Würdig, wennns eine der Sterblichen war, der Töchter von Eva |
| | 1755,80: | Werth, |
| | 1800: | wenn es eine der |
| V. 649) | alle Ausg.: | Erstgebohrne zu seyn, wär' Eva unschuldig geblieben: |
| V. 650) | 1750,51,55: | Hoch, wie ihr Lied, holdselig, wie Jesus, und von ihm geliebet. |
| | 1780 f.: | , und geliebet |
| [V. 651) | 1751,55: | Und sie ging von Freunden umgeben, die immer ihr folgten. |
| | 1780 f.: | Von dem Sohne. Sie kam mit Freunden, die immer ihr folgten.] |

b. „Auf die Scene von Lazarus und Cibli's, wenn
Sie sich derselben noch erinnern, folgt dieß": (Ges. IV.,
V. 890—918)

| | | |
|---|---|---|
| V. 890) | 1750,51,55: | Aber die Mutter Jesu stand auf. Er kömmt nicht, Johannes! [51 f.,] |
| | 80 f.: | Jesus kommt |

V. 891) alle Ausg.: Sagte sie ängstlich, ich eil' ihm entgegen. Wenn ihn nur die Mord-
sucht
V. 892)   „    „   Seiner Feinde nicht schon zu den todten Propheten gesandt hat!
V. 893) 1750,51 :  ·Wenn er noch lebt, wenn mein Sohn noch lebt und wenn ich
es werth bin,
     55,80:             lebt, mein Sohn noch
     1800:              lebet, mein Sohn noch lebet, und
V. 894) alle Ausg.: Ihn noch einmal zu sehn; mit meinen Augen zu schauen
V. 895) 1750—55: Des Propheten Gestalt, und meines Sohnes Geberde;
     80 f.:    Ach, des Propheten
V. 896) 1750,51 : ·Und dann sein gnädiges Antlitz auf seine Mutter noch Einmal
     55 ff.:   Dann sein
V. 897) 1750—80: Würdigt herunter zu lächeln; so will ich zitternd es wagen,
         herab zu
V. 898) alle Ausg.: Hin zu seinen göttlichen Füßen, es hat ja begnadigt
V. 899) 1750:    Magdala Maria zu seinen Füßen geweinet,
     51 ff.:   Magdale
V. 900) alle Ausg.: Die doch seine Mutter nicht ist! da will ich es wagen,
V. 901)   „    „   Zitternd mich nieder zu werfen! Ich will sie fest an mich halten,
V. 902) 1750,51: Und laut weinen! Und wenn dann mein Auge sich müde geweint hat,
     55 ff.:   Vor ihm weinen! Und wenn mein Auge
V. 903) 1750:    Will ich mütterlich ihm in sein Antlitz aufsehn, und sagen:
     51,55:           ihm in sein Antlitz ansehn,
     80:              ihm ins Antlitz blicken,
     1800:            ihm in das
V. 904) alle Ausg.: Um der Thränen willen, der Erstlinge deiner Erbarmung
V. 905)   „    „   Die du, als du geboren warst, weintest! um jener Entzückung,
V. 906) 1750—55: Jener Seligkeit willen, die in mein Herze sich ausgoß,
     80:                 Herz
     1800:          , die da in mein Herz sich
V. 907) 1750:    Als die Unsterblichen deine Geburt im Triumphe besangen!
     51,55:  Da
     80 f.:                                      in
V. 908) 1750,51: Wenn ich dir jemals bin theuer gewesen, und wenn du dran denkest,
     55,80:     dir je bin                            du zurückdenkst,
     1800:    jemals theuer war, und
V. 909) alle Ausg.: Wie du mit kindlicher Huld der Mutter Freude belohntest,
V. 910)   „    „   Als ich nach bangem Suchen dich fand, an der heiligen Stätte
     [1800 Stäte.]
V. 911)   „    „   Unter den Priestern, die dich mit stummer Bewunderung ansahn!
V. 912)   „    „   Wie ich jauchzend, mit offenen Armen, entgegen dir eilte,
V. 913) 1750:    Tempel und Lehrer nicht sah, nur dich an das Herze gedrückt hielt,
     51,55:                                      ans
     80 f.:                                       an das Herz

V. 914) alle Ausg.: Und anbetend mein Auge zu dem, der ewig ist, aufhub!
V. 915) „  „   Ach, um dieser himmlischen Freude, der Ewigkeit Vorschmack!
                                    [1750 — — —]
V. 916) „  „   Aber du blickst mich nicht an! um deiner Menschlichkeit willen,
V. 917) 1750—55: Durch die du jeden begnadigst! um jener Entschlafenen willen,
    80 f.:   Welche sie Alle begnadet!
V. 918) 1750—55: Die du auferweckt hast! Erbarme dich meiner, und lebe!
    80 f.:      auferwecktest! erbarme

Hierher gehört auch die Erzählung Klopstocks im Briefe an Denis, vom 6. Januar 1767: „Der Probst zu Fährli zwischen Zürch und Baden hatte mich zu sich eingeladen... Er hatte mich bitten lassen, Fragmente aus dem Messias mitzubringen; aber ich wußte nicht, daß auch die Nonnen meine Zuhörerinnen seyn sollten.... Sie standen dicht um mich herum. Ich las, und ich sahe nicht wenig Thränen. Ich las fast den ganzen fünften Gesang...."

21) **13. Januar 1751, an Gleim.** „Sie werden zugleich bei meinen Eltern den vollendeten vierten und fünften Gesang des Messias finden. Ich habe mir vorgenommen, nun an der Episode vom Weltgerichte zu arbeiten."

22) **24. Mai 1751, an Gleim.** „Moltke habe ich neulich den ganzen fünften Gesang des Messias auf Einmal vorgelesen...." (Mitte Februar hatte Klopstock Zürich verlassen, am Ostertag, 11. April, schiffte der Dichter auf dem großen Belt. Klamer Schmidt, I., S. 229 f. Der Tag seiner Ankunft in Kopenhagen scheint nicht bekannt zu sein. Am 1. Mai schrieb er von Kopenhagen aus an Gleim, daß ihm Kopenhagen schon recht angenehm geworden sei. Klamer Schmidt, I., S. 233 f. Am 4. Mai schrieb er an Giseke: „Da ich beym Könige war, so gab er mir in sehr gnädigen Ausdrücken seinen Beyfall wegen des Messias. Er redete von meiner Ode, und sagte, daß sie sehr schmeichelhaft für ihn wäre." Lappenberg, S. 87 ff. — Aus diesen Notizen könnte man schließen, daß der 1. Band des Messias bereits im Druck erschienen war. Denn es möchte nicht wohl anzunehmen sein, daß die Ode im Manuscripte dem Könige überreicht worden sei. So wäre Vorberger's bestimmte Bemerkung (S. 25) zu erklären: „Als dieser erste Band erschien, war Klopstock schon auf

dem Wege nach Kopenhagen." Da aber Borberger's Aeußerung im directen Widerspruch zu C. F. Cramers Bericht, 3. Theil Er; u. über ihn, S. 11 steht: „Er widmete sich ganz seinem Gedichte, arbeitete in diesem und den folgenden Jahren große Stücke daran, und gab nicht lange nach seiner Ankunft, [etwa 1½ Monat danach] zu den drey Gesängen, an denen, wie du einst sehen wirst, die Feile nicht gespart ist, den vierten und fünften hinzu" — so müssen wir annehmen, daß dem Könige Klopstocks Ode entweder doch im Manuscript oder als Einzeldruck überreicht wurde. Denn Cramer ist außer den Briefen unsere wichtigste Quelle über alles, was Klopstock betrifft. Seine Aussage stimmt auch mit der unter Nr. 24 angeführten Briefstelle vom 19. Juni 1751 überein. Der 1. Band des Messias erschien demnach 1751. Alles Nähere über die Ausgaben bringe ich am Schlusse im Zusammenhang. —

23) **1751.** Hierher gehören auch die Stellen aus der Ode: „Friedrich der Fünfte. An Bernstorf und Moltke":

.....„jenen furchtbaren Tag, den die Muse des Tabor
    Jetzo stammelnd besingt, ...

und aus: „Friedensburg":

.....„Laß denn, Muse, den Hain, wo du das Weltgericht,
    Und die Könige singst, welche verworfen sind!
  Komm, hier winken dich Thäler
    In ihr Tempe zur Erd' herab."

C. F. Cramer bemerkt (Er; u. über ihn I., S. 332): „Klopstock beschäftigte sich im Sommer dieses Jahres vorzüglich mit der Episode vom Weltgerichte. Er muß gerade damals, als ihm die Begeisterung zu der gegenwärtigen Ode kam, an dem Gerichte über die bösen Könige gearbeitet haben" [Ges. XVIII., V. 722—845] „eine sehr natürliche Ideenassociation, daß ihm bei diesem Gerichte sein guter König einfiel. Das sagt also die Stelle: wo du das Weltgericht u. s. w. Es ist eine Aufforderung an seine Muse, diese Arbeit zu verlassen, und vom höheren Preise des Weltrichters zum Preise des Königs herabzusteigen."

24) **19. Juni 1751**, an Giseke. „Diese Gelegenheit war, da ich Moltke kurz vorher sprach, ehe ich dem König den Messias überreichte". (Am 5. Juni hatte Klopstock an Giseke geschrieben: „Möchtest du wohl des verstorbenen Schlegels Stelle in Soroe haben? Ich bin jetzt auf dem Lande, wo der König ist, und ich habe theils nicht Gelegenheit genug gehabt, mich nach allen Umständen dieser Stelle jetzo genau zu erkundigen u. s. w." Zwischen dem 5. Juni und dem 19. Juni also hat er diese Gelegenheit gehabt und gleich darauf dem Könige den Messias überreicht. Vgl. auch unten Nr. 27, 11. Aug. 1751. Hiermit stimmt demnach die Angabe C. F. Cramers, oben unterm 24. Mai 1751, daß der 1. Band des Messias (5 Gesänge) erst nach der Ankunft, wie aus den Zeitbestimmungen erhellt, zwischen dem 1. Mai und einem Tage zwischen dem 5.—19. Juni, vervollständigt ward. Falsch ist also Borbergers Bericht, daß der erste Band erschien, als Klopstock auf dem Wege nach Kopenhagen war, vgl. oben 24. Mai 1751.)

24 a.) 6. **Juli 1751**, Spalding an Gleim: „Ich habe die Folge des Messias gelesen."

25) **13. Juli 1751**, an Gleim. „Trösten Sie Sucro und die kleine Sucro mit der Solennität eines ernsthaften Kusses, und dann sprechen Sie diesen Spruch aus dem heiligen Young dazu! Wie glücklich sind die, die nicht mehr erwachen! Oder, wenn es Mitternacht ist, so sagen Sie ihnen auch dieses; aber Sie müssen auf einem Dreyfuß sitzen:"

(Die nun folgende Stelle ist aus dem XVIII. Ges., V. 15—34, wo sich der Dichter durch diese Episode zur Erzählung des Traumes, den Adam vom Weltgericht gehabt, rüstet. Die Vergleichung dieser im Manuscript sich findenden Lesart -- von mir mit 1751 Ms. bezeichnet — mit den gedruckten ist hochinteressant, und läßt es immer von Neuem bedauerlich erscheinen, daß wir nicht mehr alles im Manuscripte besitzen. Erst im Jahre 1773 erschien der 18. Gesang im Drucke. Wie viel bis dahin Klopstock verbessert und umgearbeitet haben mag, lehrt dieses Bruchstück.)

V. 15) 1751 Mf.: Einst am Tage des Herrn, als auf der Mitternacht Schwingen
       1773 ff.:                                                   kommenden Dämmrung

V. 16) 1751 Mf.: Ueber mein Haupt die einsamen Stunden des Sabbaths vorbehflohn,
       1773 ff.:  Flügel vor mir die einsamen freudigen Stunden vorbehflohn,

V. 17) 1751 Mf.: Und ich betete, kam die heilige Muse von Tabor
       73 ff.:   Und ich forschete; kam die heilige Sionitin

V. 18) 1751 Mf.: Zu mir herab. — So war mir noch nie die Prophetin erschienen!
       73 ff.:   Gegen mich her. So

V. 19) 1751 Mf.: So viel Ewigkeit hatte noch nie ihr Antlitz ertragen!
       73,80:                     niemals ihr Antlitz getragen!
       1800:                      nie ihr

V. 20) Mf. u. alle Ausg.: Und sie sang mir Adams Gesicht. Sie selber verstummte

V. 21) 1751 Mf.:     Oft, da sie sang. — Die Wange glüht' ihr. Dann faßte zusehends
       73,80:                           ihr, es drang
       1800:                             stieg

V. 22) 1751 Mf.: Schnelle Bläße die glühende Wange. Die schauernde Lippe
       73,80:  In ihr glühendes Angesicht schnelle Bläße. Die Lippe
       1800:    In die glühende Wang' ihr schnelle

V. 23) 1751 Mf.: Bebte stammelnde Donner herab. Ihr Auge sah tief her.
       73,80:  Rufte           Donner, und ernst her blickt' ihr das Auge.
       1800:                          her schaute das Auge.

V. 24) 1751 Mf.: Aus der starrenden Hand sank ihr die Harfe; die Krone
       73 ff.:   Fast entsank die Harfe der starrenden Hand, und die Krone

V. 25) 1751 Mf.: Von dem fliegenden Haar! — Dann erhub sie sich wieder, dann kamen
       73:      Bebt' um ihr fliegendes Haar. Dann erhub sie sich wieder, dann kam ih
       80 f.:                                                           erhob

V. 26) 1751 Mf.: Alle Reize der ewigen Ruh in ihr Antlitz herunter.
       73 ff.:   Jedes Lächeln der ewigen Ruh' in ihr Antlitz herunter.

V. 27) 1751 Mf.: Denn mit hundert Flügeln geflügelt, mit Schwingen des Sturmwinds
       73 ff.:   Dann, mit                                              des Sturmes,

V. 28) 1751 Mf.: Stiegen die Erstgebornen der Seelen, die vollen Gedanken,
       55 ff.:                                Seele, die wahrsten

V. 29) 1751 Mf.: Hoch zu Gott auf. — — So sah sie mein Aug' und starrt' in die Nacht hin
       73,80:  Auf zu Gott. —       So
       1800:                            So sah mein Auge sie, starrt' in

V. 30) 1751 Mf.: Mit der einen Hand faßt' ich die Erde, mein Grab! mit der andern
       73 ff.:   Mit der Linken berührt' ich die Erde, mein Grab; und die Rechte

V. 31) 1751 Mf.: Betet' ich zu dem Himmel empor. — — Des Grabes Bewohner
       73 ff.:   Hub ich gegen den Himmel empor. Der Erde Bewohner,

Die beiden folgenden Verse des Manuscripts von 1751
sind in den Ausgaben in einen Vers (V. 32) zusammen-
gezogen:
    1751 Mf.: { Oder die Erde! doch auch unsterblich und mehr, als die Erde,
               { Und die Himmel — Was ich verstand, das will ich euch singen.

V. 32) 1773 ff.: Oder des Grabes, was ich vermag, das will ich euch singen.
V. 33) Mf. u. alle: Tausend Gedanken erflog mein Geist nicht; zu tausenden fehlt mir

Auch die beiden Schlußverse des Manuscripts von 1751 sind in den Ausgaben in einen Vers verkürzt (V. 34):

V. 34) 1751 Mf.: { Stimm und Gesang, sie mit Namen zu nennen! Und tausendmal tausend
{ Sind dem Seraph auf Tabor von dem, der seyn wird, verborgen. —
1773 ff.: Stimm' und Gesang; und tausendmal tausend verbarg sie dem Hörer.

26) 20. Juli 1751, an Schmidt. „Ich ziehe mich beständig von allem Vergnügen zurück.... schleiche mich in die Einsamkeit, und lese, oder vielmehr ich denke (denn das ist das rechte Wort) im Young, arbeite am Weltgerichte...."

27) 11. August 1751, Klopstock der Vater an Gleim. „Aus dem Cramer'schen Briefe leg' ich den Auszug bei, ..... Seine Pension ist den ersten Juli in Bancogelde, d. i. der Ducaten zu 2 Rthlr. 8 gr. ausgezahlt; und, was sein großer Gutthäter bei Ueberreichung seines Buchs erklärt hat, Solches will er dem Briefe nicht anvertrauen, welches ich sehr billige." (Vgl. 19. Juni 1751.)

28) 19. October 1751, an Hagedorn. „Ich habe heute einen zu starken Posttag, als daß ich das versprochene Gericht über die bösen Könige mitschicken könnte. Ich werde aber künftig diese Nachläßigkeit dadurch gut zu machen suchen, daß ich das Gericht über die Freigeister unter den Christen hinzuthue".

(Das Gericht über die bösen Könige steht Ges. XVIII., V. 722--845; das über die Freigeister ebenda V. 250—476; das über die Freigeister unter den Christen „die geistlich stolzen Halbchristen" befindet sich in Ges. IX., V. 13—96, beides großartige Poesie. In der Anmerkung zu diesem Briefe heißt es bei Lappenberg, S. 470: „Gericht über die bösen Könige. Ein Gedicht dieses Inhalts, unter dieser oder einer ähnlichen Bezeichnung, ist nicht bekannt. Eine Anspielung darauf findet sich in der 1751 gedichteten Ode: „Friedensburg":

„Laß denn, Muse, den Hain, wo du das Weltgericht,
Und die Könige singst, welche verworfen sind!"

Auch in dem Briefe an Schmidt, 20. Juli 1751, erzählt Klopstock, daß er am Weltgerichte arbeite. Vgl. auch den Brief an Gleim 9. April 1752. Man kann nicht bezweifeln, daß Klopstock damals das in dem 1773 erschienenen 18. Gesange

Vers 722—845 geschilderte Gericht über die bösen Könige gedichtet habe. — Gericht über die Freigeister. Vermuthlich gleichfalls [sic!!] 'eine Skizze des Weltgerichts, welche später nicht aufgenommen wurde." Das sind Herausgeber Klopstockscher Schriften, die nicht einmal seine Hauptwerke kennen!

29) 19. Februar 1752, an Gleim. „Ich habe nun einen nicht unbeträchtlichen Theil vom Weltgerichte vollendet, auch einige Oden gemacht, davon Sie eine durch meine Eltern erhalten werden."

30) 25. März 1752, Bodmer an Gleim. „Herr Klopstock schreibt mir, daß er jetzt langsam an dem Weltgerichte arbeite; er glaubt diese Langsamkeit dem Inhalte und dem Publikum schuldig zu sein. Ich glaube lieber, daß der Inhalt, der seinem Genie so gemäß und an sich selbst so groß ist, ihn anfeuern sollte. Auch das jetzt lebende Publikum würde ihm gewiß für die Beschleunigung des Werkes mehr Dank wissen. Die Messiade hat eine Menge Verehrer und Freunde, die auf ihr langsames Ende nicht warten können, und die doch nicht verdienen, verurtheilt zu seyn, dasselbe nicht zu sehen. Und wie sehr würde der Ruhm des Poeten bey der Nachwelt verkürzt werden, wenn ihm selbst etwas Menschliches begegnete, bevor er sein Werk vollendet hätte! Wenn es unvollendet bliebe, so könnte man nicht sagen, daß er ein vortreffliches episches Gedicht geschrieben; man könnte nur sagen, daß er die Talente dazu in seiner Gewalt gehabt hätte."

31) 9. April 1752, an Gleim. „Ich soll Ihnen Fragmente aus dem Weltgerichte schicken. Und, wenn ich sie Ihnen nun diesen Sommer selbst brächte, wäre das nicht viel artiger? Und wenn dann Kleist und Ramler zu uns kämen, wie süß wäre das vollends?...."

32) 9. Mai 1752, an Meta. „O wie unaussprechlich lieb habe ich Sie, mein Clärchen. Und dieses Gefühl ist so sehr mein herrschendes Gefühl, daß ich nur ganz kleine Stücke am Messias arbeite, und den einzigen Horaz lese...."

33) 5. Mai 1753, Meta an Gleim. „Jetzt aber hat mein armer Klopstock soviel wegen der Subscription des Messias zu thun, daß er ganz und gar keinem Menschen schreiben kann."

34) **1753**, erschien: Nachricht von des Messias neuer correcter Ausgabe 1753, Kopenhagen im May. Darin werden 4 bis dahin erschienene Ausgaben incorrect genannt. Jetzt sollten 8 Gesänge in 2 Bänden und das Ganze in 5 Bänden erscheinen. S. Lexikon der Hamburger Schriftsteller, herausg. von Cropp u. A., S. 15.

35) **14. August 1753**, an Gleim. „Wenn ich Ihnen sage, daß es jetzt auf Buchhändler ankömmt, ob ich die neuen Stücke des Messias früher oder später herausgeben soll, so werden Sie freilich sehr lachen, aber Sie werden sich auch ein Bißchen ärgern. Sie haben vergangene Ostermesse Subscriptions=nachrichten von mir bekommen. Das war der einzige Weg, wenn ich hier selbst eine Ausgabe machen wollte. Und ich hatte viel Ursache, dieses zu thun. Die Buchhändler, denen ich die Commission für 10 Procent überließ, schienen einen allgemeinen Bund gemacht zu haben, nichts für die Sache zu thun. Ich bin jetzt mit der Entdeckung beschäftigt, wie das recht zugegangen ist. Bohn in Hamburg, der die Hauptcommission hat, ist von Jemanden aus Frankfurt am Main sehr bei mir verklagt worden. Es kömmt jetzt darauf an, daß ich es durch meine Freunde dahin bringe, daß die Herren Buchhändler sich um=sonst bemüht haben. In dieser Absicht bitt' ich Sie, mein l. Gleim, bei Ihnen herum, besonders aber in Berlin, die Nachrichten, so die Buchhändler nicht austheilen, so viel möglich ist, sammeln und bekannt machen zu lassen. Denjenigen, denen Sie und unsere Freunde in Berlin die Commissionen besonders auftragen, geb' ich gleichfalls 10 Procent für ihre Bemühung. Da ich aber viel Zeit verliere, so muß ich den Subscriptionstermin ein Wenig verlängern. Nämlich ich gedenke auf künftige Oster=messe noch mit dem Drucke fertig werden zu können, wenn ich, spätestens acht Tage vor Weihnachten, die letzten Nachrichten von der Zahl der Subscribenten bekomme. Vielleicht ist es nöthig, daß Einige den Umstand wissen, daß das Format noch größer, als die gedruckte Nachricht, und daß keine Zeile ge=brochen werden soll. Es wird gut seyn, wenn die Nachricht auch in der Berliner Zeitung abgedruckt wird. Schreiben Sie mir es bald, mein liebster Gleim, was Sie davon halten, wie

dieß gehen werde. Einen Nachdruck (den ich noch dazu erlaubt habe, und den ich wegen derjenigen, die mich anklagen möchten, mit dem Messias etwas gewinnen zu wollen, nothwendig Hemmerde'n erlauben mußte), diesen Nachdruck muß ich nothwendig befürchten. Ich muß daher vorher mindestens einige Gewißheit haben, ob ich die Ausgabe, ohne dabei zu verlieren, machen könne."

(Was das „mit dem Messias etwas gewinnen Wollen" betrifft, so wird man dabei an Boie's Aeußerung erinnert, die er bei Gelegenheit der Ankündigung der Gelehrtenrepublik etwa so that, daß er alles für die Subscription thun wolle, weil dies eine Gelegenheit wäre, wo die Nation Klopstock, der bei seinen Schriften bisher fast nichts gewonnen hätte, eine Schuld abtragen könne. In der That fiel dann die Zahl der Subscribenten in Göttingen allgemein im Register derselben vor dem Werke auf.)

36) 18. September 1753, an Ebert. „Sie wissen, wie es mir mit einer Subscription geht, und wie sehr lieb mich die Herren Buchhändler haben. Jetzt kommt es nur darauf an, daß meine Freunde einige dazu geschickte Leute aussuchen (denen ich 10 Procent für ihre Bemühung gebe), welche für die Subscription sorgen. Ich verlängere die Zeit bis auf Weihnachten; und da wegen der Größe der Lettern noch größer Papier erforderlich wird, so nehme ich auch dieß, ob ich's gleich nicht versprochen habe. Ich bitte Sie, daß Sie mir bald sagen, was Sie hierin in Ihrer Gegend zu thun gedenken."

37) 1753. Hierher gehört die Bemerkung, die C. F. Cramer im 3. Theil seines Er; und über ihn, S. 411 f. macht zu folgender Stelle der im Jahre 1753 bei Bohn in Hamburg erschienenen Klopstock'schen „Drei Gebete eines Freigeistes, eines Christen, und eines guten Königs": „Ach, dieses weit ausgeworfene Loos aller Gebohrnen, aber nur derer, die gen Himmel sehn, und weinen können; nicht jener, die begnadigter, über dem Staube kriechen, oder unter der Wolke am tonvollen Wipfel hangen, und, vielleicht! dem Schöpfer singen; wenn es anders so etwas ist, als was die Menschen Wahrheit nennen, daß er Töne, und was nicht vielmehr, als Töne ist, Gedanken dazu, verlangt!" Cramer: „Ach, dieses ... Loos (nämlich dies quälende Gezänk, die Ungewißheit über zukünftige Unsterblichkeit; — man vergleiche hier das vortreffliche Gleichniß des

Dichters von der Seele eines an der Unsterblichkeit Zweifelnden, die durch eine andere überzeugt wird; wie auch verschiedene Erscheinungen. Fast sollt ich glauben, die von Dilea Ges. XV. sei um diese Zeit herum gemacht." — Das zuerst erwähnte Gleichniß steht Ges. II., V. 158—167; es wurde besonders von Heß in den Zufälligen Gedanken reichlich gepriesen. (S. 28 f.) Die Geschichte Dileans steht Ges. XV., V. 197—325. Es ist auch mir wahrscheinlich, daß diese Stelle des XV. Ges. um diese Zeit entstanden ist.

Die „Drei Gebete" — nebenbei gesagt — wurden von Dreyer parodirt „Drey Gebete eines Anti-Klopstockianers, eines Klopstockianers und eines guten Criticus 1753", gar nicht so salzlos, wie Cramer Er; u. üb. ihn S. 415 meint. Danzel erwähnt im 1. Bande seines Lessing, daß dieses Flugblatt sich auf der Leipziger Universitäts-Bibliothek erhalten habe; es ist auch auf der Rostocker vorhanden.

38) **1753.** In der Ausgabe von 1800 befindet sich im 6. Bande, S. 113, zum XVIII. Gesange, V. 655—706, dem Gerichte über die christlichen Göttererfinder, die Notiz von Klopstocks Hand: „Diese Stelle wurde 1753 gemacht, aber aus der Ursache weggelassen, weil der Verfasser befürchtete, sie würde, selbst bey den besten unter seinen katholischen Lesern, den moralischen Wirkungen hinderlich seyn, welche sein Gedicht haben könnte. Er glaubt nicht, daß dieses noch jetzo zu befürchten sey." (Diese ganze Stelle fehlt demnach wirklich in den Ausgaben von 1773 und 1780.)

39) **28. März 1755.** Meta an die Schmidtin. „Denn ich habe viel zu thun. Wir arbeiten gar zu fleißig am Messias. Nun, lache nur nicht; ich schreibe für den Druck ab. Diese Arbeit ist mir eine erstaunliche Freude. Sie kann sogar machen, daß ich deutlich schreibe. Ich muß es wohl.... daß ich abschreibe, ist aus vielen Ursachen gut. Denn ich lese Klopstocks Hand am Besten, unter meinen Herren Brüdern, den Abschreibern, versteh' ich unstreitig den Messias am Besten, und denn habe ich Klopstock, den ich frage. Du solltest nur einmal sehn, wie schön ich schreibe! Klopstock arbeitet täglich sehr schöne Stücke."

(Boxberger macht hierzu die triftige Bemerkung: „Jedenfalls am 9. und 10. Gesang, die bei der Ankündigung der neuen Ausgabe [vom May 1753, s. oben Nr. 34] noch nicht in Aussicht genommen waren." Vgl. Nr. 41, 5. August 1755.)

40) **6. May 1755**, Rabener an Joh. Anbr. Cramer. "Wie befindet sich Klopstock? hier glaubt man, daß er nicht lang mehr leben werde." [Klopstock war im Sommer 1754, gerade als er sich mit Meta verheirathet hatte (11. Juni), in Quedlinburg sehr krank gewesen.] Wenigstens durch die Arbeit hat er seinen Körper nicht ruinirt", [Wenn der Satiriker die Varianten gesehen hätte!] "und da wir in jetziger Messe wieder nicht die versprochenen Bücher bekommen haben, so werde ich bald auch der Meynung seyn, daß es nicht gut ist, wenn Könige witzigen Köpffen Pensionen geben."

41) **5. August 1755.** Meta an ihre Schwester Dimpfel. "Heute vor Allem habe ich einen sehr schönen Tag gehabt. Den ganzen Tag so süß, so ruhig an Klopstocks Seite gesessen. Er arbeitet am Messias, und ich sitze und nähe. Der Messias — doch ich will Euch nichts von seinen Schönheiten sagen; **Ihr werdet ihn, so Gott will, Michaelis kriegen. Klopstock arbeitet am zehnten Gesange.** Gott sey Dank, der ihn bis zur Hälfte hat kommen lassen. Er wird seyn Leben bis zur andern Hälfte auch fristen! —" (Michaelis war Kl. noch nicht mit dem 2. Bande fertig, vgl. die folgende Nr.)

42) **1. November 1755**, Meta an ihre Schwester Schmidt. "Ich muß gleich damit anfangen, Dir ein neues Vergnügen zu erzählen, welches die Reihe meiner vielen süßen, kleinen, stillen Vergnügen vermehrt. Klopstock, der sonst immer selbst aufgeschrieben, was er gearbeitet, fängt jetzt an, mir manchmal so versweise zu dictiren, wie er arbeitet. Das ist mir nun eine solche Freude! und, je mehr er merkt, daß es mir Freude macht, desto mehr thut er's (ach, Ihr wißt nicht, wie gut er ist!). Und nun ist Klopstocks erstes Manuscript (was Du einmal erben sollst, wenn ich sterbe, denn eher kommts nicht aus meinen Händen) immer mit meiner Hand durchschattirt, und nun kriege ich die schönen Verse noch eher zu sehen! Freut Euch nur zum zweiten Band des Messias, er ist vollkommen so gut, als der erste. Abbabona kommt im 9. Gesange sehr wieder vor..... Er arbeitet nie, daß ich nicht unterdeß bete, daß Gott die Arbeit und die Er-

bauung segnen möge, und mein Klopstock, der Beste! er arbeitet immer mit Thränen in den Augen."

43) **6. December 1755**, Ebert an J. A. Cramer. „Diesen (Klopstock) habe ich schon lange für todt erklärt, und ich suche noch immer einen, der fähig ist, seine Messiade fortzusetzen, aber zur Zeit noch vergebens. Wenn er noch nicht begraben ist, wenn noch einige Hoffnung seyn sollte, daß er wieder aufleben könnte, so bitten Sie ihn, daß er ein Zeichen von seinem Leben geben möchte. — Um des Himmels willen, wenn kömmt denn sein Messias? Oder sollen wir auf diesen eben so lange und eben so vergeblich warten, wie die Juden auf den ihrigen? — Kurz, wenn er nicht wirklich des natürlichen Todes der Trägheit, oder eines gewaltsamen Todes der Schmähungen und Lästerungen seiner Feinde gestorben ist, so beschleunigen Sie doch die Herausgabe seines Gedichtes. Ich übertrage Ihnen hiermit meinen Theil von Erziehung und strenger Aufsicht über dasselbe. Machen Sie ja, daß es unsrer langen Erwartung, seiner davon schon gelieferten Probe, und, wenn ich so sagen darf, seines erhabnen Gegenstandes selbst würdig sey. — Hat er noch keinen Sohn? .... Oder will er uns denselben nicht eher, als mit seinem Gedichte, liefern? Wenn eins seyn soll, so will ich lieber dieses ohne jenen, als jenen ohne dieses; denn dieses wird einst der adoptirte Sohn von ganz Deutschland seyn." —

(Die „Probe" wird sich auf eine Manuscript-Mittheilung beziehen, wenn nicht auf die bisher erschienenen Gesänge. Die neue Ausgabe des Messias erschien zu Kopenhagen in zwei Quartbänden unter der Jahreszahl 1755; ob sie aber in diesem Jahre noch oder erst im folgenden ausgegeben ward, läßt der Brief Klopstocks an seine Eltern vom Januar 1756 mindestens zweifelhaft. Entweder ist das Datum der folg. Nr. bei Kl. Schmidt falsch, oder C. F. Cramer irrt sich in seiner Angabe (in der Nr. 44 b.), daß der 9. Gesang schon 1755 herauskam.)

44) **Januar 1756**, an seine Eltern. a. „Ich habe Hoffnung, dieses Fest oder doch bald darnach dem König den ersten Theil der neuen Ausgabe des Messias zu überreichen."

(Ist mit dem „Fest" gar erst das Osterfest gemeint? Oder irrt sich Klamer Schmidt in der Bezeichnung des Datums? Stammt der Brief vielleicht schon aus der Zeit vor Weihnachten 1755 her?)

b. „Das große europäische Erdbeben [Lissabon], so kann man es wohl nennen, hat hier, wie Sie wohl denken können, auch viel Eindruck gemacht..... Es ist eine fürchterliche Warnung für Europa... Im neunten Gesange kommt ein Gleichniß von einer im Erdbeben versammelten großen Stadt vor. Die Meisten werden denken, daß mich Lissabon zu dieser Stelle veranlaßt hat. Es ist aber doch ein Paar Monate früher gemacht."

C. F. Cramer sagt zu dieser im IX. Ges. V. 499—506 befindlichen Stelle — Er; u. über ihn V., S. 76 —: „Vortreffliches Gleichniß, von der Begebenheit der Zeit entlehnt. Dieser Gesang des Messias kam 1755 heraus; und Lissabon ward den 1. November dieses Jahres durch das Erdbeben zerstört. Es könnte also wohl in den „Todesstimmen der unterirdischen Rache" (V. 502—3) eine Anspielung auf die durch die Inquisition Eingekerkerten liegen. Klopstock, der so wie mein Vater (ich habe öfter mit diesem über diese Materie geredet)" [unser Cramer, schrieb Klopstock in demselben Briefe an seine Eltern, hat eine starke Predigt darüber gehalten, die mit einer nicht minder starken Predigt über die hiesige Schwelgerei auf Befehl des Königs besonders gedruckt wird.] „in Prosa anders darüber denkt, sah hier, diese Begebenheit, im Gedicht, mit den Augen des Theologen, des Redners, und des von der Einbildungskraft erwärmten Dichters, an; durch die der Dichter zum Dichter wird! und werden .. soll!" — Cramer wußte also 1792, denn da erschien der 5. Theil seines Werkes, noch nichts von obiger Notiz Klopstocks. Da am 6. December 1755 (s. oben unter diesem Datum) noch nichts von der Fortsetzung des Messias erschienen war, so ist es ein Irrthum C. F. Cramers, daß der Ges. IX. im November bereits erschienen sei. Von einem Einzeldruck dieses Gesanges ist nirgend eine Spur vorhanden. Es scheint also in der That, daß die neue Ausgabe von 1755 erst 1756 herausgekommen ist. — Die berühmte Erdbebenstelle lautet mit den Varianten:

V. 499) 1755: So, wenn im Erdbeben, gerichtbelasteter Städte
80 f.:               die Erde bebt, und gerichtbelasteter Städte

V. 500) 1755: Wenn nun Eine der grossen Verbrecherinnen, verurtheilt,
80 f.: Eine, nun Eine

V. 501) 1755: Im Erdbeben versinkt, so winseln dann mit dem Schlage,
80 f.: Mit der sinkenden sinkt, so winseln dann mit dem schnellen

V. 502) 1755: Jenem dumpfen Schlage der unterirdischen Rache
80 f.: Dumpfen Donnerschlage der unterirdischen Rache

V. 503) 1755: Todesstimmen herauf! Noch einmal erzittert die Erde,
80 f.:                             E bebet

V. 504) alle Ausg.: Und noch Einmal ertönen mit ihr entheiligte Tempel,

V. 505) „   „    Stürzende Marmorhäuser, und ihrer zu sichern Bewohner

z. 506) alle Ausg.: Todesstimmen! Es flieht der bleiche rufende Wandrer!
z. 507) „    „    Abbadona vernimmt mit des todten Meeres Getöse
z. 508) 1755,80: So der beyden Gerichteten Brüllen, erkennt sie, entsetzt sich,
1800:    das Gebrüll der beyden Gerichteten, kennt sie, entsetzt sich, u.s.w.

45) **4. April 1756,** „(um 11 Uhr an dem Tage, da ich vor 5 Jahren Klopstock zum ersten Mal sah)". Meta an die Schmidtin. „ ... Klopstock ist beim König .... Ich könnte beinahe bei ihm eine Bibliothek entbehren, weil er mir beinahe täglich durch seine Verse am Messias ein neues Buch schafft."

46) **5. März 1757,** Meta an ihre Schwester Schmidt. „Wenn Du so viel über Klopstock empfindest, wenn Du im Messias liesest, so kannst Du denken, was ich empfinden muß, wenn ich ihn arbeiten sehe, und meine Seele dann unaufhörlich den Gedanken denkt: Er ist Dein Mann!"

47) **19. October 1757,** an Ebert. „Ich kann Ihren ersten Brief sogleich nicht finden .... Eins, mein Herr, hat mich darin gar sehr piquirt. Sie geben einigen von meinen Hexametern eine Riesenlänge Schuld, die ich ihnen gar nicht zu geben willens gewesen bin. Und noch bis auf diese Stunde glaube ich Ihnen nicht eher, als bis Sie mir diese angeklagten Verse zeigen."

48) **29. März 1758,** an Ebert. [Dieser Brief bildet mit dem vom 19. October 1757, welcher in einem Buche Klopstocks aus Versehen liegen blieb, Einen.] „Sie wissen, wie lieb mir Ihre Kritiken von jeher gewesen sind. Fahren Sie daher fort, mir welche zu machen. Wenn nur das Abschreiben nicht wäre; so schickte ich Ihnen meine Fragmente vom Messias. Aber kein Mensch, selbst meine Frau nicht, selbst ich bisweilen nicht, kann meine Hand lesen. Denn ich mache bisweilen, wenn ich recht in der Arbeit bin, ganz und gar nur Züge statt der Buchstaben. Doch denk ich, will ich noch Rath schaffen, daß Sie meine Fragmente bekommen. Ich bin heute außerordentlich glücklich gewesen. Ich habe diesen Morgen über fünfzig Verse im zwölften Gesange gemacht. Sie müssen aber deßwegen nicht denken, daß ich mit dem elften und zwölften fertig sey, bei weitem

nicht. Und doch ergreife ich jede Minute der poetischen Stunde
bey beiden Händen." (An den 11. Gesang dachte er schon 1749, vgl.
S. 12, Nr. 9.)

49) **6. Mai 1758**, Meta an Richardson. „Es ist ein
entzückendes Vergnügen für mich, Sie mit dem Gedichte meines
Mannes bekannt zu machen. Niemand kann es besser, als ich,
da ich Diejenige bin, welche das Meiste von dem kennt, was
noch nicht bekannt ist, indem ich bei der Geburt der jungen
Verse zugegen bin, welche in Fragmenten beginnen,
hier und da, bei Gegenständen, mit denen seine
Seele erfüllt ist. Er hat verschiedene große
Fragmente des ganzen Werkes fertig. Sie werden
denken, daß zwei Personen, die sich so lieben, wie wir, nicht
zwei Zimmer nöthig haben; wir sind immer in demselben.
Ich, still, still mit meiner kleinen Arbeit, sehe nur manchmal
das liebliche Antlitz meines Mannes, welches so ehrwürdig ist
in Thränen der Andacht bei dem Erhabnen seines Gegenstandes.
Mein Mann liest mir seine neuen Verse und erlaubt mir
meine Kritiken. Zehn Gesänge sind herausgegeben, welches,
wie ich denke, die Hälfte des Werkes ist. Ich will, sobald ich
kann, Ihnen den Inhalt der zehn Gesänge übersetzen, und was
ich davon denke. Die Verse des Gedichts sind ohne Reime,
sind Hexameter. Mein Mann ist der Erste, welcher
diese Art Verse in unsre Sprache einführte, die
nur an Reime und Jamben gebunden war." —

Am 28. November 1758 starb Meta. Klopstock sagt in
der Einleitung zu den von ihm herausgegebenen „Hinterlaßne
Schriften von Margareta Klopstock, Hamburg 1759" S. X. f.:
„Sie nahm sich vor ungefähr drey Jahren vor, mein Leben
zu schreiben. — „Alles, was Klopstock angeht, (dieß ist Ihre
Einleitung) und alles, was er thut, ist mir so wichtig, daß ich
dem Einfalle nicht länger widerstehen kann, was ich an ihm
bemerke, und was mir bemerkenswürdig scheint, aufzuschreiben.
Meine Absicht ist eigentlich nur, mich bey dem, was seinen
Character betrifft, und was einige Verbindung mit dem Messias
hat, aufzuhalten . . . . . Weil er weiß, daß ich so gerne gleich
alles höre, was er macht; so liest er mir auch immer gleich

vor, wenn es oft auch nur wenige Verse sind. Er ist so wenig eigensinnig, daß ich ihm auf dieses erste Vorlesen gleich Kritiken machen darf, so wie sie mir einfallen." — Wie viel verliere ich, auch in dieser Betrachtung an ihr. Wie völlig ausgebildet war Ihr Geschmack, und von welcher lebhaften Feinheit Ihre Empfindung. Sie bemerkte sogleich Alles bis auf die kleinste Wendung des Gedankens. Ich durfte Sie nur dabey ansehn, so konnte ich jede Sylbe, die Ihr gefiel oder mißfiel, in Ihrem Gesichte entdecken. Und wenn ich Sie zum Erweise Ihrer Anmerkungen veranlaßte, so konnte kein Erweis wahrer und richtiger seyn, oder mehr zur Sache gehören, als der Ihrige. Doch wir machten dieß gewöhnlich nur sehr kurz. Denn wir verstanden einander, wenn wir kaum angefangen hatten, uns zu erklären." — Klopstock giebt ferner in dieser Einleitung mehrere Briefe von sich und Meta, und von Bekannten an ihn nach Meta's Tode. **In diesen haben sich einige Fragmente vom Messias erhalten in einer Gestalt, wie sie nie veröffentlicht wurden. Ich gebe sie hier wieder mit den Lesarten der Ausgaben.** Der Brief, aus denen Nr. 1 und 2 genommen sind, ist — Klopstock hat den Namen des Verfassers nicht genannt — nach der Anmerkung C. F. Cramers (Klopstock Er; u. über ihn, Thl. V., S. 202: „Man lese seinen Brief an Gleim, in: Hinterlass. Schriften v. M. Klopstock, S. LXXVI.) von Klopstock selbst geschrieben. Es heißt darin:

50) „Hamburg, **20. December 1778**: ... Meine Meta hat der S* einen Zettel gelassen, worauf sie nebst einigen Anordnungen, auch dasjenige geschrieben hat, was auf ihrem Sarge stehen sollte. Es sind zwo Stellen aus dem eilften Gesange des Mess. Die Seele des verstorbenen Schächers redet. Nr. 1)

V. 821) 1758:                               War das der Tod? o sanfte,
        68/69; 1800:                               dieß      O

V. 822) 1758:     Schnelle Trennung, wie soll ich dich nennen? Tod nicht, so heisse
        68 ff.:                                                   nicht! Es heisse

V. 823) 1758:     Tod! so heisse dein Name nicht mehr! Und du, der Verwesung
        68 ff.:             Tod dein Name nicht mehr! Und du, du selbst, der

V. 824) alle:        Fürchterlicher Gedanke, wie schnell bist du Freude geworden!

V. 825) 1758:   Schlummre denn, mein Gefährte des ersten Lebens, verwese,
       68-80:                   Gefährt im ersten Leben,
       1800:   Schlummere denn, mein Gefährt in dem ersten Leben,
V. 826) alle:   Saat von Gott gesät, dem Tage der Garben zu reifen!

(Diesen letzten Vers hat Klopstock auf Meta's Grabstein setzen lassen).

Nr. 2) „Die Seele des Schächers redet fort, indem ihr ätherischer Leib um sie wird."

(Von diesen sieben unter 1758 aufgeführten Versen ist blos der erste in die Ausgaben übergegangen, die übrigen sechs sind durch einen neuen ersetzt worden. Ich gebe die Verse des Briefes im Zusammenhange, und dann die Aenderung.)

V. 846) 1758:   ..... Wie viel, und welche Leben empfind' ich!
       ⎛Welche werden um mich geschaffen! Wie steig ich! Nicht Eine,
       ⎜Tausend Stufen werd ich zum Wesen der Wesen erhoben!
       ⎜Wenn du, meine Verklärung, vollendet bist; (ja dieß weissagt
       ⎜Mir mein Gefühl!) Dann werd ich noch über tausend mich schwingen!
       ⎜Werd ich, in der Hülle, mir dann viel schönerer Welten,
       ⎝Werd ich, ohne die Hülle der Welten, den Ewigen schauen!
V. 846) 1768 ff.: ..... Wie viel, und welche Leben empfind' ich!
V. 847) 1768 ff.: Diese können nicht sterben! die neuen Leben nicht sterben!

51) (Auf S. 46 der Hinterlaßnen Schriften von Meta Klopstock findet sich noch folgendes Fragment aus dem XIII. Gesange V. 85—93, welches ich, da es in dem von Klopstock selbst nach dem Tode Meta's geschriebenen Abschnitt „An die Verfasserin dieser Briefe" (S. 35—56) steht, mit der Jahreszahl der Herausgabe der Hinterl. Schr. bezeichne, mit 1759.)

V. 85) 1759:   ... Es sahe der Seher der Offenbarung auf Sion
       68 ff.:   Also sieht der Seher
V. 86) 1759:   Hoch im Himmel ein Lamm, mit schimmernden Wunden bedeckt, stehn,
       68—80:  Einst im
       1800:   Einst in dem Himmel ein
V. 87) 1759:   Und mit schönem Blute des Heils! Da standen um Sion
       68—80:                                  Dann stehn um den Hügel
       1800:   Und mit dem schönen
V. 88) 1759:   Hundert und vierzigtausend Erlöste, die hatten den Namen
       68 ff.:  Zahllose sehrende Schaaren, sie Alle Versöhnte! die haben
V. 89) 1759:   Hell an ihrer Stirne den Namen des Vaters geschrieben.
       68—80:                            des Vaters Namen
       1800:                       Stirn des                     .

. 90) 1759: Und wie Meere, wie Stimmen der Donner, erklangen die Harfen
     68-80:                                                                                  erklingen
      1800:     Und wie das Meer, wie des Donners Stimme, tönen die
. 91) 1759: In der Hand der hundert und vierzigtausend Erlösten!
     68 ff.: In der beseelenden Hand der feyrenden Schaaren um Sion!
. 92) 1759: Denn dem Sohne, sie sangen dem Sohne! denn ewiges Leben
     68-80:           Sohne, sie singen dem
      1800:                               Sohn! Denn
. 93) 1759:  · Stieg von den schimmernden Wunden des Lamms in die Seelen herunter.
     68 ff.: Strömt von den

       52) **2. Juli 1759**, Morgens 7 Uhr. Die Schmidtin an Klopstock. „Mein Klopstock! Ihr großer Lohn unten am Throne, eine Schale voll Christenthränen, er ist heute vermehrt! Ich habe die Auferstehung der Väter und das Sterben des Schächers eben abgeschrieben."

       (Die Auferstehung der Väter, Ges. XI., V. 142—715; das Sterben des Schächers V. 716—868. Zu welchem Zwecke diese Abschrift verfaßt wurde, ist unbekannt. Vielleicht war der Schmidt das Amt, welches Meta sonst inne hatte, das Manuscript abzuschreiben, übertragen worden.)

       53) **18. Februar 1762.** Die Schmidtin an Klopstock. „Wie viel Freude hat mir der eine Brief gemacht, worin die wichtige Nachricht ist, daß Sie so viel am Messias gearbeitet haben. Wie freue ich mich auf alles dieß herrliche Neue, was ich (Gott wird's ja geben) dieß Jahr hören werde. Gott wird ja unsern Gränzen den Frieden erhalten, so sehr schwach die Hoffnung auch hierzu ist, damit Sie zu uns kommen können, und ich es vorlesen höre und mit Ihnen recht aussprechen kann. Dann müssen Sie antworten, und dann thun Sie es auch gerne, Das weiß ich .... Gott stärke Sie, daß Sie bald zu seinem Preise den Messias herausgeben. O, wenn ich Das erlebe!"

       54) **12. August 1763**, an Gleim. „Ich komme heute Abend nach Quedlinburg zurück... Bald aber will ich zu Ihnen auf Ihren Garten... und, als Medicus, Ihrer Gesundheit vorstehen, und wenn Sie hübsch gehorsam sind, und mich nicht durch Widerspenstigkeit ärgern, bey Ihnen am Messias oder am Salomo arbeiten."

       55) **4. October 1763**, an Gleim. „Da ist der Salomo! und, damit er besto eher komme, schreibe ich nicht dabey; über-

dieß arbeite ich auch eben am Messias. Sie müssen mir Anmerkungen machen, liebster Gleim. Sie wissen wohl, daß ich Ihre Anmerkungen gern habe."

56) **27. Januar 1764**, Gleim an Klopstock. „Winkelmann und Klopstock mögen immer Vielschreiber seyn. Leider aber wird es Klopstock nicht werden! Sie verstehen dieses Leider, mein Liebster! Sie dürfen nicht viel schreiben, und man hat doch genug zu lesen.... Unsre Deutschen haben einen Addison, der sie mit der Nase auf die Schönheiten im Messias stößt, so nöthig, als die Engländer...."

57) **18. April 1764**, an Ebert. „Ich lasse bey dem jungen Breitkopf XXX lyrische Silbenmaaße, das heißt, die Zeichen des Silbenmaaßes jedesmal mit einer Strophe auch als M. S. für Freunde drucken. Dies M. S. hatte ich eigentlich nur für Sie bestimmt, da aber Br. so sehr zögerte, so schicke ich Ihnen dieß; Sie sollen das andere auch haben." (S. hierzu unten den Brief an Ebert vom 13. Nov. 64.)

58) **24. Juli 1764**, an Gleim. „Hier will ich Ihnen eine Strophe hinschreiben, die in Hamburg sehr gut, dem Inhalte und dem Gange des Verses gemäß, componirt worden ist, und die Sie, mich deucht, noch nicht kennen."

(Diese Strophe ist aus dem XX. Ges. des Messias, etwa in der Mitte, und weicht nur im 4. Verse von der Lesart der Ausgaben ab.)

```
1764 ff.  Selbständiger, Hochheiliger, Allseliger! tief wirfst, Gott,
  „   „   Von dem Thron fern, wo erhöht du der Gestirn' Heer schufst,
  „   „       Sich ein Staub dankend hin und verstummt über sein Heil,
1764         Daß ihn hört Gott in des Gebeinthals Nacht!
 68 ff.         Gott hört
```

Im Briefe fügte Klopstock das Schema hinzu:

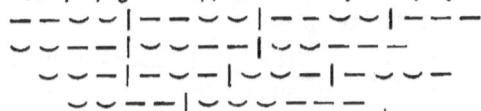

59) **13. November 1764**, an Ebert. „Sie geben keinen Laut von sich, Ebert, ob Sie meine **neue Ausgabe der Fragmente des XX.ten Gesanges**, die ich für Sie gemacht, erhalten haben. Es würde mir unangenehm sein, wenn Sie sie nicht bekommen hätten. Bachmann hat sie schon

von Magdeburg aus zuschicken sollen... Ich bin jetzt mitten in der Ausarbeitung meiner kleinen Abhandlung vom Sylbenmaaße."

(Diese neue Ausgabe der Fragmente des XX. Gesanges bildete mit der Abhandlung „vom gleichen Verse" später die Einleitung zum letzten, 1773 erschienenen Bande des Messias. Klopstock war mit den eingehenden Studien zu den Gesängen des 20. Gesanges bereits im April dieses Jahres beschäftigt, wie aus dem Brief an Ebert vom 18. April hervorgeht. Wegen des Datums „18. April" vgl. Lappenberg's Anmerkung zum 81. Brief seiner Sammlung, S. 481.)

60) **22. November 1766**, an Denis. „Ich weiß nicht, ob Euer Hochwürden mit dem Capellmeister Hasse bekannt sind. Sollten Sie es seyn, so ersuche ich Sie, ihn in meinem Namen zu fragen, ob er von mir: Fragmente aus dem XX.sten Gesange des Messias erhalten habe? Meine Anfrage geschieht nicht deßwegen, daß ich seine Antwort schon jetzt erwartete; sie wird nur von meiner Begierde, zu wissen, wie er meine Bitte an ihn aufgenommen habe, veranlaßt.... Ich habe mich bisher in meinen Nebenstunden damit beschäftigt, eine Abhandlung vom Sylbenmaaße zu schreiben... Wenn mir nun Hasse einige von den Sylbenmaaßen der Fragmente componirt... Ich habe einige wenige Exemplare von den genannten Fragmenten als Manuscript drucken lassen; das heißt.... Sie erlauben mir, Ihnen zu sagen, wie ich wünsche, daß meine Freunde mit Manuscripten, die ich ihnen anvertraue, umgehen. Ich bin weit davon entfernt, sie so einschränken zu wollen, daß ichs nicht ihrer Beurtheilung überlasse, sie, wem sie wollen, zu zeigen oder vorzulesen; meine Bitte an dieselben ist nur, sie nicht aus der Hand zu geben."

61) **6. Januar 1767**, an Denis. „Sie bekommen hierbey das nun vielgereiste Exemplar der Fragmente zurück. Ich habe es, wie Sie am Ende sehen werden, mit einer Strophe vermehrt.. Hasse entschuldigt sich bey mir mit Kränklichkeit und Geschäften. Ich glaube ihm. Doch vielleicht versteht er weder die Sprache noch den Inhalt genug.... (ich nenne alles, was nicht neun Jahre alt geworden ist, unvollendet)...."

(Was den Inhalt der Gesänge des 20. Gesanges betrifft, so sagt C. F. Cramer [Klopst. in Fragmenten aus Br. v. Tellow an Elisa, S. 314]: „Der 20. Gesang ist unstreitig der schwerste, durchgearbeitetste, und gedachteste Theil des ganzen Messias. Er ist schwer, sehr schwer. Klopstock hält ihn selbst dafür, und verzeihts jedermann, der ihn aufs erste mal nicht faßt... Die ganz neuen Wörter, die er in solcher Menge hier erschafft, die zahlreichen Inversionen, die er erfindet, und aus andern Sprachen zum Theil herüber genommen, die neuen Zusammensetzungen der Wörter; der Tonausdruck, den er mit solcher Sorgfalt behandelt; und vor allen Dingen, das äußerste Raffinement über den Zeitausdruck durch die mannigfaltigen neuerfundenen Sylbenmaaße." — Man darf in sprachlicher Hinsicht wohl den 20. Gesang des Messias mit dem zweiten Theil des Goethe'schen Faust vergleichen; beide Werke erfordern ein ganzes Sprachstudium. Was die deutsche Sprache leisten kann, beweisen allein diese beiden Werke. Der 20. Messiasgesang ist ein eigenes, jahrelang gearbeitetes Werk. Sie sind Unica in der Literatur der Welt.)

62) **4. August 1767**, an Denis. „Man hat mir vor wenig Tagen Trattners Nachdruck vom Messias und die beyden Trauerspiele gebracht. Es grauet mir davor, darin zu lesen, weil ich nur bey einigem Durchblättern schon so viele Druckfehler gefunden habe. Salomo wird unter allen am meisten dadurch entstellt seyn. **Die Magdeburger Ausgabe ist schon sehr fehlerhaft, und mein dortiger Verleger hat mir den Verdruß gemacht, die von mir sorgfältig angemerkten Druckfehler wegzulassen.** Ich wünschte, daß Sie den Herrn Trattner dahinbringen könnten, daß, im Falle er irgend etwas wieder von mir nachdrucken sollte, er mir vorher erst ein Paar Worte davon sagte."

(Die Magdeburger Ausgabe ist die bei Hemmerde „in Halle im Magdeburgischen" erschienene der 10 ersten Gesänge 1756 resp. 1760.)

63) **5. September 1767**, an Cäcilie Ambrosius. „Wenn es nicht zu spät würde, (ich würde eher angefangen haben, wenn ich nicht heut ein wenig kränkelte,) so würde ich Ihnen noch Etwas von dem Theile des Messias schreiben, den ich nun herauszugeben gedenke. Ich schreibe sonst eben nicht von meinen Arbeiten; aber wegen einer solchen Leserin geht man wohl von seiner Gewohnheit ab."

64) **8. September 1767**, an Denis. „Ehe Sie sich es versehen, werden Sie mich für einen Vielschreiber halten. Und das hätten Sie benn freylich nicht von mir gedacht. Oden... Geistliche Lieder... David... Vom Sylbenmaaße. — —

Fünf neue Gesänge des Messias... Ich überlasse außer dem Messias und den Liedern alles Uebrige einer typographischen Gesellschaft in Berlin und wünsche sehr, daß der Edle von Trattner mit seiner Druckfehlerklaue nicht darüber komme..."

65) 17.—18. **September 1767**, an Cäcilie Ambrosius. „Ich habe gestern nicht wenig am Messias gearbeitet. Ich hoffe künftige Woche fertig zu seyn. Ich meine mit den fünf neuen Gesängen. Endlich fertig. Wie lange hat es nicht gewährt! Ich werde Ihnen bald etwas von dem, was nun bald gedruckt werden wird, schicken, und zwar, wie es Meta abgeschrieben hat.

66) ... **1767**, an Cäcilie Ambrosius. „Wenn Sie ein gutes Kind seyn und singen lernen wollen, so sollen Sie auch bald die Composition von einigen Stellen des Triumphgesanges haben. Componirt ist davon: Von Anfang an bis „o entflohen sind wir dem Abgrund." [muß heißen: O sie sind Entflohn dem Abgrund des Verderbens! Octavausg. 1800 von S. 185 bis S. 191. V. 1—123 nach meiner Zählung.] — „Dann die Strophe: wo ertönte so sanft —" [8° 1800. S. 193, nach m. Z. V. 165—68] „Vor den Rachetanz trat" [muß heißen „dem Reihntanz"; 8° 1800 S. 196, nach m. Z. V. 215—18] „Ertönt sein Lob....." 8° 1800 S. 208, nach. m. Z. V. 471—74; fängt übrigens an: Ertönet] „Selbständiger..." [8° 1800 S. 215, nach m. Z. V. 611—14] „Geh unter, stürz hin..." [heißt jetzt: Geh unter, geh unter, Stadt Gottes! ebenda S. 207, nach m. Z. V. 445 ff.] „Todt erwacht, die Posaune hallt..." [Todt', erwacht! die Posaun' hallt! Todt', erwacht! S. 228, nach m. Z. V. 897 ff.] „Wehklagen und bange Seufzer... (Von dieser Strophe will ich Ihnen das Sylbenmaaß zeigen. Ich bemerke die langen Sylben)" [hieß bereits 1773: Wehklagen und bang Seufzen; S. 231 f., nach m. Z. V. 955 ff.] „Begleit' ihn zum Thron auf" ist dreymal componirt, unter anderm auch von dem alten Telemann. —" [S. 239, nach m. Z. V. 1074 ff. und S. 242, nach m. Z. V. 1134 ff.] „Mißt nicht mit Maaß Endlichkeit ...." [S. 240, nach m. Z. V. 1112 ff.] „Ich will Ihnen eine Hauptschwierigkeit sagen, die der Messias vom XI. Gesange an bis zu Ende vor den ersten zehn Gesängen hat. Sie ist diese: Es ist viel schwerer die Freude als den Schmerz aus-

zubrücken. Fünf neue Gesänge werden nun bald herauskommen.
Der XVI. ist auch angefangen. Und schon vor einigen Jahren ist
ein großes Stück einer Episode vom Weltgerichte fertig gewesen. Zu dem Triumphgesange, den ich Ihnen jetzt schicke,
sind auch noch ziemlich große Stellen hinzugekommen. Das
hat man Ihnen auch von mir erzählt, daß ich eben nicht viel
von meinen Arbeiten spreche ... Denn ich bin immer sehr
dafür gewesen, unvollendete Sachen nicht zu zeigen. Und ich
nenne unvollendet, wenn noch die geringste Politur fehlt."

(Lappenberg bemerkt zu diesem Briefe, bei ihm Nr. 98, S. 488: „Von dem
Original dieses Briefes ist der größte Theil des ersten Blattes weggeschnitten.
Das noch übrig gebliebene Fragment der ersten Seite lautet: ... Was
das Datum betrifft, so scheint er vor Nr. 95 [d. h. dahin, wo ich ihn
hingestellt habe] zu gehören, da die dortige beiläufige Erwähnung der
Compositionen des Triumphgesanges und die Aufforderung an Cäcilia,
singen zu lernen, die sich auf beides beziehenden Stellen in diesem Briefe
voraussetzen." Daß diese Stellung richtig ist, folgt auch noch daraus, daß
Klopstock in dem Briefe vom 17./18. September der fünf neuen Gesänge
erwähnt, welche Erwähnung er in dem vorliegenden Briefe wiederholt.
Dies hätte er später, z. B. nach dem Briefe vom 2. Januar 1768 so nicht
mehr thun können. Zu den mancherlei Flüchtigkeiten im Lappenberg gehört auch, daß er diese fünf Gesänge (11—15) in der Anm. auf S. 489
im Jahre 1769 erscheinen läßt. Sie kamen aber bereits 1768 in Kopenhagen heraus. — Was den vorliegenden Briefabriß außer den mannigfachen interessanten Nachrichten sehr wichtig macht, ist, daß die darin
vermerkten Strophenanfänge uns zum Theil lehren, wie sehr auch an den
Oden des Triumphgesanges gefeilt sein mag, ehe sie überhaupt im Druck
erschienen. 1773 stand der Text dann meist fest.)

67) **November 1767**, an Cäcilie Ambrosius. „Wie wünscht
ich Sie gestern bey mir, als mir der sächsische Gesandte (einer
meiner Componisten) einige Strophen aus dem Triumphgesange
spielte und sang..... Pflegen Sie wohl vorzulesen? Lesen
Sie mir einmal gleich die Strophe vor:
Wo ertönte so sanft, ach, wo lispelte sie u. s. w."
(Der Triumphgesang ist der 20. Gesang des M.; die letzte Zeile
der Anfang einer Strophe daraus. Ausg. von 1800, S. 193 im 6. Bd.
Vers 165 ff. nach meiner Zählung.)

68) **2. Januar 1768**, an Cäcilie Ambrosius. „Ich sehe
mich jetzt ziemlich nah am Ende meiner Arbeiten. Auf den
Montag über acht Tage lasse ich anfangen am
Messias zu drucken."

69) **19. Januar 1768, an Bode.** „.... würde es nicht gut seyn, wenn Sie gewisse Formate zur Poesie und zur Prosa festsetzten, bey denen Sie blieben, so daß einmal ein Kritiker der künftigen Zeit mit Wahrheit sagen könnte: Nein, mein Herr, Sie irren sich gar sehr. Dieses ist keine Ausgabe der Plautinianisch-Faustischen Druckerey, denn diese hat dieß Format nie gehabt — — — fürs erste niemals 4. Aber was denn? Groß 8, nicht in der Länge sondern nur in der Breite groß für die Poesie ... und klein 8 für die Prosa. Sie sehen, daß ich die Breite wünsche, damit die Verse so selten als nur möglich ist gebrochen werden, denn das Brechen der Verse dadurch vermeiden wollen, daß man die Wörter dichter zusammenrückte, wäre sehr unfaustisch gedacht. Und welche Weite der Zeilen von einander? .... Und welche Letterngröße? Keine kleine Frage, und die in das Feld der ersten Grundsätze des Schönen dieser Art gehört ... Ich glaube nicht, daß Sie jemals einen Anfangsbuchstaben mit dem Unwesen eines Holzschnittes werden mangeln (?) wollen. Aber diesen und jenen leeren Raum auszufüllen? Freylich simple Holzschnitte. Vielleicht bring' ich Preislern zu Zeichnungen. .... Vignetten? ... Die recht schönen scheinen mir in neuen Zeiten ein böses omen zu seyn ... Sie wissen, Bode, daß ich eben kein großer Eiler bin, wenn es auf das Druckenlassen ankommt. ... Aber wissen Sie auch schon aus Erfahrung, was das heißt, Ober-Corrector zu seyn? Und daß das eine sehr mechanische Beschäftigung ist? Ich wollte gern, daß nur anderthalb Druckfehler hineinkämen: ein falscher Buchstabe und ein falsches Komma. Das M. S. ist zwar dadurch ein sehr wunderlich Ding, daß es von vielen Händen in kleinem und großem Format geschrieben ist; aber was die Genauigkeit anlangt, so ist es für ein Correctorauge ganz delicieux. Wenn Sie beim Anblick desselben nicht ein Gleiches sagen, so müssen Sie erst bei Lessing [Lessing war damals in Hamburg Bode's Compagnon] in die Schule gehen, ein solches Auge zu bekommen. Ich traue seinem Selbstlobe."

70) **30. Januar 1768, an Cäcilie Ambrosius.** „Es ist mir lieb, daß in dem Triumphgesange nicht viel neues für Sie ist. Das zeigt mir, daß Sie mit dem Messias sehr

betraut sind ... Für Leser wie Sie sollte auch nicht viel neues darin seyn. Was die vorzügliche Begeysterung in Absicht auf die verglichene Ode anbetrifft, so möchte ich Ihnen wohl den Triumphgesang und auch die Ode vorlesen, und Sie dann fragen: ob Sie noch von Ihrer Meinung wären? Uebrigens ist es eine Dispute, die lange währt, und die mündlich am Besten vorgenommen wird, wenn man Gedichte von so allgemeiner Seite, als Begeisterung u. s. w. sind, vergleicht. Ich z. E. ziehe die wenigen Strophen: Geh unter Gesängen hin.... der ganzen Ode vor."

(In dem Briefe vom 20. Febr. dess. J. an Cäcilie A. heißt es: „Nun fällt mir wieder dieß und jenes ein, was Sie mir über den Triumphgesang in Vergleichung mit der Ode an meine Freunde gesagt haben ..." Daraus geht hervor, daß „Wingolf" gemeint ist. Die Strophe „Geh unter Gesängen hin" (muß heißen „Geh unter, geh unter") ist aus dem 20. Ges. Octav-Ausg. v. 1800 S. 207, nach meiner Zählung V. 445—60. Lappenberg auf S. 490 verschlimmbessert: „Geh unter, stürz hin (so ist für: Gesängen zu lesen.)" — Diesen Strophenanfang giebt es aber gar nicht im 20. Gesange. Klopstock scheint jedoch im Manuscripte vor dem ersten Druck des Triumphgesangs „stürz hin" für „geh unter" gelesen zu haben, da er „stürz hin" in dem oben vor dem Novemberbriefe stehenden an Cäcilie citirte.)

71) 13. Mai 1768, an Cäcilie Ambrosius. „Es ist mir sehr verdrießlich, daß Sie die 6 Bogen des XI. Gesanges nicht bekommen haben. Aber warum ließen Sie denn auch nicht aufpassen. Ich warnte Sie ja, daß der Gr. W. [Lappenberg: „der Graf Wellsperg, mit dem Klopstock später noch wegen Förderung seines wissenschaftlichen Projects in Correspondenz stand."[1])] wohl so durchwischen könnte, wenn Sie das nicht thäten."

72) 21. Juni 1768, an Cäcilie Ambrosius. „In Ihrem nächsten Briefe will ich wenigstens wissen, wie viel Bogen Sie vom Messias bekommen haben, damit ich Ihnen die folgenden schicken kann, und Sie die gar schöne Frage anbringen können: mit welcher Gelegenheit Sie sie zurückschicken sollen? ..."

---

[1]) Im Briefe vom 10. Dec. 1768 an Cäc. Ambrosius wird er Graf Wallsperg gen. — Am 4. Oct. 1768 (an Klopstocks Mutter) Wellsperg bei Back u. Spindler, Klopstocks sämmtl. sprachwiss. u. s. w. Schriften, 6. Band, Lpz. 1830, S. 236.

73) **10. December 1768, an Cäcilie Ambrosius.** „Die Fortsetzung des Messias kann ich nun erst mit künftiger Sonnabendspost schicken."

(In diesem Jahre war also der 3. Band der Kopenhagener Ausgabe erschienen. Der 4. Band kam in dieser Ausgabe nicht heraus, weil Friedrich V., auf dessen Kosten diese große Ausgabe gedruckt wurde, inzwischen starb und Bernstorff den Staatsdienst Struensee's wegen verlassen mußte. Mit ihm übersiedelte Klopstock dann nach Hamburg.)

74) **8. April 1769, an seine Mutter.** „Sobald Sie den Messias von Hemmerde bekommen, so werden Sie beurtheilen können, ob er richtig bezahlt hat. Er soll für den Bogen 12 Thaler in Louisb'or (die Einleitung mitgezählt) bezahlen."

(Der 3. Band der „Magdeburgischen" d. h. Hallischen Ausgabe war demnach im Frühjahr unter der Presse.)

75) **5. Mai 1769, an Ebert.** „**Letzte Ausgabe des Messias.** Ich studire sogar schon auf Lettern, Format, und auf eine Correctur wie H. Steph. Bücher zu haben pflegen, ohne Einleitung, Inhalte, Zahl der Verse. Das sind freylich Nebensachen; aber zur Hauptsache habe ich schon lange Anstalt gemacht, und fahre oft damit fort. **In meinem Exemplar wimmelt's von Glättung, Wegglättung, vornämlich in Absicht auf das Sylbenmaaß, und dann auch des Ausdrucks.** Am Inhalte, dünkt mich, hab ich eben nichts zu verändern."

76) **6. Mai 1769, an Cäcilie Ambrosius.** „Ich sehe aus dem, was Sie mir vom Messias schreiben, daß es Ihr Buchbinder versehen hat. 4 Blätter sind umgedruckt, und da hat er die alten gebunden. Das neudrucken geschah wegen der schlimmen Druckfehler Ewigkeiten Ewigtobten. **Ich rathe Ihnen, daß Sie sich die 8te [Octav] Ausgabe anschaffen.** Ich vermuthe, daß Sie die Quantität unserer Sprache, ich meine die Länge und Kürze der Sylben größtentheils wissen; und da haben Sie gar keine Schwierigkeit die Verse richtig auszusprechen..."

Die „4 Blätter" beziehen sich auf die große Kopenhagener Ausgabe; Klopstock empfiehlt also hier die bei Hemmerde erschienene Octavausgabe des 3. Bandes, 1769.

77) **31. Juni 1769, an Gleim.** „Ein Beweis meiner immergleichen Freundschaft sollte es nun zwar nicht seyn; aber

auch nicht das Gegentheil, daß ich, gleich nach dem Empfang des Briefs, nach Hamburg und nach Halle schrieb, man möchte Ihnen, was von der Hermannsschlacht und vom Messias abgedruckt ist, sogleich schicken."

78) **7. September 1769**, an Gleim. „Was sagen Sie von dem Fragment vor dem 3. Bande des Messias. — So wird meine Abhandlung werden. Ich schriebe sie freilich lieber auf vier Bogen, als daß sie nun wohl zwanzig haben wird; ..." (Das Fragment ist das Vom deutschen Hexameter, aus einer Abhandlung vom Sylbenmaaße. Die „Abhandlung" bezieht sich jedenfalls auf die verschiedenen metrischen Untersuchungen, s. Bd. 10 der Göschen'schen Ausg. der sämmtl. WW. Lpz. 1855).

78 a.) 1769 oder 1770 hat Klopstock am 1. Gerichte des Messias im 16. Gesange gearbeitet. Vgl. hinten Anhang 1 zur Entstehungsgeschichte.

79) **3. November 1772**. S. „Heinr. Christian Boie. Beitrag zur Gesch. der Deutschen Literatur im 18. Jahrhundert von Karl Weinhold, Halle 1868, S. 51": Christian und Friedrich Stolberg hatten seit dem Sommer 1770 in Halle studirt und kamen Ende October 1772 nach Göttingen. Sie waren begeisterte Anhänger und Schüler Klopstocks, in dessen Nähe sie auf Seeland erwuchsen und mit dem sie, wenn sie die Ferien bei der Mutter zu Altona verlebten, täglich verkehrten. Er und wahrscheinlich auch die beiden Reventlow wiesen sie an Boie, bei dem sie bald Voß kennen lernten. Voß berichtete schon am 3. November über einige ungedruckte Stellen des Messias, die er von dem Grafen Stolberg gehört hatte.

80) **20. Februar 1773**, an Ebert. „Für die Druckfehler dank ich recht sehr, und auch nicht ohne eine kleine Schadenfreude, daß Sie würden einige haben durchwischen lassen. — — höhren muß hehren heißen, däucht muß beucht heißen. Mich deucht, es sind noch etliche da. Ich habe mein Exemplar nur nicht bei der Hand." (Diese Druckfehler beziehen sich auf den 4. Band der Hemmerde'schen Ausgabe von 1773, auf S. 28, Zeile 7 v. o. „Däucht" ist nicht im Druckfehlerverzeichniß angegeben.)

81) **etwa 3. März 1773**, an Ebert. „Ach Falke! Einmal bist Du über ein ganzes Vogelnest Druckfehler weggeflogen.... Ich bin eben mit Durchsehung des zwanzigsten Gesangs

beschäftigt. Ich schicke ihn noch diese Woche fort. Gott sey noch einmal, und noch einmal, und wieder, und wieder gedanket."

An diesen Brief schließt sich unmittelbar der vom

82) **17. März 1773, an Ebert.** „Dieser Brief" [d. h. der mit dem Datum 8. März von mir nach dieser Angabe Klopstocks bezeichnete] „ist wenigstens schon vor vierzehn Tagen geschrieben. Ich habe ihn schon etlichemale fortschicken wollen. Jetzt finde ich ihn eben sehr zur rechten Zeit. Denn Sie haben nun wieder einen Bogen, und werden gewiß bald mit Ihrer Aufspürung von Druckfehlern ankommen … Nun hab ich endlich erfahren, wer der Mann ist, der die ewigen Häkchen sezt, wo sie nicht hingehören und gewiß nicht im Manuscript stehen, der sonst noch fast immer: däucht für deucht, immer öffnen für öfnen, und ähnliche Wörter sezt, kurz, der mich gar weislich johannballhornt. Es ist, rathen Sie, es ist M. Schwabe. Dieser letzte gehörnte Siegfried aus der gottschebischen Schaar mußte also noch den Mess. wenigstens in diesen Kleinigkeiten … Aus großer Liebe zu den Häkchen hat er schon Ungeheu'r, und nun in dem Bogen H wurd' die gesezt….. Wenn Sie wüßten, mit welcher großen Sorgfalt ich das Manuscript für Sezer und Corrector ganz zu recht gestrählt und gepünkticht habe: so würden Sie mir nicht einen halben Vorwurf über die Druckfehler machen. Beygelegte Ode müssen Sie nothwendig zuerst sehen, denn Sie haben ihre frühere Verfertigung und zugleich das veranlaßt, daß ich mich von neuem entschlossen habe, sie hintenan drucken zu lassen. Schicken Sie sie an Hemmerde in meinem Namen. Er weiß schon, daß er sie bekömmt, und auch, daß er sie nicht mit paginiren soll."

(Dies ist ohne Zweifel die Ode „An den Erlöser", die in der That in der Ausgabe dieses Jahres nicht paginirt ist. Diese Ode, die in dieser Zeit verfaßt wurde, zeichnet sich vor allem dadurch aus, daß nur zwei Veränderungen an ihr gemacht wurden, in der ersten und letzten Strophe.

In jener hieß es

1773: Ich hofft' es zu dir! und ich habe gesungen,
    Versöhner Gottes, von dir das heilige Lied!
1780 f.:  –        des neuen Bundes Gesang

Ebenso in der letzten:
1773: Sie flohen davon! und ich habe gesungen,
  Versöhner Gottes, von dir das heilige Lied!
1780 f.:   des neuen Bundes Gesang!
Das bei dieser Gelegenheit gewaltig durchbrechende Gefühl hatte diesmal — abgesehen von dem jetzt hohen formellen Standpunkt Klopstocks — sogleich den rechten Ausdruck gefunden. Madame de Stael, die in ihrem Buche De l'Allemagne diese Ode übersetzt hat, that dies bereits nach der neuen Lesart J'ai chanté le cantique de la nouvelle alliance. — J'ai terminé le chant de la nouvelle alliance.)

83) **11. April 1773, an Ebert.** „... Ich habe es endlich dahin gebracht, daß das Manuscript, wie es ist, abgedruckt wird; und daher kommt dann nun das überkluge: „wolte glücklich." Sie wissen doch, daß man nach und nach die nur sichtbaren und nicht hörbaren Consonanten wegwirft......"

84) **21. April 1773, an Ebert.** „Ich wollte, daß Sie auf die Paar Augenblicke mit Kautzsch gekommen wären; so hätte ich Ihnen eine Aenderung in den ersten zehn Gesängen, die größtentheils das Sylbenmaaß angehen, zeigen können..."

85) **5. Mai 1773, an Herder.** „Claudius wollte, ich sollte Ihnen vom letzten Band des Messias schicken. Es war mir angenehm, es zu thun. Sagen Sie mir, welcher der letzte Bogen ist, den Sie bekommen haben, so sollen die fehlenden folgen..."

86) **14. Mai 1773, an Gleim.** „Meine Freude, den Messias vollendet zu haben, ist mir fast alle Tage neu. Sie können sich vorstellen, mit welcher Ungeduld ich erwarte, die Ihrige darüber zu lesen."

87) **29. Mai 1779, an Ebert.** „In drei Wochen spätstens hof' ich bei meinem lieben Ebert zu sein. Aber mit Fersendung der Subskripzionsbletter hatte es nicht lenger Zeit. Ich schikke Inen 50. Machen Si nach Irem Gefallen die Eintheilung..." (Diese Subscription geht auf die „Ausgabe letzter Hand" des Messias vom Jahre 1780.)

88) **20. November 1779, an Ebert.** „Di Buchhendler haben in Leipzig den Nachdruck des Meff. beschlossen. Ich ferlange [verlängere] dahär die Zeit der Subſkr. noch, nicht öffentl. aber in Brifen an Einige. Möchten Si bis wol mit ein Par Worten an Klügel nach Helmstedt schreiben. — Ich

kenne Niemand, l. E., der mir ein hiſtoriſches Regiſter zum
Meſſ. ſo gut als Si machen könte. Was ſagen Si zu meiner
Bitte? Si könten das ſo nach und nach wenn es Jnen ſo
äben einfile machen. Di Seitenzalen lißen ſich zuletzt leicht
eintragen." Einlage. „Ich würde heute Ew. Durchlaucht
[Lappenberg S. 516: Daß die Einlage an den Fürſten von Deſſau gerichtet
iſt, iſt nicht zu bezweifeln. Wo und wann dieſen Klopſtock perſönlich kennen
lernte, vermögen wir nicht anzugeben.] viel ... ſchreiben... Allein
ich bin mit ſo vielen kleinen Geſchäften, die den Druck des
Meſſ. betreffen, in Anſpruch genommen, daß ich es noch aus=
ſetzen muß. Sie können es ſich kaum vorſtellen, was alles
dazu gehört, die Ausgabe ohne alle Druckfehler zu machen."

89) **14. Merz 1780**, an Angelica Kaufmann. „Wi fil
Kupfer? ... Ich ſehe gegen fufzig Kupfer foraus. Ich denke,
wir gäben es ſtückweiſe heraus; auf Subſkripzion. Ich mag
nicht noch einmal auf den Meſſias ſubſkribiren laſſen. Si tun
es alſo. Ich laſſe an Zeichnungen neuer deutſcher Lettern
arbeiten. Mein Saz dabei iſt: One alles Ueberflüſſige, das
Ekkichte ſtumpf, und bi einförmigen Züge (diſe herſchen in
unſern Lettern) ſo ſchön wie möglich. Si ſollen aber alles
forher ſehen. Haben Si gute Formenſchneider in England?
Ich kenne in Deutſchland keine recht gute. Haben Si mer
gute; deſto beſſer. So können wir die Lettern ferteilen und
bekommen ſie deſto eher. Es iſt eine langſame Arbeit. —
Ich kan Jnen nicht ſagen, Libſte, wi ich mich zu biſer Ausgabe
des Meſſias freue. Man hat mir immer ſon Kupfern forge=
ſagt, und ich habe immer geantwortet: Ich wil keine. Aber
wenn ſie Angelica zeichnet, ſo wil ich ſi. Allein wär ſol ſi
ſtechen? ... Preisler, Willen ..."

[Angelica zog ſich jedoch in der Folge zurück von dem Unternehmen,
da Klopſtock von ihr Engel ohne Flügel verlangte, ihr auch die Hölle zu
malen nicht zuſagen wollte.)

90) **14. October 1780**, Miller an Klopſtock. „Schon an
der Oſtermeſſe bath ich Sie in einem Briefchen um Nachricht
von der neuen Ausgabe des Meſſias, wegen der mir meine
Subſcribenten beſtändig anliegen, und jetzt wiederhol ich dieſe
Bitte."

91) **15. October 1780, Hamann an Klopstock.** „.... mir Ihre Freundschaft und den Beweis davon, ich meyne das mir einst zugedachte Exemplar Ihrer Messiade zu seiner Zeit nicht zu entziehen; denn Ihre Oden und Republik besitze ich, sonst nichts, trotz meiner Wünsche nach Allem.

92) **20. Januar 1781, Miller an Klopstock.** „Und darf ich nicht meine Bitte wiederholen nur um ein paar Zeilen wegen Herausgabe des Messias? Ich werde von den Subscribenten so oft gefragt."

(Die drei Ausgaben letzter Hand haben die Jahreszahl 1780; es scheint aber fast, als wären sie noch nicht 1780 herausgekommen.)

93) **19. October 1781, Schönborn an Klopstock.** „Ich danke Ihnen für den Messias, den Sie mir durch Mumsen haben ankündigen lassen. Ich werde hier [London], wenn ich vom Lande in die Stadt komme, wieder an meine Bekannte anfragen lassen, es Ihnen alsbann melden, wieviel Exemplare ich werde absetzen können..."

94) **14. März 1796, C. F. Cramer an Klopstock.** „Die erfreuliche Nachricht ist die Herausgabe Ihrer Werke, die uns nur neue große Erwartungen von Neuem in Ihnen erweckt, und Ihnen eine lange, nothwendig angenehme Beschäftigung verspricht. Ich bin unaussprechlich neugierig, das nähere Detail darüber zu erfahren...."

95) **22. April 1799, an C. F. Cramer in Paris.** „Der Messias (nur die große Ausgabe) wird diese Ostermesse fertig. Wird er auch in die Nationalbibliothek kommen? Wenn das nicht ist, so schreiben Sie es mir..."

(Die große Ausgabe der Werke war 1798 begonnen. Der 3.—6. Band, Messias, erschien 1799. Gleichzeitig eine Ausgabe in groß 8., Messias 3.—6. Band 1800.)

96) **19. October 1799, an Villers.** „Ich habe nun Ihre Uebersetzung gelesen. Es wäre überhaupt gut gewesen, wenn Sie sich nach der neuesten Ausgabe des Messias gerichtet hätten.... Du im Olympus, heisst: Du, der im Olympus wohnt. In der Ausgabe von 1780 (dieses ist die vorletzte) steht: Du auf dem Throne! Doch ... ich wünsche.., dass Sie sich .. wenigstens nach der Ausgabe 1780 richten.."

97) **13. November 1799**, an Herder. „Diese (Leser) werden auch diejenigen Veränderungen in der neuesten Ausgabe des „Messias" nicht übersehen, welche bloß in Beziehung auf die Religion gemacht sind. (Ich fing meine Veränderungen 1793 an, endigte sie kurz vor Abschickung des Manuscripts)..."

98) **5. December 1799**, Herder an Klopstock. „Statt solches Gewäsches freue ich mich auf Ihren Messias und muß Sie, liebster Klopstock, an eine alte Schuld erinnern. Aus freien Stücken versprachen Sie mir bei unserm Abschied an der Thür die damals herausgekommene Ausgabe in der gewohnten Orthographie. Die habe ich nicht erhalten und so ist eine Lücke Ihrer Ausgaben, von der ersten Meierschen bis zu der, die jetzt erscheint, und mir zu dieser nothwendig ist, entstanden. Ist Ihnen ein Exemplar zur Hand, so machen Sie mir eine große Freude; wo nicht, werde ichs doch finden."

(Mit der Meierschen Ausgabe meint Herder ohne Zweifel den Abdruck aus den Bremer Beiträgen, der bei Hemmerde erschien 1749. Daß die Meier'sche Kritik davor gedruckt ward, habe ich unterm 7. Juni 1749 b. angemerkt.)

99) **11. Juni 1800**, Gleim an Klopstock. „Ich bin ein armer Sünder, lieber Klopstock! Sie haben mit Ihrer Messiade mich beschenkt, und ich habe mich nicht bedankt;..."

---

### Resultate.

Aus der vorstehenden chronologischen Darstellung der Entstehung des Messias ergiebt sich u. A. Folgendes:

1) Der Plan zum Messias war seit Klopstocks 15. Lebensjahre entworfen und bereits auf der Schulpforte „beinah ganz vollendet." S. Nr. 1, 2; auch 18 (5. Sept. 1750 bereits: Er hat den Plan bis auf die kleinsten Theile ausgedacht).

2) Klopstock änderte mehrmals seinen Plan ab, bisweilen zum Nachtheil des epischen Charakters seines Werkes. S. besonders Nr. 7 a.; 9; 10 d. Note; 18; 20.

3) Klopstocks Verbesserungen und Umarbeitungen können wir verfolgen von dem Erscheinen der ersten drei Gesänge 1748 an bis zur Schlußausgabe 1800. Vgl. Nr. 97 und und dazu das bei der Ausgabe $F^2$ Bemerkte.

4) Erhebliche Veränderungen wurden schon in den Manuscripten vor ihrer Veröffentlichung vorgenommen. Vgl. Nr. 6 b.; 7 b.; 25; 49 (S. 39); 50; 51; 66; 70.

5) Klopstock arbeitete nicht planmäßig hintereinander, sondern Fragmente. Vgl. unter vielen anderen Stellen Nr. 48, 49 (S. 39), 38, 37, 31, 30. Einige Notizen über seine Arbeit:
- a. Vor 1748, noch auf der Schulpforte, arbeitete Kl. schon am 19. Gesange, vgl. Nr. 2.
- b. An dem Weltgerichte, Ges. 18 und 19, erst 1773 gedruckt, arbeitete er 1748, 1751, 1752, 19. Februar ist ein beträchtlicher Theil vollendet. Vgl. Nr. 29. 1753. 1767: „Schon vor einigen Jahren ist ein großes Stück einer Episode vom Weltgerichte fertig gewesen." Vgl. Nr. 5 c., 7 a., 21, 23, 25, 26, 28, 31, 38, 66 (S. 46).
- c. 27. Sept. 1748: „Ich getraue mich auf Ostern mit dem 4. und 5. Gesange fertig zu seyn." 20. März 1750: Die Gesänge sind noch nicht fertig. 5. Sept. 1750: noch nicht ausgearbeitet. 20. Nov. 1750: Gesang 5 vollendet, der 4. bald vollendet. 13. Jan. 1751: beide Gesänge vollendet. Vgl. Nr. 5 a., b., c. Nr. 6 a., b. Nr. 7 b. Nr. 14, 18, 20, 21.
- d. Arbeit am 15. Gesange schon 1749, 26. Jan. Vgl. Nr. 9. An demselben Gesange 1753, vgl. Nr. 37.
- e. Am 11. Gesange wahrscheinlich schon 1749, noch nicht fertig März 1758; Vers 142—868 fertig am 2. Juli 1759. Vgl. Nr. 9, 48, 50, 52.
- f. Arbeit am 9. und 10. Gesange 1755, vgl. Nr. 41, 42, 44.
- g. Am 12. Gesange: 1758, 29. März fünfzig Verse; vgl. Nr. 48.
- h. Am 13. Gesange: 1759, vgl. Nr. 51.
- i. Die Arbeit am letzten, 20. Gesange, dem „Triumphgesange", beginnt höchst wahrscheinlich 1764 im Frühjahr. Daten über die Arbeit daran: 22. Nov. 1766; 6. Jan. 1767; 30. Jan. 1768. Vgl. Nr. 57, 58, 59, 60, 61, 66, 67, 70. Gedruckt 1773.
- k. Herbst 1767: „Der 16. Gesang ist angefangen". S. Nr. 66 und 78 a.

Strauß, Kl. Schr. Neue Folge, Berlin 1866, S. 218, sagt: „Seinem dogmatisch-sentimentalen Pathos thut kein Wort genug, daher die Häufung von Adjectiven und Adverbien. Daher zum Theil auch die zahlreichen Vergleichungen, die, meistens grasser oder empfindsamer Art und breit ausgeführt, so oft den ohnehin lockeren Zusammenhang der Erzählung unterbrechen... Sie decken die Unfähigkeit oder Abneigung des Dichters, eine Sache an sich selbst in schlichter Erzählung darzustellen." Die Beobachtung ist zum Theil richtig, die Gründe aber, die Strauß unterlegt, sind, wie wir nun auch schon aus der Art des Klopstockschen Arbeitens erkennen, nicht unbedingt richtig. Man darf auch dem Dichter nicht zum Vorwurfe machen, was er als Kind der Wissenschaft, der ästhetischen Anforderungen seiner Zeit gethan hat. Daß Klopstock nicht unfähig war, rein episch darzustellen, beweisen die Gesänge, in denen er es in ausgezeichneter, an Goethe's beste Art reichender Weise thut. Wo es nicht geschieht, hindert ihn nur zum Theil sein dogmatisch-sentimentales Pathos, mehr die herrschende Kunsttheorie, die Sentimentalität nicht seines Gemüths allein, sondern der ganzen Zeit und endlich seine Kühnheit, die allmählich immer selbstbewußter die Fesseln der Aesthetik zerriß. Auch das gehört zu den befreienden dichterischen Thaten des vorigen Jahrhunderts. Vergiebt man es Goethe, daß er Lyrik und Dramatik verwob, im Faust, warum soll man dem ihm voran und zur Seite gehenden Klopstock nicht vergeben, daß er ein Gleiches auf epischem Gebiete that? In der Wahl und Anordnung der Gleichnisse folgt Klopstock mit merkwürdiger Hingebung Breitingers Fingerzeigen in dessem Buche: Krit. Abh. v. d. Natur, den Absichten u. d. Gebrauche der Gleichnisse, Zürich 1740.

6) An der Verzögerung und Hinausschiebung des Druckes, besonders der letzten Bände des Messias, ist Klopstocks übergroße Gewissenhaftigkeit, die sich bis auf die „Häkchen" bezog, Schuld; daneben manche andere Arbeit des Dichters. Vgl. z. B. Nr. 54.

## Anhang 1.
### Zur Entstehungsgeschichte Nr. 12, S. 18.

Im XVI. Gesange (1773), wo der Messias, mit den Auferstandenen und Engeln auf Tabor versammelt, über die Seelen Derer, die vor Kurzem gestorben sind, das erste Gericht hält und bald ganze Schaaren, bald einzelne Todte richtet, hieß es 1773 von V. 204 an (in 1773 und 80 noch V. 203, 1800 kam nach V. 8 ein neuer hinzu):

V. 204) 1773 ff.: Sonnen gingen auf, und Sonnen unter, und immer
V. 205) Währte Christus Gericht. Wie wechselnde Regenschauer,
V. 206) Kamen die Seelen, itzt dicht aus der Wolke stürzend, itzt träuselnd,
V. 207) Trockneten weg in dürren Gefilden, oder entflossen
V. 208) Silberquellen, blumigen Hügeln. Der Himmlischen Wehmuth,
V. 209) Oder Wonne begleitete stets die Seelen, nachdem sie
V. 210) Aufstieg, oder sank die schicksalentscheidende Wagschal.

Nun ging die Erzählung 1773 gleich ununterbrochen weiter, wie folgt:

1773: [210] Eines Königes Burg war eingesunken. Die Todten
      [211] Kamen, Lüstlinge waren sie, oder Tyrannen gewesen. U. s. w.

Dagegen wurde in 1780 eine interessante Einschaltung gemacht nach dem Verse „Aufstieg—Wagschal", vor welche 1800 noch zwei Verse eingeschoben wurden.

\*)V. 211) 1800 s. unten.
V. 212) 1800 s. unten.
V. 213) 1780: Hundert Monde sind schon vorübergewandelt, seitdem ich
      1800:                             sind vorübergewandelt,
V. 214) 1780: Dieß mit heisser Innigkeit sang. Mich umleuchtet' auch damals
      1800: Sang von des Mittlers erstem Gericht. Mich
V. 215) 1780: Hoffnung zu meinem Erlöser: Ich würde vollenden! Doch zog sich
      1800:                            Vollenden würd' ich! doch zog einst
V. 216) 1780: Trübes einst um den himmlischen Strahl. Da wars der Gedanken,
      1800: Trübes sich um
V. 217) 1780 f.: Er mir allein: Mich in Allem zu unterwerfen! Sie kamen,
V. 218) 1780: Schonten mein nicht, und redeten laut vom Tod' und vom Leben;
      1800:                                        von dem

---

\*) Die Verszählung immer nach der letzten Original-Ausgabe 1800. V. 213 war 1780 also V. 210.

B. 219) 1780 f.: Etliche schwiegen und redeten so noch lauter vom Tode!
B. 220) 1780: Doch ich verbot den Schauer mir, sträubte mich wider sie, litt's nicht,
1800:                  gegen
B. 221) 1780 f.: Lebte, vollendete! Preis auch heute dem Herrn, dem Erhalter,
B. 222) 1780: Lob, Anbetung und Dank! Sie stärkt uns, und zögert des Todes
1800: Inniger, heißer Dank! Sie stärket uns, zögert
B. 223) 1780 f.: Gang, die mächtige Freude. Zuletzt vermag sie's nicht länger,
B. 224) 1780 f.: Und wir wallen zur Heimath. O tiefer Genuß, wenn auch ich nun,
B. 225) 1780 f.: Einer der kältesten Forscher des menschlichen Denkens
                 und Schicksals,
B. 226) 1780 f.: Drüben steh', und schaue: Wie sie herüber, mit jedem
B. 227) 1780: Winke der Zeit, in Schaaren zu uns, die Seelen der Todten
1800:              der Gestorbenen Seelen
B. 228) 1780 f.: Kommen, Zweifler, und Leugner, und Christen! der Freund, dem
                  vor Kurzem
B. 229) 1780 f.: Um den Freund die heilige Thräne noch rann, die Geliebte,
B. 230) 1780 f.: Lange schon Witwe, vor Wehmuth lang verstummt, in der nahen
B. 231) 1780 f.: Fliegenden Wolke der kommenden Todten! und aller Schicksal
B. 232) 1780 f.: Aufgekläret, umstrahlt, nichts unenträthselt gelassen!
B. 233) 1780 f.: Jeder Staub gewogen! verweht Gebirge der Täuschung!
B. 234) 1780 f.: Wer, dem jemals die Wollust ward des Grübelns und Wissens,
B. 235) 1780 f.: Dürstet nicht hier, auch drüben zu seyn? Nur menschliches Schicksal
B. 236) 1780 f.: So zu lernen, und, immer in neuer Irre, des Ausgangs
1800:           stets
B. 237) 1780 f.: Faden zu finden, schon das ist Fülle der Seligkeit! Eil' itzt,
B. 238) 1780 f.: Bach, und rieß' in den Strom, des neuen Bundes Gesang, hin.

Nun geht es auch 1780 und 1800 weiter wie 1773 oben [B. 210, 211]. Ich hole jetzt die Verse 211 und 212, da sie erst 1800 [1]) hinzukamen, nach.

B. 211) 1800: Fließe mir jetzt ein rieselnder Bach in den Strom des Gesanges,
B. 212) 1800: Den vollendend, ich der Erlebungen seligste fühlte.

So ward also 1800 [1799] dieser lyrische Erguß abgerundet.

Ich wiederhole es, diese Episode ist in jedem Betracht wegen der Beziehungen auf Klopstocks Leben wichtig und interessant. Im Vers 216 erinnert sie nicht sowohl an seine Krankheit 1749, die ihn zu der mitgetheilten Umarbeitung des Anfangs vom III. Gesange veranlaßte, als an die

---

[1]) Ich bitte bei der Ausgabe 1800 immer sich zu erinnern, daß sie inhaltlich schon 1799 feststand und vollständig edirt wurde, nur an Correctheit im Einzelnen übertraf sie die Ausgabe 1799, weshalb der Kritiker die von 1799 doch nicht zu Grunde legen darf.

schwerere im Sommer 1754 (s. Nr. 39 und Nr. 12). Man darf nicht meinen, daß er an Metas Tod anspielen will, die folgenden Verse widersprechen dem. Ferner werden wir an die dem Messias beigefügte Ode An den Erlöser erinnert (Vers 215), in der er ja auch seiner Genesung gedenkt: „Genesung gabst Du mir! gabst Muth und Entschluß In Gefahren des nahen Todes!" Diese Ode ist in der ersten Hälfte des März 1773 abgefaßt. Im Allgemeinen sieht man, wie tief Klopstocks Freude über die endliche Vollendung seines Lebenswerkes immer wieder hervorbrach, ohne daß die Jahre ihr einigen Abbruch thaten. — „Hundert Monde sind vorübergewandelt, seit ich dies, das erste Gericht Christi sang." Nimmt man 1778 oder 1779 als Zeit der Abfassung der Episode an, so ergiebt sich 1769 oder 1770 als Zeit der Abfassung oder doch Arbeit am 16. Gesange, der bekanntlich 1773 zuerst veröffentlicht ward. Auf die poetische runde Zahl 100 ist allerdings kein nachdrückliches Gewicht zu legen.

Aber in einer anderen Hinsicht noch ist die obige Episode merkwürdig. **Unzweifelhaft liegen in ihr Wirkungen des Freundschaftsverhältnisses Klopstocks mit Lessing vor.** (Ueber dieses Verhältniß im Ganzen und Großen vgl. Muncker, Lessings persönl. u. lit. Verh. zu Klopstock, Frankfurt a. M. 1880, S. 177 ff.)

Erstens nämlich erinnern die Verse 224—237 an den berühmten Ausspruch Lessings: „Nicht die Wahrheit, in deren Besitz irgend ein Mensch ist oder zu sein vermeinet, sondern die aufrichtige Mühe, die er angewandt hat, hinter die Wahrheit zu kommen, macht den Werth des Menschen. Denn nicht durch den Besitz, sondern durch die Nachforschung der Wahrheit erweitern sich seine Kräfte, worin allein seine immer wachsende Vollkommenheit bestehet. Der Besitz macht ruhig, träge, stolz — — Wenn Gott in seiner Rechten alle Wahrheit und in seiner Linken den einzigen immer regen Trieb nach Wahrheit, obschon mit dem Zusatze, mich immer und ewig zu irren, verschlossen hielte und spräche zu mir: „Wähle!" ich fiele mit Demuth in seine Linke und sagte: „Vater, gieb! die reine Wahrheit ist ja doch nur für Dich allein!" Es klingt wie eine erwiedernde Zustimmung Klopstocks in den Versen 224—235, deren Sinn dieser ist: Für mich, obwohl auch ich einer der kältesten Forscher des menschlichen Denkens und Schicksals bin, wird es dann doch ein tiefer Genuß sein, drüben die Wahrheit zu erkennen, wäre es auch nur die in Betreff menschlicher Dinge [hier ist der Einfluß des Lessingischen „mit Demuth" deutlich merkbar]. Und so geht es wohl jedem, dem jemals die Wollust [Lessing: der Trieb] ward des Grübelns und Wissens. So (auf diese Weise, wie ich sie in Vers 226—233 schildere) auch nur das menschliche Schicksal kennen zu lernen, und, immer in neuer Irre des Forschens [vgl. das ewig und immer Irren im Lessingischen Ausspruch] den Faden des Ausgangs zu finden, schon das ist Fülle der Seligkeit. [Hier berührt sich der Optimismus beider Autoren; beide deuten den metaphysischen Werth des menschlichen Daseins an.] — Es ist nicht zu leugnen, daß im Wesentlichen beide Aussprüche übereinstimmen, ja im einzelnen Ausdruck sogar an einander erinnern. Beide betonen das Menschliche des Forschens, den Genuß und Werth des Forschens an sich für den Menschen, auch ohne daß er die volle Wahrheit, die, wie unausgesprochen in Klopstocks Versen und ausgesprochen in Lessings Worten liegt, doch nur Gott allein zukommt. [Nur menschliches Schicksal so zu lernen ist uns schon Seligkeitsfülle — Die reine Wahrheit ist doch nur für Dich allein]. Wo aber findet sich der Ausspruch Lessings? Ich sehe doch wohl nicht zu viel? Ein ewig ergiebiger Gemeinplatz kluger Recensenten. Dem muß man vorbeugen. Also in der „Duplik I.", und diese erschien 1778 in Druck, zu der Zeit gerade, wo Lessings Interesse für Klopstock und vice versa neu belebt und besonders warm war — wird in der Duplik ja, wie Franz Muncker richtig bemerkt a. a. O. S. 196, zweimal ehrenvoller Weise an Klopstock erinnert. Durch diese Theilnahme ward Klopstock entschieden gerührt; es lag das so in seinem Charakter; wie er zu seiner Schlußode An den Erlöser durch eine ihn feiernde Ode Cramers heftiger angeregt ward [„Sie haben ihre frühere Verfertigung veranlaßt", s. Lappenberg Seite 244 und 240], so hier zu diesem ähnlichen Ergusse — den er dann in die neue Ausgabe von 1780 einreihte —

durch Lessings Duplik, deren Geist, so weit seine Wirkung überhaupt auf Klopstock möglich war, aus obigen Versen uns entschieden entgegentritt. — Die specifisch Lessingische Ansicht, daß das Forschen etwas dem Menschen vorzugsweise Eigenthümliches sei, ein unterscheidendes Merkmal der Menschheit von der Gottheit, zeigt sich bereits in seinem früheren Tadel der Verse 13 und 14 des 1. Gesanges in den Ausgaben von 1748 und 1751:

„Rüste sie [Gott die heilige Dichtkunst] mit jener tiefsinnigen, einsamen Weisheit,
Mit der du, forschender Geist, die Tiefen Gottes durchschauest",

wo Lessing das Forschen für unwürdig der Vorstellung von Gott erklärte. Klopstock änderte schon 1755:

„Rüste mit deinem Feuer sie, du, der die Tiefen der Gottheit
Schaut, und den Menschen aus Staube gemacht zum Tempel sich heiligt."

So ist es denn in der That eine erstaunliche Erfahrung, daß Klopstock, der unleugbar etwas Byzantinisches, etwas ewig Gleiches, welches dem erhabnen Begriffe der Religion ja so gut entspricht, in seinem Charakter zeigt, einerseits von dem geistig beweglichen Lessing sich über das Wesen der Gottheit im Sinne des Ewigstäten belehren läßt, andererseits dessen specifisch charakteristische Auffassung des Menschenthums, als eines Zustandes ewigen Irrens nach dem Ziele der Wahrheit, sich aneignete, eines Strebens, das selbst im Jenseit noch nicht abgeschlossen sein mag („O tiefer Genuß, wenn ich drüben auch nur menschliches Schicksal enträthseln werde!"). Somit ergiebt sich denn, daß auch das Urtheil Derer zu modificiren ist, die von gar keiner Wirkung der großen zeitgenössischen Schriftsteller auf Klopstock immer wieder sprechen. In anderem Betracht erscheint aber der Triumph Lessings unendlich groß, der in den Grundanschauungen selbst den abgeschlossensten, selbstbewußtesten Dichter und Menschen seines Jahrhunderts einigermaßen zum Nachgeben brachte. Gewiß ein bedeutsames Moment in unserer Entwicklungsgeschichte.

Zweitens ergiebt sich aus der vorliegenden Stelle des Messias Folgendes. Um dem ihm näher getretenen Manne nun auch im Einzelsten Concessionen zu machen und seine

Sinneswandlung auch auf diese Weise zu documentiren, gebraucht Klopstock das Wort „Schicksal", dessen Ausmerzung aus der Ausgabe 1755 Lessing seiner Zeit getadelt hatte, absichtlich hier drei Mal (V. 225, 231, 235; vgl. zu diesem Worte die „Varianten aus religiösen Rücksichten"). Franz Munckers Behauptung: „Klopstock suchte dagegen [im Gegensatz zu Lessings Fehde gegen die unduldsame Orthodoxie] mit zunehmendem Alter immer mehr **jedes Aergerniß zu vermeiden, jedes Bedenken zu heben** und wurde darum in seinen Gesinnungen zwar toleranter, **im Ausdruck aber stets strenger und ängstlicher**" (a. a. O. S. 198 f., vgl. auch S. 126 f.) — diese Behauptung, wird mir Muncker jetzt zugeben, wie er es in Beziehung auf die religiöse Grundanschauung Klopstocks bereits gethan hat, ist, was nun auch „den Ausdruck" im Einzelnen betrifft, in dieser schroffen Weise unhaltbar. Wie sich Klopstocks Gesinnung im Ganzen änderte und zwar entschieden mit unter dem Einfluß der Lessingischen Schriften und Kämpfe — was ich auch auf Grund obiger Stelle gegen Munckers Urtheil constatire: „Mit Lessings theologischen Schriften konnte er sich daher" [weil er einseitiger wurde im Ausdruck, was eben nicht richtig ist, wenigstens nicht in der Munckerschen Schärfe] „kaum jemals innig befreunden" — so nahm er auch theils seit 1755 verworfene Ausdrücke wieder auf, theils, wo er es nicht that, verstärkte er doch den Sinn einzelner im Sinne der Schonung des frommen Gefühls verbesserter Stellen. Auch hierzu siehe Beweise unter den Varianten aus religiösen Rücksichten. Wie stimmt es denn mit Munckers Ansicht, daß Klopstock im XVIII. Gesange die Stelle Vers 655 ff., über die Göttererfinder, die Katholiken, die er nach eigenem Geständniß schon 1753 gemacht, aber in 1755 und den folgenden Ausgaben aus Furcht vor Verletzung der katholischen Leser weggelassen hatte, in der Ausgabe 1799 (1800) gerade an den Tag giebt? Nur scheinbar unterstützt dies Verfahren Klopstocks Munckers Ansicht. Denn nicht aus größerer Rechtgläubigkeit reiht Klopstock diese Stelle erst 1799 ein, sondern er thut dies unter der ausgesprochenen Voraussetzung, daß die „besten" der sein Werk lesenden Katholiken jetzt nicht mehr würden davon empfindlich berührt werden und er deshalb der moralischen Wirkung seines Gedichts jetzt nicht mehr schaden würde. Setzt er also eine freiere Anschauung, reine ästhetisch=moralische Bildung selbst bei katholischen Lesern voraus, so besitzt er sie selber doch wohl auch. Er hat also wirklich über das Dogma sich, und zwar im ästhetisch= moralischen Sinne, also im Lessing=Schillerschen, immer mehr erhoben gegen das Ende seines Lebens. Auch das vorliegende Beispiel ist dafür denn ein Beweis. Der einzelne Ausdruck übrigens und die Grundanschauung lassen sich durchaus nicht in der scharfen Weise trennen, wie Muncker es thut. Wie, wenn Klopstock manche der überschwänglichen Donnerworte nicht aus religiösen Bedenklichkeiten, wie Lessing meinte, sondern aus ästhetischen fortließ, unwiederbringlich fortließ? Davon ein Beispiel sogleich.

Klopstock änderte 1755 die „Muse" seines Gedichts. Lessing tadelte diese Veränderung: sie sei dem orthodoxen Geiste des Verfassers entstammt.[1]) Lessing bedachte aber bei seinem Tadel nicht, daß der Vorwurf, Klopstock rufe nicht mehr die heidnische Muse an, weil er orthodoxer geworden, ihn in diesem Falle gewiß nicht trifft, und warum nicht? Klopstock redet auch vor 1755 gar nicht von der Muse schlechthin, viel weniger von der heidnischen Muse, sondern er giebt ihr stets ein im christlichen Sinne religiöses Attribut: heilige Muse I., 578; Muse von Tabor I., 244 (Muncker citirt nach der Ausgabe 1755: 237); unsterbliche Muse III., 12. Klopstock gebrauchte also gar nicht das Wort Muse im antichristlichen oder auch nur allgemein adoptirten Verstande, sondern von Anfang an nach= drücklich in christlichem Sinne, eben um von vornherein den Einwürfen vorzubeugen, er habe es im heidnischen gebraucht. Wegen religiöser Bedenken hätte er das Wort also nicht durch ein anderes zu ersetzen brauchen; Lessings Urtheil, daß er es doch aus diesem Grunde gethan, ist demnach unhaltbar. Wer sieht den inneren Widerspruch nicht in der Verbindung „heilige

---

[1]) Vgl. zu diesem allegorischen Punkte auch Meiers Wink 1746; Sprachliche Varianten S. 14.

Muse", „Muse von Tabor"? Ist dieser innere Widerspruch nicht eine Abgeschmactheit? Man mache sich einmal das Werden solcher dichterischen Vorstellungen klar, was Lessing nicht gethan hat.

Die dichterische Phantasie strebt danach, ihre Begriffe zu personificiren; die Dichtkunst selbst ist einer derselben; die alten Poeten haben sie im Allgemeinen als Muse personificirt. Nun kommt mit der christlichen Weltanschauung die christlich religiöse Poesie. Klopstock findet noch keine eigenthümliche, ihm zusagende Personification derselben vor; er verwirft zuerst von Anfang an (Ges. I., V. 9) die heidnische Anschauung völlig und sagt ausdrücklich nur „Dichtkunst". Solch ein unanschaulicher Begriff ist auf die Dauer nicht anwendbar, wenn Klopstock nicht gänzlich auf gewisse dichterische Vortheile verzichten will; so bedient er sich denn vorerst der heidnisch poetischen Gestaltung „Muse". Aber seine Dichtkunst ist dies ja nicht schlechthin, so daß die „Muse" als Personification derselben dienen könnte; er betont ausdrücklich, Gesang I., Vers 10—14, daß seine Dichtkunst Nachahmerin der Gottheit, vom Geist Gottes geweiht sei, christliche Mysterien zu besingen, kurz, christlich heilige Dichtkunst sei. Demnach beschränkt er den Namen Muse sogleich überall im stricten Gegensatz zu der damit unwillkürlich verbundenen heidnischen Reminiscenz, wie die erwähnten Attribute zeigen. Um dieser störenden, schleppenden Attribute und des abgeschmackten Gegensatzes überhaupt ledig zu werden, stellt er endlich eine ausgeprägte Personification der christlichen Dichtkunst der heidnischen gegenüber: Die Sängerin Sions, die Sionitin, Siona. So ist endlich die ganze Vorstellung auf Ein Wort gebracht. Von einer Aenderung aus religiösen Rücksichten kann somit die Rede nicht sein; es ist nur von einer consequenten Durchführung der von Anfang an vorhandenen religiösen Dichteranschauung zu sprechen, von einer Consequenz auf dem Gebiete religiöser Poesie, einem ästhetischen Gebiete, mithin nur von einer ästhetischen Consequenz.

Dieses Beispiel, durch das Lessing seine schnell gebildete Voraussetzung, Klopstock habe nicht aus ästhetischen Rücksichten verbessert, beweisen will, beweist demnach gerade das Gegentheil. Nein, die bisher üblich gewesene Ansicht der Literarhistoriker, Klopstock sei mit den Jahren orthodoxer geworden, eine Ansicht, die, nur auf Lessings Urtheil über die Ausgabe 1755 fußend, von mir hinsichtlich der Grundanschauung des Dichters bereits, wie auch Muncker einsichtsvoll einräumt, durchaus beseitigt ist, diese Ansicht ist, selbst was den einzelnen religiösen Ausdruck anbelangt, auch nicht mehr im bisherigen orthodoxen Sinne, sondern nur im Sinne religiös-ästhetischen Gefühls aufrecht zu erhalten. Nur zwischen den Jahren 1748—1755 kann man von größerer Orthodoxie bei Klopstock reden. Am richtigsten ist es, wenn man von einem Schwanken zwischen orthodoxer und ästhetisch-sentimentaler Auffassung während dieser Jahre spricht. Von da an vollzieht sich in ihm eine religiöse und entschiedene religiös-ästhetische Wandlung, die gegen das Ende seines Lebens immer größer ward.

Hinzufüge ich jetzt noch nur in Kürze, daß der Vergleichungspunkte zwischen Lessings und Klopstocks religiösen Anschauungen mehrere sind. Aus dem Messias allein will ich beweisen, was Freimund Pfeiffer in seinem Buche: Goethe und Klopstock, Leipzig 1842, S. 141 völlig richtig sagt: „hier [in Klopstocks Partei] stärkte man sich an dem hehren Traum von der Erziehung des Menschengeschlechts zu ewig steigender Humanität." In vielen Punkten bin ich selbständig zu Resultaten gelangt, die mit denen Pfeiffers identisch sind; nicht wenigen seiner Aussprüche aber muß ich entschieden entgegentreten auf Grund des Studiums der Entstehung des Messias. Ein Grundübel der Pfeifferschen Aphorismen ist, daß er Goethe und Klopstock in unhistorischer Weise nebeneinander stellt; er vergißt, daß, obwohl beide lange Jahre nebeneinander leben, Klopstock doch seinem fast ganzen Wirken nach als Goethe voraufgehend, ihn mit ermöglichend, mit stellend betrachtet werden muß. In allen derartigen Vergleichungen, sollen sie wirklich fruchtbringend sein, darf das historische Verhältniß nie ganz unberücksichtigt bleiben. Man kann, ohne zu schiefen Urtheilen zu kommen, doch nicht Ursache und Wirkung so vergleichen, als wären es Wirkung und Wirkung.

## Anhang 2.

Zu 10 d., S. 16. In der ausführlichen Besprechung des Messias, Greifswalder Crit. Nachrichten 2. Band 1751, wird auf S. 208 f. auch die Auslassung dieser beiden Stellen erwähnt und gesagt: „Diese beide Stellen sind völlig von einer Art. Es ist wahr; man kan sie und besonders die erstere [Nah beim stillen Gebein u. s. w.] ihrer innerlichen wahren Schönheit unbeschadet fast nicht von dem Vorwurf eines zu sehr ausgeschossenen Zierathes frei sprechen. Sie mögen aber noch wohl einen grössern zu scheuen haben. Sollten sie nicht einige Unwahrscheinlichkeiten mit sich führen? Sollten die Juden, die ihre Propheten haßten, verfolgten, steinigten und töbteten, ihnen nach ihrem Tode wohl prächtige Denkmähler aufgerichtet haben? Bereuten sie ihre Vergehen wohl anders, als in der Tiefe des äussersten Unglücks und Elends? Waren sie alsdenn auch im Stande, diese Ehrenzeichen zu stiften? Kam nicht mit dem Wechsel des Glücks auch ihre alte Bosheit bald zurücke? Sollte die Zeit dieser Denkmähler durch so viele Jahrhunderte geschonet haben? Sollte bey so verschiedenen Verwüstungen und Zerrüttungen die Hand der Zerstörung nicht auch über sie gekommen seyn? Mich deucht, alle diese Umstände rechtfertigen die Auslassung dieser Stellen ziemlich hinreichend." — Gezeichnet K. K. Höchst wahrscheinlich schreibt unter diesem Zeichen Mag. und Archidiaconus Kühl in Wismar, wie ich in der Biographie des Prof. Joh. Georg Peter Möller, späteren Herausgebers der Neuesten Crit. Nachrichten, finde in dem Werke: Jetztlebendes gelehrtes Mecklenburg, herausg. von J. Chr. Koppe, 1. Stück, Rostock und Leipzig 1783, Seite 123. — Auf diese Bedenken replicirt ein Herr L. auf S. 227 f.: „Herr K. meynet, daß der größte Vorwurf, den diese Stellen zu scheuen hätten, die Unwahrscheinlichkeit sey..... Herr K. würde alle seine Fragen nicht gethan haben, wenn er nur die Stellen Matth. XXIII., 29—31. Lucas XI., 47, 48 zu Rathe gezogen hätte, in welchen der Messias das Wehe über die Schriftgelehrten und Pharisäer ausrufet, die der Propheten Gräber baueten, und der Gerechten Grabmäler schmückten." L. vergißt, daß damit noch nicht von Bildsäulen die Rede ist. —

36 a.) **14. November 1753.** Crit. Nachrichten, Greifswald, 4. Band, in der „Abhandlung von den Schönheiten des epischen Gedichts dem Noah, von dem Verfasser des Lehrgedichts über die Natur der Dinge [Wieland]" findet sich folgende Notiz auf S. 378: „Herr W[ieland] muthmaßet, daß der Dichter des Messias den Abbadona selig machen werde, und wer wird ihm eine poetische Seligkeit mißgönnen? ich weiß, daß diese Muthmassung erfüllt werden wird, da ich schon ein Fragment eines der künftigen Gesänge des Messias gesehen habe, worin Abbadona wirklich Gnade erhält." Diese höchst wichtige Notiz ist mit M. unterzeichnet, d. i. vom Prof. Möller, einem geb. Rostocker. Seine ausführliche Biographie steht in dem oben unter Zu 10 d. genannten Buche „Jetztlebendes gelehrtes Mecklenburg".

41 a.) Falsch ist die Bemerkung in Ludwig Brunniers Klopstock und Meta, Hamburg 1860, S. 127: „Im August 1755 hatte Klopstock den 10. Gesang seiner Messiade vollendet."

78 b.) **26. October 1772,** Voß an Ernst Theodor Johann Brückner: „Künftigen Ostern kommen die letzten Gesänge des Messias heraus. Die Grafen Stolberg, die vor kurzem gekommen und Klopstocks Freunde sind, haben mir einige Stellen daraus vorgesagt, die ganz göttlich schön sind . . ." Vgl. Nr. 79.

81 a.) **7. März 1773,** Voß an E. T. J. Brückner. „Fröhliche Botschaft, liebster Brückner! Ich habe den Messias gelesen. Gestern in der Bundesversammlung ward er vorgelesen. Hemmerde hat ihn auf Klopstocks Befehl uns schicken müssen, eh' er mal ganz gedruckt war. O welch ein Mann ist Klopstock! Ein Prophet, ein Engel Gottes kann nicht mehr die Seelen durchbohren, als unser Klopstock! Von Erstaunen

zu Erstaunen reißt der sechszehnte Gesang, und der nächste zerschmelzt in himmlisches Entzücken."

89 a.) **15. April 1780, Klopstock an Denis.** „Es macht mir keine kleine Freude, daß der Italiäner [Zigno, auch Uebersetzer von Kleists Frühling] mit seiner Uebersetzung fortfahre, und daß är Si dabei zu Rate zihen wil. Ich werde im, sobald ich kan, so fiel fon der neuen Ausgabe fertig ist, zuschikken."

---

Es ist dem Charakter dieser „Studien" gemäß, daß sie eine, so weit überhaupt möglich, absolute Vollständigkeit nicht auf Einmal, sondern successive erreichen wollen. Die Mittel eines Einzelnen, den noch dazu ungünstige Verhältnisse an Gegenden fesselten und noch fesseln, die den großen Büchercentren zum Theil möglichst fern liegen, und der somit ganz auf seine eigene Kraft sich angewiesen sah, reichen nicht aus, alle nöthigen Subsidien auf Einmal zur Verwendung zu beschaffen. Und was noch unedirte Handschriften und Briefe betrifft, so ist auch der Büchermächtigste dem Zufall unterthan. Meinem Eifer gelang es, das Verwendungsrecht über noch unedirte Briefe Bodmers, Zimmermanns, Geßners, Klopstocks, Wielands an Bernhard von Tscharner mir zu erkaufen, Briefe, die auch viele Notizen über den Messias geben. Ferner gab mir Herr Professor Michael Bernays in liebenswürdigster Weise einige überaus herrliche und gehaltreiche Briefe Klopstocks an Bodmer zur Einsicht, die auch mehreres für meine Studien Lichtbringende enthalten. So werde ich denn alles während des Druckes dieses Heftes mir zugänglich gewordene Material in einem vierten Hefte veröffentlichen. Dasselbe wird unmittelbar nach diesem erscheinen. Ich werde endlich durch ein möglichst eingehendes Register dem unvermeidlich Aphoristischen dieser Studien einigermaßen wieder abzuhelfen suchen.

---

# Geschichte der Ausgaben des Messias und ihr Verhältniß zu einander.

Zugleich Kritik der neuesten „nach den besten Quellen revidirten" Messiasausgabe von Robert Boxberger, in der Hempelschen Bibliothek der Deutschen Classiker.

**A**    Um Ostern 1748 erschienen die ersten drei Gesänge im Druck, in den „Neuen Beyträgen zum Vergnügen des Verstandes und Witzes", gewöhnlich nach ihrem Verlagsort Bremer Beiträge genannt, 4. Band 4. und 5. Stück (die vereinigten Stücke umfassen die Seiten 241—400, wovon die drei Messiasgesänge Seite 243—378), Bremen und Leipzig, Verlegts Nathanael Saurmann. 1748.

**Aa**    1749 erschien mit Saurmanns Erlaubniß ein Abdruck aus den Bremer Beiträgen, 8½ Bogen 8., bei Hemmerde in Halle. Dieser wandte sich selbst an Klopstock, um auch dessen Einwilligung zu erlangen; Klopstock antwortete: „Ich habe Ihren Druck des Messias nicht für einen unerlaubten Nachdruck angesehen, und ich würde damit völlig zufrieden gewesen seyn, wenn er mehr correct gewesen wäre."

Obwohl Boxberger in seiner Ausgabe des Messias auf Seite 19 der „Vorbemerkung" eben diese Stelle anführt, hat er dennoch Klopstocks Worte nicht berücksichtigt. Er citirt stets als letzten ältesten Druck den druckfehlervollen, von Klopstock mißbilligten Nachdruck aus dem Jahre 1749. Ja, Boxberger scheint das Verhältniß von Aa zu A nicht zu kennen, denn auf Seite 54 des 1. Theiles seiner Ausgabe sagt er in der Anmerkung 2: „Die Ausgabe von 1749 liest noch u. s. w.", auf Seite 70: „Den Ausdruck Sionitin gebraucht die Ausgabe von 1749 noch nicht". Da Klopstock vor ihrem Erscheinen von dieser Ausgabe gar nichts wußte, so konnte er auch nichts verändern, die Ausgabe von 1749 muß also selbstverständlicher Weise „noch lesen". Vorberger citirt später ausgelassene Stellen nach der Ausgabe von 1749, er citirt sie mit den Druckfehlern und macht dann nach dem entstellenden Fehler ein sic!, ohne das Verhältniß von Aa zu A dem Leser bekannt gemacht zu haben; aus solchem unerklärten sic! muß der unvorbereitete Leser entnehmen, daß Klopstock selber sich derartige Schnitzer hat zu Schulden kommen lassen. So auf Seite 67, 1. Theil: „In der Ausgabe von 1749 wird Adam der Opferpriester am Alter (sic!) genannt" So geht es bei Vorberger durch die ersten drei Gesänge fort. —

Die Ausgabe, welche Dommerich in der Abhandlung: „De Christeidos Klopstockianae praecipua venere prolusio. Wolfenb. 1752", erwähnt mit den Worten: „Seorsim vero priores hi tres libri anno 1750 excusi sunt forma octava minori..." scheint dieselbe Aa zu sein. Das Lexikon der Hamburgischen Schriftsteller, herausgegeben von Cropp und Klose (ich citire es durch „Cropp"), welches, so weit es ohne nähere innere Prüfung möglich ist, die richtigsten Angaben über die Ausgaben des Messias bringt — Gödeke ist ganz unvollständig — weiß von dieser Ausgabe nichts, und ich habe außer der obigen Notiz auch nichts weiter davon entdecken können. Doch findet sich in den Critischen Nachrichten von Joh. Carl Dähnert in Greifswald, 2. Band, S. 171, 2. Juni 1752, die Notiz: „Die drey ersten Gesänge des Heldengedichtes erschienen zuerst in dem 4. Bande der N. B. z. V. d. B. u. W. im Jahre 1748. Sie erhielten nach und nach und so, wie die ungewöhnliche, aber unserer Sprache ganz ungemein wohl angemessene, lateinische Versart nicht mehr unerträglich schien, eine ziemlich durchgängige Hochachtung unter den Deutschen. Sie wurden, um dieselbe noch allgemeiner zu machen, durch den Buchhändler Carl H. Hemmerde in Halle verschiedentlich besonders auferlegt. Der Herr Prof. Meier in Halle und ein ungenannter Schweizer trugen hiezu vieles bey. Sie hielten sie einer besondern Untersuchung wehrt" 2c.

B¹ B² B³ Nach mancherlei Verhandlungen mit Hemmerbe erschien 1751: Der Messias. Erster Band, Halle, bei Karl Herm. Hemmerbe; wie Dommerich Seite VI. sagt: „(hi tres libri), quos splendidior, figurisque aeneis ornata, editio, duobus Libris aucta, except Halae 1751, apud Car. Herm. Hemmerde. 8. mai. 12 pl."; außerdem in 8° und in 4° ohne Bilder. Greifswalder Cr. N., 2. Bd., S. 171 f.: „Das Verlangen der Verehrer dieses Gedichts nach der Fortsetzung ist bis zur Ungebuld gegangen. Der Herr Klopstock hat solches nunmehro in etwas gestillet, und der Buchhändler Hemmerde hat mit der letztern Ostermesse den ersten Band, welcher fünf Gesänge in sich fasset, auf eine würdige Art, theils in Quart, theils in grossem Octav mit Kupfern, theils auch in ordentlichem Octavformat ans Licht befördert. Vielleicht würde diesem Verlangen noch so bald nicht ein Genügen geschehen seyn, wenn dem Herrn Verfasser nicht ein neuer August aufgestanden wäre. Se. Kgl. Majestät in Dännemark" u. s. w. 2. Juni 1751. — Vgl. Entstehungsgesch. Nr. 22, 24. Die Angabe „mit der letztern Ostermesse" läßt es immer noch unbestimmt, ob die Ausgaben vor oder erst nach Klopstocks Ankunft in Kopenhagen erschienen sind. Sollte sich Cramer geirrt haben? — Uebrigens ist die Quartausgabe correcter; Fehler der 8°, z. B. Ode, Z. 10: menschliches (den die Hempelsche Ausgabe auch hat); letzte Zeile: Golgotha, hat die 4° nicht. Ich habe mich deshalb überall nach der 4° gerichtet. Muncker hat diese Ausgabe noch nirgends angezeigt gefunden; außer in den Gr. Cr. N. fand ich sie vermerkt in Heinsius Allg. Bücherlexikon von 1700—1810, 2. Band. Und zwar ist dort auch ein zweiter Theil in gr. 4° 1756 bei Hemmerde genannt, also ein Abdruck der Kopenhagener gr. 4°, Gesänge V.—X., 1755. Ich habe diesen Abdruck nicht erhalten und mich so von der Richtigkeit der Notiz nicht überzeugen können. S. unten Ca². Diese Ausgabe enthält die erste Verbesserung der Gesänge 1—3 (197 Veränderungen). Ueber die Kupfer, als nebensächlich, bemerke ich jetzt und später nichts; beigegeben waren ihnen Erklärungen, die wegen des damaligen Klopstockischen Stils interessant sind.

Diese wichtige Ausgabe, wichtig wegen ihrer ersten Ver&shy;änderungen und Umgestaltungen, ist **von Vorberger ganz und gar nicht berücksichtigt worden.** In Folge dessen finden sich denn in seiner Ausgabe vielfache Irrthümer. Th. 1, S. 65, Anm. 4 heißt es: „V. 400—407 fehlen in der Ausgabe von 1749, so daß Gott die Worte spricht u. s. w."; muß heißen in den Ausgaben von 1748 und 1751. Auf S. 73: „In der Ausgabe von 1749 heißt die Seele „Dubaim"." Muß heißen: von 1748 und 1751. Auf S. 74: „Hier folgen in der Ausgabe von 1749 die Worte:..." Muß heißen: von 1748 und 1751. Auf S. 80: „Die Ausgabe von 1749 hat richtig [dies Richtig macht bei der unrichtigen Ausgabe von 1749 einen komischen Eindruck] „geliebtesten"." Muß heißen: von 1748 und 1751. Auf S.83: „Hier folgt in der Ausgabe von 1749 die später weggelassene Stelle"; muß heißen: in der Ausgabe von 1748 die bereits 1751 weggelassene Stelle. Auf S. 86, Anm. 1: „In der Ausgabe von 1749 „Göttin";" muß heißen: von 1748 und 1751. Wie Vorberger, der mir jugendliche Prätensionen vor&shy;wirft, überhaupt gearbeitet hat, davon folgende Proben.

Seite 87 des ersten Theils ist ein ganzes Nest von Irr&shy;thümern und Flüchtigkeiten. Gesang II., V. 332 ff. heißt es (nach meiner Anordnung):

V. 332) 1748-55: Also saget der Gott der Götter, ich der ich alleine
        80:                            Götter Gott,
      1800:                                                                                     allein mir
V. 333) alle Ausg.: Alle Bezirke des Raums mit ihren Göttern und Welten
V. 334) 1748,51: Ringsum mit meiner vollkommensten Welt unendlich umgrenze!
      55 ff.: Rings mit

Seit 1755 erst folgt hier der Vers 335

V. 335) erst 1755 ff.: Aber ihm glaubte die Hölle nicht, zwang sich umsonst, es zu wähnen.

(Von dieser seit 1755 eingetretenen Aenderung weiß Vorberger nichts, — kann auch nichts davon wissen, denn er hat auch die überaus, einschneidend wichtige Ausgabe von 1755 gar nicht berücksichtigt.)

V. 336) 1748,51: Gott Jehova, der Ewige, hörte die Stimme der Lästrung.
      55,80:                                                                                             Lästrung;
      1800:    Gott vernahm die Stimme des lästernden, sprach zu sich selber:

Hier folgen in 1748 die drei Verse

1748: Ruhig in sich selber, in seiner unendlichen Grösse,
Hört er sie, sagte zu sich: Ich werde seyn, der ich seyn werde!
Aber, du Sclave des Elends, sollst sehn, wen du itzo geschmäht hast.

Auf Vers 336 folgt in 1751, 1755 und 1780 der Vers

1751: Sagte zu sich: ich bin Jehovah, und ewig mir selbst gleich!
55, 80: Ich

Hinter diesem in 1748 noch nicht vorhandenen, seit 1800 fortgelassenen Verse folgt nun:

V. 337) seit 1751 ff.: Auch der erschütterte Sünder ist meiner Herrlichkeit Zeuge!

An Stelle dieser historischen Entwicklung, die uns einen Einblick in die Werkstatt des Dichters gewährt, finden wir bei Vorberger folgende Notiz: „Statt dieser beiden Verse [336 und 337] heißt es in der Ausgabe von 1749: [nun folgen die Verse: Gott Jehova — itzo geschmäht hast!]" Das ist Quellen=kunde! Und von dem Verse: „Sagte zu sich f." keine Ahnung. Dies ist nur Ein Beispiel unter vielen. Gleich die 2. An=merkung auf derselben Seite 87 liefert ein neues. Der Vers 341 des II. Gesanges fehlt in der Originalausgabe von 1748 noch. Bei der zweiten Originalausgabe von 1751 heißt er: „Der erhub sich in donnernden Kreisen aus seinen Bezirken"; diese Lesart bleibt in den Originalausgaben, d. h. den Ausgaben, welche Klopstock selbst mitwirkend ver=anstalten ließ, von 1755 und 1780; seit 1800 dagegen liest man: „Der erhub aus der Laufbahn sich in donnernden Kreisen". Vorberger sagt: „Dieser Vers fehlt in der Ausgabe von 1749. Die von 1760 liest: „Der erhub sich u. s. w." Hier sind also die beiden höchst wichtigen Ausgaben von 1751 und 1755 gar nicht berücksichtigt, dagegen die Ausgabe von 1760, der nach Klopstocks eigenem Urtheil mit Fehlern versehene Abdruck der ersten 5 Gesänge aus der Kopenhagener Original=Ausgabe von 1755 als „Quelle", als „beste Quelle" angeführt. Aehnliche Fehler gehen durch das ganze Buch Vorbergers. Seite 88, Anmerkung 1 heißt es bei ihm: „Statt der letzten vier Verse stehen hinter „gestellt hat" in der Ausgabe von 1749 die Worte: u. s. w." Muß heißen: in den Ausgaben von 1748 und 1751 die Worte u. s. w. Das ist ja eben das Wichtigste bei diesen Veränderungen, daß wir genau wissen, wann, seit welcher Ausgabe sie gemacht werden! Auf Seite 89 befindet sich neben den hergebrachten eine neue Flüchtigkeit; in der Anmerkung 3. — Doch will ich die Quellenbeflissenheit Vorbergers an einem zweiten Beispiele ausführlich zeigen. Ich setze die ganze Stelle, von Vers 406 des II. Gesanges an, der Uebersicht wegen hierher.

B. 406) 1748:   Tausend geistige Völker erschienen. Sie giugen und sangen
       51,55: Myriaden von Geistern
       80 f.:  Tausendmal tausend Geister erschienen. Sie

B. 407) 1748,51: Eigene Thaten, zur Schmach und unsterblichen Schande verdammet.
       55,80: Eigne                                     verurtheilt.
       1800:   Eigene

An Stelle der beiden folgenden Verse 408 und 409 haben die Ausgaben 1748 und 1751 blos den einen Vers:

       1748,51: Unterm Getöse vom Donner gerührter entheiligter Harfen

B. 408) 1755:   Unterm Getöse gespaltner, (sie hatte der Donner gespalten!)
       80:                    , sie                                  !
       1800:        Getös          hatten Donner

B. 409) 1755,80: Dumpfer, entheiligter Harfen, verstimmt zu Tönen des Todes,
       1800:                                           zu den

B. 410) 1748-55: Sangen sie. So rauschen in mitternächtlicher Stunde
       80 f.:       sie's her. So

B. 411)        1748: Cedern, die ihr benachbarter Himmel im Donnerwetter
            51:        der benachbarte

(in 1755 sind die Verse 411 und 412 in einen verkürzt; aus Vers 411 in der Gestalt von 1748 und 1751 stammt der Anfang):

       1755: Cedern herab, — — — — — — — — —

(Seit 1780 hat der Dichter ein anderes Bild gewählt:)

       1780:    Grimmige Schlachten von tödtenden, und von sterbenden Sündern
       1800:                                                       Streitern

B. 412)        1748,51: Spaltete, wenn brausend auf ehernen Wagen der Nordwind
         1755: — — — —*, wenn
                 * (Der Anfang oben in Vers 411.)
       1780 f.: Furchtbar umher, wenn

B. 413)        1748,51,55: Ueber sie fährt, und Libanon bebt und Hermon erzittert.
       1780: Ueber sie fährt, und gebrüllt von dem Widerhall' ihr Gebrüll wird.
       1800: Gegen

Und diese complicirte Dichterthätigkeit fertigt Robert Vorberger mit der in ihrer Art gewiß einzigen Bemerkung ab: „Statt dieses Bildes [von den Streitern] haben die Ausgaben von 1749 und — 1760 folgendes (hinter „Stunde"):

> Cedern, die ihr benachbarter Himmel im Donnerwetter
> Spaltete, wenn brausend auf ehernen Wagen der Nordwind
> Ueber sie fährt, und Libanon bebt und Hermon erzittert."

Nun habe ich bereits gesagt, daß die Ausgabe von 1760 keine Originalausgabe, sondern ein mit Fehlern versehener Abdruck der von 1755 ist. Und die von Boxberger unter 1760 citirten Verse befinden sich gar nicht in dieser Ausgabe, welche nach der von 1755 wie oben angegeben liest:

> Cedern herab, wenn brausend auf ehernen Wagen der Nordwind
> Ueber sie fährt, und Libanon bebt und Hermon erzittert.

Es ist also das alte Bild 1755 anders gewandt, vereinfacht, und erst 1780 tritt das neue Gleichniß ein, welches wiederum 1800 in toleranterem Sinne verändert wird (Sünder — Streiter).

Folgendes finde ich gerade noch beim Aufschlagen des 4. Gesanges. Zum Vers 699: „Semiba, den von dem Tode bei Nain der Göttliche weckte" macht Boxberger die hochkritische Anmerkung: „Den Namen Semiba hat Klopstock erfunden u. s. w. Uebrigens kommt Semiba in den ersten Ausgaben noch nicht vor, sondern Lazarus spielt hier seine Rolle." Die erste Ausgabe des vierten und fünften Gesanges ist nun die von 1751, (mit den drei ersten Gesängen zusammen); die Einzelausgabe des vierten und fünften Gesanges von 1752 ist ein schlechter Abdruck aus 1751. Boxberger sagt über diesen Abdruck (Vorbemerkung S. 25): „Gleichzeitig erschien ein besonderer Abdruck der beiden neuen Gesänge IV. und V. (Cropp, im Hamburger Schriftsteller-Lexikon IV. p. 15[1]); Gödeke, Grundriß b. D. D. I., p. 598.) Ich besitze übrigens einen Druck der beiden Gesänge IV. und V., Halle, Hemmerde 1752, der an den beiden genannten Stellen nicht erwähnt wird

---

[1]) Im Hamb. Schr.-Lex. befindet sich gar keine Spur einer Erwähnung des Abdrucks von IV. und V. Ges. Dergleichen Citate finden sich leider bei Boxberger; man sehe z. B. S. 23, wo er etwas aus Doerings Leben Klopstocks citirt, was im ganzen Buche nicht steht. — Mess. 2. Theil S. 29, Anm. 5 citirt Boxberger Ges. VI., 899 ff. Der VI. Ges. hat nur 606 Verse, IV. paßt auch nicht. Doch das sind Kleinigkeiten, die dem Forscher aber unter Umständen sehr viel Zeit rauben.

(oder das „gleichzeitig" bei Gödeke ist zu modificiren)."
Diese Einzelausgabe also, als eine von denen, mit
welchen Klopstock gar nichts zu thun gehabt hat, darf in gar
keinen Betracht gezogen werden. Nun wurde in der nächst=
folgenden Originalausgabe von 1755 bereits Semida an Lazarus
Stelle gesetzt; ich möchte somit wohl wissen, in welchen „ersten
Ausgaben" Semida noch nicht vorkommt. Ueberdies hat
Boxberger seine Anmerkung bei einem Verse (V. 699) gemacht,
wo er hätte hinzusetzen müssen, daß dieser Vers nebst den vor=
aufgehenden vier (also 695—99) in der Ausgabe von
1751 überhaupt fehlt. So glaube ich es denn ohne
„Prätensionen" aussprechen zu können, daß Boxberger sich um
den Werth der Ausgaben wenig bekümmert hat, indem er
Abdrücke statt der Originale benutzt und nur oberflächlich ver=
gleicht. Was der Abdruck von 1752 werth ist, lehrt uns
Boxberger selbst in der Stelle des IV. Gesanges V. 866—889
(die von ihm in der Anmerkung auf S. 156 gleich falsch mit
V. 906—929 bezeichnet wird). Da es der Schluß der be=
rühmten Liebesepisode von Semida=Lazarus und Cidli ist, mit
der Klopstock Fanny rühren wollte, und von der ich in der
Entstehungsgeschichte unterm 30. Juli 1750 schon bemerkte,
daß Mörikofer sie in der auf dem Züricher See vorgelesenen
Fassung nicht gekannt habe, so will ich die Mühe nicht scheuen,
sie ganz aus meiner Variantensammlung hierher zu setzen, mit
Vers 863 beginnend:

863) alle Ausg.: Um der Tugend Belohnungen willen beschwör' ich dich, Cidli:
864) 1751,55,80: Sage, was denkt da dein Herz? was fühlt es? wie ist es ihm möglich?
   1800:                     fühlt's?
865) 1751—80: Dieß mein Herz, das so liebt, mein blutendes Herz zu verkennen?
   1800:    Dieses mein Herz,

   Hier folgen in der Ausgabe von 1751 die Verse:

1751: a. Um die Mitternachtzeit, bei dämmernden traurigen Lampen,
   b. In die Stille des Todes verhüllt, auf meinem Grabe,
   c. Saß ich, und forschte den bängsten Gedanken durch ihr Labyrinth nach
   d. Und verstummte. Wie hat mich der Schmerz mit ehernen Mauern
   e. In mich hinein verschlossen; und meinen blühenden Jahren
   f. Ihre Kronen geraubt; und das Antlitz der lächelnden Freude
   g. Vor dem Verlassensten unter den Menschen auf ewig verborgen!

h. Schau her, der du mich schufst! Ist unter den bängsten der Schmerzen
i. Meinem Schmerz ein Schmerz zu vergleichen? Ich lag ja im Sichern,
k. Zu den Todten hinunter begraben, im Schooße der Erde,
l. Welche mit Mutterhänden den müden Wanderer aufnimmt,
m. Seine Thränen, und ihn! Wie ist mein dauernder Jammer
n. Ohne Maß! Ich verkenne die Herrlichkeit meines Lebens!
o. Und die Stimme des Sohnes Gottes, die zu mir hinabkam
p. In die Gräber! Vergebens vernahm ich den Fußtritt der Allmacht,
q. Ihren donnernden Gang, daß jeder gebeinvolle Hügel
r. Unter mir bebte, daß über mir klangen die Halleluja
s. Derer, die niemals die Schauer der Auferstehung empfanden.
t. Hier verstummt er, und neigte sein Haupt, und verhüllte sein Antlitz.

Statt dieser Stelle befindet sich hier seit 1755 folgende andere bis Vers 889 reichende.

V. 866) 1755 ff.: Ach, der große Gedanke, der schauernde süße Gedanke,
V. 867) 1755 ff.: Daß sie vom Tod' erweckt ist, daß ich erweckt bin vom Tode!
V. 868) 1755: Daß wir.. vielleicht von neuem nicht sterben? und beyde.. zum höhern,
       80:      wir vielleicht           sterben! und beyde zum
     1800:      von neuem vielleicht nicht
V. 869) 1755: Besserm Leben... doch schweigt, zu kühne, zu feurige Wünsche!
      80 f.: Besserem Leben .. doch
V. 870) 1755 ff.: Dieser Gedanke führte vielleicht mich zu weit, und ich liebte
V. 871) 1755: Sie zu heftig?... Wie kann ich zu sehr die lieben, mit der ich
      80 f.: heftig! Wie
V. 872) 1755,80: Jenes erhabnere Leben vielmehr, als dieses am Staube
     1800:                          dieß in dem
V. 873) 1755: Wünsche zu leben? Mit der ich, es sey dort, oder auf Erden,
      80 f:                der, es sey
V. 874) 1755: Angefeuert durch sie, den ewigen Schöpfer der Himmel,
      80 f.:                sie, ich den ewigen
V. 875) 1755: Unsern Schöpfer, noch mehr zu lieben, so innig verlange?
      80 f.: Unseren
V. 876) 1755 ff.: Aber der göttliche Sohn des Angebeteten, Jesus,
V. 877) 1755 ff.: Mein Erretter, ist in der Gefahr, getödtet zu werden!
V. 878) 1755: Jetzo ist ers!... Allein ich kann nicht, wie kann ich es glauben,
      80:        ! Aber ich kann nicht,
     1800: Ist es jetzo!
V. 879) 1755 ff.: Daß der sterben werde, der mich von den Todten erweckt hat?
V. 880) 1755 ff.: Und wie oft entging er nicht schon der Verfolgenden Unsinn!
V. 881) 1755: Fehlt' ich dennoch, und durft' ich izt, da die Gefahren ihm drohen,
      80:           dennoch, durft' ich, da diese Gefahren
     1800: Fehlet' ich dennoch,
V. 882) 1755: Meinen Schmerzen mich nicht, nicht so der Wehmut ergeben;
      80: Meinem Schmerze
     1800:                         so hingeben der Wehmuth;

B. 883) 1755,80: So verzeihe du mirs, du theurer, göttlicher Retter!
       1800:    verzeih du mir, du
B. 884) 1755 ff.: Reiß' denn von einem Kummer dich los, der dich nur angeht,
B. 885) 1755:   Traurender, Eines Ruhe nur nimmt, und vielleicht nicht auf immer!
       80 f.:                                                     nahm,
B. 886) 1755:   Deine Seele sey ganz auf jenen Ausgang gerichtet,
       80 f.:   Ganz sey deine Seele gerichtet auf jenen Ausgang,
B. 887) 1755 ff.: Den der Ewige deinem erhabnen Retter bestimmt hat.
B. 888) 1755 ff.: Also denkt er, verläßt Jerusalem, eilt zu dem stillen
B. 889) 1755,80: Einsamen Felsen, der ihm vor kurzem zum Grabe gehaun ward.
       1800:                      vor Kurzem zum Grab ihm gehaun ward.

Zuerst bemerk' ich, daß man an diesem Stück ein gut Theil Variantengattungen studiren kann — und ein gut Theil Entwicklung Klopstocks wahrnehmen kann. Man merkt, daß er 1755 bereits dramatisch wird. Auch in religiöser Beziehung ist eine Wandelung zu beobachten. Ueberhaupt ist Semida viel objectiver geworden, als Lazarus war. Man erkennt die Einwirkung der Liebe Metas. ganz deutlich, durch die Klopstock völlig zum Manne ward. Um gänzlich mit seiner sentimentalen Periode zu schließen, hat er den Lazarus in den Semida verwandelt. — Um auf Borberger zurückzukommen, so citirt er also die frühere Lesart aus dem Abdruck von 1752. Dabei ergeben sich folgende Fehler. In Vers a. steht 1752 „Mitternachzeit". Borberger macht ein sic! dahinter, womit uns wenig geholfen ist; hinter die folgenden Fehler schreibt er aber weder sic! noch sonst etwas, aus dem Grunde, weil er die Originalausgabe 1751 nicht beachtet. Doch, ich thu ihm Unrecht; im Vers c. steht 1752 verflossen mit sic! statt des richtigen (1751): verschlossen. Hätte Borberger die Ausgabe 1751 beachtet, so hätte er doch wohl ein wenig mehr als sic! gemacht, nämlich die richtige Lesart angeführt. Im Verse f. steht 1752 Krone (ohne sic!) Im Vers m. baurender; diese Umstellung dauernd in daurend, Mauern in Mauren u. s. w. beginnt erst 1755, und ist in 1752 einfacher Druckfehler. Daß er die Interpunction und Orthographie veränderst und das so ohne Weiteres als Lesart 1752 giebt, dürfte auch nicht erlaubt sein. — Ebenfalls aus der Ausgabe 1752 mit sehr groben Fehlern citirt

Vorberger eine später ausgefallene Stelle Gesang IV. Vers 793, ohne sic! Dort muß es zweimal „Jeden" für „Jeder" heißen. — Die Orthographie und Interpunction acceptirt er fast ganz von Göschen. Ist ihm jenes zu verzeihen — Hempel hat seine eigene, die vielfach mit der Göschens übereinstimmt — so ist es dieses weniger. Denn Klopstock hat auf seine Interpunction große Mühe verwandt, sie ganz beclamatorischen Rücksichten angepaßt, die auch dem stillen Lesen nicht selten aufs Trefflichste nachhelfen. Wenn Göschen 1854 und Vorberger z. B. im 7. Verse des I. Gesanges nach „thats" Klopstocks Komma fortlassen, so geschieht dem gewaltigen Rythmus des Verses Abbruch. „Umsonst stand Juda Gegen ihn auf: er thats, und vollbrachte die große Versöhnung." Dies Komma lehrt uns sogleich, daß that und vollbrachte nicht Synonyme sein sollen. Und die höchst nöthige Pause! Doch ich kehre zu der Geschichte der älteren Ausgaben zurück.

Ba  Also so ziemlich gleichzeitig mit der Originalausgabe von 1751 (B) erschien ein fehlerreicher Abdruck des 4. und 5. Gesanges mit der Jahreszahl 1752.

C[1]  Sodann die Ausgabe in groß 4. Kopenhagen 1755: Der Messias Erster Band, mit der Zueignungsode an Friedrich V., die übrigens schon — wie Cropp vergessen hat anzumerken, — vor B steht, und dem Vorbericht zu der Ode. Zu diesem Vorberichte, welcher das Publicum daran erinnert, „daß der Verfasser des Messias vornehmlich der würdigen Materie seine itzige Muße zu verdanken hat" ist die Glosse merkwürdig, welche Sulzer in einem Briefe vom 20. September 1751 — denn der Vorbericht stand schon bei der Ode in B — an Gleim macht: „Herr Schmidt, Klopstocks Freund, hält sich jetzt hier auf, und rühmt, daß es dem Poeten in Dänemark wohl gehe. An hiesigem Hofe [dem Berliner] will man wissen, daß der König von Dänemark nur aus Caprice einen deutschen Dichter ehrt, dessen Lied ihm, seinem Inhalte nach, sehr wenig am Herzen liegt." Auf die Ode folgt die Abhandlung Von der heiligen Poesie, dann die ersten fünf Gesänge, 181 Seiten, unter der letzten „Gedruckt bey Ludolph Henrich Lillie", und eine Seite

Berichtigungen. Ein Titelkupfer (Die heilige Muse oder Sionitin) geht voraus. Bei jedem Gesange ist der Inhalt angegeben. Zu diesen Inhaltsverzeichnissen machte Bodmer in seiner Monatsschrift Crito, Seite 18 (bei Cramer Er; u. über ihn, Thl. V., S. 4) die Bemerkung: „Diese Ausgabe hat vor einem jeden Gesang den Inhalt desselben, der ohne Zweifel aus der Feder des Dichters selbst herfließt. Denn er ist so abgefaßt, daß der Plan auf die bequemste Weise ins Auge fällt, und dem Leser, den das Einzelne in der Ausführung zu stark beschäftigt, itzt sehr leicht gemacht worden, das Ganze und den Zusammenhang der Haupttheile zu übersehen. Ein Heldendichter erweist seinen Lesern einen wichtigen Dienst, wenn er selbst den Inhalt oder Plan seines Gedichtes verfaßt; und es sollte ihm, meines Bedünkens, daran gelegen seyn, es lieber selbst zu thun, als es dem Kunstrichter oder Journalisten zu überlassen. Er ist mit seinem Plan selbst am besten bekannt, und kann also aufs genaueste und auch aufs leichteste denselben aufzeichnen. Es ist weniger zu besorgen, daß die Schönheiten des Ganzen zu schwach angemerkt, und die Absichten der Anreizung zuweilen unter Weitläuftigkeiten bedeckt werden, wenn er den Plan selbst liefert, als wenn es ein Andrer thut, der von besondern Stellen so stark eingenommen ist, daß er sich, wenn er den Plan schreiben müßte, bey denselben zu lang, bey andern hingegen zu kurz aufhalten, und also das geschickte und bequemste Ebenmaß nicht beobachten würde. Ich bekenn, wenn ich den Inhalt hätte liefern müssen, welchen man von einem critischen Recensent billig erwartet hätte, daß ich diese Arbeit nicht als etwas leichtes auf mich würde genommen haben. Ich liefere denselben also, wie er, dem Vermuthen nach, vom Dichter selbst geschrieben worden." Da Cropp S. 16 die Anzahl der Verse aus dieser Ausgabe vermerkt, so muß ich mir die Mühe machen, ihn und die Ausgabe selbst zu berichtigen. Der 1. Gesang enthält richtig 704, der 2. richtig 891 Verse. Im 3. Gesang ist von 240 an verzählt um einen Vers, der Gesang hat also nicht 744, sondern 745 Verse. Im 4. Gesange ist von Vers 860 an gar um 10 Verse verzählt, indem statt 865 gedruckt wurde 855, von welcher Zahl man dann weiter zählte. Dieser Gesang hat also statt 1334 Verse deren 1344. Der 5. Gesang richtig 827 Verse.

C² Zugleich erschien der 2. Band dieser Ausgabe, ebenda, Gesang 6—10 enthaltend, auf 159 Seiten. Vorauf ging die Abhandlung „Von der Nachahmung des griechischen Sylbenmasses im Deutschen". Gedruckt ebenda. Berichtigungen auf der letzten Seite. Die Gesänge des zweiten Bandes weisen keine Fehler in der Verszählung auf, man sehe also die Zahlen bei Cropp nach. In dieser Ausgabe sind der I., II., III. Gesang zum zweiten Male verbessert; der IV. und V. zum ersten Male; Gesang VI. bis X. sind neu hinzugekommen.

Dieser Ausgabe ging vorauf eine „Nachricht von des Messias neuer correcter Ausgabe. 1753 Kopenhagen, im May." Es werden darin vier bis dahin erschienene Ausgaben incorrect genannt und 8 neue Gesänge in 2 Bänden, das Ganze aber in 5 Bänden versprochen. Dem Haller Verleger wird gestattet, die neue Ausgabe nachzudrucken.

Auch in den Greifswalder Critischen Nachrichten 4. Band, S. 195 f., unterm 20. Junius 1753 ist diese Anzeige erwähnt. Ich setze sie hierher:

„Es sind bisher vier Ausgaben von dem Messias gemacht worden die aber alle sehr uncorrect sind, weil der Verfasser bey keiner hat zugegen seyn können. Da aber gleichwohl die beyden letzten, in Betrachtung der Lettern und des Papiers, gut sind, so wird hiermit erklärt, **daß dem Verleger derselben erlaubt ist, die hinzukommenden Gesänge auf die Art, wie er angefangen hat, nachzudrucken;** und daß diese neue Ausgabe, zu der sich der Verfasser allein bekennt, nur für diejenigen Leser gemacht wird, denen an einer genauen Richtigkeit gelegen ist. Ausser dieser genauen Richtigkeit wird sie auch folgende Vorzüge haben. Sie wird auf feinem Papier; in grossem Octav, mit breitem Rande nach Art der Engelländer; mit Lettern, die dazu nach der neuesten Art gegossen sind; und in solcher Weite der Zeilen, daß zwanzig Verse auf einer Seite stehen, gemacht werden, wie davon der besondere Abbruck dieser Nachricht eine Probe giebt. Es kommen brey neue Gesänge hinzu. In den fünf ersten sind beträchtliche

Veränderungen gemacht worden, die vorzüglich das Sylbenmaaß, bisweilen den Ausdruck, und nur selten den Inhalt angehen. Diese acht Gesänge machen zween Bände aus. Dem ersten werden zwey prosaische Stücke vorgesetzt. Das eine handelt: „Von der heiligen Poesie" und das andre, „Von der Nachahmung des Griechischen Sylbenmaaßes im Deutschen." Der ganze Messias wird einst aus fünf Bänden bestehen. Da man die Zeit nicht bestimmen kann, wenn die künftigen Bände herauskommen sollen, so wird dies jedesmal den Herren Subscribenten in den Zeitungen vorher bekannt gemacht werden. Da diese Ausgabe unter der Aufsicht des Verfassers gedruckt wird, so dürfte sie vielleicht die correcteste seyn, die jemals gemacht werden wird. Wenn noch künftig etwas in den ersten oder folgenden Gesängen verändert werden sollte, so wird dieß jedem neuen Bande besonders beygefügt werden. Die Herren Subscribenten bezahlen für jeden Band einen Thaler Dänisch Courant oder nach leichtem Gelde einen Thaler und funfzehn Kreutzer. Die Subscriptions=Zeit ist künftige Michaelmesse zu Ende. Da dießmal zween Bände auf einmal herauskommen; so wird ein Thaler bey der Subscription, und noch einer beym Empfange der zween ersten Bände bezahlt. Wer nicht subscribirt, bezahlt künftig einen Drittheil mehr. Die Exemplare werden Ostern 1754 auf der Leipziger Messe ausgeliefert, und von dort auf die Kosten des Verfassers versandt. Die Herren Subscribenten übersenden Ihre Briefe postfrey an die Herren Collecteurs. Die Subscription wird hier bey dem Verfasser dieser Nachrichten angenommen. Coppenhagen im May, 1753."

Man vgl. über die Herausgabe von C oben Entstehungsgeschichte, unterm 6. December 1755 und 14. August 1753.

Den Nachdruck besorgte denn auch Hemmerde in Halle $Ca^1$8. $Ca^2$4. sogleich, aber nur vom 6.—10. Gesange, 1756 mit Kupfern und ohne solche herausgegeben. $B\,8^0$ und $B\,4^0$ waren demnach noch nicht vergriffen; vgl. oben $B^1$. Als bloßer Abdruck hat diese Ausgabe eben so wie Aa und Ba keinen kritischen Werth.

Im Jahre 1760 ließ Hemmerde auch den ersten Band Cb von C abdrucken, und zwar nicht als 1. Auflage, sondern gleich als 2.; er sah also $B^1$, resp. $B^2$ schlechthin als 1. Auflage an.

Ob er von Ca¹ eine zweite Auflage erscheinen ließ, ist zu enträthseln mir nicht geglückt. Vorberger führt auf S. 34 seiner Vorbemerkung eine Ausgabe des zweiten Bandes von 1765 an, was möglichen Falls Irrthum für 1756 ist. Eine Ausgabe des zweiten Bandes von 1765 habe ich weder bei Gödeke, noch bei Koberstein, noch bei Thieß, noch in irgend einer Zeitschrift oder einem Bücherlexikon entdecken, noch auch selbst erwerben können. Cropp dagegen führt die zweite Auflage des 1. und 2. Bandes dieser Hemmerde'schen Ausgabe an und setzt in Parenthese hinzu „(nachdem vorher ein neuer Abdruck des 1. Bandes ohne die Verbesserungen der Kopenhagener Ausgabe gemacht war) Ebenda 1760". Die Richtigkeit dieser Notiz muß ich nach meiner Erfahrung noch in Frage stellen. Ich kenne nur von Octav-Ausgaben B¹, resp. B² (1. Band 1751); ein „neuer Abdruck des 1. Bandes ohne die Verbesserungen der Kopenhagener Ausgabe" ist mir unbekannt. Cropp wird wohl Cb, die sogenannte 2. Auflage von B¹, resp. B² meinen, 1760. Von Ca¹ (8° 1756) habe ich überall keine 2. Auflage erspüren können. Wohl aber habe ich eine ganze Reihe von Hemmerde'schen Octav-Ausgaben in Händen, welche zusammengebunden enthalten Cb (I.—V. 2. Auflage 1760) Ca¹ (VI.—X. 1756), neben einer Anzahl Octav-Ausgaben desselben Verlegers, enthaltend B¹ (1751), Ca¹ (1756), D¹ (1769), D² (1773). Augenscheinlich ist also Ca¹ ebenso wenig nach dem Erscheinen von Cb vergriffen gewesen wie früher B¹ (8°) nach dem Erscheinen von Ca¹. Merkwürdig ist, daß die Ausgaben Cb selbst nicht mit einander übereinstimmen, indem in den einen einige Druckfehler von C², in den andern andere verbessert und in allen neue zum Theil sehr störende hinzugekommen sind. Dieselbe Sonderbarkeit wiederholt sich in den Octav-Ausgaben des Jahres 1800. Während einige correcter sind als die Pracht-Ausgabe 1799, indem sie die in dieser befindlichen angemerkten Druckfehler vermeiden und sich auch von neuen frei halten, finde ich in anderen Exemplaren genau derselben Ausgabe 1800 zwar jene Druckfehler vermieden, aber zahlreiche neue eingeschlichen. Um ganz sicher zu gehen, wird man sich also doch wohl nicht an die correcteren Exemplare von 1800, sondern an 1799 halten müssen. Bei meiner im nächsten Jahre erscheinenden critischen Ausgabe des Messias werde ich demnach, mit Ausmerzung natürlich der Druckfehler, 1799 zu Grunde legen.

Wie es sich aber auch mit jener Croppschen Notiz verhalten mag, Klopstock hat bei diesen Ausgaben seine Hand nicht gehabt, ja, er beklagt sich am 4. August 1767 (an Denis) über das Verfahren Hemmerdes: „Die Magdeburger Ausgabe ist schon sehr fehlerhaft und mein dortiger Verleger hat mir den Verdruß gemacht, die von mir sorgfältig angemerkten Druckfehler wegzulassen." So haben denn die 10 ersten Gesänge in der Hemmerdeschen Ausgabe keinen Werth für uns, und es ist unkritisch, wenn man weder 1751 (B 4°), noch 1755 (C) beachtet, sondern sich nach deren von Klopstock mißbilligten Abdrücken richtet.

1768 kam der dritte Band der Kopenhagener Ausgabe $C^3$ ans Licht. S. Entstehungsgeschichte unterm 19. Januar 1768 und 10. December 1768. Da er außerhalb Kopenhagens, bei Bode in Hamburg, gedruckt wurde, so blieb die Angabe des Druckers ganz fort. Vorauf steht die Abhandlung „Vom deutschen Hexameter, aus einer Abhandlung vom Sylbenmaße". 251 Seiten Gesänge, XI. bis XV., und 1 Seite Druckfehler. Mit diesem Bande hat Klopstock viel Mühe gehabt; vier Blätter mußten umgedruckt werden, und dennoch gerieth er fehlerhaft. Ein vierter Band erschien von dieser Ausgabe C nicht, f. Entstehungsgeschichte 10. December 1768. **Warum wir diese Ausgabe bei der Kritik nicht benutzen dürfen, lehrt das Folgende.**

Bei Hemmerde erschienen 1769 ebenfalls die Gesänge XI. $D^1$ bis XV., aber nicht als bloßer Abdruck von $C^3$, sondern in einer **Octav-Ausgabe, bei welcher Klopstock selber thätig war,** und der er deshalb, weil sie correcter gerieth als $C^3$, den Vorzug vor dieser erkannte, unterm 6. Mai 1769 an Cäcilie Ambrosius: „Ich rathe Ihnen, daß Sie sich die 8te Ausgabe anschaffen [$C^3$ wie $C^2$ und $C^1$ sind Quartausgaben]. Der Kritiker hat sich bemnach nach dieser Ausgabe zu richten.¹)

D² Endlich 1773 als vierter Band seiner Octavausgabe bei Hemmerde Gesang XVI. bis XX. auf 208 Seiten, nebst der Ode an den Erlöser, die nicht paginirt wurde, s. Entstehungsgeschichte unterm 3. März 1773. Voran steht die Abhandlung „Vom gleichen Verse. Aus einer Abhandlung vom Sylbenmaaße". Hinten Verbesserungen, wie bei D¹.

Ueber die **Nachdrucke** des Messias ausführlicher zu sein, lohnt nicht der Mühe, da sie von keinem Belang für die Geschichte des Textes sind. Sie gehen als Carricaturen neben ben correcten Ausgaben her. Ueber Trattner's s. Brief an Denis vom 4. August 1767, woselbst auch F. in R. erwähnt wird, nämlich J. G. Fleischhauer in Reutlingen, dessen Nachdruck des Messias 1782 wiederholt wurde. Vgl. Lappenberg Seite 511. Schubart schreibt aus Ulm 1775,76 an Klopstock: „Alle Exemplare der Messiade ächter Druck und Nachdruck wurden bald aufgekauft [in Folge der Vorlesungen Schubarts]. Hurter in Schaffhausen machte großen Profit, indem von seiner fehlerhaften Ausgabe just die meisten vorhanden waren." (Lappenberg Seite 269). „Selbst ein kaiserliches Privilegium gewährte nicht hinlänglichen Schutz, da die Nachdrucker die Firma Benedict Hurter und Sohn in Schaffhausen (unter welcher 1773 bis 1774 der Messias erschien) u. a. fingirten und die Bücher nur in Commission zu haben vorgaben." (Lappenberg Seite 511.) „Von den vier Nachdrücken des Messias, unter welchen der des edlen Herrn von Trattner in Wien sehr verstümmelt und verfälscht ist, hatte Schmieder in Carlsruhe den letzten schon zum zweiten Male gemacht, als Klopstock 1779 die „Ausgabe der letzten Hand" nach der gewöhnlichen und seiner neuen Rechtschreibung in kl. 4. oder in gr. und in kl. 8. auf Subscription ankündigte und von der letztern einige Probebogen mit der Bemerkung

---

¹) Muncker wird mir nun zugeben, daß ich diese Ausgabe in meiner Abhandlung: Zur Textgeschichte des Klopstockschen Messias, Rostock 1879, mit Recht nicht berücksichtigte. Vgl. Munckers Recension meiner Abh. in der Heidelberger Zeitschr. für germ. u. rom. Phil. 1880, Nr. 2.

mittheilte: Wer darin einen oder mehr Druckfehler zuerst findet, der bekommt für jeden einen Louisd'or." Dr. Otto Thieß, Klopstock, wie er ... gewirkt hat, Altona 1805, bei Schmiblin 3, Seite 134. Aus Thieß ist auch folgende Bemerkung, bei Schmiblin 3, S. 439: „Dieser Mann", schreibt Klopstock in der Ankündigung vom 27. August über Schmieder in Carlsruhe, „hatte, nebst den anderen Eigenschaften seiner Mitgesellen (in Wien und Reutlingen), auch die Schamlosigkeit, daß er um Erlaubniß zum Drucke, in nothwendig gewisser Erwartung, daß ich sie nicht geben würde, bei mir ansuchen ließ und dann that, was er wollte." Auch Schwetschke in Braunschweig druckte nach (1760—1773). (Nachdruck sämmtlicher Werke in acht Bänden, 8°, Troppau 1785—1786.)

Dieses Treibens wegen wurde die Ausgabe „letzter Hand" angekündigt.

In den Greifswalder Neuesten Critischen Nachrichten, 1779, 5. Band, S. 168, 22. Mai 1779, lautet die Anzeige, vom Professor Möller abgefaßt, so: „Wir können unsern Lesern jetzt eine neue Ausgabe vom Meßias mit kleinen Veränderungen und wenigen kurzen Zusätzen ankündigen, welches die letzte seyn soll, die dessen fürtrefflicher Verfasser besorgen wird. Papier und Druck wird sauber, und so korrekt seyn, daß denen, die zuerst einen oder mehr Druckfehler darin finden, für jeden ein Louisd'or geboten wird. Es sind eigentlich drei Ausgaben zu gleicher Zeit, die davon erscheinen sollen, zwo in klein 8, eine nach der gewöhnlichen, und die andere nach der neuen Klopstockischen Rechtschreibung, die man aus Campens Erziehungsschriften, und aus den Fragmenten über Sprache und Dichtkunst kennt, und eine in groß 8. Bis Ende des Juli wird auf erstere 3 Rthlr., auf die größere aber 4 Rthlr. Pränumeration bei dem Professor Möller hieselbst angenommen. Die Namen der Subskribenten werden vorangesetzt. Die wenigen überzähligen Exemplarien kosten ein Drittel mehr, und sind nur in Hamburg zu haben. Greifswald, den 22. Mai 1779."

Welche Sorgfalt Klopstock auch auf das Aeußere derselben verwandte, ersieht man aus den Briefen vom 20. November 1779 und 14. Merz 1780. Schon 1769 (s. Brief vom 5. Mai) dachte Klopstock an eine letzte Ausgabe. Sie erschien nunmehr in Altona, gedruckt bey Johann David Adam $E^1 E^2 E^3$ Eckhardt, in drei Gestalten: 1) in 4°, 2) in 8° mit der gewöhnlichen, und 3) in 8° mit der neuen, von Klopstock aufgestellten Orthographie. Doch sind diese Ausgaben nicht von gleichem Werth. Von $E^3$ darf von vornherein abgesehen werden, da sie sich in nichts von $E^2$ unterscheidet als in der Orthographie. Von dieser Orthographie zu reden ist hier nicht der Ort; Klopstock gab sie später selbst auf. $E^1$ hat Fehler, wovon $E^2$ frei ist; der stärkste ist der im X. Gesange, Vers 374 (in der Ausgabe von 1800 Vers 375) befindliche: menschenfreundlicher Trübsinn, wo $E^2$ und $E^3$ richtig menschenfeindlicher lesen. Andere Abweichungen, die doch nur selten und untergeordneten Ranges sind, hab' ich in meiner Variantensammlung an den betreffenden Stellen der Gesänge angegeben. Das Resultat der Vergleichung von $E^1$ und $E^2$ ist, daß wir die letztere als die für die Kritik werthvolle bezeichnen müssen. Daß übrigens die Verszählung in diesen drei Ausgaben fortgefallen ist, läßt sich daraus erklären, daß Klopstock nicht wieder wie in der von 1755, $C^1$, Fehler haben mochte. Auch die Inhaltsanzeigen sind fortgeblieben. Zum kritischen Gebrauch werden die Ausgaben dadurch gerade nicht handlich. An Stelle der Inhaltsanzeigen findet man ein Namenregister am Ende. In der Zeitschrift Olla Potrida von 1783, Viertes Stück, Seite 76 ff., findet man mehrere Verbesserungen, auf's Gerathewohl herausgegriffen, angeführt. Im Anfang heißt es ("Ueber die neueste Ausgabe der Meßiade"): „Da der Dichter in der Ankündigung derselben versicherte, daß er künftig keine Aenderungen mehr darinnen machen wolle: so lohnt es der Mühe, zu sehen, welchen Grad von Vollkommenheit die letzte Hand des Verfassers dem Werke gegeben habe. Durch eine Vergleichung mit den älteren Ausgaben erhält man die eigene Kritik des Dichters über sein Gedicht, und die ist immer die lehrreichste. Dennoch haben unsere Rezensenten diese Vergleichung bisher verabsäumt, und es ist also wohl keine unnütze Arbeit, sie noch nachzuhohlen... Die prosaischen Abhandlungen, die ehedem vor jedem Theile standen, sind weggefallen, und man vermißt sie ungern." Die Allgemeine Deutsche Bibliothek sagte: „Der große Dichter hat sein entzückend schön begonnenes, so edel ausgeführtes Werk, den Stolz der deutschen Muse, wieder vorgenommen und mit sorgfältiger, aber zugleich sparsamer [nicht richtig! Auch sind ganz neue Stücke hinzugekommen.] Feile überarbeitet. — Das Ganze ist jetzt in Absicht auf die Poesie ein so correctes Gedicht, als gewiß die Literatur keines Volks eines von gleich großem Umfang aufzuweisen hat. Alle Nachlässigkeiten in Scansion sind jetzt ausgefeilt, vorzüglich alle kurz gebrauchten Längen vermieden. — Alle lateinischen Wörter verbannt. — Der Ausdruck noch edler und poetischer geworden. — Zuweilen, doch äußerst selten, ist auch eine ganze Zeile weggestrichen, anderwärts eine Zeile zugesetzt. Einer der größten Zusätze im ersten Gesange." (Resumtion bei Borberger, Seite 36 f.) — Dagegen zeigen die Greifswalder Neuesten Critischen Nachrichten 1782, S. 132 f. diese Ausgabe mit folgenden merkwürdigen Worten an: „Auch von dieser herrlichen Ausgabe ein fast allgemeines Stillschweigen! [der Ausgaben 1755—1773 hatten auch die Cr. N. nicht gedacht.] Wie kommt das? Wie ist das zu erklären? Wohin wird es noch mit den Teutschen kommen? War hier nichts zu bemerken? Keine auffallende Verbesserung? Kein Zug, der sonst noch nicht in seiner Würde war erkannt worden? — o! wahrlich mir scheints unglaublich zu seyn, daß Teutsche ihren Klopstock vergessen können, und ich will wenigstens hier das Andenken dieses Meisterstücks mit den vortrefflichen Zeilen eines Bodmers erneuern, und Kenner zu sorgfältiger Beobachtung der Schönheiten desselben ermuntern:

„Ein Tag wird auch kommen, der Miltons göttliche Werke
Ebenfalls mit Vergessen bestreuet.
Dieser Tag wird kommen, wo noch an des Weltsgerichtsabend
Himmel und Erdreich aufgelöst werden.
Sie hat umsonst die Critik vor Gottscheds Unsinn geschützet,
Daß er sie nicht der Dummheit verbrannte,
Künftige Gottschede werden beglückter daran sich vergreifen,
Und sie der dummen Göttin aufopfern.
Aber die Zeit mit der Sense nicht, noch die Anarchin der Dummheit
Werden sich deines Meßias bemeistern;

> Denn Gott wird dem Beschützer der Erden, Eloa, befehlen,
> Daß er ihn von den Verderben bewahre.
> Jüngst an einem von diesen durchwürzeten Frühlings-Morgen
> Träumt' ich, und sah ein Gesicht in dem Traume,
> Mich auf sanftem Gefieder ein Seraph in jene Gefilde
> Welche die Seligkeit Gottes erfüllet.
> Dort sah ich unter den heiligen Schaaren bald Milton und Klopstock
> Beide von irdischen Körpern entbunden,
> Beide bemüht die Gesänge, die sie in dem Körper gesungen,
> Mit dem Verstande des Engels zu bessern.
> Milton löscht' aus und ersetzte die menschlichen kleinen Gedanken,
> Mit Gedanken, die Himmlische denken:
> Aber du löschest nicht aus, du hattest im Leib die Gedanken
> Schon gedacht, welche die Himmlische denken." —

Meine Vermuthung unter Nr. 92 der Entstehungsgeschichte, S. 54, daß die Ausgaben trotz der Jahreszahl 1780 vielleicht erst 1781 herausgekommen seien, wird fast bestätigt durch die späten Recensionen und mehr noch durch die Notiz, welche über der eben mitgetheilten Greifswalder Anzeige steht: „Der Meßias. In drei unterschiedenen saubern Ausgaben in groß und klein 8. [die größte 8° ist wohl 4° zu nennen.] 1781. Kostet 4 und 3 Rthlr." — Wenn ich später von der Ausgabe von 1780 rede, so meine ich stets $E^2$. —

Die wirklich letzte Ausgabe ist die in den sämmtlichen Werken bei Göschen, welche Klopstock von 1798 an zusammenstellte. Zunächst erschien eine unvollendet gebliebene Prachtausgabe, 1798 begonnen, Messias 3.—6. Band 1799, in Quart. „Der Messias (nur die große Ausgabe) wird diese Ostermesse fertig", Klopstock an Cramer 22. April 1799. Der 7. Band, von 1800, ist der letzte dieser Ausgabe. Kupfer von $F^1$ John nach Füger. Zu gleicher Zeit eine Ausgabe in gr. 8 $F^2$ auf Velinpapier, Band 3.—6., 1800, den Messias enthaltend, aber ohne die Druckfehler von $F^1$, welche Klopstock noch verbessern ließ. Außerdem zwei Abdrücke auf anderem Papier. $F^2$ ist somit neben $F^1$ maßgebend. Sie sind die zu Grunde gelegten Ausgaben.[1]) Die Allgemeine

---

[1]) Muncker bedient sich in seinem Werk „Lessing's pers. u. lit. V. zu Klopstock, 1880, der Ausgabe 1799 als der letzten maßgebenden. 1800

Literatur-Zeitung sagte von dieser Ausgabe (bei Borberger S. 37 f.): „Bedenkt man, mit wie treuem und unermüdetem Fleiße Klopstock im späten Alter, statt auf den errungenen Lorbeeren auszuruhen, an der Verbesserung seines Werkes gearbeitet hat, so kann man sich nicht enthalten, auf ihn anzuwenden, was Goethe einmal sagt:

> Ihm gab ein Gott in holder steter Kraft
> Zu seiner Kunst die ew'ge Leidenschaft."

Die Ankündigung der Prachtausgabe lautet in dem Intelligenzblatt der Allgem. Lit.-Ztg. vom 4. Sept. 1799 wie folgt: „Zu einer Zeit, da sich die Engländer und Franzosen beeifern, von den unsterblichen Werken der Dichtkunst schöne Ausgaben zu liefern, .... erscheint auch der Messias unsers Klopstocks in schönes typographisches Gewand gekleidet. Der ehrwürdige Dichter hat sein Werk' bey dieser Ausgabe mit jugendlichem Geiste von Seite zu Seite verbessert, und insbesondere den vierten Band durch neue Dichtungen bereichert. Fügers großes Talent hat vier Zeichnungen geliefert, die alles übertreffen, was die Kunst zur Veredlung der Typographie bisher in Deutschland und vielleicht auch im Auslande geliefert hat. Diese Zeichnungen sind von John mit Treue und Sorgfalt gestochen. Vielleicht ist es nicht unschicklich bey dieser Gelegenheit die Worte eines der scharfsinnigsten Kunstrichter, der Herren Hottingers, aus seiner Preisschrift: Vergleichung der deutschen Dichter mit den Griechen und Römern, zu wiederhohlen. „Ich habe gewagt, den Messias eine Stufe tiefer als die Ilias, und Klopstock neben Homer zu setzen. Es wird wohl nicht zu viel gewagt seyn, wenn ich Klopstock eine Stufe höher als Virgil und den Messias mit der Aeneis in gleiche Reihe setze". — Neben dieses Urtheil stelle ich gleich ein noch kurz vor Klopstocks Tode gefälltes aus: Karl Fr. Becker, die Dichtkunst aus dem Standpunkte des Historikers betrachtet, Berlin 1803, S. 344 f.: „Ein Dichter fand sich, von mehr als gewöhnlicher Kraft, der seinem Zeitalter einen neuen

---

ist jedoch in einzelnen Exemplaren die correcteste Ausgabe, obgleich auch in ihr noch grobe Fehler sich befinden. Vgl. Sprachliche Varianten S. 4, und besonders das oben bei Cb Gesagte.

Schwung gab. Hatten die andern, meistens jovialische Gemüther, das Volk bei seiner Neigung zum Frohsinn ergriffen, so berührte Klopstock eine tiefere Saite des menschlichen Herzens, die Neigung, das Wunderbare und Uebersinnliche zu erforschen. Der religiöse Sinn, welcher damals noch herrschte, erhielt diese Saite bey unsern Vätern in bey weitem stärkerer Spannung, als sie jetzt hat, und man kennt die erstaunliche Wirkung, die der Messias auf seine Zeitgenossen gemacht hat. Jetzt — ist auch er zu den Vätern versammelt, und früher als sein edler Urheber selbst. Die Neigung, welche durch dies Gedicht angesprochen wird, hat längst aufgehört, allgemeine Neigung zu seyn." — Doch ist es gut, wenn man über „die erstaunliche Wirkung auf die Zeitgenossen" auch das Urtheil der Greifswalder Critischen Nachrichten 1752, S. 53 hört: „Zwei gantze Jahre lag der Messias schon in den neuen Bremischen Beiträgen der Welt ungelesen vor Augen, und der erzürnte Apollo wollte schon mit den neun heiligen Schwestern das barbarische Deutschland verlassen, als man denselben in Halle und bald darauf in Zürich mit Opfern zu versöhnen anfing. Mit dem Hermann des Herrn Baron von Schönaich verhält es sich gantz anders...." „Bilderreiche Sprache hat Herr Klopstock und viele mit ihm geredet, und um deswillen hat so wenig sein Messias als andere nach diesem Muster eingerichtete Schriften von Officiers, Frauenzimmern und Leuten des vorigen Jahrhunderts können verstanden werden." Ebenda 1752, S. 22.

Ueber die Art der Aenderungen und den Beginn derselben in 1799 und 1800 s. auch oben Brief an Herder vom 13. November 1799.

In den späteren für die Textkritik werthlosen Ausgaben änderte Göschen Klopstocks gewöhnliche Orthographie und — was zu bedauern ist, auch seine Interpunction. Wie weit Boxberger ihm gefolgt, hab' ich schon früher erörtert. Auch die lateinischen Lettern, welche der Dichter in den letzten Ausgaben anwendete, gab Göschen auf. Weshalb Klopstock lateinische Lettern wählte, könnte seinen Grund wohl in einer Stelle des Cramer'schen Briefes vom 14. März 1796, Paris, an ihn haben (Lappenberg S. 364 ff.): „Ich werde nämlich sobald ich

hier erst eingerichtet bin, in 20 cahiers mit Hülfe dazu fähiger
hiesiger Dichter, die ich gewiß auffinde, ein doppeltes Werk
beginnen, **einen deutschen Abdruck Ihres Messias in
lateinischen Lettern**, mit einer sie Wort vor Wort begleitenden
Interlinearversion, die allerkürzeste, reizendste Methode, eine
Sprache zu lernen . . . ." Es scheint demnach, als ob Klopstock
mit der Wahl dieser Lettern ein Wenig seinem Patriotismus
zu Gunsten der „Weltliteratur" untreu geworden sei. Interessant
ist es, des alten Hagedorns Meinung über solche Aeußerlich=
keiten zu vernehmen (Langes Sammlung gel. u. fr. Briefe
1. Thl. S. 208, vom 18. Sept. 1752): „Durch solche Kleinig=
keiten» (Deutsch mit lateinischen Lettern zu drucken), wird der
Schönheit und dem Ansehen der Sprache so wenig geholfen,
als man ein Gebäude mit Schwefelhölzchen stützet." Spalding
schrieb 1748 an Gleim: „Wegen der lateinischen Buchstaben
wäre ich dreist genug, es damit zu wagen, wenn ich mich nicht
alsdenn von dem größten Theil der Leser gar zu arg müßte
beurtheilen lassen." Bei Klopstock freilich waren diese „Kleinig=
keiten" scharf und wohl durchdacht. —

Die Originalausgaben, deren ich mich bei der Textvergleichung
bediene, bezeichne ich nicht mit den oben angegebenen Buchstaben;
denn diese sollten nur zur Orientirung unter sich dienen;
sondern mit den Jahreszahlen. Also 1748, 1751, 1755, 1769,
1773, 1780, 1800 resp. 1799. Ich halte dieses Verfahren im
vorliegenden Fall für instructiver als das gebräuchliche der Be=
zeichnung mit Buchstaben; die Zahlen reden jedesmal sogleich deut=
lich zu uns. Wir wollen uns ja stets vergegenwärtigen, wie viel
Klopstock in den einzelnen Zeitabschnitten geleistet hat.

Die in 1748 erschienenen ersten drei Gesänge waren in
1751 das erste Mal, in 1755 das zweite Mal, in 1780 das
dritte Mal, in 1800 (1799) das vierte Mal verbessert und ver=
ändert. Die in 1751 zuerst erschienenen Gesänge IV. und V.
waren in 1755 das erste Mal, in 1780 das zweite Mal, in 1800
(1799) das dritte Mal verbessert, resp. verändert. Die in 1755
erschienenen Gesänge VI. bis X. wurden in 1780 das erste, in
1800 (1799) das zweite Mal verbessert, resp. verändert. Die in
1769 erschienenen Gesänge XI. bis XV. wurden in 1780 das

erste, in 1800 (1799) das andere Mal verbessert ober verändert. Eben so die in 1773 erschienenen Gesänge XVI. bis XX. zum ersten Mal in 1780, zum anderen in 1800 (1799). Es ist also kein Gesang, der nicht eine zwei= resp. dreifache Durcharbeitung erfahren hätte, Gesänge IV. und V. eine drei= resp. vierfache, Gesänge I.—III. eine vier= resp. fünffache, von den Mss. ganz abgesehen.

Den **Borberger'schen Text** betreffen noch folgende Erörterungen, resp. Bemerkungen. Sein Verfahren mit dem Texte der Widmungsode ist mir völlig unerklärlich. Er nimmt den Text von 1755, während Klopstock 1780 mit der Ode die einschneidendsten Veränderungen vorgenommen hat. In der dritten Strophe hat Borberger gar die Lesarten 1751 und 1755 vermischt. Ein Verdienst seiner Revision ist, daß er an manchen Stellen Göschens Willkürlichkeiten durch den ursprünglichen Text ersetzt, manchen Fehler durch eigene Beobachtung ausgemerzt, doch auch manchen mit Göschen und auf eigene Gefahr hat stehen lassen. Alle diese Stellen anzuführen, kann hier der Ort nicht sein. Ich greife ein paar heraus, wie sie mir gerade bemerkenswerth erscheinen. Im ersten Gesange Vers 62 muß für im Gebete in Gebete stehen. Klopstock hat zwar nicht alle Verbindungen von Artikel und Präposition theils aufgelöst, theils dadurch beseitigt, daß er die einfache Präposition setzte, aber hier heißt es in 1799, 1800 selbst in. Dergleichen Fehler kommen mehrere vor. Sinnentstellend ist die Interpunction, Gesang II., Vers 835. Die Stelle heißt:

| | | |
|---|---|---|
| V. 833) | alle Ausg.: | Jetzt sahe den Erdkreis |
| V. 834) | „ „ | Adramelech vor sich in ferner Dunkelheit liegen. |
| V. 835) | 1748,51: | Das ist sie also, so sagt er bey sich, so drängten Gedanken |
| | 55: | Sie, sie ist es, (so sagt er bey sich, so |
| | 80 f.: | .  es, so sagt' er bey sich, so |
| V. 836) | alle Ausg.: | Andre Gedanken, wie Wogen des Meers, wie der Ocean drängte |
| V. 837) | 1748,51: | Als er von drey Welten dich, fernes Amerika, losriß; |
| | 55: | losriß;) |
| | 80 f.: | losriß, |
| V. 838) | 1748,51: | Das ist sie also, die ich u. s. w. |
| | 55 ff.: | Ja, sie ist es, die ich u. s. w. |

Wie aus dieser Originalinterpunction hervorgeht, gehört der Satz „so sagt' er — losriß" zu derselben Parenthese, und giebt ein Bild von dem Drange der Gedanken in Adramelechs Seele; Borberger, der sich der Anführungsstriche bei Reden bedient, setzt diese nun so: „Sie, sie ist es", so sagt er bey sich, „so drängten Gedanken u. s. w. — Gesang IV., Vers 417 — 423:

V. 417)         Da aber nicht Einer
Unter dieser dichten Versammlung unzählbarer Menschen
Wider den Göttlichen aufstand, und zeugte: da hub sich die Stimme
Vom zusegnenden Volk von allen Seiten gen Himmel,
Daß Moria davon, und des Oelbergs waldichte Gipfel,
V. 422) 1751-80: Von der Stimme des Rufens erbebten! Da drangen die Blinden,
       1800:           Stimm' erbebten der rufenden! drangen
V. 423)         Und die vormals Tauben herzu, und dankten und jauchzten.

Hier lehrt die Vergleichung mit den älteren Lesarten, wie oft, das unzweifelhaft Richtige, nämlich daß die Stimme „der rufenden" die der rufenden Blinden und Lahmen und überhaupt des Volks ist; Boxberger aber folgt Göschen und macht hinter erbebten ein Komma, so daß „der rufenden" jetzt Apposition zu „der Stimm'" ist. In dem Falle, wo ein Adjectiv oder Participium zum Substantiv wird, schreibt es Klopstock dennoch nicht mit großen Buchstaben. Diese Bemerkung hat, in Beziehung auf die Adjective, schon Cramer gemacht zum VII. Gesange, Vers 253 „Wahrheit zu lehren. Wer sich der heiligen weihte, versteht mich." (Cramer, Er u. über ihn, IV., S. 247). Man vgl. auch Gesang IV., V. 455:

1751: Oder wie sonst noch ein Seraph dich, Unaussprechliche! nennet;
1755:         sonst ein Seraph dich noch,
1780:                 dich die Seraphim, Unaussprechliche! nennen;
1800:                         , unaussprechliche!

Hieraus erhellt, daß erst in der letzten Ausgabe diese Veränderung der Orthographie Statt gefunden hat. Es lassen sich sehr viele Beispiele bringen; instructiv ist noch das im Vers 733, Gesang IV.:

V. 732) alle Ausg.: Ach, sie wollen ihn tödten, den meine Hände getragen, [80 f.
                                                                   ohne Komma]
V. 733) 1751,55: Meine Brüste gesäugt, den meine weinenden Augen
        80 f.:   Haben, meine Brüste gesäugt, der weinenden Augen
V. 734) 1751,55: Mütterlich angeblickt haben, als er ein blühendes Kind war.
        80 f.:               angeblickt, als er ein

Zum Schlusse dieser Bemerkungen gebe ich eine Stelle, die wiederum lehrt, daß nur das eingehende Studium der Lesarten uns oft das Richtige mit Sicherheit bestimmen läßt. Gesang I., Vers 692 — 704:

V. 692) 1748,51: Und ein liebenswürdiges Paar, zwo befreundete Seelen,
   55 ff.: Aber ein
V. 693) 1748,51: Benjamin und Dudaim umarmten einander, und sprachen:
   55 ff.:     Jedidda,
V. 694) mit Absatz in allen Ausgaben.
   1748,51:  Ist das nicht, o Dudaim, der holde vertrauliche Lehrer?
   55 ff.:    o Jedidda,
   Vorberger: „Ist
V. 695) 1748,51: Ists nicht Jesus, von welchem der Seraph dieß alles erzählte?
   55 ff.:     es
V. 696) alle Ausg.: Ach, ich weiß es noch wohl, wie er uns inbrünstig umarmte,
V. 697) alle Ausg.: Wie er uns an die klopfende Brust mit Zärtlichkeit drückte.
   Vorberger:          drückte!"
V. 698) 1748-55: Eine getreue sentselige Zähre, die seh ich noch immer,
   80 f.:    Zähre der Huld, [1800 seh']
V. 699) 1748,51: Netzte sein Antlitz, ich küßte sie auf, die seh ich noch immer.
   55 ff.:       [1800 seh'] . immer!
   Vorberger:  Antlitz;       immer,
V. 700) mit Absatz bis 1800; 1800 (1799) allein rückt den Vers nicht ein.
   1748-55:  Und drauf sagt er, o Benjamin, unsern umstehenden Müttern:
   80:   Und da sagt' er,
   1800:  Benjamin, und da sagt' er zu unsern umstehenden Müttern:
V. 701) alle Ausg.: Werdet wie Kinder, sonst könnt ihr das Reich des Vaters nicht erben.
   Vorberger:              erben."
V. 702) in allen Ausgaben mit Absatz, ausgenommen 1800 (1799).
   1748:  Ja, so sagt er, Dudaim, und der ist unser Erlöser;
   51:     Dudaim. Und
   55:     Jedidda.
   80:   sagt' er,
  1799, 1800: Ja, so u. s. w.
V. 703) 1748,51: Durch den sind wir so selig, umarme mich, lieber Dudaim!
   55 ff.:    selig! Umarme deinen Geliebten!
V. 704) alle Ausg.: Also besprachen sie sich mit Zärtlichkeit unter einander.

  Diese Stelle, wo zwei abgeschiedene Kinder sich von der wunderschönen Geschichte, wie Christus die Kindlein zu sich kommen läßt, als Zeugen unterhalten, ist stets gerühmt worden wegen ihrer einfachen, lieblichen Sprache, die dem kindlichen Wesen so ganz abgelauscht ist (bis auf die Aenderung in 1755, die keine Verbesserung ist: „Umarme deinen Geliebten!" und die Klopstock machte, da er die beiden Freunde, Benjamin und Dudaim, in einen Freund und eine Freundin verwandelte,

Benjamin und Jedibba). (Eine andere liebliche Stelle, wo auch ein Kind spricht, im Gesang II., 214 ff.) Sie kann uns zugleich als ein Beispiel der Einwirkung schweizerischer Kunstlehre auf Klopstock dienen. Bodmer sagt in der Betrachtung über die poetischen Gemählde der Dichter, Zürich 1741: „Das Natürliche ist dem poetischen Mahler wegen seiner Gabe der Deutlichkeit zierlich, und das Einfältige eben deßwegen fein genug. Was kann eigentlicher, einfältiger gesagt werden, als folgende Beschreibung eines gewissen Kinderspiels bei Minutius Felix, im Octavius, aber was kann zugleich größere Deutlichkeit mit sich führen? . . . . Hier werden lauter Worte gebraucht, die den Kindern selbst, so das Spiel üben, in den Sinn kommen können, und würklich bey diesem Anlaß kommen." — Borberger nun macht nach Vers 697 einen Absatz und läßt: „Eine getreue Zähre — erben" von Jedibba gesprochen werden. Die Ausgaben 1748, 51, 55, 80 thun aber deutlich durch Absatz und Anfang kund, daß die Rede Jedibba's erst mit Vers 700 beginnt und mit Vers 702 dann schließt. Borberger's Irrthum wurde dadurch veranlaßt, daß die Ausgabe von 1799, 1800 den Vers 700 nicht absetzt. Göschen macht hinter „immer!" in Vers 699 gar noch der Deutlichkeit halber einen Gedankenstrich; Borberger berücksichtigt aber weder den Punkt in 1748, 51, noch das Ausrufungszeichen in 1755, 80, 1800, noch Göschens Gedankenstrich, sondern zieht zwei Sätze in einen zusammen, indem er hinter immer ein Komma setzt. Eben, um deutlich zu zeigen, daß Jedibba erst mit Vers 700 ihre Rede beginnt, hat Klopstock die Aenderung gemacht, durch welche die Anrede „Benjamin" das erste Wort wird. Die Absätze ließ Klopstock bloß noch zum Theil in 1799, 1800 fort, nachdem ihn Cramer im Commentar zur Ausgabe von 1780, 3. Thl., Seite 199 auf die Unzweckmäßigkeit dieser Aenderung aufmerksam gemacht hatte. Er sagte daselbst etwas, was auch auf unsere Stelle Anwendung findet: „In der vorigen Ausgabe [1755] waren hier Absäze bei einem jedem einzelnen dieser Charactere. In der neuesten sind sie aufgehoben, und es läuft alles in einem weg; wie ich denn überhaupt bemerkt habe, daß der Dichter mit diesen Abtheilungen häufige Veränderung vorgenommen hat.... Ich finde [Absätze] bei diesen Characteren fast nothwendig; besonders weil die inhaltsvollen Züge derselben vom Leser immer ein kurzes Nachdenken fodern...." Sobald man denn auch bei der vorliegenden Stelle nachdenkt, sieht man, daß auch dem Inhalte nach Vers 698 und 699 zur Rede Benjamin's gehören. Benjamin erinnert sich eben aus dem Grunde so lebhaft der Zärtlichkeit Christus, weil er die Thräne aufgeküßt. Dagegen hat Jedibba, die als Mädchen das zu den Müttern Gesprochene besonders beachtet, mehr auf Christus Worte gemerkt. So ist vom Dichter in höchster Feinheit mit zwei Zügen ein Gegensatz in diese Kinder-Charaktere gebracht, was bei allen seinen Charakteren, selbst denen der Engel, zu thun Klopstocks stetes Bestreben war. Selbst seine Engel sind nur dem oberflächlichen Beobachter nach Einer Schablone gemacht; sie gleichen sich wie die Engel auf den Bildern Fra Angelico's oder der alten Kölner, und sind doch unterschieden. Um diesen Unterschied merkbar zu machen, hat er in obiger Stelle seit 1755 einen männlichen und einen weiblichen statt zweier männlicher Charaktere gesetzt. Wie kam übrigens Klopstock dazu, Dudaim als männlichen Eigennamen zu gebrauchen? Das Wort Dudaim findet sich 1. Mos. 30, V. 14—16. Luther scheint es nicht gekannt zu haben, da er es an dieser Stelle einfach so wiedergiebt, wie es im hebräischen Text basteht, und es an einer andern Stelle (Hohes lied Salom. 7, 13) mit „Lilien" übersetzt: „die Lilien geben den Geruch." Delitzsch im Commentar über die genesis 3. Ausgabe p. 467 sagt unter Anderem Folgendes: Die Septuaginta übersetzt dudaim richtig $\mu\tilde\eta\lambda\alpha\ \mu\alpha\nu\delta\rho\alpha\gamma o\rho\tilde\omega\nu$. Dudäï ist die mandragora vernalis (ahd. alrûna, alrûn. Grimm, Mythol. II., 1153, Ausg. 3), aus deren kleinen Blumen muskatnußgroße Aepfelchen werden, welche im Alterthum wie im Mittelalter als Beförderungsmittel der Fruchtbarkeit und überhaupt als Aphrodisium gelten." (Aehnlich Gesenius, Hebr. Lex. s. v. dudáï.) Dieser Bedeutung halber also ließ Klopstock den Namen fort. Was die Dialoge in Klopstock's Messias angeht, so ist hier noch zu sagen, daß erst in 1780 die Reden der verschiedenen Personen dadurch unterschieden werden, daß der Anfangsbuchstabe des Namens dessen, der spricht, in oder vor den Vers gedruckt wird. Für die Ausgaben bis 1780 und zum Theil auch für die späteren gilt, was Cramer anmerkt (Tellow, S. 117): „Die Stellen, wo im Messias dialogirt wird, sind überhaupt die schwersten, und der geübteste Leser muß da oft alle Gedanken beysammen behalten, um durchzufinden. So oft Punkte da stehn, redt ein Anderer. Von einigen wird es bestimmt, durch Umstände, wer der Redende sey, von andern nicht..."

## Messias-Commentare.

Meines Wissens giebt es nur zwei bis jetzt. Der erste ist nicht einmal vollständig, sondern umfaßt nur die ersten 10 Gesänge und den 20. Gesang. Dies ist der von Cramer in seinen Büchern Klopstock Er und über ihn und in: Klopstock in Briefen von Tellow an Elisa. Abgesehen von den Ueberschwänglichkeiten des Stils ist dieser Commentar voll von einsichtigen, oft feinen Bemerkungen und reich an kritischem Material. Es ist sehr zu bedauern, daß wir nicht die übrigen 9 Gesänge auch von Cramer commentirt besitzen. Mit Ausnahme dieser neun Gesänge ist der zweite Messias-Commentar, der von Robert Boxberger in der Hempelschen Messias-Ausgabe, nur ein schwacher Abguß des Cramerschen, und auch die eigenen Bemerkungen Boxbergers lassen alles zu wünschen übrig, was von einem wirklichen Commentator erwartet werden darf. Man könnte einwenden, daß in der Hempelschen Ausgabe kein eigentlicher Commentar gegeben werden sollte. Das wäre ein triftiger Einwand, wenn nicht Boxberger selber mit seinen Anmerkungen den ausführlichen Cramer hätte widerlegen wollen. Wie er das gemacht hat, wollen wir einmal sehen. Ich würde Boxbergers Erklärungen überhaupt nicht beleuchten, aus reiner christlicher Liebe, wenn er nicht in seiner Recension meiner Abhandlung: Zur Textgeschichte des Kl. Messias, Rostock 1879, in den Lit. Unterhaltungen Nr. 33 vom Jahre 1879 geäußert hätte, den Beweisen, die ich für meine Behauptungen geben würde (er kannte sie ja also noch gar nicht), sollte sogleich der Gegenbeweis folgen. Ich bitte ihn demnach, mich mit dem letzteren, nach nunmehriger Kenntnißnahme meiner Beweise, nicht verschonen zu wollen. Was auch dabei heraus kommen mag, das Interesse für Klopstock wird dadurch wenigstens gefördert werden. Boxberger wirft mir in derselben Recension Prätensionen vor; nach der aufmerksamen Prüfung meiner Darlegungen bitte ich den Leser zu entscheiden, auf wessen Seite die Prätension, die leere Behauptung, der absprechende Ton unberechtigter Anmaßung, cultivirt wird.

Von vorn herein muß ich energisch protestiren gegen die prätensiöse Aeußerung Boxbergers auf S. 41 der Vorbemerkung: „Wenn Lessing hinzufügt, daß er alle weggelassenen Stellen sorgfältig wieder in sein Exemplar eingetragen habe, so mag uns Lessing's Autorität zur Entschuldigung dienen, daß wir **dasselbe** in unserer Ausgabe gethan haben." Wir dasselbe! Allein im 2. Gesange will ich ihm **zwölf Stellen** nennen, **die er nicht kennt**. Von den **vierzehn Stellen** im 2. Ges., die bis 1800 ausgelassen wurden, hat er nur **fünf** angemerkt, und wie, das habe ich bereits durch Proben illustrirt. Daß Boxberger ferner sich über die folgende Bemerkung Cramers erhebt, ist außerordentlich seltsam. Cramer sagt I., S. 37 (wenn ich blos Cramer nenne, so ist sein Buch: Klopstock, Er; und über ihn 1780—1792 gemeint): „Hier merke ich nur zu seiner Ehre an, daß die Idee [zum Messias] in ihm eher entstand und gebildet ward, bevor er eine Zeile von Milton sah; ob ich gleich damit Milton die Einflüsse nicht absprechen will, die er auf ihn haben mußte, sobald er ihn ernstlich zu lesen anfing; die aber im Ganzen sich auf nichts viel weiter erstreckten, als daß er von ihm seine Engelmaschinerie, und das wohl mit mehr eignen Veränderungen annahm, als Homer seine mythologischen Dichtungen von den vorhergehenden Poeten vielleicht der orphischen Schule." Boxberger meint hierzu (Vorb. S. 5): „Wenn Cramer behauptet, seine Nachahmung Milton's habe sich auf nichts weiter erstreckt, als auf die Engelmaschinerie, und auch darin sei er viel weniger Nachahmer gewesen als Homer, so werden die von mir aus

Milton angeführten Parallelstellen, die sich leicht hätten vermehren lassen, genügen, diese Behauptung zu widerlegen." Milton wird nun in den ersten zehn Gesängen etwa 23 Male citirt von Boxberger, wovon alle wesentlichen Bemerkungen, dreizehn oder mehr, aus Cramer's Commentar entlehnt sind, oft wörtlich, oft blos durch Eitner's Uebersetzung ausgeführt und vervollständigt. Und Cramer giebt noch eine ganze Anzahl Bemerkungen mehr als Boxberger! Und citirt dazu Belegstellen aus dem Original. Damit man nicht glaube, ich thue Boxberger Unrecht, so sehe man selbst.

1) Boxberger S. 53, 1. Theil zu Ges. I., V. 8 ff.: „Hier ahmt der Dichter Milton nach, der gleichfalls den Creator Spiritus anruft: „Vor Allen du, o Geist — kündigen der Menschheit." Cramer II., S. 23 f.: „Also geschah des Ewigen Wille) Διος δ'ετελειετο βουλη des Homer [diese Anmerkung nimmt Boxberger auch, ohne ihn zu nennen, von Cramer]. In dem Anfang einer Epopee haben fast alle Dichter von jeher einer vom andern weniger oder mehr genommen, (Milton z. E. vom Ariost). Sowohl in dieser Exposition seines Sujets, als in der Anrufung herrscht die grösste Einfalt; grösser als bey Milton, der hier schon auszumahlen anfängt...." — Und Obiges ist denn im I. Ges. des Messias alles, worin Boxberger Klopstock als Nachahmer Milton's zeigt! Die höchst feinen, alles erschöpfenden Parallelen, die Cramer bisweilen zwischen Milton und Klopstock zieht, ignorirt Boxberger gänzlich! So zu Ges. I., V. 202 (in 1800, bei Cramer noch 197): „Uebrigens wird man solche locale Beschreibungen und Ausbildungen für die Phantasie häufiger in den ersten Gesängen antreffen, wo noch offenbar seine Einbildungskraft durch Milton mehr beschwängert war als später", und nun folgt eine ganze Vergleichung zwischen beiden Dichtern. Außerdem weist Cramer noch dreimal im 1. Gesange auf Milton hin, während Boxberger nichts als die obige armselige Bemerkung giebt.

2) Boxberger 1,77, zu II., V. 27: „Milton XI., Vers 280—282 (Eitner):

> Wie endlich, Hochzeitlaube Du, von mir
> Geschmückt mit Süßem für Geruch und Auge,
> Scheid' ich von Dir?"

Klopstocks Vers lautet: „Deiner friedsamen Laube, der jungen Tugenden Wohnung" (hat kein Sturm u. s. w. geschonet). Eva beklagt nämlich den Verlust des Paradieses. Cramer sagt zu Vers 18 bereits: „**Diese Gesänge Evas und Adams stimmen mit ihren Charakteren bey Milton überein.**" Und nun läßt er Stellen aus dem englischen Originale folgen. Also weist Cramer zehnmal mehr nach, als Borberger, der zur obigen nur noch eine Stelle fügt, zu Vers 84. Und Borberger will Cramer widerlegen, aus dessen Reichthum er einige Scherflein nimmt!

3) Borberger 1, S. 84 zu Gesang II., V. 244: „Vgl. Milton's „Verlornes P." übersetzt von Eitner, Ges. III., Vers 540—543, 552—554, 634—639: [folgen diese Verse]. 2. Corinth. 11, 14: Und das ist auch kein Wunder; denn er selbst, der Satan, verstellet sich zum Engel des Lichts." — Cramer, bereits beim Eingang in die Hölle, Vers 237: „Wir kommen jetzt zu einem Theile in Klopstocks Epopee, in dem, der Natur der Sache nach, viel Aehnlichkeit mit Milton sich finden muß. Er war hier in der That in **demselben Verhältnisse gegen diesen, als Virgil gegen Homern in Absicht des Gebrauchs der Mythologie.** Wer zuerst kommt, mahlt zuerst; und Milton, der mit seiner ganzen schöpferischen Einbildungskraft nichts reicher behandelt, als eben diesen Theil, hatte schon einen großen Theil desjenigen weggenommen, was Klopstock brauchen konnte. Wollte er also nicht Milton berauben: was konnte er anders thun, als (eben wie Virgil in demselben Falle) das nun einmal schon erfundene und angenommene Wunderbare aufnehmen, es veredlen, von Miltons Golde alles, was nur einer Schlacke ähnlich sah, ausbrennen, und diese schon vor ihm liegenden Erfindungen mit einigen neuen vermehren, — die vielleicht eben so viel werth sind als die Urerfindung selbst! Hier ein paar Vergleichungspunkte zwischen Milton und Klopstock, die jeder aufmerksame Leser sich selbst weiter entwickeln kann:

a. Klopstock hat zwar im Ganzen dieselbe Dämonologie als Milton behalten, weil sie sich auf die Schrift gründete; im Speciellen aber weicht er von ihr ab. Seine Geister haben zum Theil andere Namen als Miltons.

b. Milton breitet sich in der Beschreibung der Hölle [u. s. w.] sehr aus — er verfällt hier bisweilen in den Fehler des Gesuchten, des Gelehrten. [u. s. w. 7 Zeilen] — alles solches hat Klopstock mit reifem Urtheil .... vermieden [folgen noch 6 Zeilen].

c. Milton hat durchgehend sich auf die Idee gelehnt, daß die mythologischen Geburten der Heiden Teufel sind und ihre Orakelsprüche Wirkungen derselben; [u. s. w. 7 Zeilen].

d. Klopstock hat unter den bösen Geistern Charaktere angebracht, die Milton nicht hatte. Sein Satan, der mächtigste und listigste, (doch diesen hat Milton auch) Abramelech, .... der Charakter des Abadonna, ..... diese alle auf noch mannigfaltigere Art als bey Milton (denn bey dem handelt fast nur Satan) durch den Plan des ganzen Gedichts durchgeflochten und an den Begebenheiten theilnehmend .... ferner die Nebenpersonen, Moloch, der Krieger, Gog ..., Magog ..., Belielel ... — dieß alles macht zusammen eine Mannigfaltigkeit aus, der sich Milton nicht rühmen kann.

e. Die grosse Schicklichkeit in Behandlung dieser Charaktere, besonders des Satans in Vergleichung mit Milton [u. s. w. S. 131 und S. 132]." — Die oben von Borberger citirte Stelle V. 634—639 bei Eitner, nennt Cramer ausdrücklich noch: „nach Milton, wo Satan gleichfalls eine Gestalt eines Engels des Lichts annimmt V. P. 11. 633 ff., und nach der Stelle der Schrift: 2. Corinth. 11, 14." Also auch die Schriftstelle entnimmt Borberger Cramer, ohne seiner zu gedenken. Und nun frage ich, ob Borberger nicht ruhig nach diesen Auseinandersetzungen Cramers die ganze Höllenpartie aus Milton hätte citiren können: Warum blos noch neun Stellen? Und von diesen, zum Theil zu dem Inhalte des Messias gegensätzlichen Citaten entnimmt er noch Cramern selbst a. das zu V. 342 (alles im II. Ges.) „Sieben Nächte statt einer.

Die Nächte lag er im Abgrund", indem er sagt: „Milton I. 50—52 (Eitner):

> Neunfach die Zeit, die Tag und Nacht abmißt
> Den Sterblichen, lag mit der Gräuelrotte
> Besiegt er, sich im Feuerschlunde krümmend."

Während Cramer anmerkt: „Milton V. P. I. 50, 51.

> Nine times the space that measures day and night
> To mortal man, he with his harrid crew
> Lay vanquisch'd etc."

b. zu Vers 355: „Milton I., V. 392;" während Cramer zu derselben Stelle sagt: „Nach Milton; weil da der vorher unbekannte Donner das Mittel gewesen war, wodurch sie [u. s. w.]" c. zu V. 627 ff. macht Cramer die Anmerkung: „eine strahlende That vor Gottes Auge vollführte. Dies stützt sich wieder auf Miltons Erzählung Buch 5 gegen das Ende, wo Abdiel der einzige war, der [u. s. w.]". Borberger sagt: „Vgl. den Schluß des 5. Gesanges bei Milton, übersetzt bei Eitner V. 896—907: [folgen die Verse]." **Vier von den übrigen selbständigen Anmerkungen Borbergers kann man entbehren**, wenn man überhaupt Milton's Hölle bei ihm selbst nicht nachlesen will, wie Cramer empfiehlt; und zwei Anmerkungen fallen unter die obenstehende lange Bemerkung Cramer's a.; denn es wird gesagt, daß Abramelechs und Ababonas Namen Milton entlehnt sind. Cramer erwähnt Milton im 2. Messiasgesange noch einmal zu V. 822.

4) Zu Ges. III., Anfang. Cramer: „Bei diesem schönen, mit Recht so berühmten Uebergange, wo der Dichter..... Wem wird da nicht Miltons Klage über seine Blindheit, im Anfange des III. Buchs einfallen? Hail holy light ... thee Irevisit now with bolder wing etc. — Sie gehört zu den wenigen, wo der Dichter von sich selbst spricht, — und sprechen darf!" Borberger: „Vgl. zu diesem schönen und vielfach bewunderten Anfange den Anfang des 3. Ges. bei Milton, in welchem er, der erblindete Sänger, das Licht begrüßt (Eitner, V. 1—29)". Zu V. 556 ff. (Judas' Traum, den ihm Satan eingiebt). Cramer: „Es ist eben so viel Kunst sophistischer Ueberredung in diesem Traume angebracht, als in der Verführung der Eva

bey Milton." Borberger: „So verführt Satan auch bei Milton durch einen Traum die Eva; IV., V. 797—809 (Eitner): [folgen die Verse]. Ges. V., V. 28—93 erzählt Eva diesen Traum." — Ich muß hier anführen, daß die Hindeutung auf den Traum Eva's bei Milton auch Cramer nicht zuerst gethan hat, sondern daß dies zuerst schon im XXVII. Stück der Züricher „Freymüthigen Nachrichten" geschah, vom 2. Heumonat 1749, mit diesen Worten: „Es war Klopstock eben so schwer, die plötzliche Veränderung, die in Judas vorgegangen, da er aus einem erwählten Freunde und Apostel unsers Erlösers sein Verräther worden ist, wahrscheinlich zu machen, als es Milton war, da er den Fall unserer ersten Mutter, die so vollkommen war, wahrscheinlich machen mußte. Milton fande diesen Ausweg, er erwecket der schlafenden Eva einen Traum, in welchem ihr der Satan mit der Stimme des Adams erscheinet, und sie beredet u. s. w. Diesen Traum hat Klopstock mit nicht geringerer Kunst, auf gleiche Weise angewendet; Wer will tadlen, was Milton erfunden, und Klopstock nachgeahmet." Hierauf erwiedert im XLIV. Stück vom 29. Weinmonat 1749 ein Herr H. P. A., welches unzweifelhaft Pastor Heß ist, Folgendes: „Daß der Traum Eva's bei Milton, welchen mein Freund [der vorhergehende Einsender; so höflich polemisirten die Schweizer unter sich] vermuthlich nur aus dem Gedächtniß anführt, zu diesem Beweise [auf Judas plötzliche Veränderung bezüglich] gar nichts helfe, wird er selber bald einsehen, wenn er die Mühe nehmen will, die beyden Träume Evens und Judas in ihrem Ursprunge und Fortgang u. s. w. genau gegen einander zu halten." Der Pastor Heß war trotz seines Ueberschwanges doch ein feinfühliger Mann, ja fast ein Mitarbeiter am Messias, wie ich in Heft 4 dieser Studien zeigen werde, und er hat sich denn eben so wenig wie Cramer den Fehler Borbergers zu Schulden kommen lassen, auf den Traum Evas bei Milton so ohne Weiteres als auf eine Quelle der Nachahmung für Klopstocks Traum des Judas hinzuweisen. — Was giebt nun Borberger Eigenes, zur „Widerlegung" Cramers Beitragendes im ganzen dritten Gesange? a. Der Name „Uriel, den bei Milton auch der

Seraph der Sonne führt" und b. der Name „Ithuriel" sind beide von Milton entlehnt! Welche Fülle des Reichthums!

5) Zum Ges. IV. des M. Bei Borberger — Nichts. Bei Cramer zwei Notizen, 3. Thl., S. 46 und S. 86 eine längere Vergleichung hinsichtlich der Schreibart mit Milton.

6) Zum Ges. V., V. 610 ff. (in der Cramer'schen Ausg. noch V. 615 ff.): Cramer: „Anspielung auf die Geschichte, wie sie Milton erzählt". Borberger: „Vgl. Milton, V. P. von Eitner, II., V. 824—843". Das ist alles, was Borberger bringt; Cramer erwähnt Milton's zu diesem Ges. noch S. 257.

7) Im VI. Ges. haben beide Commentatoren keine Veranlassung, Milton zu citiren. —

8) Im VII. Ges. wird bei Borberger Milton wiederum nicht erwähnt; Cramer führt ihn an, Klopstocks Schreibart mit seiner vergleichend, IV. Theil, S. 196 f., Klopstocks Stärke mit ihm vergleichend, ebb. S. 217.

9) Zum VIII. Ges. Hier wiederholt Borberger die Notiz, die er schon zum I. Ges. gegeben, daß Uriel's Name aus Milton entlehnt sei.

10) Zum IX. Ges., V. 486 ff. Cramer: „Eine Vergleichung Miltons (Paradise Lost. III., vs 637—742) und Klopstocks, ist hier interessant. Welche Verschiedenheit der Behandlung einer ähnlichen Situation! Welche Mahlerey bei Jenem, und mit wie viel wenigerm Urtheil! Der Engel des Engelländers — lange nicht so sehr Engel als der des Deutschen! Er schmückt sein Haupt mit einem Kranze ..... giebt ihm bunte Flügelchen; so daß fast nur Hudemann es ärger machen konnte: .... Ein Kleid, aufgeschürzt zur Reise; und einen Reise — stab in die Hand — durch die Luft zu — fliegen! [u. s. w.] Wie viel gedachter, überlegter, edler in Allem Klopstock! Sein Abbadona nimmt eine Jünglingsgestalt an, womit er im Thale des Friedens schimmerte; glänzendes Haar fließt auf seine Schultern hernieder; unter den glänzenden Locken erklingen goldne Flügel [u. s. w]". Borberger: „Vgl. die Anm. zu Ges. II., V. 245 und Milton III., 625 — 628 (Eitner), wo es von Ariel, dem Engel der Sonne heißt:

Von sonn'gen Strahlen eine goldne Binde
Umgiebt sein Haupt, und seine Locken wehen
Hell um die Schultern, die versehen sind
Mit Schwingen."

Bei Cramer wird Milton noch erwähnt 5. Theil, S. 93.

11) Zum X. Ges. erwähnt Borberger Milton's nicht mehr; Cramer: S. 108: „An Würde übertrifft Klopstock Milton." Zum IX. Ges. trage ich noch Cramers Anm. nach zu V. 460: „Aber Satan thut es ja u. s. w. — Der Dichter spielt hier sowohl auf die angeführte Stelle, als auf die Erfindung Miltons an. Bey diesem verstellte sich Satan um eines „niedrigen Zweckes" (V. 463) willen."

Im 2. Theil des Messias erwähnt Borberger Milton noch etwa drei oder vier Mal.[1])

Und das Resultat dieser Mühe? Kein verhaltnes, sondern ein herzliches Lachen über Borbergers Worte: „.... so werden die von uns aus Milton angeführten Parallelstellen, die sich leicht hätten vermehren lassen, genügen, diese Behauptung zu widerlegen." Leicht, ja beim Zeus! Er hätte noch immer mit beiden Händen aus Cramer schöpfen können. Ich würde diese Sache nicht so ernst nehmen, wenn ich nicht bei dieser Gelegenheit zugleich an einem eclatanten Beispiel constatiren könnte, wie sehr unser Recensentenwesen durchschnittlich heut selbst auf wissenschaftlichem Gebiete gesunken ist. Ist es zu verwundern, daß man die kritische Thätigkeit mit keiner Verantwortlichkeit mehr verknüpft glaubt, wenn man das Bewußtsein von sich selber hegen muß: Du nimmst es ja mit Deinen eigenen Arbeiten nicht ernst? Welch eine Stirn gehört dazu, einen Autor in einem gelesenen und anständigen Journal kurzweg jugendlicher Prätensionen zu zeihen, während man wissen muß, daß man mit diesem Tadel selbst der unerhörtesten Prätension sich schuldig macht? Schon den Verdacht

---

[1]) Klopstock und Milton des Weiteren verglichen in Benkowitz Preisschrift: D. M. v. Kl. ästhet. beurth. u. vergl. mit d. Iliade, Aeneide u. d. V. P., Breslau 1797.

zu vermeiden, er habe seinen Gegner im Bewußtsein des eigenen Vergehens von vornherein discreditiren wollen, hätte Robert Boxberger nicht persönlich und gröblich verfahren dürfen.

---

Boxberger hat Cramers Commentar sehr gut gekannt, wie sogleich des Weiteren erhellen wird; er hat gewußt, daß Cramer im ersten Theil seines Buchs ein Wort sagt, das er nicht bloß durch ein Dutzend der einschneidendsten Beobachtungen, sondern auch durch Gegenworte später durchaus mobificirt, s. Nr. 3 im Anfang; er selbst benutzt, bisweilen fast mit denselben Worten, ohne Cramer bei den Miltonischen Anmerkungen zu nennen, dessen Mühe und dennoch nennt er sich den Widerleger Cramerscher Behauptungen! Ich sage: er hat gewußt, denn ich kann doch zu seiner Ehre nicht annehmen, daß er unbewußt arbeitet.

Boxberger hat ad oculos demonstrirt, daß ihm zu einem Commentator Klopstocks das Beste gebricht; nicht einmal sichere Kenntniß der Bibel findet sich bei ihm; wer eine Unkenntniß des Originals documentirt, wie die auf S. 3 und 4 meiner „Veränderungen, Sprache und Sinn betreffend" nachgewiesene, der ziehe seine Hand ab vom Messias. Das Meiste seiner biblischen Gelehrsamkeit in Bezug auf den Messias verdankt Boxberger wiederum Cramer.

Von den außermiltonischen Anmerkungen seines Commentars, etwa 564, gehören, nach ungefährer Ueberschlagung, mindestens 331 Cramern an, dessen Name sehr selten genannt wird; im IX. Ges. Einmal bei 22 Anmerkungen, die ihm entnommen sind; im VI. Ges. 3 Mal bei 31 Anmerkungen, die ihm von den 37, die der ganze Gesang besitzt, gehören; im V. Ges., der 50 Anmerkungen hat, wovon Cramers Eigenthum 35 sind, wird er Einmal namhaft gemacht. Im X. Ges., wo von 121 Anmerkungen Cramern 79 gehören, wird er etwa 10 Mal genannt. Ein jeder Arbeiter ist seines Lohnes werth; Cramer hat seine biblischen und anderen Notizen auch nicht aus dem Aermel geschüttelt; ihn nicht zu nennen, finde ich unverantwortlich. Und ihn noch dazu so abzuschreiben, daß man, wie Boxberger bisweilen, ohne nachzuschlagen, weder in der Bibel noch im Druckfehlerverzeichnisse, seine Fehler einfach mitnimmt, vgl. Vorbergers Messias, 2. Theil, S. 15. (VI. Ges., V. 274): „Matth. 26, 65." Dieser Fehler ist von Cramer im Druckfehlerverzeichnisse corrigirt in Joh. 10, 31. Vorberger S. 14, Anm. 4: „Offenb. 11, 8", richtig bei Cramer 12, 8. S. 16, Anm. 1: „Jer. 7, 13", richtig bei Cramer 7, 31; u. s. w. Nicht immer jedoch hat Vorberger in diesen Citaten so gröblich gesündigt; bisweilen verbessert er auch wohl Cramer's Citate. Sein zweiter Theil schließt mit einem gräßlichen Fehler, wahrscheinlich bloß Druckfehler, indem er in einem Citate aus Cramer statt „froheren" „frühere" Empfindungen herrschen läßt.

Außerdem noch folgende Bemerkungen zu seinem Commentar. Zu Ges. III., V. 173 macht Vorberger die Anmerkung: „Das steht nicht in der Bibel", daß nämlich Christus es wiederholt habe, Simon Petrus werde ihn verläugnen. Dasselbe Wort hat er freilich nicht zweimal gesagt, aber er hat zweimal sich in ähnlicher Weise an Petrus gewandt, wie Lucas Cap. 22, V. 31—34 erzählt: „Der Herr aber sprach: Simon, Simon, siehe, der Satanas hat eurer begehret, daß er euch möchte sichten wie den Weizen. Ich aber habe für dich gebeten, daß dein Glaube nicht aufhöre, und wenn du dermaleins dich bekehrest, so stärke deine Brüder. Er aber sprach zu ihm: Herr, ich bin bereit, mit dir ins Gefängniß und in den Tod zu gehen. Er aber sprach: Petre, ich sage dir, der Hahn wird heute nicht krähen, ehe denn du dreymal verläugnet hast, daß du mich kennest. — Klopstock hat nichts erdichtet, wenn es in seinen Versen heißt:

„Simon, du sagtest zwar kühn, du wolltest nie ihn verleugnen,
Deinen Erlöser und Gott; doch Jesus sagt' es noch einmal."

Zu Ges. III., Vers 299 ff. **Charakteristik des Jüngers Lebbäus.** Vorberger bemerkt nach Cramer II., S. 218: „Ich weiß nicht, wodurch das Gerücht im Publico ausgebreitet worden ist (mich dünkt, ich habe es auch gedruckt gelesen), Klopstock habe sich hier unter der Person des Lebbäus selbst zeichnen wollen. Er selbst berechtigt mich, diesem Gerüchte zu widersprechen." — Gedruckt mag Cramer es in den Briefen des Herrn

Spalding an den Herrn Gleim gelesen haben, S. 82, unterm 8. Januar 1751 (nicht 1750, wie gedruckt ist, aus der Folge der Briefe und dem Inhalt ergiebt sich 1751): „Herr Klopstock kann und muß keines Verbrechens schuldig seyn. .[Vgl. hierzu Lappenberg S. 235; es war wohl der Bruch mit Bodmer gemeint.] Er hat sein Herz zu zuverläßig kennbar gemacht. Er ist ohne Zweifel selbst der Lebbäus im Meßias. Dieser Character ist mir allemal merkwürdig vorgekommen, und Sie führen mich nun fast mit Gewißheit darauf." Woher Gleim diese „Gewißheit" hatte, ergiebt sich aus dem Folgenden. Ich habe nämlich die Stelle entdeckt, wo die Vergleichung zuerst gemacht wird. Es geschieht in den Züricher Freymüthigen Nachrichten, XIII. Stück, Mittwochs am 26. Merz 1749: „Einigen Nachrichten gemäß, die ich aus Deutschland empfangen habe, wird Herr Professor Meier nicht lange mehr Ursache haben, über die Nachläßigkeit seiner Landsleute in der Anpreisung dieses poetischen Werckes zu klagen, nachdem die angesehensten Männer, und selbst vornehme Gottes-Gelahrte in procinctu stehen, um ihm das verdiente Lob öffentlich widerfahren zu lassen. Einer von diesen letzteren schreibt mir hierüber mit diesen Worten: Je ne trouve point d'efforts mieux employés que ceux qu'on fait à la clarté des lumieres de la revelation pour envisager la manifestation de nôtre divin Sauveur dans les vues de Dieu. L'exemple que notre poëte nous en donne a surpassé mon attente .... Le Messie de Monsieur Clopestoc, qui pourroit bien s'être caracterisé en la personne de Lebbée, sera toujours un témoignage des vérités divinement révélées" etc. Dem Leser kann doch nicht zuwider sein, daß ich hier einige Züge aus dem Character des Apostels Lebbäus ausschreibe, unter welchem Herr Klopstock nach dem Einfalle dieses Gottes-Gelehrten sich selbst geschildert hat:

„Jener blasse verstummende Jüngling u. s. w. bis:
Mächtig genug, die erste Gestalt der Seele zu bilden." —
„Also bracht er bey jeglicher Thräne, die Freunde vergossen,
Zärtlich gerührt, beym leichtesten Schmertz der Menschen empfindlich
Seine wehmüthige Jugend-Zeit hin. —" V. 299—332.

Diese Stelle aus den Freymüthigen Nachrichten ist also auch wichtig für das Verständniß des Zwistes, der zwischen Bodmer und seinen Freunden und Klopstock in der Schweiz ausbrach. Sie zeigt uns, wie sich die Schweizer den Sänger des Messias von vornherein dachten. — Andere Berichtigungen zu BorbergersCommentar finden sich bei der Besprechung der Varianten.

# Zur Textgeschichte des Messias.

## Veränderungen
aus
### religiösen und religiös-ästhetischen Rücksichten.

„Schreckendes darf der Künstler, allein nichts Scheusliches bilden..."
Klopstock.

---

„Die Erhebung der Sprache,
Ihr gewählterer Schall,
Bewegterer, edlerer Gang,
Darstellung, die innerste Kraft der Dichtkunst,

Und sie, und sie, die Religion,
Heilig sie und erhaben,
Furchtbar und lieblich und groß und hehr,
Von Gott gesandt,

Haben mein Mal errichtet..."
Klopstock.

---

# Veränderungen
aus
## religiösen und religiös-ästhetischen Rücksichten.

Zu diesem Abschnitte vergleiche man das im Anhang I. zur Entstehungsgeschichte Gegebene (S. 58 ff.). Auch an anderen Stellen ist bereits auf Klopstocks religiöse Anschauungen hingewiesen. Es lassen sich bei Betrachtung der Varianten eben nicht immer strenge Grenzen ziehen; je nach Beschaffenheit der betreffenden Belegstelle wird man, um wiederholte Citate zu vermeiden, vor- oder zurückgreifen müssen. Ich wiederhole also die bereits beigebrachten Erörterungen und Resultate hier nicht.

Daß Klopstock in religiöser Hinsicht an seinem Werke ändere, sprach zuerst Lessing, im 19. Literaturbriefe (Edition Hempel, Lessings WW. 9. Theil, S. 95 f.) mit den Worten aus: „Doch ich muß Ihnen leider sagen, daß dem Herrn Klopstock, ich weiß nicht welcher Geist der Orthodoxie oft anstatt der Kritik vorgeleuchtet hat. Aus frommen Bedenklichkeiten hat er uns so manchen Ort verstümmelt, dessen sich ein jeder poetischer Leser gegen ihn annehmen muß. Was geht es diesem an, daß einem Schwachgläubigen die wüthenden Entschließungen des Adramelechs zu Ende des zweiten Gesanges anstößig gewesen sind oder sein können? Soll er sich deswegen die vortreffliche Stelle rauben lassen, wo dieser rasende Geist auch die Seele des Messias zu tödten sich vornimmt?

Und wenn der Ewige sie vor andern Seelen erwählte,
Wenn er sie, sich zu verherrlichen schuf; so soll er voll Jammer
Um sie in einsamer Ewigkeit klagen! Drey schreckliche Nächte
Soll er um sie klagen! Wenn er sich ins Dunkle verhüllt hat,
Soll drey schreckliche Nächte kein Seraph sein Angesicht sehen!
Dann will ich durch die ganze Natur ein tiefes Geheule
Hören, ein tiefes Geheul am dunkeln verfinsterten Throne,
Und ein Geheul in der Seelen Gefild, ein Geheul in den Sternen,
Da, wo der Ewige wandelt, das will ich hören, und Gott seyn!

[Ich bemerke gleich hier, daß Lessing sich irrt; nicht die ganze Stelle und vor Allem nicht die Absicht des Abramelech, der Mittelpunkt der ganzen Handlung des Messias, fiel fort. Was die poetische Schönheit der Stelle betrifft, so verweise ich auf Klopstocks Epigramm, das ich als erstes Motto diesem Abschnitt vorgesetzt habe. Die Greifswalder Critischen Nachrichten waren nicht der falschen Meinung Lessings, Klopstock habe lediglich aus frommen Bedenklichkeiten derartige Stellen fortgelassen, sondern bezeichnen sie als wilde und überflüssige Schößlinge. Und das ist ohne Zweifel das Richtige.]

Und solche Stellen haben mehrere weichen müssen, die ich mir alle sorgfältig wieder in mein Exemplar eingetragen habe. Unter Andern ist der Charakter des Verräthers durch die fromme Strenge des Dichters noch einmal so unbestimmt geworden, als er vorher war. Er war schon anfangs sehr schielend, und nun weiß man vollends nicht, was man daraus machen soll. Auch sogar alle die Wörter, die einen heidnischen Verstand haben können, die aber der Dichter meinem Bedünken nach sattsam geheiliget hatte, sind verwiesen worden; was vorher Schicksal hieß, heißt nun Vorsicht, und die Muse hat sich überall in eine Sängerin Sions verwandelt. Nachgewiesen habe ich schon, daß Lessings Ansicht betreffs der „Muse" ganz falsch und betreffs des „Schicksals" zu modificiren ist; vgl. oben S. 64. Die Worte Lessings „haben können" und „sattsam geheiliget" lassen sich nicht zur Modificirung oder gar Widerlegung meiner dortigen Ausführung gebrauchen, sondern die Falschheit der Grundanschauung Lessings nur noch deutlicher hervortreten. Die Stelle, welche Lessing, der die Ausgabe von 1755 beurtheilt (fälschlich im Hempel'schen Lessing, 8. Theil, S. 219, die zweite genannt, da es doch die dritte ist), oben anführt, hatte 1748 und 1751 hinter dem Vers 881 des II. Gesanges gestanden. Aehnlichkeit mit dieser Stelle hat die im III. Gesange Vers 724—726 stehende, wo Klopstock statt „Winseln" 1780 „Geheul" setzte, in Erinnerung an die obige Stelle.

Gesang III. Judas verwünscht die Stunde seiner Geburt.

V. 724) 1748-55: In ihr müsse man auf den Gebirgen ein sterbendes Winseln
       80 f.:   Kehrt sie zurück, dann müsse man sterbend Geheul auf den Bergen
V. 725) 1748,51: Hören! Ein sterbendes Winseln in tiefen verfallenen Gräbern
       55:                                       tiefen fallenden
       1800:    Hören! sterbend Geheul in tiefen fallenden
V. 726) alle Ausg.: Müsse man hören! Verflucht sey der Ort, wo ich lag und einschlief!

Andere Stellen, aus ähnlichen Gründen fortgelassen, sind in der Erzählung, in welcher Satan der versammelten Hölle von Christus Leben und Wirken auf der Erde berichtet. So hieß es 1748 und 1751, Vers 575 ff. im II. Gesange:

V. 575) 1748,51:           Bald hat er die Todten erwecket,
V. 576)          Die doch der Ewige mühsam, ja mühsam, sonst thät ers wohl öfters!
V. 577)          Seine veraltete Macht nicht ganz zu vergessen, erwecket.

Diese ironische Glosse ist einem einfachen geringschätzigen Berichte gewichen:

V. 575) 1755:              Bald hält er Kranke, die schlummern,
       80, 1800:           Oft
V. 576) 1755, 80: Sie für Todte, geht hin, und ruft sie wieder ins Leben!
        1800:                                          rufet
V. 577) 1755: Doch das ist nur der Anfang von grössern, künftigen Thaten!
        80:                        Beginn. Einst folgen grössere Thaten!
        1800: Aber das ist

Der letzte Vers ist zwar auch ironisch gemeint, aber doch zahmer als die Ironie der früheren Lesart. Satan rühmt sich nun im Verfolg seiner Rede der Rache, die er an dem Herrn nehmen wird. Ich setze eine Stelle mit allen Varianten her. Die ganze Rede ist eigentlich werth, in diesem Betracht studirt zu werden, aber sie reicht von Vers 428—617 (II. Gesang), kann also hier nicht Platz finden. Also Vers 602 bis zum Schluß der Rede.

Aus folgendem einen Verse sind in 1755 die beiden 602 und 603 geworden.

              1748,51: Und der Seele will ich, wenn sie zur Höllen entfliehet,
V. 602) 1755: Und der Seele, wenn sie nun aus dem Körper entflohn ist,
       80 f.:                                    Leibe geflohn ist,
V. 603) 1755: Und zur Hölle vielleicht, dort auch zu siegen, sich wendet,
       80 f.:     zu der Hölle

Die beiden nächsten Verse stehen nur in 1748 und 1751.

       1748,51: Denn sie soll noch von mir, und von Todesqualen erschüttert,
                Sündigen und Gott schmähn; so grausam will ich ihn tödten!

Nun folgen in 1748 und 1751 zwei Verse, aus denen 1755 der Vers 604 entstanden ist.

   1748,51: Dann will ich ihr, wenn sie flieht, wenn sie im furchtbaren Sturme
      Gottes Verfolgungen treiben, mit donnernder Stimme nachrufen:
B. 604) 1755: Ruf ich ihr nach im furchtbaren Sturme, mit donnernder Stimme:
    80: Ruf' ich nach in furchtbarem Sturme,
   1800:      Sturm,
B. 605) 1748,51: Eile, die du siegtest, ja eil in deinem Triumphe!
    55: Eile, du siegtest auf Erden! ja eil in deinem Triumphe!
    80 f.:     eile, du fesseltest Götter!
B. 606) 1748-55: Dich erwartet ein prächtiger Einzug, die Pforten der Hölle
    80 f.:   Triumpheinzug! die
B. 607) alle Ausg.: Thun vor dir einladend sich auf! dir jauchzet der Abgrund!
B. 608) 1748-80: Gegen dich wallen in sehrenden Chören die Seelen und Götter!
   1800:      Chören Seelen

Es folgen in 1748 und 1751 die beiden seit 1755 fortgelassenen Verse:

   1748,51: Doch du läßt ja die Gottheit zurück! Ists etwa der Leichnam,
      Der sie noch deckt? oder eilt sie vielleicht ungesehen gen Himmel?
B. 609) 1748: Gott muß entweder anitzt, da ich hier bin, den fliehenden Erdkreis
   51,55:   itzt [55: jetzt]
    80 f.:      bin, eilend die Erde,
B. 610) 1748,51: Mit ihm und dem Geschlechte der Menschen gen Himmel erheben:
    55: Nebst
    80 f.: Und mit der fliehenden ihn, und die Menschen gen Himmel erheben:

An die Stelle des folgenden einen Verses sind seit 1780 zwei Verse (611 und 612) getreten.

   1748-55: Oder ich führ es hinaus, was ich mächtig bey mir beschlossen.
B. 611) 1780 f.: Oder ich führ' es hinaus, was meine Weisheit mir eingab!
B. 612) 1780: Oder ich thu, was ich mächtig beschloß, und end', und vollbring' es!
   1800:     beschloß, und ich end' und
B. 613) alle Ausg.: Er soll sterben! So wahr ich des Todes Erhalter und Schöpfer
B. 614) 1748,51: Unbesiegt die Zukunft der Ewigkeiten durchlebe.
    55: Unbezwingbar die
    80:    die kommenden Ewigkeiten durchlebe:
   1800:    durchlebe die kommenden Ewigkeiten:
B. 615) alle Ausg.: Er soll sterben! Bald will ich von ihm den Staub der Verwesung
B. 616) „ „ Auf dem Wege zur Hölle, vorm Antlitz des Ewigen, ausstreun.
B. 617) 1748,51: Seht den Entwurf von meiner Entschließung. So rächst sich Satan!
   55 ff.:    meinem Entschluß! So

Man sieht aus dieser Probe, daß alle solche Stellen herauszupflücken, unmöglich ist, wenn man nicht einen mehrbändigen Commentar zu schreiben beabsichtigt. Dies Alles will im Zusammenhange gewürdigt sein. Aus dieser Probe ist auch schon Lessings Urtheil zu modificiren; denn **einige Veränderungen zeigen deutlich, daß der ursprünglich schwächere Sinn verstärkt ist,** z. B. im Vers 605, 611 und 612. So auch IV., 363, wo Christus erst Träumer, dann 1755 Empörer heißt. Doch nicht nur durch (erstens) Weglassung derber Stellen hat Klopstock dem religiösen und ästhetischen Gefühl Concessionen gemacht, sondern auch dadurch, daß er (zweitens) abschwächendere hinter die derben setzte. Dies lehrt gleich die Fortsetzung der obigen Stelle.

V. 618) 1748,51: So sprach Satan. Die Hölle blieb noch vor Verwunderung stille.
1755 ff.: Satan sprach es.

Hinter „Satan sprach es" folgen nun seit 1755 die Verse bis 626, welche die Ausgaben von 1748 und 1751 noch nicht besitzen.

1755: Satan sprach es. Indem ging von dem Versöner Entsetzen
80 f.: Versöhner

V. 619) 1755: Gegen ihm aus. Noch war in den einsamen Gräbern der Gott-
80 f.: ihn [mensch].

V. 620) 1755: Mit dem Laute, womit der Lästrer endigte, rauschte
80 f.: Lästerer

V. 621) 1755: Vor den Fuß des Messias ein wehendes Blatt hin. Am Blatte
80 f.: Blatt. An dem

V. 622) 1755 ff.: Hing ein sterbendes Würmchen. Der Gottmensch gab ihm das Leben.
V. 623) 1755,80: Aber mit eben dem Blick' sandt' er dir, Satan, Entsetzen!
1800: Blicke

V. 624) 1755 ff.: Hinter dem Schritt des gesandten Gerichts versank die Hölle,
V. 625) 1755 ff.: Und vor ihm ward Satan zur Nacht! So schreckt' ihn der Gottmensch!

In 1755 folgt nun ein Vers, der zum Theil aus der zweiten Hälfte des Verses 618, wie sie in 1748 und 1751 lautete, gebildet ward.

1755: Und ihn sahe der Abgrund, und blieb vor Bewunderung stille.

Die Ausgaben von 1780 und 1800 lesen:

V. 626) 1780,1800: Und die Satane sahn ihn; wurden zu Felsengestalten.

Dies ist das stärkste und interessanteste Beispiel solcher aus religiöser Pietät hervorgegangenen Milderung durch Einfügung einer contrastirenden Scene. Pfeiffer im Goethe und Klopstock behauptet, Klopstock kenne den höchsten poetischen Kunstgriff, den Contrast, nicht; wie viele, viele Stellen widerlegen diese Ansicht! Doch muß uns hier genügen, auf alle Gattungen der Varianten nur hinzuweisen. Betrachten wir aber noch einige Stellen. Vers 484—486. In den Ausgaben von 1748 und 1751 nämlich fährt Satan ohne Unterbrechung in seiner Rede fort; seit 1755 aber wird diese nach Vers 483 von den Versen 484, 485 und den drei ersten Worten des Verses 486 unterbrochen.

V. 484) 1755:    Indem sah er an sich des Donners Narben, und zagte!
       80 f.:   Jetzo sah

V. 485) 1755,80: Doch arbeitet' er sehr von neuem empor zu schwillen,
       1800:                                           schwellen,

V. 486) 1748,51: Ich war auf Erden, und wartete dort auf des göttlichen Knabens
       1755:   Und er begann: Dort wartet' ich auf
       80 f.:                                              Knaben

V. 487) 1748-80: Hohe Geburt! Itzt [80 Jetzt] u. s. w.
       1800:       Bald u. s. w.

Höchst merkwürdig ist eine Veränderung in der Rede des Nikodemus, IV., 509—10, wo dieser von Christus spricht und daß er den Heiland an sein Herz gedrückt habe:

V. 509) 1751:   Drückte dich an mein Herz, du aber sagtest voll Wehmuth:
Hier folgt in 1751 noch der Vers:
       1751: Wenn doch alle Menschen durch mich glückseliger würden!
       1755:   Drückte dich an mein Herz, mit freudigen stillem Erstaunen!
       80 f.:                                       freudigem stillen

Der ausgefallene Vers in 1751 ist der Person Christus augenscheinlich nicht für angemessen befunden worden. Ob aus religiöser Bedenklichkeit? Ich meine, aus ästhetischer. Der Gottmensch muß wissen, daß die Menschen durch ihn glückselig werden; jener Ausruf ist also nicht in seinem Charakter begründet. Auf die Charaktere sah Klopstock besonders scharf, und was Lessing in dieser Beziehung aussetzte, that er in völliger Verkennung der Absichten Klopstocks und mit entschiedenem Mangel an Scharfsinn.

Ganz ebenso fiel eine dem betreffenden Charakter nicht angemessene Aeußerung IV., 835 fort. Semida schildert seine Liebe zu Cidli; da sagt er denn auch:

V. 835) 1751: Gott selbst liebt ich noch mehr, weil du sein hohes Geschenk
warst;
55,80: Welch ein Geschenk warst du mir von Gott! Wie dank' ich dem Geber,
1800: Welche Gabe warst du

u. s. w. Dem sanften, frommen Semida ist ein solcher Gedanke denn doch nicht anständig, daß er Cidlis wegen Gott mehr liebte. Der 1755 eingetretene Ausruf ist durchaus passend.

Ferner erhellt aus den angeführten Proben bereits (**drittens**), **daß viele einzelne derbe oder sonst anstößige Ausdrücke gemildert sind.** Z. B. sagt Abramelech nicht mehr vom Messias, daß er auf die Erde kommen werde, ihm sein erobertes Reich „abzunehmen", sondern (1780) „sich zu unterwerfen" (Ges. IV., V. 868); Satan spricht (V. 508) nicht mehr von der „weinenden Gottheit", sondern vom „Herrn der Himmel" u. s. w. **Auch in der bloßen epischen Erzählung ist alles die Göttlichkeit Verletzende möglichst vermieden, aber eben aus dem Charakter der Gottheit heraus**, z. B. Gesang I., Vers 532:

V. 532) 1748,51: Hier war der göttliche Mittler, von tiefen Gedanken ermüdet,
55: in tiefe Gedanken versenkt, der Gottversöhner
80 f.: war, tief in Gedanken versenket, der Gottversöhner
V. 533) alle Ausg.: Eingeschlafen.

Hinter „Eingeschlafen" lesen 1748 und 1751:
1748,51: Natur, du mußtest zu seinem Haupte,
1748,51: Also sagt er dir schlummernd, leichttragende Blumen erschaffen.

Hinter „Eingeschlafen" lesen 1755 ff.:
1755,80: Ein Felsenhang war des Göttlichen Lager.
1800: Felshang

Auf die Veränderung des menschlichen „ermüdet" mache ich aufmerksam; auf die Verwandlung der „leichttragenden Blumen" in einen „Felshang" hat bereits Cramer (II., 81, nicht 82, wie Vorberger citirt) hingewiesen mit den Worten: „Warum hat er dieß verändert? Vielleicht, weil sich das besser zum Stande der Erniedrigung und zur eignen Klage des Erlösers schickte: des Menschen Sohn hat nicht, wo er sein Haupt hinlege." Zu dieser Deutung paßt freilich nicht das gleich Folgende: „Daß Gabriel dem schlafenden Erlöser Nachricht von der Ausrichtung seiner Befehle bringt, ist ein feiner Zug, uns den Begriff von seiner Größe zu erhöhen: der, auch schlafend, allwissend ist." Meinem ästhetischen Gefühle nach sind die Blumen, abgesehen von der physischen Unmöglichkeit, daß der Erde entsprießende Blumen ein Haupt leicht tragen können, hier der ganzen Scene nicht angemessen, zu spielerisch. Der Erlöser, eben noch in tiefen Gedanken versunken, soll sich nun plötzlich ein so weichliches Kopfkissen bestellen! Zu den tiefen Gedanken, die das Höchste dachten, paßt als würdige Folie nur der Felshang. Auch erhöht es den Begriff der Größe des Messias, daß er auf hartem Felsen ruht. Solcher Stellen, wo die spätere Lesart gerade das Gegentheil von dem in der früheren Ausgedrückten enthält, bringe ich später unter einer besonderen Gattung der sprachlichen Varianten mehrere. Spr. Var. Nr. 27. Cramers Hinblick auf den biblischen Ausspruch: „Des Menschen Sohn hat nicht, wo er sein Haupt hinlege" ist nicht nur dadurch ungeschickt, daß der Felsen ja dem Haupte des Heilandes eine Stätte bietet, sondern überhaupt durch die Anwendung auf die Natur, nicht auf die Menschenwelt. Der Spruch will ja nur bildlich sagen: Der Messias hat keinen Ort, wo er verweilen darf unter den Menschen, seine Heimath ist nicht auf Erden. Vorberger citirt endlich noch Jlias XIV., Vers 346—349 (Voß):

"Also Zeus und umarmte voll Inbrunst seine Gemahlin.
Unten die heilige Erd' erzeugt' aufgrünende Kräuter,
Lotos mit thauiger Blum' und Krokos sammt Hyakinthos,
Dicht und locker geschwellt, die empor vom Boden sie trugen."

Möglich, daß Klopstock diese Reminiscenz hatte. Glücklicherweise ging er nachher davon ab. Der Abwechselung halber, also aus ästhetischem Grunde, ist IV., 544 Sünder in Grausame, 463 in Verbrecher umgeändert. Und Aehnliches.

Lessing hebt besonders **den Charakter des Judas**[1] hervor, als welcher ausnehmend durch die Veränderungen gelitten habe. „Er war schon anfangs sehr schielend — nun weiß man vollends

---

[1] Franz Muncker berührt diese Stelle a. a. O., S. 127 f. Es freut mich, daß wir unabhängig von einander zu fast demselben Resultate gelangt sind. Lessings Vorwurf ließe sich schwerlich erweisen, sagt Muncker; nun findet er hier den eingehendsten Gegenbeweis.

nicht, was man daraus machen soll." Ueber diesen Charakter hatte sich schon Pastor Heß in seinen Zuf. Geb. geäußert. Heß, um, wie er sagt, doch nicht blos zu loben, sondern um auch etwas an diesem wunderbaren Werke zu tadeln, machte Klopstock einen Vorwurf daraus, daß er dem Vater des Judas, über den doch nichts Böses bekannt wäre, einen so schlechten Charakter angedichtet habe. Satan nämlich (Gesang III., Vers 576 ff.) läßt dem Judas, um ihn desto leichter zu verführen, seinen Vater im Traum erscheinen und ihn zum bösen Thun bereden. Da fanden sich denn in der Ausgabe von 1748 folgende Verse, welche es motiviren sollten, daß Satan die Person des Vaters überhaupt zu seinem Zwecke verwenden konnte. Ich setze wieder die ganze Stelle her:

V. 576) 1748,51: Indem erschien dem Jünger im Traume sein Vater, und sah ihn
   55,80: Gleich erschien
   1800:          Traum

Hier folgen in 1748 zwei schon seit 1751 ausgelassene Verse.

  1748: Mit der Mine, mit der er den Geist voll Seelenangst ausblies,
    Und noch mit sterbendem Ton von des Reichthums Seligkeit seufzte
V. 577) 1751,55: Trostlos und kummervoll an, und sprach mit bebender Stimme:
   80 f.: Starr und trostlos an, und
V. 578) alle Ausg.: Und du schläfst, Ischariot, hier unbekümmert und ruhig u. s. w.

Den Vater des Judas, der uns unbekannt sei, zu einem Geizhalse zu machen, fand nun Heß unrecht; daß Klopstock diesen Kunstgriff zu dem erwähnten Zwecke wählte — nicht so gar unglücklich — das merkte Heß freilich nicht; er glaubte, der Charakter des Vaters solle den des Sohnes motiviren. Er kam also auf dieselbe Idee, die der Pater Abraham a Sancta Clara so höchst anschaulich und drastisch in seinem köstlichen Buche vom Ischariothischen Bösewicht „Judas der Erzschelm" uns lebendig zu machen weiß. Doch vielleicht, tröstet sich der Herr Pastor, wird der ganze Charakter des unglücklichen Verräthers, wenn er einmal vollends wird ausgearbeitet seyn, so herauskommen, daß ein jeder oratorischer Kenner daraus wird schließen können, der armselige Vater des Judas habe nothwendiger Weise so, wie es der Dichter beschreibt, unglücklich werden müssen, um in dem Charakter des Sohnes diesen schweren Punkt wahrscheinlich zu machen, daß er aus einem Apostel ein Verräther geworden ist. Was Lessing aber „schielend" fand, darin sieht Heß gerade eine besondere Kunst und Feinheit des Dichters. Denn, meint er, der anscheinende Widerspruch in der einzelnen Person eines erwählten Apostels und verwerflichen Verräthers Jesu ist der größte Knoten gewesen, der den Herrn Dichter genöthigt, auf alle nur ersinnliche Mittel zu denken, ihn zu heben und den ganzen Charakter nach den Regeln der Dichtkunst wahrscheinlich herauszubringen. Daher auch alles Anstößige und anscheinend Widersprechende in dem Charakter des Judas. Daher so viel Unvermuthetes, das unserer (Heß') Meinung nach dem Judas nur zur Entschuldigung dienen, in der That aber die poetische Wahrscheinlichkeit befördern muß. — Aus einem Apostel, den Jesus erwählet, der dem Messias lange gedienet, konnte der Dichter nicht im Augenblick den ungeheuersten Teufel machen. Aber warte man nur; es wird schon herauskommen. Je weiter der Herr Dichter diesen knotenvollen Charakter hinausführt, je besser wird er ihn entwickeln können, je mehr wird die innere Bosheit sich bloß geben und zuletzt wird der verruchte Judas uns so abscheulich vorkommen, daß niemand mit ihm mehr Mitleid haben kann. „Ich kann nicht begreifen", fährt Heß fort, „wie Herr Meier über den so seltsamen und verworrenen Charakter des Judas hat so leicht hinwegkommen können [in dem Buche: Beurtheilung des Heldengeb. b. M. Halle, Hemmerde 1748], da er doch in dem Charakter des Abbadonaa [so hieß nämlich der reuige Teufel in b. Ausg. v. 1748] so viel Anstoß gefunden. Für mich ist jedoch der Charakter des Judas viel schwerer zu verstehen gewesen, als der des jammerhaften Teufels. Je mehr ich aber Klopstocks Judas mit mühsamem Nachdenken auszustudiren suche, je mehr Hochachtung erweckt er mir für den Göttlichen Dichter, je mehr bewundere ich seine tiefen Einsichten, seine allerzärtlichsten Empfindungen" u. s. w. „Kurz, ich bin versichert, daß, wenn einmal das ganze große Heldengedicht wird vollendet sein, dieses feine kunstreiche Gemählde des abtrünnigen Apostels und seiner unseligen Verwandlung unter allen Haupttheilen eines der allergrößten Meisterstücke sein und bleiben wird und von allen Kennern ewig eben so hoch, von denen aber, die wie ich empfinden, noch höher bewundert werden wird, als die ganze Rolle des Abbadonaa." — Damit war jedoch der Polemik über Judas noch nicht genug; dem Pastor Heß antwortete ein Unbekannter im XXVII. Stück der Freymüthigen Nachrichten 1749, den 2. Heumonat. Er glaubt die Persönlichkeit des Dichters vor dem Vorwurfe der Ungerechtigkeit bewahren zu müssen, der ihm daraus entstehen könnte, daß man den bösen Charakter des Vaters lediglich für eine Erfindung Klopstocks zum Zwecke der dichterischen Wahrscheinlichkeit halte. Daß es dies doch sei, ließe sich zwar schließlich nicht leugnen, aber dieselbe Nothwendigkeit, die Milton zur Erfindung des Traumes getrieben, den Satan der Eva einflößt, habe den Dichter Klopstock zu einem ähnlichen Schritte bewogen, und „Wer will tadlen, was Milton erfunden, und Klopstock nachgeahmet." Ich will doch zum Zeugniß, mit welcher Wärme man in der Schweiz für Klopstock fühlte und zugleich für die Naivetät der damaligen Kritik einige Proben im Auszuge hersetzen. „Der andere und grössere Fehler, der meinem Dichter vorgeworfen wird, von einem Freunde, dem es ein grösserer Ernst war, ihn zu loben als zu tadlen, ist der Charakter des unglücklichen Vaters des Apostels und Verräthers Judas .... Der Verfasser der Zuf. Ged. hat ein gutes Herz, nach dem beurtheilt er den Vater des unglückseligen Judas, und verdammet das erschreckliche Ende, die Verzweiflung und den greulichen Charakter, den ihm unser Dichter zuschreibt; er tadelt denselben, daß er ihn ohne Ursache noch nach seinem Tode beunruhige, und die Seele dieses ehrlichen Mannes in die Hölle herabdichte; den ruchlosesten Menschen nach seinem Tode selig zu preisen, das ist Liebe, aber ..... Hier klagt er unsern Dichter nicht undeutlich einer Leidenschaft an, der sein Herz nicht fähig ist. Er glaubt auf denselben den größten und schwersten Tadel gebracht zu haben; ich will versuchen, ihn noch von diesem loszusprechen; mein Gegner denkt nicht, daß Klopstock ein Dichter, und nicht die Bibel ist; daß es ihm erlaubt zu dichten, und daß so fern ich zeigen kann, daß dieser Charakter nicht nur nothwendig, sondern auch wahrscheinlich seye, er genugsam vertheidiget seyn wird. Diese Nachricht von Ischarioths Vater hat Klopstock in keinem Kirchenvater gefunden; Es war ihm eben so schwer, die plötzliche Veränderung, die in Judas vorgegangen..... wahrscheinlich zu machen, als es Milton war, da er den Fall unsrer ersten Mutter, die so vollkommen war, wahrscheinlich machen mußte." Nun kommt die Geschichte von Satan's Traum, die ich bei der Beurtheilung des Vorbergerschen Messias=Commentars mittheilte. Dann heißt es: „Also bleibet dieser Charakter nothwendig. Wie oft erben wir unsere Fehler von unsern Eltern; wie oft leben die Eltern in den Kindern, und wie oft sind diese lebende Bilder derselben? sind unsere Leidenschaften nicht zum öftern traurige Folgen und elende Früchte einer schlechten Auferziehung und eines bösen Exempels? Der Geitz war dem Judas angebohren, ein Laster, das er niemals verläugnen konnte, und eine Seuche, die unter den damaligen Juden herrschte; dieses alles macht diesen unglückseligen Charakter mehr als wahrscheinlich..... Ich table das mitleidende Herz des Authoren der Zuf. Ged. nicht, ich lobe vielmehr sein liebreiches und erhabenes Gemüth, und seine großmüthige Seele, aber er wird mir gestehen müssen, daß der Charakter des unglückseligen Vatters des Judas, der ausnehmenden Liebe, die Klopstock zur reinesten Tugend trägt, und die wir in dem ganzen Gedichte wahrnehmen, auf keine Weise widerspricht; und so theile ich mit ihm das Mitleiden, das dieser sterbende Sünder sowohl als der reuende Abbadonaa bey mir erwecket. Da ich in der Vertheidigung des M. dem Beyspiel meines Gegners gefolget, so will ich ihm jetzt noch in dem Tadel folgen, ich will mit ehestem etwelche geringe Fehler, die ich glaube in diesem so vollkommenen und liebenswürdigen Gedichte gefunden zu haben, tadlen, dieses geschiehet aus keiner eigennützigen Absicht, noch weniger aus Feindschaft gegen den Dichter, den ich so hoch schätze als bewundere, sondern viel eher aus Dummheit, weil ich die Schönheit dieser Stellen nicht einsehe" u. s. w. Das ist gewiß Bescheidenheit, so bescheiden, wie der Stil, den man einmal gegen einen Satz Klopstocks halten mag, um zu erkennen, welch ein Augiasstall auszuleeren war, und wie Klopstocks Sprache zuerst, nicht

Lessings, auch die Prosa veredelte, auch auf Lessing bildend wirkte. Freilich gingen bald beide ihre eigenen Pfade, aber Lessing selbst rühmte die Prosa Klopstocks als Muster, das ihn lehrte, wie man selbst in solchen Kleinigkeiten, als grammatische u. dgl. Bedenken wären, lebendig schreiben könnte. — Heß ging im XLIV. Stück der Fr. N., vom 29. Weinmonat 1749 noch einmal auf die Sache ein, mit der Erklärung, er sehe nicht, wie durch den erstern Beweiß seines Gegners der Nothwendigkeit, daß des Judas Vater so ein unglückseliges Ende nehmen müssen, kräftiger behauptet werde, als es in den Zuf. Geb. geschehen. Die Nachahmung des Traumes der Eva bei Milton könne der Gegner nicht im Ernste behaupten wollen. Der Geitz sei ferner dem Judas nicht angeboren gewesen — dies ist, da Heß sich doch zuerst auch auf die Erblichkeitstheorie ein Wenig eingelassen hatte, ihm jetzt erst eingefallen —; denn der Dichter spreche den Judas in seiner Jugend wie von allen Lastern, also besonders von dem Geitz ausdrücklich und völlig bloß, wenn er den Schutzgeist Ithuriel zum Selia sagen lasse [1748, ich gebe alle Lesarten]:

V. 396) 1748,51: Hätt ihm nicht Gott ein edles Gemüth, und ein tugendhaft Herze
       55 ff.:                  Gott nicht ein Herz, das auch dem Guten erweicht ward,
V. 397) 1748,51: Und in der unentheiligten Jugend viel Unschuld gegeben
       55 ff.:                  Jugend Unschuld gegeben.

[Man sieht die Abschwächung in der späteren Lesart.]

Ferner:

V. 426) alle Ausg.: Auch sind in einer erschrecklichen Stunde Begierden nach Reichthum
V. 427) 1748,51: Noch dazu in seiner sonst edleren Seele gewurzelt.
       55:    Tief in seiner Seele, (die war sonst edler,) gewurzelt.
       80 f.:                    , die      edler,
V. 428) 1748,51: Denn die kannt ich im Jünglinge nicht. Von ihnen verblendet,
       55:    sie
       80 f.:                              geblendet,

u. s. w. [Auch hier ist später die ursprüngliche Güte des Herzens in Judas verringert, und dadurch der Einfluß des Lasters, psychologisch völlig richtig, stärker motivirt worden.] Somit seien alle Laster dem Judas blos vom Satan ins Herz gegeben, nicht von seinen Eltern. „Der ganze Beweis kömmt doch endlich" — und nun nähert sich Heß der einzig richtigen Begründung, die ich oben ausgesprochen habe — „hauptsächlich auf die poetische Nothwendigkeit hinaus nicht sowohl dessen, was Herr Klopstock von dem Geiz, als aber vielmehr von dem unglückseeligen Ende des beharrlich geizigen Vaters Ischarioth gedichtet hat" — d. h. daß ihn nun Satan des größeren Eindrucks auf Judas wegen zu seinem Zwecke verwenden kann. — „Es könnte also blos noch über den Grad der poetischen Nothwendigkeit gestritten werden. Wir thun also wohl besser, wenn wir dem Dichter selbst überlassen, diese Nothwendigkeit nach Belieben entweder durch die Fortsetzung des Charakters Ischarioths oder auf andere Weise dem Leser begreiflich zu machen." Wie suchte nun Klopstock die That des Verräthers zu motiviren? Den Gedanken, Ischarioths Charakter aus den Einflüssen des Charakters seines Vaters zu erklären, gab er auf, wenn er je daran gedacht; **dadurch aber, daß er die beiden Verse nach Vers 576 einfach ausließ, hat er sich nicht, wie Lessing sagt, einer größeren Verwirrung des „ohnehin schielenden" Charakters schuldig gemacht; diese Auslassung ist eine entschiedene Verbesserung.** Denn wozu waren die Verse da? Sie sollten dem Leser begreiflich machen, weshalb Satan die Person des Vaters zu seinem Zwecke gebrauchen konnte: es war ein Bösewicht, über Bösewichte hat Satan zu verfügen. Wie plump! Hätte Judas selbst gewußt, daß sein Vater als Sünder gestorben war, so hätte er ja dem Traume nicht glauben können, er hätte ja gemerkt, daß er vom bösen Geiste eingeflößt sei. Nein, Judas muß eben denken können, sein Vater komme von Jehovah gesandt, er muß es wenigstens im Ungewissen lassen können, sonst hat der Traum keinen Sinn. Deshalb läßt Klopstock auch noch einen Vers fort und verdunkelt den Sinn eines anderen in der Rede der Erscheinung:

V. 647) 1748—80: Ja, aus dem Reiche der Schatten, da deinentwegen noch zärtlich
       1800              des unteren Libanons Hain, selbst da für dich wachend,
V. 648) 1748,51: Komm ich hierher! Ein Engel des Lichts, der war wohl dein Schutzgeist.

In 1748 und 1751 folgt gleich noch der Vers, der seit 1755 fortfiel:

    1748,51: Leitete mich zu dir, da zeigt' ich dir dieses im Traume.
1755 ff.: Komm ich hierher, und zeige dir deine Rettung im Traume.

In den Ausgaben 1748 und 1751 legitimirt sich der Geist des Vaters selbst also noch, übereinstimmend mit dem Sinne der nach Vers 576 in diesen selben Ausgaben noch befindlich gewesenen beiden Verse, als ein der Hölle, dem Reich der Schatten, nicht des Lichts Entstiegener, der als solcher natürlich auch die Engel des Lichts nicht kennt; dadurch, daß statt des Reiches der Schatten unbestimmt des unteren Libanons Hain genannt wird und die Parenthese mit dem Engel des Lichts fortfällt, heuchelt sich die Erscheinung beim Judas als Jehovahgesandter ein oder präsentirt sich doch wenigstens nicht als Machwerk Satans. Es ist denn doch auch eine größere List Satans, einen solchen Boten, der möglicher Weise für einen von Jehovah gehalten werden kann, erscheinen zu lassen, als einen mit allen Merkmalen der Hölle von vornherein Versehenen. Diesem feineren Einfall gemäß wird denn in dem Monologe des Judas nach seinem Erwachen noch Manches von Klopstock geändert. So von Vers 661 an.

V. 661) 1748-55: Nun wohlan! so will ich denn hingehn, und alles vollenden,
80 f.: hingehn, alles

V. 662) 1748,51: Was dies hohe Gesicht mir befahl! doch so handl ich ja untreu
55: mein Gesicht mir befahl! Allein so
80 f.: gebot! handl' ich ja

Die zweite Hälfte des Verses 663 und die Anfangsworte „Oder Satan" des Verses 664 sind erst seit 1755 in den Vers von 1748 und 1751 „An dem Messias? Entfleuch, zu furchtsamer, kleiner Gedanke!" eingefügt.

V. 663) 1748-1800: An dem Messias? [. . . . . . . . . . . . . . . . . . . . . .
1755 ff.: Und wenn mir zürnende Schwermuth den
V. 664) 1755 ff.: Oder Satan? [Traum gab,
1748-1800: . . . . . . . . . .] Entfleuch, zu furchtsamer kleiner Gedanke!

In 1748 und 1751 folgen hier noch drei, seit 1755 ausgelassene Verse.

1748,51: Meinem Vater befahl es ein Geist; unfehlbar befahl es
Gott dem Geiste; so thu ich was Gott will; so handl ich nicht untreu!
Was ich thue, geschieht selbst zur Verherrlichung Jesu!

Daß das Gesicht „ein hohes" gewesen sei, und daß „Gott" den Geist gesandt habe, konnte Judas in 1748 und 1751 gar nicht annehmen; der Umstand, daß der Dichter diese Stellen auch seit 1755, wo er den oben dargelegten besseren Einfall anwendet, fortgelassen, zeigt seine feinere psychologische Erkenntniß. Es läßt es einfach unbestimmt in Judas' Seele, ob Gott oder Satan ihm den Traum sandte; das Erste kann Judas ohne Weiteres nicht annehmen, da er den Messias ja als frommen Mann kennt, den Jehovah doch wohl kaum verderben lassen kann; das Zweite — und da gewährt ihm der Dichter Raum, hin und her zu schwanken, bis die übrigen Motive, längst deutlich und stark gekennzeichnet, Haß gegen Johannes, Begierden nach Macht und Reichthum, verstärkt durch die Bilder des Traums, den Ausschlag geben. Ich begreife in der That nicht, wie Lessing die Verbesserung in dem Plane dieses Charakters nicht wahrgenommen hat. Daß Klopstock nun den Kritiken, wie Lessing selbst und die sonstigen Gegner sie producirten, ein unerschütterliches Schweigen entgegensetzte, er, der mit Recht an Herder schrieb, daß er sie meist hätte bis zu ihrer Abgeschmacktheit widerlegen können, wird uns durch diese Art des Recensirens, die auch noch heutzutage nicht selten sein soll, erklärlich. Man lernt Klopstock anders nicht in seinem ganzen Werthe würdigen, als wenn man ihn in seiner Werkstatt beobachtet. Mit eben diesem Urtheil ist nun fast alles, was Judas denkt und sagt, verändert; es ist mir unmöglich, alle Punkte durchzugehen oder auch nur zu bezeichnen. Dem Liebhaber dieser Dinge wird meine Variantensammlung die größesten Dienste erweisen. — Auch in anderen Zeitschriften wurde des Judas Charakter besprochen, und besonders auf die moralische Wirkung einzelner Stellen hingedeutet und Klopstock mit Shakespeare verglichen. Heß Recension hatte übrigens Klopstock zur Streichung der Stelle von Judas Vater veranlaßt, wie Heß selbst aus Altstetten den 30. September 1749 an Klopstock schreibt (bei Stäublin): „Warum haben Sie die getadelte Stelle von Judas Vater so geschwinde ausgestrichen? Ich war eben im Begriff, da ich Ihren Brief bekam, dieselbe Stelle aus dem Grund der poetischen Nothwendigkeit noch weiter zu vertheidigen, nachdem mir jemand in den Freymüthigen Nachrichten dazu Anlaß gegeben. Aber nun thue ich es nicht mehr, wenn Sie mir's nicht selbst befehlen" u. s. w. —

Auch die Wörter, die (viertens) einen „heidnischen Verstand haben können", sind geändert. Lessing hat Recht in Anführung der Thatsache; daß er aber dem Dichter aus der Verbesserung einer entschiedenen Geschmacklosigkeit, so weit sie wenigstens die Hinausweisung der „heiligen Muse" aus einem christlichen Gedicht betrifft, einen Vorwurf zuspitzt, ist eine von den kritischen Sophistereien, von denen man ihn bisweilen nicht freisprechen kann, und die einem Pastor Lange gegenüber am Platz sein mochten, obwohl auch dieser unglückliche Mann seine guten Verdienste um die vorbereitende Literatur des vorigen Jahrhunderts hat.

Munckers Meinung, man dürfe Lessings Kritik des Messias nur aus rein logischem Standpunkte betrachten und dann habe er vielfach Recht, ist unhaltbar. Wer wird sich bei Besprechung eines Dichtwerks auf rein logischen Standpunkt stellen! Ebensogut könnte ich Kants Kritik der reinen Vernunft unter dem Gesichtspunkt einer Liebeshymne betrachten.

Die „heilige Muse" ist also zur „Sängerin Sions" z. B. I., 578, die Muse von Tabor zur Sionitin, z. B. I., 244 u. s. w. geworden. In der Ode „der Bach" heißt die Sionitin auch Siona Sulamith. Das Schicksal ist zur Vorsicht geworden (im Sinn von Vorsehung) I., 634. Dagegen Schicksal im Sinne von dem, was die Gottheit beschlossen hat, stehen geblieben IX., 448. Muncker a. a. O. S. 126, Note 4 bringt noch bei Gesang III., V. 595; Ges. II., 320—21 blieb Schicksal stehen, aber auch im oben bezeichneten Sinne. Später, gegen 1780, gebrauchte Klopstock das Wort Schicksal ohne Bedenken wieder im allgemeinen Sinne, siehe Gesang 16, Vers 225, 231, 235; s. Seite 63 dieses Buches. Olympus in Himmel IV., 281, 484. Andere ähnliche Aenderungen unter den sprachlichen Varianten.

Gervinus (Gesch. d. D. N.-L. IV., S. 132) ist auch noch der Ansicht, daß Klopstocks Sinn in religiöser Hinsicht sich lediglich verengerte: „Wenn er die späteren Ausgaben durchsah, so besserte er, wie ihm Lessing verwies, nicht mit ästhetischer Kritik, sondern mit dem Geiste der Orthodoxie." Die Verneinung des Ersteren, so kraß hingestellt, ist das beste Zeugniß für die Wichtigkeit einer Herausgabe des Messias und auch der Oden mit sämmtlichen Verbesserungen, Vers für Vers, nach meiner Weise. Erst dann werden diese ungerechtfertigten Urtheile aus der Geschichte unserer Literatur verschwinden. Ich behaupte ferner, was den „Geist der Orthodoxie" betrifft, daß, im Gegentheil, Klopstock mit den Jahrzehnten toleranter, resp. sentimentaler wurde. Die Geschichte des reuigen Teufels Abbadona, die ich weiter unten im Zusammenhange gebe, gewährt uns einen Einblick in das Schwanken Klopstocks zwischen strengem Dogma und der Sentimentalität der Zeit; denn es ist höchst wahrscheinlich, daß Klopstock Anfangs selbst nicht wußte, wo hinaus es mit Abbadona gehen würde. Er fragt bei Bodmer an, was die Freunde wohl wünschen; ein ordentlicher dogmatischer Streit erhob sich, endlich aber, im 19. Gesange, der theilweise schon in frühester Zeit entworfen und bearbeitet wurde, wird der „jammerhafte" Teufel doch selig. Im Anhang II. zur Entstehungsgeschichte gab ich übrigens die wichtige Notiz, daß Abbadona schon vor dem 14. November 1753 seine Seligkeit erhalten habe. Eine Probe, wie Klopstock allmählich den Abbadona der Begnadigung würdiger macht, will ich gleich hier geben; und das that er nach dem Fingerzeig des Pastors Heß; in dieser Beziehung und im Uebrigen verweise ich auf die Geschichte dieses Teufels. Erst seit 1780 erscheinen die Ausbrüche der Wuth und Verzweiflung, die sich dieser Teufel zu Schulden kommen läßt, am meisten gemäßigt; Abbadonas Haß gegen Satan wird zunächst verschärft, bei dem späteren Auftreten desselben aber allmählich unpersönlicher, milder, dem christlichen Principe der Liebe conformer.

Abbadona widersetzt sich dem Vorschlage Satans, Jesus zu tödten (Ges. II., V. 658 ff.).

V. 667) 1748-55: Reden will ich, damit des Ewigen schwere Gerichte
   80 f.:         schweres Gericht nicht
V. 668) 1748-55: Nicht so ungestüm über mich kommen, wie über dich, Satan!
   80 f.: Ueber mich auch komme, wie Satan, es über dich kam.
  [Dieser Vers enthält seit 1780 die Hoffnung der Begnadigung.]
V. 669) 1748-55: Ja, ich hasse dich, Satan, dich haß ich, Verruchter! Dieß Wesen
   80:    Satan!  ich, du Schrecklicher! Mich, mich!
   1800:         haß' ich, du schrecklicher!

V. 670) 1748: Diesen unsterblichen Geist, den du dem Schöpfer entrissen,
51 ff.:                                                    entrissest,
V. 671) 1748,51: Fordr er, dein Richter, auf ewig von dir! Ein unendliches Wehe
55:    Fordr'
80:                                                    dir! Unendliches
1800:    Richter, ewig von
V. 672) 1748,51: Schreye die ganze Versammlung der Geisterwelt, die du verführt hast,
55:                                       Geister, die
80 f.: Schrey' in der Abgrundskluft, in der Nacht, der Unsterblichen
       Herrschaar,

Die beiden folgenden Verse 673 und 674 stehen in 1748,51 und 55 noch nicht.

V. 673) 1780 f.: Satan! und laut mit dem Donnersturme, sie alle, die, Satan!
V. 674) 1780:    Du verführt hast! laut mit dem Meere des Todes, sie alle
1800:                verführet              des Todes Meere sie
V. 675) 1748-55: Ueber dich, Satan! Ich habe kein Theil an dir, ewiger Sünder,
80 f.:    dich! Ich habe kein Theil an dem ewigen Sünder!

Die letzte Aenderung ist pantomimischer Art: man denkt sich den Teufel einen Gestus zum Himmel machend, so seinen Abscheu deutlicher bekundend. Der Haß gegen Satan, die Reue über die That tritt hier seit 1780 schärfer hervor. Und als Abbadona sich Abdiel naht, seinem früheren Freunde, der ein Engel des Lichts blieb, heißt es

V. 755) 1748,51: Seufzer aus tiefer erbebender Brust; ein langsamer Schauer,
55:                                bebender              .              .
1780 f.:    aus allen Tiefen des Herzens, langsame Schauer
erschütterten Abbadona.

Klopstock sagte in seinem Alter (1795), er habe sich schon in seiner Jugend nie eine ewige Hölle denken können, sondern eine solche Behauptung stets für eine wahre Gotteslästerung gehalten, und daher sei die Idee von dem geretteten Abbadona so früh in seinem Gedichte vollendet worden. (Böttiger, Kl. im Sommer 1795.)

Im offenbaren Widerspruch zu dieser Aeußerung Klopstocks stehen aber die Verse 1161 und 1162 des bereits im Herbst 1748 der Vollendung nahe gebrachten 4. Gesanges, die in allen Ausgaben unverändert blieben. Christus feiert das Abendmahl:

B. 1158) Jtzt sprach er die fehrlichen Worte,
B. 1159) Die so viele Priester der Christen, so viel der Gemeinen
B. 1160) Kühn entweihn, und in lauten Gesängen das Urtheil des Todes
B. 1161) Ueber sich rufen. Er kennt sie nicht, der göttlicher lebte,
B. 1162) Und am Kreuze nicht starb, für ewige Sünder zu büßen!

So ist hier noch deutlich von der ewigen Hölle die Rede. Ueberhaupt ist Klopstocks Aeußerung nicht in dem Sinne zu nehmen, daß die Satane auch selig werden sollen. Im Gegentheil, beim Weltgerichte werden sie zu ewiger Qual verdammt (Ges. XIX., Schluß). Nur Abbadona wird durch besondere Güte Gottes selig. Am härtesten wird der trotzigste Teufel, Abramelech, bestraft. Die „ewige Hölle" im Messias kommt also nur für die Sünder unter den Menschen in Frage. — Auch im II. Gesange, Vers 578—593 wird zwar davon gesprochen, daß Christus alle Menschen erlösen wolle, aber das spricht Satan in seinem hohnvollen Bericht über die Thaten und Entschlüsse des Messias, den er vor der Hölle ablegt. Das ist kein objectiver Bericht; Satan ergeht sich in eigenen Phantasien, um den Messias desto lächerlicher erscheinen zu lassen und um sich selbst zu ermuthigen. Denn wenn der angebliche Messias so Unmögliches plant, muß er dann nicht ein Betrüger sein, der leicht zu überwinden ist? So will Satan die Hölle zur Tödtung Christi aufreizen. Ein Wörtlein ist da höchst merkwürdig; Satan sagt: Vom Tode

B. 584) 1748,51: Will er sie alle befrehn; euch auch verworfene Seelen,
1755: euch also auch, ihr Seelen u. s. w.

Dies Wort „also" giebt 1755 wohl deutlich kund, wie Klopstock die Stelle verstanden wissen wollte, nämlich als höhnische Conjectur Satans. Oder möchte man aus diesem verrätherischen Wörtlein schließen, daß Klopstock mit seiner Aeußerung gegen Böttiger in der That Recht hatte, daß er also vor 1748 nicht an eine ewige Hölle glaubte, dann orthodoxer wurde und darauf sich wieder der sentimentaleren Gesinnung seiner frühen Jugend zuwandte? Es steht dem in der That nichts im Wege.

Merkwürdig ist ferner die in ihrer Gräßlichkeit erhabene Schilderung der Bestrafung des Judas im VII. Gesange. Hier ist auch noch von einer möglichen Beendigung der Qual keine Spur zu entdecken. Wohl aber im IX. Gesange. Hier findet sich die nicht genug hervorzuhebende Andeutung, daß die Höllenstrafen nicht ewig seien. Obaddon, der Todesengel, stürzt den Judas in den Abgrund. Doch die Stelle ist so großartig und, obgleich sie erst 1755 veröffentlicht wurde, zeugt sie von dem stets neuen Eifer Klopstocks so einbringlich, daß ich sie ganz wiedergeben will. Die betreffende Andeutung befindet sich V. 763 und 764, aber erst seit 1800 (1799) resp. 1793, vgl. Klopstock an Herder, 13. November 1799 (Lappenberg S. 417). Obaddon ist also mit Judas vor der Hölle angelangt.

V. 735) 1755 ff.: Und schon näherten sie der Hölle sich, hörten von ferne
V. 736)   "    "   Ihr Getöse, das an der äußersten Schöpfung Gestade
V. 737)   "    "   Brüllend schlug, und unter den nächsten Sternen verhallte.
V. 738) 1755:     In dem Raume, den ihr Gott in dem Unendlichen abmaß,
       80 f.:                       Gott ihr
V. 739) 1755 ff.: Wälzt sie sich, keiner Ordnung gehorsam, auf und nieder,
V. 740) 1755,80: Keinem Gesetze der langsamen oder schnellen Bewegung.
       1800:           Gesetz                                 Bewegung,
V. 741) 1755,80: Flengt sie eilend einher; so hat ihr der Richter geboten,
       1800:                                  so hatte Gott ihr
V. 742) 1755 ff.: Ihrer Bewohner neue Verbrechen, durch wildere Flammen,
V. 743) 1755,80: Durch geschärftere Pfeile des ewigen Todes, zu strafen!
       1800:                                                 rügen!
V. 744) 1755,80: Itzo flog sie mit wüthendem Eilen herauf. Der Verworfne,
       1800:    Damals flog sie mit wüthender Eil' herauf. Der
V. 745) 1755 ff.: Und sein mächtiger Führer verlassen die Gränzen der Welten,
V. 746) 1755:    Schweben hinab zur Pforte der Hölle. Der Engel des Todes,
       80:                                           zu der
       1800:                        Hölle Thor. Der
V. 747) 1755,80: Der sie hütet, erkennt Obaddon, sieht den Verbrecher,
       1800:                                         es
V. 748) 1755:    Der sich neben ihm krümmt, und zu entfliehen, sich martert.
       80 f.:                                  und noch zu entfliehen, sich
V. 749) 1755 ff.: Aber, unter dem flammenden Schwerte gebückt, muß er eilen!
V. 750) 1755 ff.: Und der herrschende Seraph, des Abgrunds Hüter, eröffnet
V. 751) 1755 ff.: Mit weitschmetterndem Krachen die diamantene Pforte,
V. 752) 1755:    Lägen Gebirge darin, sie würden den graunvollen Eingang
       80 f.:                                       furchtbaren
V. 753) 1755 ff.: Nicht ausfüllen; sie würden nur rauher ihn machen! Obaddon
V. 754) 1755,80: Bleibt mit dem Todten hier stehn. Es führt kein Weg zu der Hölle
       1800:          hier stehn mit dem Todten. Es führet

V. 755) 1755,80: Schreckenden Tiefen, es wälzen sich, dicht bey der Pforte, die Felsen
       1800: nah
V. 756) 1755: Unabsehlich hinab, durch treufelndes Feuer gespalten.
       80 f.: gespaltet.
V. 757) 1755: Schwindelnd, sprachlos, und bleich, mit weitvorquillendem Auge,
       80: Sprachlos, schwindelnd,
       1800: bleich mit weitvorquellendem Auge,
V. 758) 1755 ff.: Blickt das Entsetzen hinunter. Der göttlichen Rache Vollender
V. 759) 1755,80: Stand (hier schläft der Tod nicht!) an diesem Grabe mit dir still,
       1800: Stand an | diesem | Grab', hier | schläft der | Tod nicht! mit | dir still
V. 760) 1755: Juda Ischariot, Gottverräther! ... Es sagte der Seraph
       80: Judas | Da sagte
       1800: Ischariot, du Verräther! Da
V. 761) 1755,80: Weggewendet, allein sein niedersinkendes Schwert wies
       1800: das niedersinkende
V. 762) 1755 ff.: In die Tiefe: Dieß ist der Gerichteten Wohnung, und deine!
V. 763) 1755,80: Daß die Erdegebohrnen, die Sünder, nicht alle den Tod hier
       1800: Daß sie nicht, die Erdegebornen, die Sünder, den Tod hier
V. 764) 1755 ff.: Leiden, den ewigen Tod, stirbt Jesus Christus am Kreuze!
V. 765) 1755,80: Also sagt er, und stürzt den Todten hinab in den Abgrund!
       1800: Verworfnen hinab in den
V. 766) 1755,80: Eilt, entschwingt sich der Hölle, durchfliegt die Welten. Itzt kömmt er
       1800: Eilet, der Hölle sich, fliegt durch die
V. 767) 1755: Zum Altar des Geopferten Gottes, zu Golgatha wieder,
       80 f.: Zu dem
V. 768) 1755 ff.: Steht, und wartet auf neue Befehle der zürnenden Allmacht.

Also bis 1800 (resp. 1793) wurden nicht alle Sünder, in den Jahren 1793—1799 alle aus der Hölle erlöst.

Auch die Gleichnisse bieten, da sie häufig religiösen Anschauungen entnommen sind, Stoff für die vorliegende Betrachtung. Ich will nur ein Beispiel anführen.

Im II. Ges. V. 408 ff. singen die Bewohner der Hölle. Ihr Gesang tönt zu ihren Harfen, wie in mitternächtlicher Stunde rauschen

V. 411) 1780: Grimmige Schlachten von tödtenden, und von sterbenden Sündern
       1800: Streitern

Furchtbar einher u. s. w. —

IV., 615 heißt es vom Eroberer:

V. 615) 1751—80: Und erinnert sich nicht, daß auch er ein Christ war geboren,
       1800: Und vergißt, daß auch ihn zur Liebe das Christenthum einlud.

Es kann gar nicht geleugnet werden, selbst nach den wenigen Beispielen, die ich gegeben habe, daß eine gewisse Milde, die Sentimentalität der modernen Kultur, den Ton angiebt in der späteren Zeit des Dichters. Er war sich dessen wohl bewußt, und äußerte sich im Briefe an Herder vom 13. November 1799: „Leser, denen meine Oden An Freund und Feind u. s. w., Psalm u. s. w., nicht unbekannt sind, werden auch diejenigen Veränderungen in der neuesten Ausgabe des Messias nicht übersehen, welche bloß in Beziehung auf die Religion gemacht sind." Im „Psalm" heißt es gar:

> Er, der Hocherhabne,
> Der allein ganz sich denken,
> Seiner ganz sich freuen kann,
> Machte den tiefen Entwurf
> Zur Seligkeit aller seiner Weltbewohner,
> „Zu uns komme dein Reich."

Hinsichtlich der „Veränderungen, welche bloß in Beziehung auf die Religion gemacht sind", sind auch folgende zwei Briefstellen beachtenswerth. Am 19. Mai 1801 schrieb Klopstock an den Pastor Christian Niemeyer in Debeleben, dem Verfasser des deutschen Plutarch: „... Sie wissen wie jetzt nicht wenige brave Männer über die Religion denken. Sie kennen vermuthlich einige davon. Sie scheinen mir der Mann zu sein, der mir genau sagen kan, und wird, was vor einen Eindruck der Messias auf diese macht. Sie urtheilen, ohne daß ich es Ihnen zu sagen brauche, wie wichtig mir das seyn müsse. Jene Abweichung von der Religion hat auch sehr sonderbare Urtheile vom Messias veranlaßt, wie ich noch öfter lese als höre; denn man erklärt sich gegen mich nur selten darüber..... Sie sind vermuthlich ein Verwandter meines Freundes Niemeyer, der die Aufsicht über das Pädagogium hat. Grüßen Sie ihn auf das freundschaftlichste von mir." — Pastor Niemeyer schickte den Brief an Klopstocks Freund, den Director der Franke'schen Stiftungen, und dieser antwortete u. A.: „..... Sie wünschen meine Meinung über die Stelle des Briefes, wo der ehrwürdige Veteran fragt: „was manche brave Männer, die freyer über die Religion denken, itzt zu dem Messias sagen, und welchen Eindruck er auf diese macht?"

Mich dünkt, ich habe Klopstock, eh er die neue Ausgabe in eignem Verlag veranstaltete, einmal selbst ausführlich hierüber geschrieben. Denn an mir selbst konnte ich die Verschiedenheit des Eindrucks bemerken, den der Messias auf mich gemacht hatte, als ich noch kindlich an der Religion meiner Väter hing, ohne darüber zu raisonniren, und hernach, als ich eine gelehrte Bildung bekam, meine Theologie studirte, und bekannt ward mit dem, was andre darüber gedacht hatten.

In jener früheren Periode würkte freylich alles so auf mich, wie eine Wunderwelt auf Kinder würkt. Mir war im Messias nichts Mythologie. Ich sah in der Glaubenslehre meiner Kirche, ja die Engel auf- und absteigen und so war ich mit diesen wunderbaren Wesen vertraut. Die strenge Versöhnungslehre war mir so gewiß, das ichs als Knabe schon mit dem gelehrtesten Socinianer aufgenommen hätte. Denn man dünkt sich kräftiger, je weniger man weiß. Damals also erfüllten mich die Stellen, wo die härtesten Ideen der Schule im Messias ausgedrückt sind, wo der Erlöser das berühmte:

der ich Gott bin wie Du

was er nie gesagt hat (wohl aber der Vater ist größer als ich und „der du allein wahrer Gott bist") aussprach, wo er am Kreuz fühlt „daß Gott noch nicht versöhnt sey „und nun von der Anstrengung mehr des Blutes fleußt" — diese Stellen erfüllten mich mit einem heiligen Schauer. Ich war von dem Bedürfniß eines fremden Verdienstes, um meine eigne arme nakte Tugend zu decken, so überzeugt, daß ich noch i. J. 1776 in einer Ode sagte

Es geh unter der Tag, leuchte mir nicht,
Wo je der Wahn mich täuscht
Rein mir selbst zu sein
In eigner Tugend Gewande u. s. w.

Dies alles, ich gestehe es Ihnen, und würde es unserm Klopstock eben so offen gestehen, hat sich geändert. Ich habe zu deutlich aus der Geschichte der Lehre (einem vormals fast ganz versäumten Studium!) gelernt, woher eine Menge dieser dogmatischen Ideen gekommen sind, und wie Jesus selbst die künstliche Satisfactionstheorie (ein Wort, das erst Anselm und Abälard unter den Scholastikern gebrauchte) nie gelehrt hat.

Seitdem haben viele Stellen des Messias keinen Eindruck mehr auf mich machen können; einige möchte ich, aus warmer Verehrung gegen Dichter und Gedicht, ganz austilgen können, weil sie mir zu stark contrastiren mit dem, was ich von dem Gott der Liebe glauben muß. Die eigentliche Bluttheologie scheint mir zu sehr aus dem Tempel Jerusalems, und selbst in diesem Tempel sang ein Dichter, der weiter war als sein Zeitalter:

"Opferblut gefällt dir nicht,
Was dir gefällt, ist ein demuthvolles Herz.[1]

Aber dies schwächt meine Ehrfurcht und meine Liebe zu dem unsterblichen Gedicht nicht. Ich danke ihm zu viel selige Stunden; es hat zu oft meinen Geist zu den reinsten Freuden erhoben. Noch itzt erfüllt es mich stellenweise mit ähnlichen Gefühlen. Von seinem Sprach und poetischem Werth sag ich hier gar nichts. Das alles kann nur schnöder Undank und Dünkel verkennen.

Darf ich von mir auf andre schließen, so möchte dies wohl die Geschichte vieler seyn, auf die als Männer von 50, der Messias einen andern Eindruck machen muß, als auf Jünglinge von 20 Jahren und bei der Lage der Theologie wie sie vor 30 Jahren war.

Wenn Sie Klopstock schreiben, so denken Sie auf den schönsten und wahrsten Ausdruck der Ihm von mir alles sagt, was Achtung, Liebe und Dankbarkeit heißt.

D. J.
(ohne Datum.) Niemeyer.
(Aus: Im neuen Reich 1875, Nr. 47.)

Da also diese Ansichten geschätzter Freunde Klopstock schon früher unterbreitet wurden, so ist seine Wandlung auf diesem

---

[1] In Vers 5 des VII. Gesanges ist die Veränderung der Lesart 1755,80: „Bluttag" in die von 1799 (1800) „Opfertag" gewiß bewirkt durch obige Meinung Niemeyers. Vgl. Veränderungen, Sprache und Sinn betreffend, S. 26.

Gebiete, so weit es der Stoff ihm überhaupt gestattete, um so eher begreiflich.

Man darf demnach aus vorliegender Betrachtung folgenden Schluß ziehen. Klopstock spiegelt die religiöse Wandlung seines Zeitalters im Messias wieder. Er war zuerst, seinen eignen Ausspruch zu berücksichtigen, vor 1748 jugendlich milder Gesinnung, sodann, in den Jahren etwa von 1750 bis spätestens zur näheren Bekanntschaft mit Lessing, auf das Dogmatische bedacht, zuletzt auf den Glauben als solchen, auf die Religiosität. Unter den Christen selbst wollte er keinen Unterschied der Confession dichterisch anerkennen, und zwar auch dies erst mit den Jahren. Klopstock läßt in seinem Alter leise von der positiven Religion und vom Dogma ab; Goethe erschließt sich in nie genug zu rühmender Weise wieder das Verständniß positiver christlicher Religion. Diejenigen Historiker unserer Literatur demnach, die ihren Urtheilen über Klopstock noch Lessings früh gefälltes Urtheil autoritätssüchtig und =gläubig zu Grunde legen, handeln unhistorisch und verwerflich.

## Geschichte des Abbadona.

Im zweiten Gesange erscheint Seraph Abdiel Abbadona (oder wie er zuerst hieß Abbadonaa, 1780 auch Abadona) zum ersten Male. Satan, von Christus so eben zur Flucht getrieben, kommt in die Hölle zurück, stattet den Teufeln einen Bericht über Jesus ab und fordert sie zur Tödtung desselben auf. Das Ende seiner Rede ist [mit sämmtlichen Veränderungen]:

V. 615) alle Ausg.: Er soll sterben! Bald will ich von ihm den Staub der Verwesung
V. 616) „   „   Auf dem Wege zur Hölle, vorm Antlitz des Ewigen, ausstreun.
V. 617) 1748,51: Seht den Entwurf von meiner Entschließung. So rächet sich Satan!
   55 ff.:        meinem Entschluß.
V. 618) 1748,51: So sprach Satan. Die Hölle blieb noch vor Verwunderung stille.
   1755 ff.: Satan sprach es.

Hinter „Satan sprach es" folgen seit 1755 die folgenden Verse bis 626, welche die Ausgaben von 1748 und 1751 noch nicht besitzen.

   1755 ff.:      Indem ging von dem Versöhner Entsetzen
V. 619) 1755: Gegen ihm aus. Noch war in den einsamen Gräbern der Gottmensch.
   80 f.:  ihn
V. 620) 1755: Mit dem Laute, womit der Lästrer endigte, rauschte
   80 f.:           Lästerer
V. 621) 1755: Vor den Fuß des Messias ein wehendes Blatt hin. Am Blatte
   80 f.:                   Blatt. An dem
V. 622) 1755 ff.: Hing ein sterbendes Würmchen. Der Gottmensch gab ihm das Leben.
V. 623) 1755,80: Aber mit eben dem Blick sandt' er dir, Satan, Entsetzen!
   1800:        Blicke
V. 624) 1755 ff.: Hinter dem Schritt des gesandten Gerichts versank die Hölle.
V. 625) 1755 ff.: Und vor ihm ward Satan zur Nacht! So schreckt' ihn der Gottmensch.

In 1755 folgt nun ein Vers, der zum Theil aus der zweiten Hälfte des Verses 618, wie diese in 1748 und 1751 lautete, gebildet ward.

   1755: Und ihn sahe der Abgrund, und blieb vor Verwunderung stille.

Die Ausgaben 1780 und 1800 lesen:

V. 626) 1780,1800: Und die Satane sahn ihn; wurden zu Felsengestalten.

Nun wird uns Abbadona vorgeführt, Vers 627 bis 830, in entschieden großartiger Weise.

B. 627) 1748-55: Unten am Thron saß einer einsiedlerisch, finster und traurig,
   80 f.:                   einsiedlerisch, finster und

B. 628) 1748:    Seraph Abdiel Abbadonaa. Er dachte der Zukunft
   51,55:                  Abbadona.
   80 f.:                              die           ,

B. 629) 1748-55: Und dem Vergangnen voll Seelenangst nach. Vor seinem Gesichte,
   80 f.:        den Vergang voll Seelenangst. Vor

B. 630) 1748,51: Aus dem ein trübes entsetzliches Dunkel mit Schwermuth hervorbrach,
   55:               dem trübes, entsetzliches
   80 f.: Das in traurendes Dunkel, in schreckliches Schwermuth hüllte,
   B. richtig                              schreckliches,

B. 631) 1748-55: Sah er nur Quaalen auf Quaalen gehäuft in die Ewigkeit eingehn.
   80 f.           Qualen gehäuft auf Qualen zur

B. 632) 1748-55: Itzo erblickt er die vorigen Zeiten; da war er voll Unschuld
   80:     Jetzo erblickt'
   1800:                  vorige Zeit;

B. 633) 1748,51: Jenes erhabenen Abdiels Freund, der am Tage des Aufruhrs,
   55:          erhabneren
   80:                                    der den Tag der Empörung
   1800:                      so den

B. 634) 1748,51: Nach dem Messias, im Himmel die größten Thaten vollführte;
   55 ff.: Eine strahlende That, vor Gottes Auge, vollführte.

B. 635) 1748-55: Denn er kehrte zu Gott allein und unüberwindlich
   80 f.:        verließ die Empörer allein, und unüberwindlich;

B. 636) 1748-55: Wieder zurück. Mit ihm, dem edelmüthigen Seraph,
   80 f.: Kam zu Gott. Mit

B. 637) 1748:    War schon Abbadonaa den Blicken der Feinde Gottes
   51-80:                Abbadona
   1800:                    dem Blick der Feinde Jehovah's

B. 638) 1748-51: Fast entgangen: Allein die Kriegeswagenburg Satans,
   55:                   allein die rollende Wagenburg
   80 f.:                doch Satans beflammter rollender Wagen,

B. 639) 1748-55: Die, im Triumph sie wieder zu holen, schnell um sie herum kam,
   80:     Der, in Triumphe zurück sie zu führen,             herkam,
   1800:               zu Triumphen

B. 640) 1748-55: Und der gewaltig einladende Lerm der Kriegesposaunen,
   80 f.: Und der Drommetenden Kriegszuruf, der sie ungestüm einlud,

B. 641) 1748,51: Und die Heldenschaar, jeder ein Gott, vor ihm ausgebreitet,
        55:                                   jeder von seiner Götterschaft taumelnd;
        80 f.:            Heerschaar,

B. 642) 1748-80: Uebermannten sein Herz, und rissen ihn stürmisch zurücke.
        1800:                                hin zu der Rückkehr.

B. 643) alle Ausg.: Hier noch wollt' ihn sein Freund mit Blicken drohender Liebe
B. 644) „    „    Fortzueilen bewegen; allein, von künftiger Gottheit
B. 645) 1748-55: Trunken und umnebelt sah er die sonst mächtigen Blicke
        80:                , erkannt' Abadona die vormals
        1800:               Abbadona

B. 646) 1748-55: Seines Freundes nicht mehr. Er kam im Triumphe zu Satan.
        80:                                                           in
        1800:                                         in dem Taumel

B. 647) 1748-55: Jammernd und in sich verhüllt, denkt er an diese Geschichte
        80 f.:              denkt er, und in sich verhüllt, an

B. 648) 1748,51: Seiner heiligen Jugend, und an den lieblichen Morgen
        55:         Seiner einst heiligen
        80 f.:      Seiner heiligen

B. 649) 1748,51: Seiner Geburtszeit zurück; der Ewige schuf sie auf Einmal.
        55 ff.:            Schöpfung        . Der

B. 650) 1748-55: Damals besprachen sie sich mit angebohrner Entzückung
        80 f.:                                       angeschaffner

B. 651) alle Ausg.: Unter einander: Ach Seraph; was sind wir? Woher, mein Geliebter?
B. 652) „    „    Sahst du zuerst mich? Wie lange bist du? Ach sind wir auch wirklich?
B. 653) „    „    Komm, umarme mich, göttlicher Freund, erzähle, was denkst du?
B. 654) 1748-55: Indem kam die Herrlichkeit Gottes aus lichtheller Ferne
        80:            Und da                    strahlender
        1800:                      aus strahlender Fern die Herrlichkeit Gottes

B. 655) 1748,51: Segnend einher. Sie sahen um sich nicht zu zählende Schaaren
        55 ff.:                                           unzählbare

B. 656) 1748,51: Neuer Unsterblichen wandeln. Ein wallend silbern Gewölke
        55:         Unsterblicher
        80:                                        ; und wallendes Silbergewölke
        1800:                                                  Silbergewölk hob

B. 657) 1748-80: Hub sie zum Ewigen auf: Sie sahn ihn, und nannten ihn Schöpfer!
        1800:       Sie zu dem              [51 sie, 55 auf. Sie]

B. 658) 1748: Diese Gedanken zermarterten Abbadonaa, sein Auge
        51,55:                              Abbadona,
        80 f.:                    marterten            . Sein

V. 659) 1748-55: Floß von der jammernden Thränen. So floß von Bethlehems Bergen
        80 f.:                                            Thräne.

V. 660) 1748,51: Rinnendes Blut, da die Säuglinge starben. Er hatte den Satan
        55 ff.:                                                      mit Schauer

V. 661) 1748,51: Schauernd gehört, doch ermuntert er sich, und erhub sich, zu reden.
        55:      Satan
        80 f.:                     ; doch duldet' ers nicht, und erhub sich zu reden.

V. 662) 1748-55: Dreymal seufzt er noch, eh er was sprach. Wie in blutigen Schlachten
        80 f.:                   seufzet' er, eh er sprach.

V. 663) 1748,51: Brüder, die sich erwürgt, und, da sie sterben, sich kennen,
        55 ff.:                 erwürgten,         starben,        kennten,

V. 664) 1748-80: Neben einander aus röchelnder Brust ohnmächtig erseufzen.
        1800:                                            seufzen.

V. 665) 1748: Drauf fieng er an zu reden: Ob mir gleich diese Versammlung
        51:                       und sprach:
        80 f.:          begann er,

V. 666) 1748: Ewig entgegen seyn wird, so will ich dennoch frey reden!
        51,55:                       ich wills nicht achten, und reden!
        80 f.:         wird seyn;

V. 667) 1748-55: Reden will ich, damit des Ewigen schwere Gerichte
        80 f.:                     schweres Gericht nicht

V. 668) 1748-55: Nicht so ungestüm über mich kommen, wie über dich, Satan!
        80 f.: Ueber mich auch komme, wie, Satan! es über dich kam.

V. 669) 1748-55: Ja, ich hasse dich, Satan, dich haß ich, Verruchter! Dieß Wesen
        80:                 Satan!       ich, du Schrecklicher! Mich, mich!
        1800:                                haß' ich, du schrecklicher!

V. 670) 1748: Diesen unsterblichen Geist, den du dem Schöpfer entrissen,
        51 ff.:                                          entrissest,

V. 671) 1748,51: Fordr er, dein Richter, auf ewig von dir! Ein unendliches Wehe
        55:      Fordr'
        80:                                               Unendliches Wehe
        1800:          Richter, ewig

V. 672) 1748,51: Schreye die ganze Versammlung der Geisterwelt, die du verführt hast,
        55:                       Geister, die
        80 f.: Schrey' in der Abgrundskluft, in der Nacht, der Unsterblichen
                                                                                         Heerschaar,

Die beiden folgenden Verse 673 und 674 stehen in 1748,51 und 55 noch nicht.

V. 673) 1780 f.: Satan! und laut mit dem Donnersturme, sie alle, die, Satan!
V. 674) 1780: Du verführt hast! laut mit dem Meere des Todes, sie alle
        1800:      verführet                   des Todes Meere sie alle

B. 675) 1748-55: Ueber dich, Satan! Ich habe kein Theil an dir, ewiger Sünder,
80 f.: dich! Ich habe kein Theil an dem ewigen Sünder!
B. 676) alle Ausg.: Gottesleugner! kein Theil an deiner finstern Entschließung,
B. 677) 1748-55: Gott den Messias zu tödten. Ach! wider wen redest du, Satan?
80 f.: Ha wider wen, du Empörer!
B. 678) 1748,51: Wider wen, der, wie du selbst zu bekennen gezwungen bist, furchtbar
55: ihn,
80 f.: Hast du geredt? Ist es wider den nicht, der, du bekennst es

Der folgende Vers steht in 1748,51 und 55 noch nicht.

B. 679) 1780 f.: Selber, wie sehr du dein Schrecken auch übertünchest, dir furchtbar,
B. 680) 1748,51: Mächtiger, als du, ist? Ist für die sterblichen Menschen
55: Schickt Gott den
80: Mächtiger ist, als du? Ach sendet den
1800: O
B. 681) 1748: Eine Befreyung vorhanden, du wirst sie nicht hintertreiben;
51: !
55: Eine Befreyung vom Elend und Tode; du wirst sie nicht hindern!
80: Gott Befreyung vom Elend und Tod; du hältst ihr nicht Obstand!
1800: Tode;
B. 682) 1748,51: Du willst den Leib des Messias, den willst du, Satan, erwürgen?
55: Und du willst den Leib des Messias, den willst du erwürgen?
80 f.: Und du willst des Messias Leib, den willst du erwürgen?
B. 683) 1748,51: Kennst du ihn nicht mehr? Hat sein allmächtiges Donnern
55: ihn, Satan, nicht mehr? Hat sein
80 f.: dich des Allmächtigen Donner
B. 684) 1748: Dich nicht genug an dieser verwegnen Stirne gezeichnet?
51,55: bezeichnet?
80: Nicht genung an dieser erhobnen Stirne gebrandmahlt?
1800: genug
B. 685) 1748-80: Oder kann sich Gott nicht vor uns Ohnmächtigen schützen?
1800: Gott sich
B. 686) 1748,51: Wir, die die Menschen zum Tode verführten; ach wehe mir, wehe!
55: so
80: die zum Tode die Menschen verführten; wehe
1800: verführeten;
B. 687) 1748,51: Ich that es auch! wir wollen uns nun an ihrem Erlöser
55: Auch ich that es! Wir gegen ihren
80 f.: Ich that's auch! wir wider
B. 688) 1748,51: Wütend vergreifen? Den Sohn, den Donnergott, wollen wir tödten?
55: erheben?
80 f.: Wüthend den Donnerer

B. 689) 1748-80: Ja, den Zugang zu einer vielleicht zukünftigen Rettung
     1800:     Ja den Pfad
B. 690) 1748,51: Oder, zum mindsten zur Lindrung der Quaal, den
     55:              aufs mindste              [wollen wir ewig
     80:       Oder doch zur Lindrung der
     1800:                         zu der           Qual,
B. 691) 1748-80: Uns, so vielen vordem vollkommnen Geistern, verschliessen?
     1800:                                           , verwüsten?
B. 692) 1748-51: Satan! so wahr wir alle die Quaal nur gewaltiger fühlen,
     55 ff.:                               Quaal gewaltiger
B. 693) 1748,51: Wenn du diese Behausung der Nacht und der dunkeln Verdammniß
     55 ff.:                     Wohnung
B. 694) alle Ausg.: Königlich nennst, so wahr kehrst du mit Schande belastet
B. 695) 1748-55: Statt des Triumphs, von Gott und seinem Messias zurücke!
     80 f.:                     zurück von Gott und seinem Messias!
B. 696) 1748-55: Satan hört ihn voll grimmiger Ungedult also reden; [51 Ungeduld]
     80 f.:  Grimmiger hört', und geduldlos, und droh'nd den Furchtbaren Satan;

Folgender Vers ist seit 1755 zu dem Verse 697 und dem
Anfange des Verses 698 erweitert:

     1748,51: Itzt wollt er auf ihn donnern, allein die schreckliche Rechte
B. 697) 1755: Wollt' itzt, von den Höhen des Throns, der thürmenden Felsen
     80:                  itzt von
     1800: Wollte jetzt von
B. 698) 1755: Einen gegen ihn schleudern; allein die schreckliche Rechte
     80 f.:
B. 699) 1748-55: Sank ihm zitternd im Zorne dahin, er stampft und erbebte.
     80 f.:                                        stampft', und
     1800:                                                      in
B. 700) 1748: Dreymal bebt er vor Wut, dreymal sah er Abbadonaa
     51:                                              Abbadona
     55:                                           sah dreymal
     80 f.:             bebt'     Wuth,
B. 701) 1748-80: Ungestüm an, und schwieg. Sein Auge ward dunkel vor Grimme,
     1800:                       .          Vor Grimm ward dunkel sein Auge,
B. 702) 1748: Ihn zu verachten, ohnmächtig; doch Abbadonaa blieb ernsthaft
     51,55:                                       Abbadona
     80 f.:                              . Mit muthigem Ernste, nicht zornig,
B. 703) 1748-55: Und unerschrocken vor ihm mit traurigem Angesicht stehen.
     80: Blieb Abadona vor ihm, und mit
     1800:    Abbadona                      traurendem

B. 704) alle Ausg.: Aber Gottes, der Menschen, und Satans Feind, Adramelech,
B. 705) „    „    Sprach: Aus finstern Wettern will Ich mit dir reden, Verzagter,
B. 706) 1748-55: Dir soll ein Ungewitter die Antwort entgegen donnern!
   80 f.: Ha! zudonnern sollen dir Ungewitter die Antwort!
B. 707) 1748-80: Darfst du die Götter so schmähn? Darf einer der niedrigsten Geister
   1800:       Götter schmähn?
B. 708) alle Ausg.: Wider Satan, und mich, aus seiner Tiefe sich rüsten?
B. 709) 1748-55: Wirst du gepeinigt, so wirst du von deinen niedern Gedanken,
   80 f.:       gequält;
B. 710) 1748,51: Sclave, gepeinigt! Entfleuch, Verzagter, aus diesen Bezirken
   55:       Kleinmütiger, aus den
   80 f.: Sklav, gequält!      th
B. 711) 1748-55: Unserer Herrschaft, wo Könige sind! entfleuch in die Tiefe!
   80 f.:           Leere!
B. 712) 1748-55: Laß dir von deinem Allmächtigen dort ein Quaalenreich bauen!
   80 f.:   da vom Allmächtigen Reiche des Jammers erschaffen!
B. 713) 1748,51: Allda bring die Unsterblichkeit zu! doch du stürbest wohl lieber!
   55:        Doch stürbst du wohl
   80 f.: Bringe da     Doch du stürbest wohl
B. 714) 1748-80: Stirb denn, vergeh, anbetend und sclavisch gen Himmel gebücket!
   1800:     anbetend, du Sklav, gen
B. 715) 1748,51: Der du mitten im Himmel dein Götterwesen erkanntest,
   55 ff.:       für einen Gott dich
B. 716) 1748,51: Und dem berufnen Allmächtigen kühn, mit heiligem Zürnen,
   55 ff.:    grossen  [80 f. kühn]  flammendem Grimme
B. 717) 1748-55: Widerstandest, zukünftiger Schöpfer unzählbarer Welten,
   80 f.:     künstiger
B. 718) 1748,51: Komm, Gott Satan, wir wollen den kleinen niedrigen Geistern
   55 ff.:  , komm, Satan, [80 f. !]
B. 719) 1748-80: Unsern furchtbaren Arm durch Unternehmungen zeigen,
   1800: Unseren
B. 720) alle Ausg.: Die, wie ein Wetter, auf Einmal sie blenden, und niederschlagen!
B. 721) 1748,51: Komm! Labyrinthe verborgener List, zum Verderben verwirrt,
   55 ff.:     verborgnerer List, verwirrt zum Verderben,
B. 722) alle Ausg.: Zeigen sich mir! Der Tod ist darin. Kein öffnender Ausgang,
B. 723) „  „  Und kein Führer soll ihn den Labyrinthen entreißen.
B. 724) 1748-55: Doch entflöh er auch unserer List, gäbst du im Olympus,
   80:        , gäbst, du auf dem Throne,
   1800: Aber

V. 725) 1748-55: Uns zu entrinnen, ihm Götterverstand: so sollen im Grimme
        80 f.:                                                          in

V. 726) 1748-55: Feurige Wetter ihn schnell vor unsern Augen verderben!
        80:                                                  vernichten!
        1800:                                       unseren

V. 727) 1748,51: Wie die Wetter, womit wir vordem den Geliebtesten Gottes,
        55,80:                                                Geliebteren
        1800:                                       einst den geliebteren

V. 728) 1748,51: Seinen glückseligen Job, vorm Antlitz des Himmels bestritten.
        55:             glücklichen
        80 f.:                      Job, vor dem

V. 729) alle Ausg.: Fleuch, fleuch, Erde, wir kommen mit Tod' und Hölle bewaffnet!

V. 730) 1748-55: Wehe dem, der auf unserer Welt sich wider uns auflehnt!
        80:                       unsrer
        1800:                     unserer

V. 731) alle Ausg.: Also sprach Adramelech. Nun fiel die ganze Versammlung
V. 732)   „    „    Satan auf Einmal mit Ungestüm bey. Gleich stürzenden Felsen
V. 733) 1748:   Stampft ihr gewaltiger Fuß, daß die Tiefe davon erbebte.
        51,55:                                           darunter erbebte.
        80 f.: Stampft'

V. 734) 1748-55: Jauchzend und stolz auf künftigen Sieg erregten sie um sich
        80 f.:              erhuben um sich sie, und stolz auf nahe Triumphe [1800,]

V. 735) 1748,51: Ein entsetzlich Getöse von Stimmen. Die giengen vom Aufgang
        55:                                                     tönten
        80:     Fürchterliches Stimmengetös'. Das rufte vom
        1800:                   Stimmengetös.

V. 736) 1748,51: Bis zum Niedergang hin; der Satane ganze Versammlung
        55:              Niedergang. Der
        80 f.:           zu dem Niedergange. Der

V. 737) 1748,51: Willigt darein, den Messias zu tödten. Dergleichen That sahe
        55:                                             So eine That sah
        80 f.: Williget ein,              tödten! Seitdem Gott schuf, sah

V. 738) 1748,51: Seit der Schöpfung die Ewigkeit nicht. Ihr unselger Erfinder,
        55:                                                 verworfner
        80 f.: Eine That, wie diese, die Ewigkeit nicht. Ihr Erfinder,

V. 739) 1748-55: Satan, und Adramelech, voll Rachsucht und grimmigen Tiefsinns,
        80 f.:                              Rache und grimmiges

V. 740) 1748-55: Stiegen vom Throne. Die Stufen ertönten, wie eherne Berge,
        80:              Thron. Aus den Stufen kracht's, wie, erschüttert, der Fels kracht,
        1800:                                        wie erschüttert der Fels kracht,

V. 741) 1748-55: Da sie giengen. Ein lauter zum Sieg empörender Zuruf
      80 f.:          wandelten. Brüllender Zuruf wälzt sich, empöret

V. 742) 1748,51: Leitete sie jauchzend bis zu den Pforten der Hölle.
      55:             brüllend
      80 f.: Mehr die Empörer, begleitet sie dumpf zu der Pforte des Abgrunds.

V. 743) 1748:     Abbadonaa, (der einzige war unbeweglich geblieben,)
      51:       Abbadona,
      55:            , (nur er war       geblieben,)
      80:            , nur          geblieben,
      1800:         , (nur          geblieben)

V. 744) 1748-55: Folgte von fern: entweder sie noch von der Bosheit zu wenden,
      80 f.:                                           That zu erretten;

V. 745) 1748,51: Oder den Ausgang der schrecklichen Thaten mit anzusehen.
      55:            das Ende
      80 f.:         ihr Ende, der ungeheuren, mit anzusehen.

V. 746) 1748: Jtzo nähert er sich mit säumendem Tritte den Engeln,
      51,55:                                   Schritte
      80 f.: Jetzo nähert'

V. 747) 1748: Die die Pforte bewachten. Wie war dir, Abbadonaa?
      51,55:                                              Abbadona?
      80 f.: Welche die                                            ,

V. 748) 1748: Da du hier deinen ehmaligen Freund, den Abdiel, wahrnahmst.
      51,55:            Abdiel hier, den unüberwindlichern, sahest!
      80 f.:                     unüberwindlichen,  ?

V. 749) alle Ausg.: Seufzend schlug er sein Angesicht nieder. Jtzt wollt' er zurückgehn,

V. 750) 1748,51: Jtzo wollt er sich nähern, dann wollt er verlassen und schüchtern
      55:                         nahn,
      80:        Jetzo wollt'           wollt' er einsam und traurend
      1800:   Wollte jetzo sich

V. 751) 1748,51: Ins Unermeßliche fliehen; allein noch blieb er mit Zittern
      55:                                 stand
      80 f.:                fliehn;

V. 752) 1748,51: Wehmuthsvoll stehn. Nun faßt er sich ganz auf einmal zusammen,
      55:         Wehmuthsvoll. Nun faßt' er
      80 f.:                                          Einmal

V. 753) 1748-55: Ging auf ihn zu. Ihm klopfte sein Herz mit mächtigen Schlägen;
      80 f.:                                        schlug

V. 754) alle Ausg.: Stille, den Engeln nur weinbare Thränen bedeckten sein Antlitz;

V. 755) 1748,51: Seufzer aus tiefer erbebender Brust; ein langsamer Schauer,
      55:                               bebender
      80 f.:                  allen Tiefen des Herzens, langsame Schauer,

V. 756) 1748:   Sterbenden selbst unempfindbar, erschütterten Abbadonaa,
       51 ff.:                                                  Abbadona,
V. 757) 1748,51: Indem er gieng. Doch Abdiels ruhig eröffnetes Auge
       55:     Als er ging.
       80:                                  ruhigeröffnetes
       1800:                                ihn frühsehendes
V. 758) 1748:   Sah unverwandt nach der Welt des Schöpfers, dem er getreu blieb;
       51-80:  Schaut [80 t']
       1800:                                          in die
V. 759) 1748-55: Ihn sah es nicht. Wie die Sonn in der Jugend, wie Frühlingstage,
       80 f.:  Aber auf ihn nicht. Der Sonn' in der Jugend, den Frühlingstagen
V. 760) 1748,51: Die in den Schoß der kaum erschaffnen Erde sich senkten,
       55:                   die Schöße
       80:     Gleich, die hinab zu der kaum
       1800:                                erschaffenen
V. 761) 1748:   Glänzte der Seraph, doch nicht für den traurigen Abbadonaa.
       51,55:                              .                    Abbadona.
       80 f.:                           nicht dem traurenden
V. 762) 1748,51: Dieser ging fort, und seufzte bey sich verlassen und einsam:
       55 ff.: Der
V. 763) 1748,51: Abdiel, mein Bruder, du willst dich mir ewig entziehen!
       55 ff.:                                              entreissen!
V. 764) alle Ausg.: Ewig willst du mich ferne von dir in der Einsamkeit lassen!
V. 765)  „   „    Weinet um mich, ihr Kinder des Lichts! Er liebt mich nicht wieder,
V. 766)  „   „    Ewig nicht wieder, ach weinet um mich! Verblühet, ihr Lauben,
V. 767) 1748-80: Wo wir von Gott und unserer Freundschaft uns zärtlich besprachen!
       1800:        mit Innigkeit sprachen von Gott und unserer Freundschaft!
V. 768) alle Ausg.: Himmlische Bäche, versiegt, wo wir in süßer Umarmung
V. 769)  „   „    Gottes des Ewigen Lob mit reiner Stimme besangen!
V. 770) 1748-55: Abdiel mein Bruder, der ist mir auf ewig gestorben!
       80 f.:      Bruder ist
V. 771) 1748,51: Du mein finsterer Aufenthalt, Hölle, du Mutter der Quaalen,
       55:                 finstrer
       80:     Hölle! mein finsterer Aufenthalt, du Mutter
       1800:                                   und du Mutter der Qualen,
V. 772) 1748:   Ewige Nacht, beklag' ihn mit mir! Ein traurig Geheule
       51 ff.:                                     nächtliches Jammern
V. 773) 1748:   Steige, wenn Gott mich schreckt, von deinen Bergen hernieder.
       51 ff.:                                                herunter.
V. 774) 1748-55: Abdiel, mein Bruder, der ist mir auf ewig gestorben!
       80 f.:      Bruder ist

V. 775) alle Ausg.: Also jammert er seitwärts gekehrt. Drauf stand er am Eingang
V. 776) 1748: In das göttliche Weltgebäu, zwischen zween Orionen.
   51-80: In die Welten. Ihn schreckte der Glanz und geflügelte Donner
   1800:            und die fliegenden Donner
V. 777) 1748: Hier stand er still. Er sahe die Welt und den göttlichen Himmel,
   51,55: Gegen ihn wandelnder Orionen. Er sahe die Welten [55 ,]
   80 f.:     Orione.
V. 778) alle Ausg.: Weil er sich stets, in sein Elend vertieft, in Einsamkeit einschloß,
V. 779) „  „  Seit Jahrhunderten nicht. Er stand betrachtend, und sagte:
V. 780) 1748-55: Seliger Eingang, o dürft ich durch dich in die Welten des Schöpfers
   80 f.:     Eingang, dürft' ich
V. 781) 1748-55: Wiederkehren! Und niemals das Reich der dunkeln Verdammniß
   80 f.: Wiederkehren! und nie das
V. 782) 1748-55: Wiederbetreten! Ihr Sonnen, unzählbare Kinder der Schöpfung,
   80 f.: Wieder betreten!
V. 783) alle Ausg.: War ich nicht schon, da der Ewige rief, da ihr glänzend hervorgingt;
V. 784) „  „  Heller als ihr, da ihr jetzt aus der Hand des Schöpfers herabkamt?
        [1748-80 fehlt.]
V. 785) 1748-55: Nun steh ich da in meiner Verfinstrung, verworfen, ein Abscheu
   80 f.: Und nun steh' ich da, verfinstert, verworfen,
V. 786) 1748-55: Dieser herrlichen Welt! Und ach, du seliger Himmel,
   80 f.:       Und du, o Himmel! Ha jetzo
V. 787) 1748: Itzo erbeb ich erst, da ich dich sehe! Dort bin ich gefallen,
   51,55:          ward ich ein Sünder!
   80 f.: Beb' ich erst, da ich dich erblicke! Dort
V. 788) 1748-55: Dort stand ich wider den Ewigen auf. Du, unsterbliche Ruhe
   80 f.: Stand dort wider     Du
V. 789) 1748-80: Meine Gespielinn im Thale des Friedens, wo bist du geblieben?
   1800: Gespielin im Thal
V. 790) 1748,51: Ach, an deiner Statt läßt mir mein Richter ein traurig Erstaunen
   55: Ach, es läßt mir, für dich, mein Richter trauriges Staunen
   80 f.: Ach, kaum läßt, für
V. 791) 1748,51: Kaum noch über sein Weltgebäu zu! O dürft ichs nur wagen,
   55: Ueber seine Welten kaum zu! O dürft ich es wagen,
   80 f.: mir zu! O dürft'
V. 792) 1748-55: Ohne zu zittern, ihn Schöpfer zu nennen, wie willig und gerne
   80:             gerne wollt' ich
   1800: Schöpfer ihn niedersinkend zu

V. 793) 1748-55: Wollt ich alsdann den zärtlichen Vaternamen entbehren,
       80: Dann entbehren den zärtlichen Vaternamen, mit dem ihn
      1800:                     liebenden

V. 794) 1748,51: Mit dem ihn seine Getreuen, die Seraphim, kindlich nennen!
      55:             seine Getreuen, die Engel, ihn kindlicher
      80. f: Seine Getreuen, die hohen Engel, kindlicher

V. 795) 1748: O du Richter der Welt! dir darf ich Aermster nicht flehen,
      51 ff.:                             Verlorner nicht flehen,

V. 796) 1748,51: Daß du mit einem Blicke mich nur im Abgrund hier ansähst.
      55:         du,      Einem          ,
      80 f.:     du                      nur hier im Abgrund ansehst.

V. 797) alle Ausg.: Finstrer Gedanke, Gedanke voll Qual! und du wilde Verzweiflung!
V. 798) 1748-55: Wüte, Tyranninn, ja wüte nur fort!... Wie bin ich so elend!...
      80 f.: Wüthe, Tyrannin, ha wüthe   fort! Wie        elend!

V. 799) 1748,51: Wär ich nur nicht!... Ich fluche dir, Tag, da der Schöpfung Gott sagte:
      55 ff.:                                  Schaffende sagte:
      80 f.:        nicht!

V. 800) alle Ausg.: Werde! da er von Osten mit seiner Herrlichkeit ausging!
V. 801) 1748-55: Ja dir fluch' ich, o Tag, da die neuen Unsterblichen sprachen:
      80 f.:                                  riefen:

V. 802) alle Ausg.: Unser Bruder ist auch! Du Mutter unendlicher Qualen,
V. 803) 1748,51: Warum gebahrest du, Ewigkeit, ihn? Und mußt er ja werden,
      55:         gebahrst
      80:         gebahrest                          mußt' er
      1800:       gebarest

V. 804) alle Ausg.: Warum ward er nicht finster und traurig, der ewigen Nacht gleich,
V. 805) 1748,51: In der mit Ungewitter gerüstet der Donnerer auszieht,
      55: Durch die mit
      80 f.: Welche mit Ungewitter und Tod vor dem Donnerer herzieht!

V. 806) 1748,51: Leer von Geschöpfen, vom Zorn und Fluche der Gottheit belastet?
      55:                                                           ?...
      . 80:                           belastet vom Zorn und Fluche der Gottheit?
      1800:                                   und dem Fluche der

V. 807) 1748,51: Aber, ach wider wen redest du hier im verlassenen Abgrund,
      55: Wider wen empörst du dich hier, vorm Auge der Schöpfung,
      80 f.: Wider                       hier vor dem

V. 808) 1748,51: Lästrer! Auf, Sonnen, fallt über mich her, bedeckt mich, ihr Sterne,
      55: Lästerer! Sonnen!          ! Bedeckt
      80 f.:                     , fallt auf mich her! bedeckt

V. 809) alle Ausg.: Vor dem grimmigen Zorn deß, der vom Throne der Rache
V. 810) „    „   Ewig als Feind und Richter mich schreckt! Du in deinen Gerichten

153

V. 811) 1748-80: Ganz Unerbittlicher! ist denn in deiner Ewigkeit künftig
     1800:     Unerbittlicher!
V. 812) 1748,51: Nichts mehr von Hoffnungen übrig? Ach wird denn, göttlicher Richter,
     55 ff.:   Nichts von
V. 813) alle Ausg. 1748-55: Schöpfer, Vater, Erbarmer!... Ach, nun verzweifl ich von neuem,
     80 f.:    !. Ach nun verzweifl'
V. 814) 1748,51: Denn ich habe Jehova gelästert! Ihn hab ich mit Namen,
     55:                                     nannt ich mit
     80:                                   | ich nannt' ihn mit Nahmen,
     1800:    Denn gelästert hab' ich Jehovah! ich nannt' ihn mit Namen,
V. 815) 1748,51: Die ich ohne Versöhner nicht nennen darf, angeredet.
     55,80:   Heiligen Namen, die ohne Versöner kein Sünder darf nennen!
     1800:                 die nennen kein Sünder darf ohne Versöhner!
V. 816) 1748,51: Ich entfliehe! Schon rauschet von ihm ein allmächtiger Donner
     55:                                  rauscht
     80 f.:   Ha, ich entfliehe! Schon rauschet
V. 817) 1748:  Durch das Unendliche furchtbar daher! Doch wohin? - - - Ich entfliehe!
     51                                                          ? ··
     55:                       einher!                           ?...
     80 f.:                                                      ? Ich
V. 818) 1748-55: Also sagt er, und sahe betäubt in die Tiefe des Abgrunds.
     80 f.:   Ruft' es, und eilet', und schaute betäubt in des Leeren Abgrund.
V. 819) 1748-80: Schaffe da Feuer, ein tödtendes Feuer, das Geister verzehre,
     1800:                         tödtende Glut, die
V. 820) 1748,51: Gott, Verderber der Wesen, die du ohn ihr Wollen erschufest!
     55:      Gott, Verderber! Zu furchtbarer Gott in deinen Gerichten!
     80 f.:   Gott           ! zu
V. 821) 1748,51: Rief er im Hinabsehn, doch da wurde kein tödtendes Feuer.
     55:      Doch er flehte vergebens. Es wurde
     80 f.:                                  ward
V. 822) 1748-55: Darum wandt er sich um, und floh in die Welten zurücke.
     80:      wandt'                              zurück in die Welten.
     1800:    wendet' er sich, und floh
V. 823) 1748-80: Itzo [80 Jetzo] stand er ermüdet auf einer erhabenen Sonne,
     1800:    Endlich stand er
V. 824) 1748,51: Schaute von da in die Tiefen hinab; da drängten Gestirne
     55 ff.:                                      . Dort
V. 825) alle Ausg.: Andre Gestirne, wie glühende Seen. Ein irrender Erdkreis
V. 826) 1748,55: Näherte sich, schon dampft er, schon war sein Weltgericht nahe.
     80 f.:                   dampft' er, und schon war ihm sein Gericht nah.

V. 827) 1748:   Auf den stürzte sich Abbadonaá, um mit ihm zu vergehen;
    51-80:                    Abbadona, mit ihm              :
    1800:            stürzete sich Abbadona,
V. 828) alle Ausg.: Doch er verging nicht, und senkte, betäubt vom ewigen Kummer,
V. 829) 1748-55: Wie ein gebeinvoller Berg, wo vormals Menschen sich würgten,
     80 f.:       Gebirge weiß von Gebein, wo Menschen
V. 830) 1748-55: Im Erdbeben versinkt, langsam zur Erde sich nieder.
     80 f.:                  zu der Erde sich langsam nieder.

Im dritten Gesang wird Abbadona erwähnt, als der Schutzgeist des Jüngers Lebbäus einem andern Engel Selia erzählt, wo er die Seele des Jüngers zuerst getroffen habe:

V. 302) alle Ausg.: Da ich aus jenem Gefilde sie rief, wo die Seelen der Menschen
V. 303) 1748-55: Vor des Leibes Geburt, sich selbst noch unbekannt, schweben,
     80:                                  selber nicht kennend,
     1800:     Schweben vor des Leibes Geburt, sich selber nicht kennend,
V. 304) 1748-55: Fand ich sie im Trüben nächst einer rinnenden Quelle,
     80 f.:                               an
V. 305) 1748: Die, wie von fern herweinende Stimmen, langrauschend ins Thal floß.
     51:                                             bangrauschend
     55:                  fernherweinende Stimmen, klagend ins
     80 f.: Welche, wie
V. 306) 1748-55: Hier hat einmal, wie die Engel erzählen, der traurige Seraph,
     80 f.:           einst,
V. 307) 1748:    Abbadonaa geweint, als er einst aus Eden zurückkam,
     51,55: Abbadona
     80 f.:           , geweint, als er aus Eden
V. 308) 1748,51: Und das erste Paar Menschen der heiligen Unschuld beraubt sah.
     55 ff.:              der heiligen Unschuld der Mütter erste beraubt sah.

Und die Freundschaft des Johannes mit Jesus sei gar so groß gewesen — heißt es III., V. 486—88

V. 486) 1748:    (Oder) wie Abdiels Liebe zu Abbadonaa gewesen,
     51-80:                              Abbadona
     1800:                         war zu Abbadona,
V. 487) 1748-80: Als er mit ihm in anerschaffener Unschuld noch lebte:
     1800:               noch lebte in anerschaffener Unschuld:
V. 488) 1748-55: Also ist Johannes und Jesu göttliche Freundschaft.
     80 f.:                       Jesus

Soviel wurde über den Abbadona 1748 dem Publicum vorgelegt. Aber schon vorher hatte Bodmer davon Kenntniß erhalten; denn er schreibt am 12. September 1747 bereits an Gleim: „Von einem jungen Menschen in Leipzig hat man mir etwas Ungemeines gezeigt; es ist das zweite Buch eines epischen Gedichts vom Messias. Aus diesem Stücke zu urtheilen, ruht Miltons Geist auf dem Dichter; es ist ein Charakter darin, der Satans Charakter zu übersteigen droht. Ein anderer erwirbt sich das Mitleiden mitten unter den verdammten Engeln." Fast ebenso lautet die Ankündigung in den Freymüthigen Nachrichten XXXIX. Stück, 25. Herbstmonat 1748: „Abdiel Abbadonaa, der sich mitten in der Verdammniß Mitleiden und gütige Wünsche zu erwerben weiß." Klopstock selbst schrieb am 27. September 1748 an Bodmer: „Denen werthen Herren, die so viel Mitleiden mit Abbadona haben, sagen Sie, daß ich selbst so wehmüthig über sein Schicksal bin, daß ich kaum so viel Gewalt über mein Herz habe, mich dem strengen Ernste der Religion, die über unser Herz ist, zu unterwerfen. Doch soll seine Geschichte, wie ich glaube, ihre Zärtlichkeit niemals zu gewaltig angreifen. Er ist zur Verherrlichung des Messias da. Bald wird er weinen, daß der Messias nicht auch sein Messias ist! Und beim Weltgerichte wird er so gewaltig um Gnade flehen, daß vor dem lauten Weinen des Menschengeschlechts und der Seraphim die Stimme der Donner nicht mehr wird gehört werden." Meier in der Beurtheilung 1748 sagt zu der Stelle im II. Ges. V. 627 ff.: „Der Teufel Abbadona fängt eine Rolle an zu spielen, die einen mitleidigen Leser aufs höchste rühren muß. Man kann diesem Teufel nicht ganz abgeneigt sein, man empfindet ein Mitleiden, welches man beim Magog und Moloch nicht fühlt. Abbadona ist ein Verfechter Gottes und des Messias. Er ist also gleichsam nur ein halber Teufel. Ich will mir also die Freiheit nehmen zu sagen, daß dieser Charakter entweder unwahrscheinlich ist, oder der Dichter muß das System der Wiederbringung annehmen. Als ein Dichter kann er es ohne Bedenklichkeit thun, da dieses System alle poetische Wahrscheinlichkeit hat. Er hat auch schon dazu den Grund gelegt, indem er diesen Teufel sagen läßt:

Den Sohn, den Donnergott, wollen wir tödten? u. s. w. (688—91). Läßt der Dichter diesen Teufel ewig verdammt bleiben, so gestehe ich frey, daß meiner Einsicht nach diese Sache ein grosser Fleck dieses Gedichts seyn wird. Ich werde balde noch einige Stellen anführen, wodurch man bewogen wird, diesem Teufel die Errettung zu wünschen. V. 743 ff. Abbabona folgt der ganzen Hölle von ferne, nicht etwa Theil an ihrer Raserey zu nehmen, sondern sie entweder von der Bosheit abzuwenden, oder nur den Ausgang mit anzusehn. Dieser Teufel ist in gewisser Absicht ein Bekehrer. Als er an die Pforte der Hölle kommt, erblickt er einen der Wächter, Abdiel, mit dem er vor seinem Falle besonders vertraut umgegangen. Er naht sich ihm mit klopfendem Herzen oder wie ein bußfertiger verlohrner Sohn sich seinem Vater nähert. Abdiel würdigt ihn keines Anblicks. Der arme Abbabona seufzet bei sich verlassen und einsam: V. 763—74. Wem muß hier nicht eine wehmüthige Thräne zitternd in die Augen steigen, und wenn er auch Raphael wäre? Ich finde in dieser Klage so viel Freundschaftliches und Tugendhaftes, daß ich unmöglich die Härte des Abdiels gegen seinen Bruder ohne Verdruß betrachten kann. — — Meine Leser mögen nach der ganzen Beschreibung urtheilen, ob vermöge dieser Poesie Abbabona werth ist, daß er ewig verdammt bleibe. Ich rede nach meinen Empfindungen und Herr Klopstock wird mir nicht übel nehmen, daß ich ihn ein paarmal getadelt habe. Wenn anstatt eines Teufels ein ruchloser Mensch, der noch Gnade zu hoffen hat, des Abbabona Rolle spielte, so wäre die ganze Stelle ein Meisterstück."

Man vergleiche zu dieser letzten Aeußerung Herders Urtheil, daß der Dichter alles, wozu er die Teufel brauche, aus der menschlichen Seele und mit mehrerer sinnlicher Rührung hätte hervorwickeln können. (Gespräch zwischen einem Rabbi und einem Christen.)

In den Freym. Nachr. 1749, XXII. Stück, 26. Merz, steht eine „Ankündigung von Fr. G. Meiers B. d. M." Darin findet sich bereits eine kurze Polemik gegen dessen Auffassung Abbabonas. „Er meint, des Abbabonas Charakter sey unwahrscheinlich), oder der Dichter müsse ihn nicht aus der Hölle erlösen. Abbadona scheint selbst sich doch nichts mehr als eine Linderung seiner Qual zu versprechen. Wiewol er die Allmacht und Gerechtigkeit des Höchsten, die Gottlosigkeit und Thorheit des Abfalls und die Eitelkeit der Anschläge wider den Messias erkennt, so ist dieses alles doch mit einer Verzweifelung begleitet, in welcher er dem Tage seiner Schöpfung fluchet, er hat alle Hofnung auf die Güte Gottes verlohren, er siehet GOtt für den Verderber der Wesen an, und wirft ihm vor, daß er sie ohne ihr Wollen erschaffen hätte. [Diese wichtigste Stelle ist 1755 von Klopstock gemildert.] Das ist gewiß sehr teuflisch, und Abbadona müßte noch viele und große Schritte in seiner Bekehrung nach den wenigen ersten thun, wenn er den Poeten vermögen wollte, ihm den Himmel zu eröffnen. Und wie dürfte er ohne einen Versöhner Anspruch darauf machen? Alles was dieser unselige Geist, der nur unter den Bewohnern der Hölle der bestgesinnte ist, und gefallen bleibet, wiewol er die Thorheit des Falles bereuet, und über den Jammer, den er sich dadurch zugezogen hat, wehklaget, fodern kan, oder ein Criticus für ihn fodern kan, ist Strafe und Pein in einem geringeren Grade, der mit dem Grade seiner nur in Absicht auf andere gefallene Engel geringern Schuld in dem rechten Verhältniß stehet. Abbadona ist zur Verherrlichung des Messias in dem Gedichte, und wir werden ihn in dem Verfolge des Werckes weinen sehen, daß der Messias nicht auch sein Messias ist. [Aus dieser fast wörtlichen Wiedergabe der oben genannten Stelle aus Klopstocks Briefe an Bodmer geht wohl hervor, daß dieser selbst Verfasser der vorliegenden Kritik ist.] — Was der Herr Professor Härte des Abdiels gegen seinen Bruder nennt, welche man ohne Verdruß nicht betrachten könne, ist nichts mehreres, als Entfernung der standhaften Engel von den Abtrünnigen, deren Nahmen in dem Buche des Lebens ausgetilget sind, also daß Abbadona kein Recht auf den süssen Brudernahmen behalten hat. Es ist gantz verständig vorgestellt, daß Abbiel den Abbadona nicht wahrgenommen habe, weil er unverwandt nach der Welt des Schöpfers gesehen, dem er getreu geblieben ist; und wenn er ihn wahrgenommen, daß er ihn in seiner verfinsterten Gestalt nicht so gleich erkannt habe. [Später nähert sich Abbiel dem Abbabona immer mehr und im 19. Gesange eilt er in seine Arme.] — Endlich schließt der Herr Professor, wenn anstatt des Teufels ein ruchloser Mensch, der noch Gnade zu hoffen hat, des Abbabona Rolle spielte, so wäre diese gantze Stelle ein Meisterstück. Aber wie viel starcke Gedancken, welche wunderbare Vorstellungen müste man ausstreichen, wenn man hier die Personen verändern würde? Es würde und müste eine gantz andere Rolle herauskommen, von der ich gerne zugebe, daß sie noch sehr rührend und seltsam seyn könnte, aber die doch nimmermehr so wehmüthig, so starck werden könnte, als die Scene der gegenwärtigen Personen ist. Ein gefallener, ein verdammter Mensch hat kein solches Andencken ehemals empfundener Glückseligkeit und besessener Herrlichkeit zu bejammern, wie ein gefallener Engel. Die Rolle des Abbabona ist so erstaunlich, daß ein billiger Kunstrichter sie nicht allein verzeihen, sondern loben würde, wenn sie auch gleich auf eine Unwahrscheinlichkeit und Ungereimtheit aufgeführet wäre. Aristoteles hat sich über dergleichen Erdichtungen erkläret: doch unsere Rolle des Abbabona ist von diesem Fehler frey." — Diese Bemerkungen sind weiter ausgedehnt, tiefer begründet und zum Theil widerlegt worden von dem Pfarrer Heß, in Bezug auf den Klopstock am 17. Mai 1749 Bodmer fragte: "Sagen Sie ihm, daß ich von ihm besonders zu wissen verlangte, ob er den Abbabona selig haben wollte?" (bei Schmidlin I., S. 28, mit „demjenigen Freunde" kann, wie leicht ersichtlich ist, nur Heß gemeint sein). Heß schrieb am 18. Juni 1749 von Altstetten aus an Bodmer (bei Stäudlin): „Wenn Sie gerne dem Herrn Klopstock meine eigentliche Herzensmeinung von dem Abbabonna noch sagen wollen; so bitten Sie ihn, daß er künftig dieses armen Teufels schone so viel als immer möglich; und wenn ihm desselben Seligmachung eben so wie mich der Religion nicht gemäs dünkt, daß er doch dem Leser den Zweifel und folglich auch die Hofnung übrig lasse, er könnte noch eben sowohl selig worden, als verdammt geblieben seyn. Denn sonst bliebe es allzeit schwer, den Dichter von dem Vorwurf völlig zu retten, daß er dem Abbadonna als einem verdammten Teufel zu viel gutes beigelegt habe."

Heß antwortete auf Meiers Ankündigung bekanntlich zuerst in den Zufälligen Gedanken, die vor dem Ende des September 1749 Klopstock bereits zu einem Briefe an Heß Veranlassung gegeben hatten, denn in einer Antwort vom 30. Sept. 1749 (bei Stäudlin) bemerkt Heß, er wolle Klopstock versprechen, ihn nicht mehr so nach Herzenslust zu loben und auch nicht den ganzen Plan des Messias im Voraus zu errathen. In den Zufälligen Gedanken nun erklärt er sich vorerst einverstanden mit Meier bis auf den Punkt, daß Meier den Abbadona gar mit dem verlornen Sohne im Evangelio vergleiche und behaupte, sein Charakter bleibe ohne das System der Wiederbringung unwahrscheinlich und werde in diesem Fall ein grosser Fleck dieses Gedichts seyn. Das dünkt Heß zu viel gesagt. „Allem Ansehn nach kömmt es dem Herr Meier wahrscheinlich vor, daß der Dichter das gedachte System noch würklich annehmen werde, daher ers auch desto freymüthiger von ihm fordert. Denn er sagt, der Grund sey schon dazu gelegt in einer Stelle, da der jammernde Abbadonaa sich und seinen Mitteufeln Hoffnung macht

Zu einer vielleicht zukünftigen Rettung,<br>
Oder, zum mindsten zur Lindrung der Quaal; [. B. 689 ff.]

Ich vermeine aber, aus dieser Stelle allein liesse sich noch gar nicht errathen, ob der Dichter für oder wider die Lehre der Wiederbringung sey. Und ich vermuthe bald eh das letztere, wenn ich damit noch eine andere Stelle vergleiche, in welcher zwar die Wiederbringung ganz deutlich heraus geprediget wird, aber nur von dem Spötter Satan. Den läßt der Dichter zu den Seelen der Verdammten neben anderm dieses von dem Messias sagen:

Euch auch verworfene Seelen,<br>
Ja, euch auch, die die ewige Nacht im Abgrunde quälet,<br>
Und in der Nacht ein strafendes Feuer, im Feuer Verzweiflung,<br>
In den Verzweiflungen ich! euch will er vom Tode befreyen.

[Vgl. zu dieser Stelle oben S. 134.]

Mich will schier bedünken, Herr Klopstock sey dem System der Wiederbringung gar nicht gut, daß er dergleichen Sachen nur den Teufeln in den Mund legt, denen er nichts weniger schuldig ist als ihre Worte wahr zu machen. Wenigstens gewiß dem Erzlügner Satan nicht; bey dessen spöttischen Pralereyen ohne das als eine recht teufelische Eigenschaft zu bemerken ist, daß er die von ihm bespotteten hohen göttlichen Wahrheiten mit den unverschämtesten Lügen so arglistig zu vermengen weiß. Doch was unser Dichter mit dem System der Wiederbringung künftig noch thun werde, das ist zwischen Herr Meier und mir der Hauptstreit nicht. Wir könnten auch dieses noch zur Zeit mit einander nicht ausmachen, es wäre denn, daß der Dichter selbst der Schiedrichter zwischen uns seyn wollte. Meinetwegen könnte er zwar dieses Amt ohne Gefahr gar wohl bekleiden. Er möchte sich erklären auf welche Seite er wollte, so müßte er, so viel an mir steht, nichts dabey verlieren. Wenn ichs behaupten mag, so muß der Charakter des Abbadona immerzu dasselbe Meisterstück bleiben, dieser Teufel mag noch zuletzt errettet werden oder verdammt bleiben. So meints aber der Herr Professor nicht. Nach seiner Meinung muß der Dichter nothwendig das Erstere erwählen, wenn er nicht einen Fehler begehen will. Darf ichs aber sagen, daß mich dünkt, diese Meinung gründe sich nur darauf, daß Herr Meier sich den Abbadona besser und unschuldiger vorstellt, als ihn der Dichter würklich gemachet und gemalet hat? Ich vermuthe nemlich dieser grosse Kunstrichter sey dießmal von dem zärtlichen Affect des Mitleidens, mit welchem er und ich und alle Kenner den Charakter dieses Teufels gelesen haben, allzuheftig eingenommen worden. Daher wird er nur immer allein auf die ernstliche Reue des Abbadona gesehen, und daraus sogleich auf einige Bußfertigkeit desselben geschlossen haben: Wie er denn würklich neben anderm von ihm sagt, er nahe sich dem Abdiel, wie ein bußfertiger verlohrner Sohn sich seinem Vater nähert. Wenn ich aber nicht irre, so gründet sich dieser Schluß auf den falschen Satz: daß eine jede schmerzliche Reue allemal auch ein Zeichen oder ein Stück der Busse sey. Dagegen aber ists nicht lange nöthig, weitläuftig zu beweisen, daß die ernstlichste Reue eben so wol falsch und unbußfertig seyn könne, als die verstellte. Nehme man nur das Exempel des Verräthers Judas. Dessen Reue war gewiß heftig und ernstlich genug, und wenn wir die Beschreibung, die der Herr Matthäus davon giebt, nur an sich selbst betrachten, so finden wir keine Spuren darinn, aus welchen sich ein namhafter Unterscheid zwischen dem weinenden Petrus und dem ängstlichen Judas zeigte. Die Reue dieses letztern erkennen wir nur darum als falsch, weil wir wissen, daß sie sich in Verzweiflung geendigt hat. Nun nehme ich die Freiheit, den H. Pr. M. zu fragen, ob der reuende Abbabona nicht eine ganz andere Aehnlichkeit mit dem verzweifelnden Judas habe, als mit dem bußfertigen verlohrnen Sohn? Mit diesem läßt sich der jammernde Teufel meines Bedünkens keineswegs vergleichen. Es findet sich zwischen beyden ein wesentlicher Unterscheid. Die Reue des verlohrnen Sohnes war begleitet mit Liebe, die ihn zum Vater trieb: die Reue aber des Abbabona mit banger knechtischer Furcht, die ihn vom himmlischen Vater wegjagt; So gar daß selbst die süssen Namen, Vater, Erbarmer, so bald er sie nur genennet, ihn von neuem in Verzweiflung stürzen: in welcher er auch von da an in allen seinen übrigen Reden und Handlungen bleibt, so weit ihn der Herr Dichter im zweyten Gesange noch begleitet. Wobey dieses noch das allerbedenklichste ist, daß die letzten Worte, die uns Herr Klopstock aus dem Munde dieses unglückseligen Teufels lesen läßt, eine offenbare Lästerung enthalten:

> Schaffe da Feuer, ein tödtendes Feuer, das Geister verzehre,
> Gott, Verderber der Wesen, die du ohn ihr Wollen erschufest!

[V. 819 f., bereits 1755 abgeändert und gemildert.] Man muß wohl diese Worte, und alles, was nach den Worten Schöpfer, Vater, Erbarmer ... der von ewigem Kummer betäubte Abbabona weiters redet und thut, völlig aus den Augen gesetzt haben, wenn man glauben will, was Herr Meier von diesem Teufel sagt: „Er hält eine Rede, die voller Reue ist, wie die Reue des Sohns, der zu seinem Vater sagte: ich habe gesündigt im Himmel und vor dir, und bin nicht werth, daß ich dein Sohn heisse, mache mich zu einem deiner Taglöhner." Ober dürfte man auch mit diesem Sohn einen in Gewissens-Angst liegenden Menschen vergleichen, dessen Reue, so gut es sich anfänglich damit anließe, sich zuletzt in Verzweifelung und Lästerung endigte, wie diese Reue des Abbabona? Man weiß, was die Gottesgelehrten in einem ähnlichen Falle von dem kläglichen Ende des armselig reuigen Franciscus Spira urtheilen; Und eben so müßte man, wenn ich nicht gänzlich irre, von dem ewigen Kümmerer Abbabona urtheilen, wenn er in dem ganzen Verfolge des Gedichts nicht mehr zum Vorschein käme und also dem Leser so viel als gestorben wäre. Er hätte fürwahr ein eben so unseliges Ende genommen als Spira und der Verräther Judas. Wenn dem christlichen Leser nicht noch die Hofnung übrig bliebe, künftig zu erfahren, daß der jammernde Teufel von dieser seiner neuen, letzten Verzweiflung, wie von der vorigen, sich wieder erholet habe, so kan ich nicht sehen, wie wir hier bey unserm bisherigen Mitleiden mit ihm uns noch erhalten, oder diesem Teufel im Ernst die Errettung, das ist, die himmlische Seeligkeit sollten wünschen können.... Mich [selbst] bedünkt übrigens, der grosse Geisterkenner Klopstock, der unter den höllischen Geistern eine sehr große Verschiedenheit in Absicht auf die Staffeln beydes der Schuld und der Strafe schriftmäßig voraus setzen konnte, habe da den verhaßten Charaktern der allerschlimmsten Teufel auch noch ein erträglichers Gemählde von dem besten, das ist, wenigstschuldigen aus ihnen entgegen setzen wollen. Ein solcher mußte nun nothwendig in Vergleichung der vorigen gleichsam nur ein halber Teufel scheinen, und mehr Mitleiden als Haß und Abscheu erwecken. Einem Teufel aber, wie die jetztbesagte Absicht dieses Charakters oder Gemähldes erforderte, siehet meines Bedünkens Abbabona durchaus so ähnlich als ein Ey dem andern. Und wenn mir recht ist, so ist dieses Gemählde jetzt schon so weit fertig, daß dem Mahler nichts mehr übrig bleibt, als nach seinem freyen Wohlgefallen Licht oder Schatten darauf zu werfen, so viel ihm beliebt. Ich will mich erklären. Die Zeit der erlösenden Leiden des Meßias wird meines Erachtens für den Abbabonaa ein wichtiger critischer Zeitpunct seyn. Er wird da Anlaß haben, das Innere seines Herzens entweder zu seiner Verbesserung oder Verschlimmerung mehr und mehr bloß zu geben. Je nachdem dieses geschiehet, wird das jetzt noch gehoffte Mitleiden des Lesers zu= oder abnehmen. Man siehet, daß das alles völlig in der Gewalt des Dichters steht. Folglich behält auch dieser noch die völlige Freyheit, diesen so stark einnehmenden Teufelscharakter nach Belieben vollends so zu schildern, wie er haben will, daß es dem Abbadona ergehen soll. Er kan ihn noch zur Errettung kommen, er kann ihn aber auch verdammt bleiben lassen. Oder er kan gar den Leser im Zweifel behalten, welches von beyden erfolget sey. In diesem letztern Fall wird sich dann der Leser nach Gut= befinden diesen bejammerten Teufel in der niederften Staffel entweder der Seeligkeit oder der Verdammniß vorstellen, und sich mit dem einen oder dem andern wohl befriedigen können. — — — [Auch gegen die Anmerkung, mit der H. Prof. M. sein ganzes Urtheil über den Abbadona beschließt, muß ich noch ein paar Worte sagen:] ‚Wenn anstatt eines Teufels, [sagt Meier], ein ruchloser Mensch, der noch Gnade zu hoffen hat, des Abbadona Rolle spielte, so wäre die ganze Stelle ein Meisterstück.‘ Ich will jetzt nicht untersuchen, ob je auch irgend ein Mensch diese Rolle so gut als dieser beste Teufel hätte spielen können? Dem sey also! so würde ich doch meinen, es hätte sich, theologisch zu reden, ein Angefochtener besser darzu geschickt, als ein ruchloser Mensch. Der Charakter des Abbadona, wenn ich ihn recht verstehe, paßt auf gar keinen, weder Teufel noch Menschen, der ruchlos ist, oder jemals gewesen ist. Es ist von Anfang bis zum Ende der Charakter eines Teufels, der glaubt, daß ein einiger GOtt ist, und zittert, eines furchtsamen und verzagten, eines klein= müthigen Jammerers, der bloß aus Mangel der Liebe und des Vertrauens zu GOtt sich selbst in Verzweiflung stürzt. Von allen diesen Eigenschaften gehört nach meinem Begriff keine einzige in die Beschreibung des Ruchlosen. Wäre es aber Sache [der Fall], daß der Herr Prof. entweder von dem Worte ruchlos einen andern Begriff hätte als ich u. s. w."

Man wird diesen Bemerkungen von Heß einen bedeutenden Einfluß auf Klopstock nicht absprechen können. Heß zeigt sich, bei aller übertriebenen Schwärmerei für das ganze Unternehmen Klopstocks, im Einzelnen und Sachlichen durchaus nüchtern und auch viel vertrauter mit den Absichten des Dichters als Lessing. Das geht aus fast allen übrigen zur eigentlichen Sache gehörigen Beobachtungen seiner Schrift hervor. Wie Klopstock seinen Winken in Betreff Abbadonas gefolgt ist, möge der Leser aus der ferneren Darstellung der Geschichte desselben entnehmen. Doch ist zuvor noch auf einen wichtigen Punkt aufmerksam zu machen. Die Kritik in den Freym. Nachr., 26. Mertz 1749, XXII. Stück, betonte es, daß Abbiel. mit Recht auf Abbadona keine Rücksicht mehr genommen habe, da jener einer der Abtrünnigen sei, deren Namen, wie der Dichter sage, in dem Buche des Lebens ausgetilgt sind. Ges: I., 428 ff. Auch Heß versucht nicht, diesen Einwurf zu Gunsten Abbadonas zu entkräften. Aber ein unbekannter Recensent trat nun in den Freym. N. 1749, XXXVIII. Stück, 17. Herbstmonat, nicht unglücklich gegen diese Stelle auf. „Der Dichter widerspricht seiner Gemüthsart, die er uns in seinem ganzen Gedichte so liebreich und zärtlich abmahlt, und dem Begriffe, den er uns an gleichem Orte sucht von Gott zu geben, da er in der Rede des himmlischen Vaters, die der erbarmende GOtt und Schöpfer so anfängt: [Ich gebe sogleich alle Veränderungen dieser berühmten und denkwürdigen Stelle], in welcher er sich uns als die Liebe selbst, als einen Vater und ewig treuen Erbarmer abmahlt, [doch,] wenn er von den Verfolgern unsres Erlösers redet, sagt: Die hab ich schon lang aus den heiligen Büchern vertilget. [I. Ges., V. 397 ff.]

V. 397) 1748-80: Gott ist die Liebe.  Der war ich vorm Daseyn meiner Geschöpfe;
1800:                                   Ich war's vor dem                        .

V. 398) 1748-80: Da ich die Welten erschuf, war ich auch Der; itzt bey der Vollendung
1800:                                                    der.  Bey der Vollendung

V. 399) alle Ausg.: Meiner geheimsten erhabensten That, bin ich eben derselbe.

  1748 und 51 ging nun die directe Rede Gottes gleich folgendermaßen weiter:

V. 408) Schaut den Ewigen an, ihr vorerwählten Gerechten,
Heilige Kinder. Erkennet mein Herz, ihr wart mir das Liebste
Meiner Gedanken, als ich dem künftigen Heile nachdachte.
Euch hat herzlich verlangt, ich bin euer göttlicher Zeuge,
Endlich die Tage des Heils, und meinen Messias zu sehen.
Seyd mir gesegnet, ihr Kinder der Gottheit, vom Geiste gebohren!
Weinet nicht, Kinder, hier bin ich, ein Vater, das Wesen der Wesen,
Siehe, der Erst und Letzte, ein ewig treuer Erbarmer.
Der ich von Ewigkeit bin, den keine Geschöpfe begreifen,
Ich, die Gottheit, lasse zu euch, mich väterlich nieder.
Dieser Bote des Friedens, von meinem Sohne gesendet,
Ist nur um euretwillen zum hohen Altare gekommen.
Wäret ihr nicht zu Zeugen der grossen Erlösung erkohren,
O so hätten wir uns in entfernter Stille besprochen,
Einsam, geheim, unerforschlich. Doch ihr, mein theures Geschlechte,
Sollt die Tage mit Wonn und unsterblichem Jauchzen vollenden!
Ich, und mein Himmel, wir wollen den ganzen verborgenen Umfang
Meiner Erlösung durchschaun, mit viel verklärteren Blicken
Wollen wir diese Geheimnisse sehn, als eures Erlösers
Fromme, weichmüthige Freunde, die noch in Dunkelheit irren,
Oder als seine verruchten Verfolger. Die hab ich schon lange
Aus den heiligen Büchern vertilgt; und meinen Erlösten
Send ich mein Licht, sie sollen nun bald das Blut der Versöhnung
Nicht mehr mit weinendem Auge betrachten.

u. s. w bis V. 467.

[Ich lasse den Recensenten fortfahren:] Da doch unser sterbender Heiland noch am Creutze vor seine Freunde zu seinem Vater gebetet, Vater, verzeihe ihnen, denn sie wissen nicht was sie thun. Soll ich an der Kraft dieses Gebetes zweifeln? oder meinem Dichter hier einer kleinen Unachtsamkeit anklagen? Ich will lieber diesen Vers zu viel finden, insonderheit, weil das Gebet meines Erlösers die erhabnen Gedanken, die Klopstock von dieser Eigenschaft Gottes hat, und die er im Anfang dieser Rede auf eine prächtige und rührende Weise ausgeführet, bekräftiget." Hierauf erwiederte im XLIV. Stück vom 29. Weinmonat 1749 H. P. A. (Pfarrer Heß): „Es dünket meinem Gegner, es streite mit der unendlichen Liebe Gottes, dasjenige, was er in seiner Rede von den Feinden des Erlösers sagt: ‚Die hab ich schon lang aus den heiligen Büchern vertilget‘. Dieser an sich traurige Satz kann die unaussprechliche Liebe des himmlischen Vaters gegen seine vorerwählten Gerechten hier nur erhöhen, und wie ein dunkler in ein desto helleres Licht setzen." Diese Entgegnung ist natürlich sehr schwach. Das Resultat hatten diese Debatten aber, daß Klopstock 1755

eine bedeutende Veränderung mit der oben citirten Stelle, der
Rede Gottes, im 1. Ges., vornahm und zwar augenscheinlich
im Interesse der Motivirung der späteren Begnadigung
Abbadonas. Ich habe bereits V. 397—99 mit den Lesarten
gegeben. In der Ausgabe 1755 kamen nun acht neue Verse
hinzu:

V. 400) 1755:    Aber ihr sollt, durch den Tod des Sohns, den Richter der Welten,
        80:                                   Sohnes,
      1800:                                  Sohns,

V. 401) 1755 ff.: Ganz mich kennen, und neue Gebete dem Furchtbaren beten.
V. 402) 1755 ff.: Hielt' euch dann des Richtenden Arm nicht, ihr würdet im Anschaun
V. 403) 1755 ff.: Dieses großen Todes vergehn. Denn ihr seyd endlich.

Soweit die Rede Gottes. Hier scheint mir in den Worten
„ihr sollt ganz mich kennen [2c. lernen]" die Andeutung un=
geahnter Beschlüsse zu liegen.

V. 404) 1755 ff.: Und der Auszusöhnende schwieg. Die tiefe Bewundrung
V. 405) 1755 ff.: Faltete heilige Hände vor ihm. Jetzt winkt' er Eloa,
V. 406) 1755,80: Und der Seraph verstand die Reden im Antlitz Johovah,
       1800:                                 die Red' in dem
V. 407) 1755 ff.: Wandte sich gegen die himmlischen Hörer, und sagte zu ihnen: —

Und nun folgt aus dem Munde Eloa's, was 1748,51
noch Gott selber gesprochen hatte. Möglich, daß Klopstock
Gott nur die Worte der Liebe direct in den Mund legen, da=
gegen die weitere Ausführung und vor allem die Worte des
Zorns schicklicher durch Eloa sprechen lassen wollte. Ganz ist
freilich damit noch nicht dem obigen Einwurfe des ungenannten
Recensenten abgeholfen. Durch die Verlegung der Rede Gottes
in den Mund Eloas sind natürlich viele Aenderungen nöthig
geworden, die hier jedoch nicht wiedergegeben werden können.
Am Sinne ist nichts Wesentliches verändert.

Heß erwog alle Möglichkeiten des Schicksals und Charakters
des Abbadona. Klopstock ist ihm bis auf die Seligsprechung
Abbadonas gefolgt, und auch diese verdanken wir wohl der
fast satyrischen Bemerkung von Heß über die etwanige Orthodoxie
des Dichters. Man höre. Am 18. December 1749 schreibt
Heß an Bodmer, der nicht ermangelt haben wird, Klopstock
von Allem wärmste Nachricht zu geben: „Die Vernichtigung
des Abbadonna wünschte ich in der Messiade allein um des

hohen Wunderbaren willen, welches in der Beschreibung eines solchen göttlichen Werkes in einem so hohen Grad, als kaum in einem andern Stück des ganzen Gedichts, hervorstechen würde. Ich kann mir denken, dieses müßte nothwendig alle poetische Leser, die weichen und die harten, mit einer solchen Entzückung einnehmen, daß sie nur dem Poeten mit Erstaunen zuhören und ihrer eigenen Gemüthsart darüber vergessen würden; besonders da ihnen von dem Abbadonna nach seinem Tode gar nichts mehr zu denken übrig bliebe, und also auch für ihn keine weitere Folgen, weder gute noch böse, daraus könnten gezogen werden. **Was die poetische Wahrscheinlichkeit angeht, so käme es da lediglich auf die Fortsetzung der Reden und Handlungen des Abbadonna an.** Diese müßten so beschaffen seyn, daß sie ihn beides der Seligkeit und der Verdammnis je länger je unwürdiger machten und daß ihm der unpartheiische Leser selbst nichts anders, als die Vernichtigung wünschen und prophezeien könnte. — Aber auch die partheiischen Leser könnten unterzwischen zu dieser Erwartung füglich zubereitet werden durch eine etwan ein paarmal am rechten Ort angebrachte prophetische Ankündigung eines ganz besondern göttlichen Rathschlusses über diesen sogar besondern Teufel, als auf welchen Rathschluß seine Vernichtigung sich nothwendig gründen müßte. — **Aber was die Orthodoxen zu dem allen sagen würden?** Das ist eine andere Frage. In der That könnte ich unserm Klopstock blos um ihrentwillen im Ernst nicht rathen, daß er diese Parthei ergriffe: es wäre denn, daß er sich hierüber zuerst von Herrn Dr. Baumgarten ein theologisches Bedenken und von der theologischen Fakultät in Leipzig ein Gutachten ausbitten wollte, welches aber noch viel seltsamer wäre, als die gedachte poetische Dichtung selbst. Ohne das aber müßten nothwendig die Herren Orthodoxen überlaut „Heresie" schreien [was sie auch in der Schweiz und ganz Deutschland thaten], wenn sie schon nichts anders zu sagen wüßten, als daß es eine neue Lehre sei. Ich meinerseits weiß wirklich noch dato nichts, was sie anders mit Grund dawider einwenden könnten, indem mir gar kein Schriftspruch noch Glaubensartikel bekannt ist, mit welchem ich diese neue Lehre in einen offenbaren Widerspruch zu setzen müßte. Ich verwundere mich vielmehr, daß in dem langen harten Streit der Orthodoxen mit den Wiederbringungslehrern noch niemand, so viel mir bekannt, sich's in den Sinn hat kommen lassen, als das Mittel zwischen der ewigen Seeligkeit und der ewigen Pein der Verdammten die Vernichtigung derselben zu statuiren. Ich sehe wohl, daß keine von den kriegenden Partheien damit völlig zufrieden seyn könnte. Aber die billigere von beiden Seiten würden doch gern gestehen, daß diese Meinung ungleich besser und christlicher sei als die ihres Gegentheils. Wenn ich Lust hätte, mir in der Welt einen sectirischen Namen zu machen, so wollte ich izo von Stund an diese Zwischenmeinung auf die Bahn bringen und öffentlich behaupten. Mein Hauptschriftort müßte seyn Matth. 10, 28. [Und fürchtet euch nicht vor denen, die den Leib tödten, und die Seele nicht mögen tödten. Fürchtet euch aber vielmehr vor dem, der Leib und Seele verderben mag in die Hölle.] und ich wollte noch ein halbes Duzend andere finden, die mit diesem übereinstimmen müßten. Zweifeln Sie wohl, mein Freund, daß meine Nachfolger, die Hessianer oder Seelenmezger oder wie man sie hernach immer nennen würde, inner 40 Jahren diese Favoritenmeinung auf allen Blättern der heiligen Schrift lesen würden, so gut als jetzt die Herren Wiederbringungslehrer die ihrige?

Aber wieder auf Klopstok zu kommen, der ist über den Punkt der Orthodoxie gar zu delikat, als daß er so etwas sektirisches wagen dörfte. Und vielleicht ist es Schade, daß er gar so delikat ist. Vielleicht muß um deßwillen manche unschäzbare Schönheit aus seinem Gedichte wegbleiben, die auch der kleinste Sektirer ganz gewiß darein würde gebracht haben. Ich würde bald sagen, kein Dichter sollte sich unterstehen, ein theologisches Gedicht zu schreiben, er hätte sich denn vorher zu einer besondern christlichen Sekte geschlagen, oder lieber selbst eine solche gestiftet; denn einem solchen ist aller Orten zehenmal soviel zu dichten erlaubt, als einem, der mit Gewalt für orthodox passiren will. Leibniz muß schon dieser Meinung gewesen seyn, da er nicht nur den berüchtigten Petersen für den allertüchtigsten Mann gehalten, eine „Uranias" zu schreiben, sondern demselben auch dieses Werk so angelegentlich rekommandiret, und ihm mit Namen wirklich angerathen, in dem 12. Buch von der „Wiederbringung" zu singen, ob er gleich als hernach das Werk zu Stande gekommen, sich dieser Lehre im geringsten nicht weiter annehmen wollte." —

Nicht nur in der Schweiz war das Interesse an den Schicksalen des wunderlichen Geschöpfs groß, es erstreckte sich allmählich auf das gebildete Deutschland überhaupt. So berichtet Cramer im 2. Theil seines Klopstock S. 357: „Einmal ist ein ehrlicher Prediger zu ihm gekommen [Klopstock war damals Hauslehrer in Langensalza], der ihn sehr geliebt und bewundert hat, und hat ihn mit vieler Bescheidenheit und Vorsicht, aber so recht innig und aus Herzensgrunde gebeten: er wäre doch ein Mann, der so viel gölte! und der so viel Nutzen stiftete; er möchte doch um Gottes und der Religion, um Alles willen, den Abbadona nicht selig werden lassen. Fast mit Thränen hat er ihn darum gebeten, (ne quid detrimenti capiat respublica!); Klopstock hat ihn denn mit der Ehrerbietung, die er gegen jedes gute Herz fühlt, beruhigt: Er sollte sich nur zufrieden geben; er wollte das schon so machen, daß die Religion nicht drunter litte." — In der Abhandlung Dommerich's De Christ. Klop. pracc. ven. 1752 findet sich ferner ebenfalls eine Polemik gegen Meier: „Acutissimum Philosophum locum, quo Abbadonae, mali angeli, fit mentio, non ex ingeniosissimi Poetae mente interpretatum esse, miratus sum. Ingentem huius carminis maculam putat (Meierus), quod poeta Diabolum, cui talis sederit mens, aeternae damnationi tradat, meliori sorte dignum, nisi restitutionis falso dogmati calculum adiicere voluerit. Ego quidem hanc maculam minime offendi, neque a me impetrare possum, ut Klopstoccium, qui ubique non vulgarem, sed rariorem prodit cognitionem Theologicam, huius erroris arguam: neque quisquam, qui systematica doctrinarum sacrarum instructus est scientia, (quam vates noster prae se fert), heterodoxiam hic reperiet. Quas novit, difficultates evanescent, si sequentia attenduntur

1) sola poenitentia ad salutem non sufficit, 2) non omnis poenitentia salutaris est, 3) poenitentia, quam desperatio sequitur, non est divina, sed naturalis, 4) sola poenitentia peccata commissa non expiantur, 5) poenitentia sine fide ad salutem nihil facit. Propositiones hae systematis Theologici non ignarus facile concedat. Hinc cum eiusmodi tantum poenitentiam, in desperationem abeuntem, Abbadonae tribuerit, nescio qui, salva nostra fidei analogia, huic Diabolo salutem quis vel optare possit." (S. X. f.) Daß nun, troß dieser dogmatischen Bedenken, Klopstock dennoch den Teufel selig werden läßt, ist doch wohl ein Zeichen seiner weniger strengen Gesinnung.

Im Jahre 1751 erschienen die Gesänge IV. und V., und in dem letzteren tritt Abbadona wieder auf. Der Inhalt des Gedichtes ist das Gericht Gottes über den Messias auf dem Tabor. Die Leiden des Messias werden geschildert. Während derselben kommt Abbabona, der den Messias schon lange gesucht hat. „Er entdeckt ihn nicht auf Einmal. Endlich erkennt er ihn und redet ihn an. Der Messias leidet und betet. Abbabona flieht zuletzt. Die zweite Stunde ist vorbei." V. 486—717.

V. 486) 1751: Aber seitwärts um das Gebirge kam Abbadona
55 ff.:       an dem    [80 Abadona, 1800 Abb.]

V. 487) alle Ausg.: In den Hüllen der schweigenden Nacht, und sprach zu sich selber:

V. 488) „   „   Ach, wo werd' ich endlich ihn finden, den Mann, den Versöhner?
                       [vgl. 491.]

V. 489) 1751: Zwar ich bin unwürdig, zu sehn den besten Sohn Adams!
55 ff.:             Besten der Menschen!
            [1800 besten.]

V. 490) alle Ausg.: Aber ihn hat doch Satan gesehn! Wo soll ich dich suchen?

V. 491) 1751: Und wo werd ich endlich dich finden, Mann Gottes, Versöhner?
55 ff.:    find'        auf,

V. 492) alle Ausg.: Alle Wüsten hab' ich durchirrt! Ich bin zu den Quellen

V. 493) „   „   Aller Flüsse gegangen! In aller dämmernden Haine

V. 494) 1751: Einsamkeit hat sich mein Fuß mit leisem Zittern verloren!
55 ff.:                 Beben

V. 495) alle Ausg.: Zu der Ceder hab' ich gesagt: Verbirgst du ihn, Ceder,

V. 496) 1751:   O so rausche mir zu! Und zu der Hügel Haupt sprach ich:
       55:              Ich sprach zum hangenden Berge:
       80 f.:                                      zu dem

V. 497) 1751:   Neige dich, einsamer Hügel, nach meinen Thränen herunter,
       55 ff.:         Berg,

V. 498) alle Ausg.: Daß ich sehe den göttlichen Mann, der etwa dort schlummert!

V. 499) 1751:   Ihn hat, dacht ich, vielleicht sein für ihn sorgender Schöpfer,
       55:                              mit stillen Sorgen sein
       80 f.:                              stiller Sorge

V. 500) 1751:   Unter schattende Decken der Abendröthe verhüllet:
       55,80:                                           geleitet!
       1800:                            Abendwolke

V. 501) alle Ausg.: Ihn hat die Weisheit vielleicht, und menschenfliehender Tiefsinn

V. 502) 1751:   In die Höhlen der Erde geführt. Doch ich fand ihn am Himmel;
       55 ff.:                                                er war nicht am

V. 503) 1751:   In der Erde Schooß nicht. Ja, ich bin unwürdig, dein Antlitz,
       55:      Nicht im Schooße der Erden! Ich bin
       80:                       Erde! Ich
       1800:    in der Erde Schooß! Ich

V. 504) alle Ausg.: Ach unwürdig, die Blicke zu sehn, mit welchen du lächelst,
V. 505)  „    „    Bild der Gottheit, unsterblicher Mensch! Du erlösest nur Menschen!
V. 506)  „    „    Mich erlösest du nicht! du hörst die jammernde Stimme
V. 507)  „    „    Meiner Ewigkeit nicht! ach du erlösest nur Menschen!
V. 508)  „    „    Also sagt' er, und sahe vor sich die schlafenden Jünger.

V. 509) 1751,55: Und es lag der schöne Johannes im lächelnden Schlummer
       80 f.:                                      in lächelndem

V. 510) alle Ausg.: Nahe vor ihm; er sah ihn, und trat mit zitterndem Fuße

V. 511) 1751-80: Furchtsam zurück. Kaum wagt' ers zuletzt, still also zu sagen:
       1800:    Fürchtend              wagt' er zuletzt

V. 512) 1751,55: Wenn du es bist, den ich suche, wenn du der göttliche Mensch bist,
       80 f.:                                   , du dieser

V. 513) alle Ausg.: Der, sein Geschlecht zu erlösen, erschien: so sey mir mit Thränen,

V. 514) 1751:   Sey mir, in deiner holdseligen Schönheit, mit ewigen Thränen,
       55 ff.:                   Schöne voll Huld,

V. 515) alle Ausg.: Und mit bangen unsterblichen Seufzern, Erlöser, gegrüßet!

V. 516) 1751:   Wahrlich, in deinem Antlitz sind Züge der himmlischen Unschuld;
       55 ff.:                   Gesicht

V. 517) alle Ausg.: Laute Zeugen von einer bewundernswürdigen Seele!

V. 518)  „    „    Ja, du bist es! dich hab' ich gesucht! Wie athmet die Ruhe,

V.519) alle Ausg.: Deiner Tugend Belohnung, aus dir! ein Schauer befällt mich,
V.520)    „       „    Da ich sehe die Ruh, die aus voller Seele dir zuströmt.
V.521) 1751-80: Wende dein Antlitz von mir; sonst muß ich wegsehn, und weinen!
      1800:             ; oder ich muß wegsehen und weinen!
V.522) 1751,55: Indem Abbadona so sprach, da wandte sich Petrus
    80 f.: Also sprach er. Indem er noch redete, wandte sich Petrus
V.523) 1751: Aengstlich gegen Johannes, und sprach, da er itzo erwacht war:
    55 ff.:                                      rief,
V.524) 1751,55: Ach, Johannes, ich sah im Traume den Meister! Er sah mich
    80:                      in
    1800:                  Traum
V.525) alle Ausg.: Ernst mit Blicken voll Drohungen an, mit Blicken des Mitleids!
[Pastor Heß' Vergleich der Reue des Abbadona mit der des Petrus hat meiner Ansicht nach diese herrliche Stelle 521—525 veranlaßt.]

V.526) 1751,55: Dieses vernahm der Seraph, und blieb voll Bewunderung stehen.
    80 f.:                                   Verwunderung
V.527) alle Ausg.: Ihn umgab die Stille der Nacht, und er hörte von fern her,
V.528)    „       „    Durch die schauernde Stille, wie eines Sterbenden Stimme.
V.529)    „       „    Und er neigte sein forschendes Ohr nach dem Orte der Stimme,
V.530) 1751,55: Wo sie herkam; er neigte sich tiefer, und hörte die Stimme
    80 f.:           , neigte sich tiefer, und hörte sie werden
V.531) 1751: Immer trauriger werden, und näher dem Tode. Da stand er
    55:                     fürchterlicher. Da
    80 f.:           trauervoller, und fürchterlicher.
V.532) alle Ausg.: Bang und erstaunt, da bebte sein Herz von diesen Gedanken:
V.533) 1751: Soll ich hingehn, zu schauen den Mann, der dort mit dem Tode
    55:                              und schaun den
    80:           gehen,
    1800:         gehn, und schauen den
V.534) 1751: Und mit Gedanken von jenem Gericht voll Seelenangst ringet?
    55 ff.:                              in schreckender Angst ringt?
V.535) 1751: Soll ich sehn des Erschlagenen Blut? Er ging vielleicht ruhig
    55:           sehen das Blut des Erschlagnen? Er
    80 f.:                        ? Vielleicht, daß er ruhig
V.536) 1751,55: In den Schatten der Nacht, und eilte, stammelnde Kinder
    80:                   Nacht forteilte,
    1800:                         forteilete,
V.537) alle Ausg.: An dem Halse der Mutter mit Vaterfreuden zu grüßen

173

V. 538) 1751,55: Da erschlug ihn ein lauernder Feind, ein Unmensch, im Dunkeln!
   80 f.:        laurender  Mörder im
V. 539) 1751: Und es war doch vielleicht sein Wandel mit Unschuld gekrönet,
   55 ff.:      gekrönt sein Wandel mit Unschuld,
V. 540) alle Ausg.: Und sein Thun mit Weisheit geschmückt! Ach soll ich ihn sehen?
V. 541) 1751: Soll ich sehen des Sterbenden Blut, und die brechenden Augen;
   55 ff.:             Angst, die       ,
V. 542) 1751: Und die Todesblässe der Wangen, die nun nicht mehr blühen?
   55:              itzo verblüht sind?
   80 f.:              jetzo
V. 543) alle Ausg.: Soll ich hören der Seufzer Getön, den rufenden Donner
V. 544) „ „ Seiner Stimme, mit welcher er stirbt? Ach Blut des Erschlagnen!
V. 545) „ „ Furchtbares Blut des unschuldigen Manns! auch du bist ein Zeuge
V. 546) „ „ Wider mich vor jenem Gericht, das Erbarmung nicht kennet.
V. 547) 1751: Auch ich habe den Tod die Kinder Adams gelehret!
   55 ff.:       zum Tode die   verleitet!
V. 548) 1751: Ach, Blut! Blut unschuldiger Menschen! das je ward vergossen,
   55:  Blut! ... du Blut
   80 f.: Blut! du Blut          jemals
V. 549) 1751: Und noch künftig, durch manches Jahrhundert, vergossen wird werden,
   55:     durch lange Jahrhunderte noch vergossen
   80 f.: Ward, und lange
V. 550) 1751-80: Laß von mir ab! Ich höre die Stimme, mit welcher du donnerst!
   1800:                 der
V. 551) 1751: Ach, ich höre dein furchtbares Seufzen, mit dem du zu Gott schreyst,
   55:        graunvolles
   80 f.:       furchtbares
V. 552) alle Ausg.: Rache forderst, und mich der ewigen Rache dahingiebst!
V. 553) „ „ Ich muß schauen dahin, wo deine Verwesungen ruhen!
V. 554) 1751-80: Kinder Adams, auf eure Gebeine, dahin muß ich schauen!
   1800:       euer Gebein,
V. 555) 1751,55: Mein Gewissen ergreift, wie ein Krieger, mein weggewandt Antlitz
   80 f.:     ergreift mein weggewendetes Antlitz
V. 556) 1751,55: Wendet es um, und kehrt es gewaltig dahin, wo die Todten,
   80:  Wie ein Krieger, und wendets, und kehrt es dahin, wo die Todten,
   1800:         wendet es, kehrt es
V. 557) 1751-80: Die auch ich mit erschlug, in stillen Gräbern verwesen.
   1800:    ich erschlug,  im   Grabe
V. 558) 1751,55: Todesstille, mich schauert vor dir! Er kömmt nicht im Stillen,
   80 f.:                kommt  in Stillen,

B.559) alle Ausg.: Nicht in dieser ruhenden Nacht, der gegen mich wüthet!
B.560)   „      „    Donnernd geht er in Wolken daher! sein Schritt ist ein Wetter!
B.561) 1751:     Seines Mundes Gespräch ist der Tod, ist Gericht ohn' Erbarmen!
       55 ff.:                                  ist Tod! ist
B.562) alle Ausg.: Also dacht' er, und nahte sich säumend des Sterbenden Stimme.
B.563) 1751,55 Itzo [80 f. Jetzo] sah er von fern den Messias; doch sah er sein Antlitz
B.564) alle Ausg.: Und die blutende Stirne noch nicht. Es lag der Messias
B.565) 1751:     Auf dem Antlitz, und betete still mit gerungenen Händen.
       55 ff.:                                                ringenden
B.566) 1751,55: Abbadona ging fern und voll Furcht auf dem ruhenden Boden
       80 f.:   schwebte von fern am ruhenden Boden
B.567) alle Ausg.: Um den Messias herum. Indem trat Gabriel langsam
B.568)   „      „    Aus den dichten Schatten hervor, in die er gehüllt war.
B.569) 1751:     Abdiel zitterte schweigend zurück. Der himmlische Seraph
       55 ff.:   Abbadona bebte zurück. Der
B.570) 1751,55: Trat hinzu, und neigte sein Ohr zum Mittler herunter,
       80 f.:        herzu,                     zu dem
B.571) 1751,55: Und hielt im hinschauenden Auge, voll tiefer Ehrfurcht,
       80 f.:   Hielt in dem ernsthinschauenden
B.572) alle Ausg.: Eine menschliche Thräne zurück, stand denkend, und hörte
B.573)   „      „    Nach dem Messias herab. Und mit dem Ohre, mit dem er
B.574) 1751:     Millionen Meilen entfernt, den Ewigen wandeln,
       55 ff.:   Tausendmal tausend Meilen entfernt,
B.575) 1751:     Und die jauchzenden Morgensterne vom weiten sonst höret,
       55:       Hört, und am Himmel herunter die Orionen im Jubel;
       80 f.                                               in        ,
B.576) alle Ausg.: Hört' er das langsam wallende Blut des betenden Mittlers
B.577) 1751,55,80: Bang von Ader zu Ader fließen. Viel lauter vernahm er,
       1800:                 fließen zu Ader. Lauter
B.578) 1751:     In den Tiefen des göttlichen Herzens, stillbetende Seufzer,
       55 ff.                                          , betende
B.579) 1751-80: Unaussprechliche, himmlische Seufzer, dem Ohre des Vaters
       1800:                     himmlische, sie, dem
B.580) alle Ausg.: Mehr, als aller Geschöpfe Gesang, die ewig ihn singen,
B.581) 1751:     Herrlicher, als die Stimmen, die schuf; so hoch, als ihm selber
       55 ff.:                                          so erhaben ihm selber
B.582) alle Ausg.: Gott Jehovah erklingt, wenn er Jehovah sich nennet!
B.583)   „      „    Also vernahm des Messias geheimes Leiden der Seraph.
B.584)   „      „    Und er hub sich von ihm empor, trat schauernd seitwärts,

V. 585) 1751-80: Faltete seine Hände zu Gott, und sahe gen Himmel.
         1800:          hoch die                    schaute
V. 586) 1751:    Abdiel schlug sein Auge kaum auf, da er Gabriel sahe, —
         55 ff.: Abbadona blickte kaum
V. 587) 1751,55: Da er auf einmal über sich sahe der himmlischen Schaaren,
         80 f.:  Ach auf einmal über sich sah der Himmlischen
V. 588) alle Ausg.: Ihrer Augen Gebet, und ihres Schweigens Gedanken,
V. 589) „   „    All' Ein Antlitz, auf dich, o Messias, herunter gerichtet.
V. 590) 1751:    Abdiel schauerte nur, und richtete Blicke voll Ohnmacht,
         55 ff.: Und der Verworfene schauert', und senkte Blicke der
V. 591) 1780 f.: Auf den Messias, der jetzt aus dem noch blutigen Staube, [51,55 itzt.]
V. 592) 1751:    Und aus dem Todesschweiße sein Antlitz langsam emporhub.
         55 ff.: Und dem
V. 593) 1751:    Abdiel sah den Messias, sein Auge ward dunkel, kaum dacht er.
         55,80:  Mit dem Anblick umströmte des Todes Nacht den Geschreckten.
         1800:   umströmt
V. 594) 1751-80: Da er wieder zu denken vermochte, da dacht er also;
         1800:                          vermag, da denket er also;
V. 595) 1751,55: (Bald verschloß er die bangen Gedanken; bald ließ er sie jammernd,
         80:     Jetzt                                 ; und ließ sie
         1800:           verschließt er                ; itzt läßt er sie
V. 596) 1751,55: Durch die Schauer der Nacht, in vollen Seufzern, ertönen.)
         80:     Jetzt durch die                                  ertönen.
         1800:   Durch die
V. 597) alle Ausg.: O du, der du vor mir mit dem Tode ringest, wer bist du?
V. 598) „   „    Einer vom Staube gebildet? ein Sohn der niedrigen Erde,
V. 599) 1751,55: Die verflucht ward, und reif zum Gericht, vor dem letzten der Tage,
         80 f.:                                            dem
V. 600) 1751-80: Und dem offnen Grabe der alten Vergänglichkeit zittert?
         1800:           offenen
V. 601) 1751:    Einer von diesem Staube gebildet? Ja! Aber es decket
         55:                                                  decken
         80 f.:                                          Doch
V. 602) 1751,55: Deine Menschheit ein Schimmer von Gott! Was höhers, als Gräber
         80 f.:                     Schimmer                höh'res,
V. 603) 1751:    Und Verwesung, redet dieß Auge! So ist nicht das Antlitz
         55 ff.                                  dein
V. 604) alle Ausg.: Eines Sünders! so schaut er nicht hin der Verworfene Gottes!
V. 605) „   „    Du bist mehr, als ein Mensch. In dir sind Tiefen verborgen,

B. 606) 1751,55: Deren Abgrund mir unsichtbar ist, Labyrinthe der Gottheit!
80 f.: Deren Abgrund mir unsichtbar ist, Labyrinthe |

B. 607) 1751: Immer näher schau ich dich an! Wer bist du? O wende,
55: mehr entdeck' ich in dir! Wer
80 f.: Gottes! Ich seh stets mehr in dir! Wer bist du? O wende,

B. 608) 1751: Wende dein Antlitz von ihm, Verworfner! Ein schneller Gedanke
55 ff.: Auge

B. 609) alle Ausg.: Trifft, wie ein Donner, auf mich, ein schreckender großer Gedanke!

B. 610) 1751: Eine furchtbare Gleichheit erblick ich. Kalt gießet die Angst sich
55: Verlaß mich, verlaß mich,
80 f.: erblick' ich. Verlaßt mich, verlaßt mich,

B. 611) 1751: Ueber mein Haupt, mein Antlitz umströmen die Schauer des Todes!
55: Ahndendes Schrecken! Umström mich nicht, Schauer des ewigen Todes!
80 f.: Ahndende ! umströmt

B. 612) 1751,55: Ach, er gleichet dem ewigen Sohne, der ehmals vom Thron her,
80: gleicht
1800: Sohn, der

B. 613) 1751,55: Hoch vom Thron, auf Flügeln des dunkeln Gerichtstuhls getragen,
80: getragen des flammenden Wagens,
1800: von dem

B. 614) alle Ausg.: Donnernd über uns kam, und dicht an unsere Fersen

B. 615) „ „ Heftete seine Verderben, und kein Erbarmen nicht kannte:

B. 616) 1751: Da die Unsterblichkeit Fluch, das Leben ein ewiger Tod ward;
55 ff.: Leben ewiger

B. 617) alle Ausg.: Da die Unschuld der Schöpfung, mit allen Freuden des Himmels,

B. 618) „ „ Uns auf ewig entfloh, verloren ins Heer der Gerechten;

B. 619) „ „ Da Jehovah nicht Vater mehr war! Ich wandte mein Antlitz

B. 620) „ „ Einmal bebend herum, und sah ihn hinter mir kommen,

B. 621) „ „ Sah den furchtbaren Sohn, des Donnerers schauendes Auge!

B. 622) 1751: Hoch stand er auf dem dunkeln Gerichtsstuhl, die Mitternacht um ihn,
55: unten,
80 f.: [Er] flammenden Wagen, stand

B. 623) 1751: Um ihn der Tod! Ihn hatte der Vater mit Allmacht bekleidet,
55: Unten mit Allmacht der Vater
80 f.: Unten, unten der Tod, Ihn hatte gewaffnet mit Allmacht

B. 624) 1751,55: Mit Verderben gerüstet, das Bild der ersten Erbarmung!
80 f.: Gott! Mit Verderben gerüstet den Allbarmherzigen! Weh mir,

B. 625) 1751,55: Seinen donnernden Gang, den Schwung der strafenden Rechte,
        80: Wehe, den Schwung der strafenden Rechte, des donnernden Wurf rief,
      1800: Donnernden

B. 626) alle Ausg.: Bebte die bange Natur in allen Tiefen der Schöpfung

B. 627) „ „ Schauernd nach! Ich sah ihn nicht mehr, mein Auge verlor sich

B. 628) 1751,55: Tief in die Nacht. So schlummert' ich hin, durch Sturmwind' und Donner,
      80 f.: Sturm und durch

B. 629) 1751,55: Durch das Weinen der bangen Natur, im Gefühl der Verzweiflung,
      80 f.: Hin, und das Weinen der

B. 630) 1751: Und unsterblich. So sah ich den Richter. Ihm gleichet das Antlitz
      55 ff. Noch seh' ich ihn, noch! Ihm

B. 631) alle Ausg.: Dieses Mannes im Staube gebildt, der mehr als ein Mensch ist.

B. 632) 1751: Ist er vielleicht des Ewigen Sohn, der gegebne Messias?
      55 ff.: , ach ist er des ?

B. 633) 1751: Jener Richter? Wie aber er leidet! Er ringt mit dem Tode!
      55 ff. Aber er

B. 634) 1751,55: Er, der stand auf dem hohen Gerichtstuhl! Er ringt mit dem Tode!
      80 f.: Flammenwagen, ringt

B. 635) alle Ausg.: Ohne Maß ist die Angst, die seine göttliche Seele

B. 636) 1751,55: Ringsum erschüttert! Er jammert im Staube! die steigenden Adern
      80: in
      1800: Rings er die

B. 637) 1751,55: Bluten Todesangst aus! Ich, dem kein Jammer verdeckt ist,
      80 f.: Todesangst! Ich, dem

B. 638) alle Ausg.: Der ich alle Stufen der Qual und Verzweiflung hinabstieg,

B. 639) „ „ Weiß mit keinem Namen die Angst der Seele zu nennen,

B. 640) 1751-80: Die er fühlt! mit keiner Empfindung ihm nachzuempfinden
      1800: ihm mit keiner Empfindung

B. 641) 1751,55: Diesen dauernden Tod! In tiefer, nächtlicher Ferne
      80 f.: daurenden

B. 642) 1751,55: Seh' ich neue Gedanken, voll wunderbarer Begriffe,
      80 f.: Entdeckung,

B. 643) 1751,55: Und in Labyrinthe verflochten, sich gegen mich nähern.
      80: Aber
      1800: verirrt,

B. 644) alle Ausg.: Jener König des Himmels, der Sohn Jehovah, des Vaters

B. 645) 1751: Ewiges Bild, stieg vom Himmel in eines Menschen Leib nieder,...
      55: einen herunter, ...
      80 f.: nieder vom Thron in einen Menschen?

V. 646) 1751,55: Leidet jetzt [51 itzt] für die Menschen, statt seiner sterblichen Brüder,
   80 f.:          ? für seine

V. 647) 1751,55: Geht er hin ins Gericht? Kann ich mich himmlischer Dinge
   80 f.: Gehet er hin .

V. 648) 1751: Recht noch erinnern, so ist mirs, als hätt ich von diesem Geheimniß
   55,80:             hab' ich, ich habe von
   1800:               ich, habe von

V. 649) 1751-80: Einst was dunkles im Himmel gehört. Auch bekräftigt es Satan
   1800:                    zeuget es

V. 650) 1751,55: Durch das, was er von ihm und seinen Reden erzählte.
   80 f.:     das Schlangengezisch von seinen Reden und Thaten.

V. 651) 1751: Und wie nähern die Engel sich ihm! wie betet ihr Antlitz,
   55 ff.:    nahn

V. 652) alle Ausg.: Und die gefaltete Hand vor ihm an! Auch scheint die Natur hier

V. 653) „  „  Ueberall still zu schauern, als wäre Gott wo zugegen.

V. 654) „  „  Wenn du gehst ins Gericht für deine sterblichen Brüder,

V. 655) 1751: Wann du bist des Ewigen Sohn, so will ich entfliehen;
   55:           : o Sohn, so entflieh' ich,
   80 f.: Wenn              ;

V. 656) alle Ausg.: Daß du nicht, wenn du mich siehst vor deinen Füßen hier zittern,

V. 657) 1751,55: Gegen mich zornig erwachst, und auf deinen Gerichtsstuhl dich hebest.
   80 f.:                Thron dich erhebest.

V. 658) alle Ausg.: Aber du blickst mich nicht an! doch kennst du mein innerstes Denken!

V. 659) „  „  Darf ich, diesen Gedanken hinauszudenken, es wagen,

V. 660) „  „  Dessen erstes Zittern ich fühle? Du wardst der Messias

V. 661) „  „  Für die Menschen; und nicht der Messias der höheren Engel.

V. 662) „  „  Ach wenn du uns gewürdiget hättest, ein Seraph zu werden,

V. 663) 1751: Und lägst über die Felder des Himmels hinüber gebreitet,
   55:    .       des Himmels Gefild' hinübergebreitet,
   80 f.: Und so über           hinübergebreitet

V. 664) 1751,55: Wie du hier im Staube itzt [55 jetzt] liegst; und gingst ins Gericht hin,
   80 f.: Lägest, wie hier im Staube du liegst; so in das Gericht gingst,

V. 665) 1751: Unserntwegen tief ins Gericht des ewigen Vaters;
   55,80:        in das
   1800: Unsertwegen

V. 666) 1751,55: Faltetest so die Hände zu Gott, sähst so zum Thron auf:
   80 f.:           , zu dem Thron so aufsähst:

V. 667) 1751-80: O wie wollt' ich alsdann mit aufgehabenen Händen
   1800:             aufgehobenen

V. 668) alle Ausg.: Gehen um dich herum, und mit Hallelujagesängen
V. 669) 1751,55: Mit der Stimme der Harfenspieler dich, Göttlicher, segnen!
   80 f.: Dich, mit der Stimme der Harfenspieler, du Göttlicher, segnen!
V. 670) 1751-80: Aber weil ihrs denn seyd, die süßen Lieblinge Gottes,
   1800: ihr es denn
V. 671) alle Ausg.: Kinder Adams, so fasse der Fluch mit ewigem Feuer
V. 672) 1751: Jedes Haupt, das niedrig genug denkt, den Sohn zu verkennen!
   55,80: das den Sohn zu verkennen, niedrig genung denkt!
   1800: genug
V. 673) 1751-80: Jedes Herz, das, seiner nicht würdig, die Tugend entheiligt!
   1800: werth,
V. 674) 1751: Die ihr kommen werdet, Geschlechter so vieler Erlösten,
   55,80: Geschlechte
   1800: Erlöster,
V. 675) 1751-80: Wenn ihr entehret das Blut, das von diesem Angesicht rinnet,
   1800: , so
V. 676) 1751,55: So sey es euch zum Tode vergossen, zum ewigen Tode!
   80: Sey es
   1800: zu dem
V. 677) alle Ausg.: Ja, euch mein' ich, und nenn' euch zugleich bey dem furchtbaren Namen,
V. 678) „ „ Den euch der Unerschaffene gab, unsterbliche Seelen,
V. 679) 1751-80: Wenn nun über euch auch das Bild von jenem Gedanken
   1800: auch in euch das Vorgefühl des Gedankens
V. 680) 1751-80: Mit der gefürchteten Mine der ernsten Ewigkeit stehn wird,
   1800: dem erschütternden Graun der strömet,
V. 681) 1751-80: Jener Gedanke: Daß ihr, gleich uns, verworfen von Gott seyd,
   1800: Dann er selber:
V. 682) 1751-80: Von dem ersten und besten der Wesen, auf ewig verworfen!
   1800: , ewig
V. 683) alle Ausg.: Dann will ich auf die offenen Wunden der ewigen Seelen,
V. 684) 1751,55: Durch die Gefilde voll Elend und Nacht, herabschaun, und sagen:
   80 f.: hinschauen, und
V. 685) alle Ausg.: Heil dir, ewiger Tod, dich segn' ich, Jammer ohn' Ende!
V. 686) 1751,55: Zwar das Anschaun, die selige Ruh der hohen Erlösten,
   80 f.: ihr Anschaun wird, die selige Ruh der
V. 687) alle Ausg.: Die mit weiserer Sorge durch Tugend der Ewigkeit lebten,
V. 688) 1751-80: Wird mich vom Himmel herab, aus ihrer Herrlichkeit, schrecken;
   1800: von dem herab, mich aus
V. 689) alle Ausg.: Doch will ich auf die offenen Wunden der ewigen Seelen,

B. 690) 1751,55: Durch die Gefilde voll Elend und Nacht, herabschaun, und sagen:
 80 f.: hinschauen,
B. 691) alle Ausg.: Heil dir, ewiger Tod, dich segn' ich, Jammer ohn' Ende!
B. 692) 1751: Aus dem eisernen Arm der Hölle will ich mich reißen,
 55: Arme
 80 f.: Arm
B. 693) 1751,55: Gehn zum Throne des Richters, und rufen mit donnernder Stimme,
 80 f.: zu dem
B. 694) alle Ausg.: Daß es die Erden umher, und die Himmel alle vernehmen:
B. 695) 1751-80: Ich bin ewig, wie er! was that ich, daß du den Sünder,
 1800: hab' ich gethan, daß du ihn nur,
B. 696) 1751: Nur den menschlichen Sünder allein, nicht den Engel, erlöstest?
 55: versöhntest?
 80 f.: Sünder, und nicht
B. 697) 1751: Zwar dich hasset die Hölle! Doch ist ein Verlaßner noch übrig;
 55: haßt
 80 f.: hasset doch Ein Verlaßner ist übrig,
B. 698) alle Ausg.: Einer, der edler gesinnt ist, und nicht dein Hasser,
 Jehovah!
B. 699) 1751-80: Einer, der blutende Thränen, und Jammer, der nicht bemerkt wird,
 1800: gesehn
B. 700) alle Ausg.: Ach zu lange vergebens, zu lange! Gott, vor dir ausgießt,
B. 701) „ „ Satt, geschaffen zu seyn, und der bangen Unsterblichkeit müde!
B. 702) 1751: Abdiel floh. Es stand der Messias vom Staube der Erde
 55 ff.: Abbadona entfloh. Es stand der Messias vom Staube
B. 703) 1751-80: Jetzt zum zweytenmal auf, der Menschen Antlitz zu sehen.
 1800: das zweytemal
B. 704) 1751,55: Und es sangen die Himmel: Sie ist, der erhabensten Leiden
 80 f.: da
B. 705) alle Ausg.: Zweyte Stunde, die ewige Ruh den Heiligen brachte,
B. 706) 1751,55: Itzo [80 f. Jetzo] ist sie vorübergegangen! So sangen die Himmel.

Daß Klopstock schon 1751 gewillt war, den Abbadona zu er=
retten, ist wohl unzweifelhaft. Die Verzweiflung, in welche sich noch
1748 Abbadona stürzte und die seine Reue damals vernichtete,
ist nun gänzlich durch tiefes Leiden und ernste Reue beseitigt.
Doch sagte Klopstock selber noch nicht, welchen Entschluß er
eigentlich gefaßt habe. In dem Briefe Hirzels über die schöne
Fahrt auf dem Züricher See, 30. Heumonat 1750, bei der
Klopstock bekanntlich die Hauptperson war, wird uns berichtet,

daß Klopstock von der Gesellschaft gebeten wurde, noch eine. Vorlesung zu geben. „Er gab uns ein Fragment, Abbadona (Messias, Ges. V., Vers 486—702), den redlichsten Teufel, den je die Hölle sah. Voll zärtlichsten Mitleidens baten unsere Freundinnen einmüthig den Dichter, jenen Elenden, Reuevollen doch in seinen Schutz zu nehmen und ihm die Seligkeit zu schenken. Klopstock erzählte, daß schon eine ähnliche Gesellschaft in Magdeburg für die Beseligung dieses Teufels einen förmlichen Synodal=Beschluß gefaßt habe, unter dem Präsidium des Herrn Hofpredigers Sack; doch hätte er sich damals durch keine Unterschrift seine poetische Freiheit rauben wollen, und würde es auch heute nicht thun." (Bei Mörikofer, S. 70.) Der 5. Gesang war Klopstocks Lieblingsgesang; am stolzesten war er auf den Einfall, daß er Abbadona vor den leidenden Christus geführt hatte. Er schrieb am 4. Februar 1791 an C. F. Cramer: „Zum Plane gehört, den leidenden Abadona zu zeigen (und was hat je so sehr zu einem Plane gehört als Abadona?). Ich konte ihn auf vielerley Art zeigen; aber wenn er den Messias am Oelberge leiden sieht: so kan ich, durch ihn, die Leiden des Messias in einer Erhabenheit zeigen, wie es mir sonst kaum möglich war. Ich kan Ihnen sagen, daß ich auf Abadona am Oelberge stolz bin; obgleich damals, als ich ihn dort schauen und trauern ließ, aller Stolz, auch der edle, weit von mir weg war. Ich habe indeß jenen Stolz leider gestanden" (Lappenberg S. 340).

Nun tritt Abbadona erst wieder im neunten Gesange auf, V. 430—648, als Christus gekreuzigt ist. Durch das Erdbeben bei dieser Gelegenheit wird er aus seinen Höhlen herausgelockt, wohin er vom Oelberg (Ges. V.) geflohen war. „Seine Empfindungen bei dem Erdbeben. Er entschließt sich, den Messias von Neuem zu suchen. Seine Zweifel, ob er sich in einen Engel des Lichts verstellen solle? Seine Gedanken, da er herauf kömmt und die verfinsterte Erde sieht. Endlich nimmt er zitternd die Gestalt eines guten Engels an. Er hatte Jerusalem schon entdeckt, und jetzt flieht er auf die Gegend zu, über welche die Nacht am Dunkelsten herabhängt. Bei seiner Annäherung hört er Satan und Abramelech im todten Meere.

„Die Engel erkennen ihn, seines angenommenen Schimmers ungeachtet; aber sie lassen's ihm zu, daß er sich weiter nähere. Nach einigen Zweifeln erkennt er den in der Mitte Gekreuzigten für den Messias. Was er dabei empfindet. Er sieht seinen ehmaligen Freund Abbiel, und, so sehr er sich bemüht, nicht von ihm erkannt zu werden, so wird ers doch und entflieht zuletzt in seiner verdunkelten Gestalt."

V. 430) 1755: Und der Erde geheimes Entsetzen durchbebt izt die Klüfte
       80: Aber                 durchbebte die
       1800:                                bebt' in den Klüften

V. 431) 1755,80: Eines finstern Felsengebirgs, zu welchem, um einsam
       1800:                               daß

V. 432) 1755: In den Tiefen der Erde zu trauern, ferne vom Oelberg
       80:                  Erd' zu trauren,
       1800: In der Erd' Abgrund' er trauerte,

V. 433) 1755: Abbadona geflohn war. Er saß am Hange des Felsen,
       80 f.:                                  an dem

V. 434) 1755: Sah dem stürzenden Strom, so bey seinen Füssen herabfiel,
       80:                                    der
       1800:                    Strome, der ihm bey den Füßen

V. 435) 1755,80: Starrend nach;     begleitete mit hinhörendem Ohre
       1800:                  , und begleitete

V. 436) 1800: Jeden Donner des schäumenden Stroms, der hinab von den Höhen

V. 437) 1755: Ueberhangender Berge von Abgrund zu Abgrund sich wälzte.
       80 f.:                                  rauschte zu Abgrund.

V. 438) alle Ausg.: Schnell empfindet er unter sich wandelndes Beben; dann stürzen

V. 439) 1755,80: Neben ihm Felsen hin! Abbadona [80 Abadona] erschreckte der Erde
       1800:                                         schreckte der Erde

V. 440) 1755: Lautes Trauren! So nannt' er ihr Zittern. Bejammert die Erde,
       80 f.:                                                    Jammert

V. 441) alle Ausg.: Daß der Staub ihr Kinder gebar? und ist sie ermildet,

V. 442) 1755: Ihrer Kinder Verwesung in ihrem Schooße zu tragen,
       80 f.:        Söhne

V. 443) 1755: Ihnen ein ewiges Grab, das stets von neuen Gebeinen
       80 f.:                                                neuem Gebeine

V. 444) 1755: Schwillt, inwendig fürchterlich ist, obs außen der Frühling
       80 f.:                                         , ob es

V. 445) 1755,80: Gleich mit Blumen beduftet? Ach, oder beklagt sie den großen,
       1800:              mit der Blume beduftet? Ach oder klagt

183

| V. 446) | 1755: | Göttlichen Mann, den ich in jener Mitternacht sahe? |
| | 80: | den in jenen Mitternächten ich sahe? |
| | 1800: | am Berg' in |

V. 447) 1755: Leiden sahe, was nie noch ein Endlicher litt? Was ist wohl
      80 f.:                     nie ein Endlicher

V. 448) 1755: Izt sein Schicksal? Und warum verweil ich, ihn wieder zu suchen?
      80 f.: Jetzt                                   weil' ich,

V. 449) alle Ausg.: Ist mir die Hand des ernsten Gerichts auf der oberen Erde

V. 450) „ „ Etwa näher, als hier? Ihr kann ich nirgends entfliehen!

V. 451) „ „ Flöh' ich auch aus der Schöpfung, sie würde doch mich ergreifen!

V. 452) 1755: Ja, ich such' ihn! Ich will den Ausgang der furchtbaren Leiden
      80:                        der furchtbaren Leiden Ausgang
      1800:                             Duldungen Ausgang

V. 453) 1755, 80: Sehen, will ganz die wunderbare Begebenheit wissen!
      1800:              erstaunungsvolle

V. 454) 1755: Aber wenn ihn nur nicht so viele himmlische Schaaren
      80 f.:                          vieler Himmlischer

V. 455) 1755: Stets umgäben! Als ich jüngst vor ihm flohe, wie schreckte
      80 f.:                                vor ihm jüngst

V. 456) alle Ausg.: Mich ihr schleuniger Anblick! Und wagt' ich der Himmlischen Schimmer

V. 457) 1755: Nachzuahmen, und kühn in einen Engel des Lichts mich
      80 f.:                                         Lichtes

V. 458) 1755: Zu verwandeln; würden mich nicht die Blitze des Richters
      80 f.: Mich zu verwandeln;

V. 459) 1755: Schnell enthüllen? die Engel mich dann in meiner Gestalt sehn?
      80 f.:                      nicht

V. 460) 1755: Aber Satan thut es ja, er, so durch größre Verbrechen
      80:                        der mit grössern
      1800:                           so       ß

V. 461) alle Ausg.: Gott erzürnt hat, als ich! der unnachlassende Sünder

V. 462) 1755: Thuts! Dazu verheel ich in meinem qualvollem Herzen
      80:               verheel'          Herzen voll Jammers
      1800: Thut es!

V. 463) alle Ausg.: Keinen niedrigen Zweck, warum ich mich also verstelle!

V. 464) „ „ Aber soll ich es, soll sich Abbadona verstellen?

V. 465) „ „ Geh, Verworfner, in deinem Elend! Also beschließ' ich

V. 466) „ „ Nicht zu gehn? und das Ende des wunderbarsten der Leiden

V. 467) 1755: Nicht zu wissen? Denn wie vermöcht' ich, die Blicke der Engel
      80:                                        ich der Engel Gottes
      1800:                                         Cherubim Herschaun,

| | | |
|---|---|---|
| V. 468) | 1755: | Zu empfinden, und nicht zu fliehn? So denkt er, und schwingt sich, |
| | 80: | Blick zu empfinden, und nicht zu |
| | 1800: | Das zu fliehn? So denket er, schwingt sich, |
| V. 469) | 1755: | Zweifelhaft noch, aus den Tiefen empor. Kaum hat er der Erde |
| | 80 f.: | Zweifelnd der Tief' |
| V. 470) | 1755: | Obersten Staub betreten, als er mit Staunen zurückbebt. |
| | 80: | Oberen |
| | 1800: | Erstaunen |

V. 471) alle Ausg.: Denn er sahe vor sich in schreckenden Nächten die Erde

| | | |
|---|---|---|
| V. 772) | 1755: | Liegen. Am Mittage dacht' er, in diesen belastenden bangen |
| | 80 f.: | Mittag, |

V. 473) alle Ausg.: Finsternissen! Ist sie nun auch dem ernsten Gerichte

V. 474) „ „ Reif geworden? und soll sie vergehn? Des Ewigen Schrecken

V. 475) „ „ Ruhen auf ihr! die Hand des Allmächtigen hat sie ergriffen!

V. 476) „ „ Und warum? Hat ihr Schooß den wunderbaren Erdulder

V. 477) „ „ In sich begraben, und fordert von ihren Söhnen ihn Gott nun?

V. 478) „ „ Aber kann Er sterben? Wohin ich blicke, verwirrt mich

| | | |
|---|---|---|
| V. 479) | 1755: | Jeder neuer Gedanke! Viel besser eil' ich, und such' ihn, |
| | 80 f.: | neue |

V. 480) alle Ausg.: Seh' ihn, und lerne dadurch, als daß ich einsam hier grüble.

| | | |
|---|---|---|
| V. 481) | 1755: | Als er so sich entschloß, stand er am waldigten Gipfel |
| | 80: | an dem waldichten Gipfel |
| | 1800: | da stand er am |

V. 482) alle Ausg.: Eines Gebirgs, und sucht' in der überhüllenden Dämmrung,

V. 483) „ „ Lange sucht' er die heilige Stadt mit fliegenden Blicken;

V. 484) „ „ Sah sie endlich, wie Trümmern, auf denen bewölkender Dampf schwimmt,

| | | |
|---|---|---|
| V. 485) | 1755: | Vor sich liegen. Und nun (Ihm bebten seine Gebeine, |
| | 80: | Ferne , ihm |
| | 1800: | , es bebeten ihm die |
| V. 486) | 1755,80: | Da er es that!) nimmt er die Gestalt der Engel des Lichts an; |
| | 1800: | nahm |
| V. 487) | 1755,80: | Seine Jünglingsgestalt, womit er im Thale des Friedens |
| | 1800: | worin |
| V. 488) | 1755,80: | Schimmerte! Doch sie ward ein fernnachahmendes Bild nur! |
| | 1800: | Aber |

V. 489) alle Ausg.: Zwar floß glänzendes Haar auf seine Schultern hernieder,

V. 490) 1755,80: Unter den glänzenden Locken erklangen goldene Flügel,
       1800:                                              ihm goldene Flügel,
V. 491) 1755:    Und die Klarheit des werdenden Tags bedeckte des Seraphs
       80 f.:                                                   Tages deckte
V. 492) 1755,80: Leuchtendes Antlitz: allein sein Aug' hielt Thränen zurücke!
       1800:                          doch fast entrann die Thräne den Augen.
V. 493) 1755:    Und nun flog er den bebenden Flug. Wo am dicksten die Nacht lag,
       80:      Jetzo flog
       1800:    Endlich
V. 494) 1755:    Dieser Gegend nähert er sich. Zum Todeshügel
       80 f.:   Diesem Gefilde               Zu dem
V. 495) alle Ausg.: Strömt' am dicksten die Nacht vom schweigenden Himmel herunter.
V. 496) 1755:    Als er über dem Ufer des todten Meeres heraufschwebt,
       80 f.:                   an dem Gestade
V. 497) 1755,80: Hört er ungewöhnliches Brüllen der steigenden Wasser;
       1800:    Höret er fürchterliches Gebrüll
V. 498) 1755:    Mit der Wogen Gebrülle, gequälter Verzweiflungen Jammern!
       80 f.:                 Gebrüll,
V. 499) 1755:    So, wenn im Erdbeben, gerichtbelasteter Städte
       80 f.:       die Erde bebt, und gerichtbelasteter Städte
V. 500) 1755:    Wenn nun Eine der grossen Verbrecherinnen, verurtheilt,
       80 f.:   Eine, nun Eine
V. 501) 1755:    Im Erdbeben versinkt, so winseln dann mit dem Schlage,
       80 f.:   Mit der sinkenden sinkt, so                    schnellen
V. 502) 1755:    Jenem dumpfen Schlage der unterirrdischen Rache
       80 f.:   Dumpfen Donnerschlage              ird
V. 503) 1755:    Todesstimmen herauf! Noch einmal erzittert die Erde,
       80 f.                          Einmal bebet
V. 504) alle Ausg.: Und noch Einmal ertönen mit ihr entheiligte Tempel,
V. 505) „   „    Stürzende Marmorhäuser, und ihrer zu sichern Bewohner
V. 506) „   „    Todesstimmen! Es flieht der bleiche rufende Wandrer!
V. 507) „   „    Abbadona vernimmt mit des todten Meeres Getöse
V. 508) 1755,80: So der beyden Gerichteten Brüllen, erkennt sie, entsetzt sich,
       1800:    das Gebrüll der beyden Gerichteten, kennt sie,
V. 509) alle Ausg.: Flieht mit wankendem Fluge die jammerhallenden Ufer.
V. 510) 1755,80: Und nun nähert er sich dem Kreise der Engel. Ein schnelles,
       1800:                nähert'          der Cherubim Kreise. Ein
V. 511) 1755:    Unbezwingbares Schrecken befiel ihn, als er den vollen
       80 f.:                   ergriff

V. 512) 1755: Majestätischen Kreis der Ungefallnen erblickte.
       80 f.: Himmelglänzenden
V. 513) 1755: Bald wär' seine lichte Gestalt in entstellendes Dunkel
       80 f.:                 ihm die lichte
V. 514) alle Ausg.: Wieder zerflossen! Die äußersten Engel, vertieft in das Anschaun
V. 515) 1755: Deß, so den wunderbaren, den sündeversöhnenden Tod starb,
       80: der
     1800: so
V. 516) 1755: Merkten den Kommenden nicht. Allein Eloa erblickt ihn
       80 f.: Sahen                                   erblickt'
V. 517) 1755: Schnell erkennt er ihn, denkt: Der Gottverlaßne! der bange,
       80 f.:         erkannt'       Du Gottverlaßner!. Der
V. 518) 1755: Qualvolle Seraph will er den Gekreuzigten sehen? Er sah ihn
       80 f.: Jammernde
V. 519) 1755: Schon am Oelberge leiden! Er sucht ihn wieder! Wie elend
       80:      an dem Oelberg
     1800:                                 suchet ihn
V. 520) 1755: Ist er!... Von dieser gebeugten und daurenden Reue geschmolzen!
       80:    er! Von     gebeugten daurenden
     1800:          Geschmolzen von dieser gebeugten daurenden Reue!
V. 521) alle Ausg.: Fast seit seiner Erschaffung in diese Thränen ergossen!
V. 522) „   „   Gott! Weltrichter! du wirst mit ihm es alles vollenden,
V. 523) „   „   Was du beschlossest! Und ich, wie könnt' ich über sein Schicksal
V. 524) „   „   Noch erstaunen? Ist nicht, durch den die Unsterblichen wurden,
V. 525) 1755: Jesus Christus am Kreuze, den ewigen Tod zu erdulden;
       80 f.:               Kreuz,
V. 526) 1755,80: Und den Tod der Menschen zu sterben? (55...) Er fiel auf sein Antlitz
     1800:            zu sterben der Menschen Tod? Er fällt auf
V. 527) 1755,80: Betend nieder, und lag, und weinte zum großen Erdulder!
     1800:                liegt,    weint zu dem
V. 528) alle Ausg.: Jetzo erhub er sich, winkte der Engel einem. Der Seraph
V. 529) 1755: Stand vor ihm da. Es sagt' Eloa: Fleug zu den Engeln,
       80 f.:               So sprach
V. 530) alle Ausg.: Und den Vätern, sage zu ihnen: Mit zweifelndem Zittern
V. 531) 1755: Naht sich euch Abbadona. Wofern er in eure Versammlung
       80 f.: Nahet sich Abbadona.
V. 532) 1755: Noch zu kommen es wagt, so laßt den Trauernden
       80 f.:                  ;         traurenden kommen.
V. 533) 1755,80: Denn er naht sich mit Thränen, den sterbenden Mittler zu sehen.
     1800:                            , zu sehn den sterbenden Mittler.

| | | |
|---|---|---|
| V. 534) | 1755: | Keiner gebiet ihm zu fliehn! Laßt ihm die qualvolle Linderung. |
| | 80: | quälende |
| | 1800. | gebiet' fliehen! ! |
| V. 535) | 1755: | Denn es umgeben das Kreuz noch größre Sünder, als er ist! |
| | 80: | größere |
| | 1800: | schuldvollere |
| V. 536) | 1755, 80: | Abbadona umzitterte noch der Engel Versammlung, |
| | 1800: | die Versammlung der Engel; |
| V. 537) | 1755: | Zweifelte, schwebt', und stand, und schlüpft' am Boden. Er wäre |
| | 80: | glitt |
| | 1800: | an dem |
| V. 538) | alle Ausg.: | Gerne geflohn; allein er ermannte sich durch den Gedanken: |
| V. 539) | 1755, 80: | Keinen geringeren, als den Versöhner könne der große |
| | 1800: | könnte |
| V. 540) | 1755: | Festliche Kreis der Engel umgeben. Itzt wagt ers, und schwebte |
| | 80: | Er wagt es, und |
| | 1800: | Nun wagt er es, schwebte |
| V. 541) | alle Ausg.: | In den schreckenden Kreis. So wie die Engel ihr Antlitz |
| V. 542) | 1755, 80: | Wandten, und ihn erblickten; so sahn sie die bange Verstellung, |
| | 1800: | Wendeten, und sahen sie bange |
| V. 543) | alle Ausg.: | Todtes Lächeln, und Glanz, der keine Seligkeit strahlte, |
| V. 544) | 1755: | Tausendjährigen Gram, unüberwindliches Trauern, [80 f. Trauren,] |
| V. 545) | alle Ausg.: | Abbadona! Sie ließen mit stillem Mitleid' ihn fortgehn. |
| V. 546) | „ „ | Und er näherte sich dem nachtbelasteten Hügel; |
| V. 547) | „ „ | Sah die Gekreuzigten; wandte sich. Nein, ich will sie nicht sehen, |
| V. 548) | 1755, 80: | Nicht der Sterbenden Antlitz! Ihr Leiden verwundet zu tief mich! |
| | 1800: | Gram |
| V. 549) | 1755: | Führt zu graunvolle Bilder vor meinen Gedanken vorüber! |
| | 80: | trübe |
| | 1800: | meinem Geiste |
| V. 550) | 1755, 80: | Klagt zu laut vor dem Richter mich an! Denn ach der gewandte, |
| | 1800: | Klaget |
| V. 551) | alle Ausg.: | Kurze, fliegende Blick auf ihre Wunden durchflammt mich |
| V. 552) | „ „ | Schon mit wüthender Angst! Mitunglückselige Menschen, |
| V. 553) | „ „ | Und so sehr mitschuldige, daß, durch schwarze Verbrechen, |
| V. 554) | „ „ | Eure Brüder euch zwingen, sie vor dem Antlitz der Sonne, |
| V. 555) | 1755, 80: | Feyerlich vor unzählbarer Mengen Versammlung, zu tödten! |
| | 1800: | der Versammlung unzählbarer Mengen zu |
| V. 556) | alle Ausg.: | Nein, es soll sie mein Auge nicht sehn, die ihr jetzt der Verwesung. |
| V. 557) | „ „ | Grausam, oder gerecht, zusendet! Dem trüben Gedanken, |

V. 558) alle Ausg.: Qualenvoller, entreiß dich dem ängstlichen Todesgedanken.
V. 559)   „    „    Den ich suche, wo sind' ich ihn auf? Ja, diese Versammlung
V. 560) 1755:     Aller Himmel, sie ist nicht umsonst heruntergestiegen!
        80 f.:        Himmel ist nicht umsonst
V. 561) 1755:     Sie umgiebt ihn! Er ist in diesem heiligen Raume!
        80 f.:                            auf dieser    Stäte!
V. 562) 1755:     Aber wo! Am Oelberge war das furchtbarste Dunkel,
        80 f.:            In Gethsemane war
V. 563) 1755:     Wo er war: doch hier strömt's auf den gebeinvollen Hügel!
        80 f.:                                    Hügel der Schädel;
V. 564) 1755, 80: Und da kann er nicht seyn! Wenn mir ein Engel ihn zeigte!
        1800:                                ! O wenn mir
V. 565) 1755:     Wenn ich fragen dürfte, dann mir ein Engel ihn zeigte!
        80 f.:                           , mir dann
V. 566) alle Ausg.: Unglückseliger! Wenn sie mich nur an dieser Erschütterung,
V. 567)   „    „    Dieser schleunigen Wehmuth nicht kennen, zu fliehn mir gebieten!
V. 568)   „    „    Nein! Sie bemerken mich nicht, vertieft in große Gedanken
V. 569) 1755, 80: Von dem göttlichen Manne, zu dem der Richter sie sandte!
        1800:                                 sie der Richtende
V. 570) alle Ausg.: Ach wo ist er? Ist er vielleicht in des deckenden Tempels
V. 571)   „    „    Allerheiligstem? betet er dort von neuem? und soll ihn,
V. 572)   „    „    Wie er leidet, kein Endlicher mehr, nicht den blutigen Schweiß sehn,
V. 573) 1755, 80: Der von seinem Angesicht rinnt? Doch der Himmlischen Augen
        1800:     Welcher ihm von dem
V. 574) 1755, 80: Sind mehr auf den Hügel, als auf den Tempel gerichtet;
        1800:     Sind ja mehr
V. 575) 1755, 80: Wenn ich anders es sehe, wohin sie blicken.  Verworfner!
        1800:                         seh,
V. 576) 1755:     Ja, so bist du erniedrigt, du darfst dein schamvolles Auge
        80 f.:                                                Auge der Scham voll
V. 577) alle Ausg.: Nicht zu den Gottgetreuen erheben, obgleich du es wagtest,
V. 578)   „    „    Ihnen selber in ihrer verklärten Gestalt dich zu zeigen!
V. 579) 1755:     Auf dem gebeinvollen Hügel? Vielleicht, daß er dort, wo Verbrecher,
        80 f.:        Hügel der Schädel?
V. 580) alle Ausg.: Diese lautesten Zeugen des Falls der Sterblichen, bluten,
V. 581) 1755, 80: Was er auf Erden zu leiden beschloß, vollendet? Vielleicht liegt
        1800:                                         dulden
V. 582) 1755:     Unter Gebeinen der Göttliche dort, und betet zum Richter?
        80:       Gebein
        1800:                                        fleht zu dem

V.583) alle Ausg.: Ach so muß ich denn wieder zum Todeshügel mein Antlitz
V.584) 1755,80: Wenden! Er wandt' es, doch schwebt' er mit bangem, säumenden Fluge;
   1800:            schwebet' er bang mit säumendem
V.585) alle Ausg.: Seitwärts schwebt' er hinab, und suchte lange mit scharfen
V.586)  „ „ Schnellen Blicken unter den Kreuzen. Er findet Johannes,
V.587) 1755,80: Und begleitet mit seinem Auge die Blicke des Jüngers.
   1800:     - des Jüngers Blick mit geheftetem Auge.
V.588) 1755: Und der Geopferte für die Verbrecher hing in der Nacht hin;
  80 f.:                  die
V.589) 1755,80: Schien mit brechendem Aug' ein Grab zur Ruhe zu suchen!
   1800:                 zu der
V.590) alle Ausg.: Als von dem ersten Entsetzen sich Abbadona emporwand,
V.591) 1755,80: Dacht' er: Es ist nicht möglich! Es ist nicht möglich! Er ists nicht!
   1800:            ! ist nicht möglich! er
V.592) alle Ausg.: Sterben? es ist nicht möglich! Allein, ihr Himmel! . Was wag' ich
V.593)  „ „ Mir zu überreden? Ich täusche mich nicht! Ich seh' ihn!
V.594) 1755: Ja! er ist es dennoch! Ach den ich am Oelberge sahe,
  80:                Oelberg
  1800:             sah an dem Oelberg,
V.595) 1755,80: Leiden sahe, was nie noch ein Endlicher litt, dein Opfer,
   1800:         nie ein
V.596) 1755: Unerbittlicher Richter, er ists! Jtzt sank er zum Hügel
  80:            ist es!
  1800:               Er sank zu dem
V.597) 1755,80: Tiefer hinab. Hier will ich am Staube der Erde, so dacht' er,
   1800:         an der Erde Staub' ich,
V.598) 1755: Auf den Ausgang des wunderbarsten aller Gerichte
  80:        das Ende
  1800:             unerforschlichsten
V.599) alle Ausg.: Warten; und wenns ein Endlicher kann, den göttlichen Dulder
V.600) 1755: Sterben sehn! Was ist es in mir, so wie Ruhe mich lindert?
  80:                 das
  1800:                    Ruh mich besänftigt?
V.601) 1755: Ists Betäubung der Angst? wie? oder wirkliche Hoffnung?
  80:  Ist es
  1800:        der Angst Betäubung? ist es wirkliche
V.602) alle Ausg.: Ach der Hoffnungen beste, vernichtet zu werden? O täusche,
V.603)  „ „ Einzige Hoffnung, täusche mich nicht! Mich deucht ja, ich dürfe
V.604)  „ „ Um die Vernichtung dem Richter itzt flehn! Es deucht mich, er werde
V.605)  „ „ Jetzt mich erhören! O wenn der göttliche Dulder sein Haupt nun,

| V. 606) | 1755,80: | Richter der Welt! am Kreuze geneigt hat, und du, ein Rächer, |
| --- | --- | --- |
| | 1800: | an dem Vergelter, |
| V. 607) | 1755,80: | Daß wir die Sünd' erschufen; zur Sünde die Menschen verführten! |
| | 1800: | ! ach zu der Sünde |
| V. 608) | alle Ausg.: | Einige dieser Verbrecher, als Todesopfer, dem Schatten |
| V. 609) | 1755: | Deines Getödteten weihst, und um sein Grab sie vernichtest! |
| | 80 f.: | an seinem Grabe vernichtest; |
| V. 610) | 1755: | Ach, dann sondre mich auch, mich den verworfensten Sünder, |
| | 80 f.: | den verworfensten unter den Sündern, |
| V. 611) | alle Ausg.: | Abbadona mit aus, daß du dem Todten mich opferst! |
| V. 612) | „ „ | Ach, dann bin ich nicht mehr! dann fühl' ich der nächtlichen Qualen |
| V. 613) | „ „ | Flamme nicht mehr! Ich war einmal! Dann bin ich vergangen! |
| V. 614) | 1755,80: | Aus der Wesen Reihe verlöscht! auf immer vergangen! |
| | 1800: | ! bin auf . |
| V. 615) | alle Ausg.: | Von den Engeln, von allen Erschaffnen, von Gott, vergessen! |
| V. 616) | 1755: | Sieh, ich strecke mein Haupt, Gott, deiner Allmacht entgegen! |
| | 80: | streck entgegen mein Haupt, Gott, deiner Allmacht! |
| | 1800: | neig' |
| V. 617) | 1755: | Würdige, Richter der Welt, mich, daß ihr geheimes Berühren, |
| | 80: | ihre geheime Berührung, |
| | 1800: | sie mit geheimer Berührung, |
| V. 618) | 1755,80: | Oder ihr fallender Blitz aus deiner Schöpfung mich tilge! |
| | 1800: | mit fallendem Strahl, |
| V. 619) | 1755,80: | Also wünscht, so wähnet er, hoffen zu dürfen; erfreut sich, |
| | 1800: | er freut sich, |
| V. 620) | 1755,80: | Und entsetzt sich über die Hoffnung! Er schwebt' am Staube, |
| | 1800: | Und er entsetzt sich an dem |
| V. 621) | 1755: | Blickte zum blutvollen Kreuz hinauf, zum sterbenden Mittler, |
| | 80: | blutigen |
| | 1800: | , zu dem |
| V. 622) | 1755,80: | Dachte mit jedem fliegenden Blicke, der Göttliche würde, |
| | 1800: | Blick, . |
| V. 623) | 1755,80: | Nun, nun sterben! Und trüberes Schrecken, vernichtet zu werden! |
| | 1800: | . Graun, |
| V. 624) | 1755,80: | Ueberfiel mit jedem Gedanken ihn! Sichtbar verdunkelt, |
| | 1800: | Ueberströmte mit |
| V. 625) | 1755,80: | Stand er, und strebt', und rang, die lichte Gestalt zu behalten! |
| | 1800: | strebet', |

V. 626) 1755:   Als er so sich bestrebt, und sich in der Bangigkeit wendet,
      80:       Da er also strebet,
      1800:                strebt',                              wandte,

V. 627) 1755,80: Sieht er nicht ferne von sich, bey einem der Kreuze, zur Rechten
      1800:    Sah

V. 628) 1755,80: Jenes erhabneren Kreuzes, das mitten schreckender aufstieg,
      1800:            höheren

V. 629) 1755:   Sieht er dort auf Einmal den mitgeschaffnen, geliebten
      80 f.:    Dort auf Einmal in Strahlen

V. 630) alle Ausg.: Furchtbaren Abdiel schweben! Die ringsumglänzenden Engel

V. 631) 1755,80: Hüllt' ihm itzt Dunkelheit ein! Die Schöpfung ward ihm zu enge!
      1800:    Hüllet ihm Dunkelheit

V. 632) 1755:   So ergriff ihn die Angst, es werde sein Freund ihn erkennen!
      80 f.:                             würde                              .

V. 633) alle Ausg.: Was in ihm Unsterbliches war, die geistigen Kräfte

V. 634) „  „     Alle ruft er zurück, daß Abdiel ihn nicht erkenne!

V. 635) „  „     Eilend, als wär' er von Gott aus fernen Welten zu andern

V. 636) „  „     Fernen Welten gesandt, und dürf' auf der Erde nicht weilen!

V. 637) „  „     Wandt' er zu Abdiel sich, und sprach die geflügelten Worte:

V. 638) 1755:   Sag, Geliebter, du weißt es vielleicht: Wenn ists dem Versöner,
      80 f.:                                            ist es dem Mittler,

V. 639) 1755:   Daß er sterbe, gesetzt? Mir ist zu eilen geboten,
      80:                              ward zu eilen
      1800:                           , daß ich eilte, geboten;

V. 640) 1755:   Und ich wünsche doch auch, den heiligen, gottgewählten,
      80 f.:                               die heilige, gottgewählte,

V. 641) 1755:   Schrecklichen Augenblick, wo ich auch sey, anbetend zu feyern!
      80 f.:    Schreckliche Stunde,                                feyern!

V. 642) 1755:   Abdiel stand gewendet. Allein itzt kehrt er sein Antlitz
      80:                                      jetzt
      1800:                                     nun

V. 643) 1755,80: Auf den Verlornen, und spricht mit Ernste, den Wehmuth mildert:
      1800:                          sagt

V. 644) alle Ausg.: Abbadona! So steigt ins Gesicht des blühenden Jünglings,

V. 645) 1755,80: Den der rufende Blitz erschlug, die Farbe des Todes
      1800:    Welchen der

V. 646) 1755:   Schnell herauf! So strömte die Nacht des Abgrunds ins Antlitz
      80:      Schleunig                    des Abgrunds Nacht in das

V. 647) alle Ausg.: Abbadona's empor! Die Heiligen sahen ihn alle

V. 648) 1755:  Dunkel werden! Er floh aus ihrem schreckendem Kreise!
       80 f.:                               schreckenden

So flieht Abbadona denn jetzt aus Scham, 1751 aus tiefster Reue, 1748 aus Furcht und Verzweiflung. Wir sehen also stufenweise den besseren Geist in ihm erwachen. So will er auch 1748 sich selbst vernichten und verwünscht Gott und die Stunde seiner Erschaffung, 1751 rechtet er bloß noch mit Gott, warum er ihn nicht vernichte, 1755 bittet er ihn flehentlich um diese Vernichtung, ja, er hofft diese wenigstens erlangen zu können, da er der Messianischen Gnade als Engel wohl nicht theilhaftig werden kann. Allmählig wendet sich auch Abdiels Liebe ihm wieder zu. Im 13. Gesange (1768) treffen wir ihn wieder bei der Auferstehung des Messias. Während der Todesengel Obaddon Satan und Adramelech befiehlt, bei dieser Scene zugegen zu sein, bleibt Abbadona die Wahl ganz überlassen. V. 483—545. Lesarten 1769 (warum nicht 1768, s. unter den Ausgaben), 1780, 1800.

V. 483) 1769,80:                              Jetzt nahte sich Abbadona,
       1800:                                  nahete      Abadona,
V. 484) alle Ausg.: Blickt', indem er vorüberging, Adramelech und Satan
V. 485)   „    „   Ohn' ihr Wüthen zu fürchten, und ohne rächenden Stolz an.
V. 486)   „    „   Denn er war nicht ihr Richter. Doch trat er zum himmlischen Seraph
V. 487)   „    „   Näher, als sie vor ihm standen, und sprach: Ein Bothe der Rache
V. 488) 1769,80: Bist du, aber du kennst auch, o Engel Gottes, das Mitleid!
       1800:               ;          kennest auch, Engel Gottes,
V. 489) alle Ausg.: Darf ich nicht auch, da die beyden Empörer dürfen, den Gottmensch
V. 490) 1769,80: Sehn, wenn er aufersteht? Wie könnt' ich es wagen zu wähnen,
       1800:                                              ich wagen
V. 491) 1769,80: Daß ich ihn anzubeten vermöge? Willkommen, willkommen,
       1800:                  ich vermög' ihn anzubeten?
V. 492) 1769:   Ungesehne Hand, die mit ihnen auch mich in den Staub stürzt,
       80 f.:   Ungesehene
V. 493) alle Ausg.: Hand des Allmächtigen! Ach, daß ich ihn nur seh, wenn er aufsteht
V. 494)   „    „   Aus dem Grabe, der Sündeversöhner, der Ueberwinder!
V. 495)   „    „   Satan hört' ihn, und rief ihm entflammt mit stammelndem Grimm zu:
V. 496)   „    „   Sklav, nicht Gottes, der Höll'! elendester unter den Sklaven!
V. 497)   „    „   Doch schon unterbrach ihn der schreckende Todesengel:
V. 498)   „    „   Satan, verstumme vor mir! Ich habe keine Befehle,

V. 499) alle Ausg.: Abdiel Abbadona, für dich. Ich weiß nicht, wie lange
V. 500) 1769,80: Dir, auf der Erde zu bleiben, und, ob dir den göttlichen Todten,
    1800:               ob den göttlichen
V. 501) 1769,80: Wenn er erwacht, zu sehen vergönnt sey. Ich kann dir nur sagen,
    1800:      erwacht, dir zu sehn
V. 502) alle Ausg.: Daß der Hügel von Schaaren der auferstandnen Gerechten,
V. 503) 1769:  Und von Schaaren der Engel umringt ist. Diese Verworfne
   80:                 Verworfnen
   1800:            umgeben ist. Diese verworfnen
V. 504) 1769,80: Sehn ihn, wenn sie dieß wählen, damit des Erwachten Triumphe
    1800:  Sehen
V. 505) alle Ausg.: Sie zu strafen beginnen, für jenen Entschluß, den Gefallnen
V. 506) 1769,80: Ihren Erlöser zu nehmen! Du hattest an diesem Entschlusse,
    1800:                 dem
V. 507) 1769,80: Abbadona, kein Theil! ihn aber mit meiner Entzückung,
    1800:          doch ihn mit
V. 508) 1769,80: Mit der Wonne der auferstandnen Erlösten zu sehen,
    1800:         zu sehn der auferstandnen Erlösten,
V. 509) alle Ausg.: Abdiel, könntest du dich mit diesem Wunsche wohl täuschen?
V. 510)  „  „  Feurig, mit Ungestüm, sprach Abdiel: Nicht mit Entzückung,
V. 511)  „  „  Ach mit Wonne nicht; allein nur sehen, nur sehen!
V. 512) 1769,80: Ha! du Niedrigster! ruft' ihm Abramelech entgegen,
    1800:     niedrigster  rufet
V. 513) 1769,80: Ja, du warst es! du nanntest den Nahmen Eloa der Hölle!
    1800:             Eloa's Namen der
V. 514) alle Ausg.: Engel des Todes! ich geh zu der Hölle! Wehe dem Stolzen,
V. 515)  „  „  Der mein spottet! den sollen geschleuderte Felsen begraben!
V. 516)  „  „  Warum folgst du mir nicht, verworfenster unter den Engeln?
V. 517)  „  „  Doch kein Engel nicht mehr, nur eine Seele! Du fürchtest,
V. 518)  „  „  Und du täuschest dich nicht, daß ich an die untersten Stufen
V. 519) 1769,80: Meiner Throne mit diamantnen Ketten dich feßle,
    1800:        diamantenen
V. 520) alle Ausg.: Und, indem ich, in große Gedanken vertieft, auf den Höhen
V. 521) 1769,80: Meiner Throne sitze, den Fuß auf deinem Nacken
    1800:   Throne nun sitze, auf deinem Nacken den Fuß mir
V. 522) 1769,80: Ausruhn lasse! Doch werde zuvor an dem Hügel ein Opfer
    1800:          bey den Schädeln
V. 523) alle Ausg.: Deiner Kriechsucht! Schauernd, mit zürnender Traurigkeit schüttelt
V. 524)  „  „  Abbadona sein Haupt: Nicht deine flammenden Worte

V. 525) 1769,80: Schrecken, Wüthender, mich! die gerechten Engel und Seelen
       1800:                 w             der erstandne Gerechte, der Cherub
V. 526) alle Ausg.: Schrecken mich, und Jehovah mein Feind! Er wandte sein Antlitz.
V. 527)  „   „   Adramelech verließ sie. Ich folge dir! stammelte Satan
V. 528)  „   „   Wüthend zum Todesengel. Die Stirne voll Donnernarben
V. 529) 1769,80: Wurd' ihm dunkler, indem er folgte. Sie schwebten. Voll Zweifels
       1800:                                         schwebeten. Zweifelnd
V. 530) 1769:    Stand noch Abdiel. Ungestüm wandt' itzt Adramelech
        80:                         Ungestüm wendete jezt
       1800:                        Jetzo wandt ungestüm
V. 531) alle Ausg.: Wieder sich um. Er wälzt' in dem rasenden Felsenherzen
V. 532) 1769:    Eine Lästrung, schwarz, wie die Nacht der untersten Hölle.
        80 f.:       Lästerung,
V. 533) alle Ausg.: Und entschlossen, herauszuströmen das Ungeheuer
V. 534)  „   „   In der Versammlung der Heiligen, schrie er: Ich folge dir, Engel!
V. 535)  „   „   Wende dich! rief mit des Donners Ruf der Verderber, die Schöpfung
V. 536)  „   „   Sollst du nicht sehn! dein Auge wird Blindheit schlagen! dich führen,
V. 537) 1769,80: Beb' ihm nach! ein Geheul! Schon starrte sein Aug' ihm in Nacht hin,
       1800:                                                                das
V. 538) 1769,80: Und schon rauscht' es um ihn, und heult' in dem führenden Sturme.
       1800:                                            heulet' im
V. 539) 1769:    Jammernd Geheul, er folgte, das mußt er! jetzt fernersterbend,
        80:                                                itzt
       1800:                       folgt, das muß er!
V. 540) alle Ausg.: Jetzo erschütternd nah, war in dem geflügelten Sturme.
V. 541)  „   „   Schnelles, unwiderstehliches, unnennbares Entsetzen
V. 542) 1769,80: Faßt' ihn, wenn das Geheul, wie Gerichtsposaunen, ihm zurief:
       1800:     Fasset'
V. 543) 1769:    Wehe dir! Weh, Weh dir! und dann es ihm dauchte, Gebirge
        80 f.:        Wehe,
V. 544) 1769,80: Naher Sterne wankten davon, und schmetterten krachend
       1800:     Nahender
V. 545) alle Ausg.: Nieder auf ihn, und wälzten ihn fort in dampfenden Trümmern!

  Die heftigste Sehnsucht, sehen wir, ist in Abbadona nach dem Messias erwacht; wenn er auch noch immer nicht hoffen darf, an der Erlösung Antheil zu haben, so will er ihn doch wenigstens anbeten dürfen und sich gern von seiner Hand dann vernichten lassen. Der Todesengel verfährt jetzt schon sehr säuberlich mit ihm, während mit den beiden anderen Teufeln kurzer Prozeß gemacht wird.

Im 16. Gesange (1773) V. 630—636 wird Abbadona von Neuem genannt. Der Messias ist in die Hölle gestiegen, sie zu richten. Abbadona und die verworfenen Seelen der Menschen ausgenommen, werden alle Satane zu Todtengerippen verwandelt, aber mit unsterblichem Leben, ewiger Pein. (V. 572—699 Schluß.) Schauerlichere Töne werden kaum einer anderen Sprache zu Gebote stehen, als wie sie Klopstock hier der deutschen abgerungen hat. (V. 617 bedeutet S. Satan).

V. 609) 1773,80: Jetzo ward' Eloa gewahr in dem Antlitz des Mittlers
        1800:    Du Eloa, wurdest

V. 610) 1773,80: Ein Hinschaun, daß er nieder bey ihm mit vollem Gefühl sank
        1800:                     du          mit dem vollen    sankst

V. 611) 1773,80: Seiner Endlichkeit. Dumpf brüllt' auf der Satane Rufen,
        1800:    Deiner

V. 612) alle Ausg.: Dumpf scholl's her mit der Woge des Meeres zu dem hohen Gestade:
V. 613) „ „ Ha! was bin ich geworden? was du geworden? und dennoch
V. 614) 1773,80: Leb' ich! Weh mir, ich lebe! Lebest du auch? Was säumet
        1800:         Wehe mir, lebe! Lebst du auch? Ha was
V. 615) alle Ausg.: Denn sein Donner noch? Wird länger nicht säumen! nicht säumen!
V. 616) „ „ Niedergeschleudert, daß mit die Hölle vergeht, daß die Lasten
V. 617) „ „ Ihrer Gebirge, wird bald .. S. Ha rufet es, brüllt es mir zu: Wer,
V. 618) „ „ O wer seyd ihr geworden? Ich lieg', hier lieg' ich, (Satan
V. 619) „ „ Zittert' es, stammelt' es,) lieg' an dieser Verwüstung, und starre
V. 620) „ „ Weit hinunter gestreckt! Wo der Tempel der goldenen Tafel
V. 621) „ „ Hatte gestanden, auf dieser geebneten Oede Gefilden
V. 622) „ „ Lag Adramelech, und rief, daß der andern Stimmengetöse
V. 623) „ „ Niedersank: Hier lieg' ich, du Weh des Wehes! Gericht du,
V. 624) 1773,80: Dem sie selber verstummen die Donner Gottes! hier starr' ich,
        1800:    selbst sie
V. 625) alle Ausg.: Laßt' ich die Höll', ein Todtengeripp! Da der Engel der Erde
V. 626) 1773,80: Jetzt die furchtbare Täuschung vernahm, mit der sie sich täuschten,
        1800:    Ihre furchtbare
V. 627) alle Ausg.: Bebt' er zurück. Die verworfenen Seelen, mit ihnen die Seele
V. 628) „ „ Philo's, Ischariots Seele mit ihnen, waren, wie Wolken
V. 629) „ „ Aus den Fernen, herüber zum todten Meere, gezogen.

V. 630) alle Ausg.: Jetzo sahn sie den Richter nicht mehr: sahn über dem offnen
V. 631) „ „ Schreckengefild weit ausgebreitet Todtengerippe,
V. 632) 1773, 80: Engelgebein! und unter ihnen in seiner Gestalt stehn
        1800: von ihnen umringt in seiner
V. 633) alle Ausg.: Abbadona; allein auch er erblickte Gerippe!
V. 634) „ „ Täuschung hatte sich über die ganze Hölle verbreitet;
V. 635) „ „ Nur der eignen Verwandlung entsetzliche hatte der Seelen,
V. 636) „ „ Und des Engels geschont. Der feurige leuchtende Klumpen
V. 637) 1773, 80: Stand in der Mittagsglut jetzt über dem Meere des Todes,
        1800: hoch
V. 638) alle Ausg.: Erst entstellter, als sonst, von schwarzen Beulen des Urstoffs
V. 639) „ „ Aufgeschwollen; allein die öffneten sich, und ergossen
V. 640) 1773, 80: Lichteren Brand, aus jedem der furchtbaren Schlünd' ein Glutmeer.
        1800: Rachen
V. 641) 1773, 80: Weißer wurde das Schreckengefilde bis hin, wo kein Auge
        1800: ward
V. 642) alle Ausg.: Mehr von einander vermochte die Grabgestalten zu sondern.
V. 643) „ „ Aber auch da, wo die Seelen sie unterschieden, erkannten
V. 644) „ „ Sie doch keinen, als nur an seiner Stimme Gebrülle.
V. 645) 1773, 80: Denn, wie sonst die Stimmen herauf mit dem Meere braußten,
        1800: Ocean
V. 646) alle Ausg.: Wie von dem Felsen herab sie schmetterten, schollen sie jetzt auch,
V. 647) „ „ Jetzt nur dumpfer vor Qual, vor Wuth, vor Entsetzen gebrochner!

Der leuchtende Klumpen in V. 636 ist die Sonne der Hölle, das Meer des Todes V. 637 und V. 629 befindet sich in der Hölle selbst. Endlich, im 19. Gesange, wird Abbadonas Schicksal entschieden beim Weltgerichte, von welchem Adam in Gesichten Kenntniß erhält. V. 91—235. Man könnte übrigens der Ansicht sein aus vielerlei Gründen, daß diese Stelle schon sehr früh, mit Ausnahme etwa des Schlußgesanges möglichen Falls schon vor der Reise in die Schweiz, also vor der Mitte von 1750 gedichtet ist. Einige früher gebrauchte Wendungen und Ausdrücke, die Alliterationen, vor allem aber die Frische, die relative Sinnlichkeit und Anmuth der Sprache sprechen dafür im Großen und Ganzen. Auch in der Construction hat z. B. die Stelle V. 153 bis V. 178 Aehnlichkeit mit dem Anfange des 3. Gesanges. Vgl. in der Entstehungsgeschichte Nr. 12.

Und der Vers 150: „Laß mich Einmal nur noch den großen Gedanken denken" erinnert an die Anfangsstrophe der Züricher-See-Ode: „... Das den großen Gedanken Deiner Schöpfung noch Einmal denkt" (1750). Obige Annahme involvirt freilich fast, daß Klopstock dann schon von Anfang an über das Schicksal Abbadonas mit sich einig gewesen sei, was mit seinen eigenen Aeußerungen sich nicht gut vereinigen läßt. —

V. 91) 1773:    Graunvoll stand das Heer zu des Richters Linke. Vom Throne
     80,1800:                                                                       Linken.

V. 92) 1773,80: Schwebten Todesengel herab, Verworfne zu führen
     1800:                     , daß Verworfne sie führten

V. 93) alle Ausg.: In die Wohnung der ewigen Nacht. Sie trugen die Schrecken

V. 94)  „   „   Deß auf dem Thron' im richtenden Blick. Zu tausenden wälzten,

V. 95) 1773,80: Da sie schwebten, Donnerwolken des hohen Gerichtstuhls
     1800:       schwebeten,                     Gerichtsstuhls

V. 96) alle Ausg.: Ihrem eilenden Fluge sich nach. In einsamer Stille,

V. 97)  „   „   Und mit sterbendem Blicke starr in die Tiefe gesenkt, stand

V. 98)  „   „   Abbadona. Ihm kam der Engel einer des Todes

V. 99) 1773,80: Immer näher und näher. Er sah den Cherub, und kannt' ihn,
     1800:                                                , erkannt'

V. 100) alle Ausg.: Und erhub sich zu sterben. Er schaute mit trüberem Auge

V. 101)  „   „   Auf den Richter, und rief aus allen Tiefen der Seele.

V. 102)  „   „   Gegen ihn wandte das ganze Geschlecht der Menschen sein Antlitz,

V. 103)  „   „   Und der Richter vom Thron. So sprach anbetend der Seraph:

V. 104)  „   „   Weil nun alles geschehn ist, und auf den letzten der Tage

V. 105)  „   „   Diese Nacht der Ewigkeit folgt: so laß nur noch Einmal,

V. 106)  „   „   Du, der sitzt auf dem Throne, mit diesen Thränen dich anschaun,

V. 107)  „   „   Die, seit der Erde Geburt, mein brechendes Auge geweint hat.

V. 108)  „   „   Schaue vom Thron, wo du ruhst, du hast ja selber gelitten!

V. 109)  „   „   Schau' in das Elend herunter, wo wir Gerichteten stehen,

V. 110)  „   „   Auf den verlassensten aller Erschaffnen! Ich bitte nicht Gnade;

V. 111)  „   „   Aber laß um den Tod, Gottmensch Erbarmer, dich bitten.

V. 112)  „   „   Siehe, diesen Felsen umfaß' ich! hier will ich mich halten,

V. 113)  „   „   Wenn die Todesengel von Gott die Gerichteten führen.

V. 114)  „   „   Tausend Donner sind um dich her, nimm einen der tausend,

V. 115)  „   „   Waffn' ihn mit Allmacht, tödte mich, Sohn, um deiner Liebe,

V. 116)  „   „   Deiner Erbarmungen willen, mit denen du heute begnadigst!

| | | |
|---|---|---|
| V. 117) | alle Ausg.: | Ach ich ward ja von dir auch mit den Gerechten erschaffen; |
| V. 118) | „ „ | Laß mich sterben! Vertilg' aus deiner Schöpfung den Anblick |
| V. 119) | „ „ | Meines Jammers, und Abbadona sey ewig vergessen! |
| V. 120) | „ „ | Meine Schöpfung sey aus, und leer die Stäte des bängsten, |
| V. 121) | „ „ | Und des verlassensten aller Erschaffnen! Dein Donner säumet, |
| V. 122) | „ „ | Und du hörest mich nicht. Ach muß ich leben, so laß mich, |
| V. 123) | „ „ | Von den Verworfnen gesondert, auf diesem dunklen Gerichtsplatz |
| V. 124) | „ „ | Einsam bleiben, daß mirs in meinen Qualen ein Trost sey, |
| V. 125) | „ „ | Tiefnachdenkend mich umzuschaun: Dort saß auf dem Throne |
| V. 126) | „ „ | Mit hellglänzenden Wunden der Sohn! Da huben die Frommen |
| V. 127) | „ „ | Sich auf schimmernden Wolken empor! Hier ward' ich gerichtet! |
| V. 128) | „ „ | Abbadona sank an den Felsen. In eilendem Fluge |
| V. 129) | „ „ | Standen die Todesengel, und wandten ihr Antlitz zum Richter. |
| V. 130) | „ „ | Feyerlich schwieg das Menschengeschlecht. Die Donner verstummten, |
| V. 131) | 1773,80: | Die unaufhörlich vorher von dem Throne des Richters erschollen. |
| | 1800: | Richtenden schollen. |
| V. 132) | alle Ausg.: | Abbadona erwacht', und fühlte die Ewigkeit wieder; |
| V. 133) | „ „ | Gegen ihn kam durch die wartenden Himmel die Stimme des Richters: |
| V. 134) | „ „ | Abbadona, ich schuf dich! ich kenne meine Geschöpfe, |
| V. 135) | „ „ | Sehe den Wurm, eh' er kriecht, den Seraph, eh' er empfindet; |
| V. 136) | „ „ | Kenn' in allen Tiefen des Herzens alle Gedanken: |
| V. 137) | „ „ | Aber du hast mich verlassen! und jene Gerichteten zeugen |
| V. 138) | „ „ | Wider dich auch! du verführtest sie mit! Sie sind unsterblich! |
| V. 139) | „ „ | Abbadona erhub sich, und rang die Hände gen Himmel, |
| V. 140) | 1773,80: | Also sagt' er: Ach wenn du mich kennst und wenn du den bängsten |
| | 1800: | saget' er: Wenn |
| V. 141) | alle Ausg.: | Aller Engel gewürdiget hast sein Elend zu sehen; |
| V. 142) | „ „ | Wenn dein göttliches Auge die Ewigkeiten durchschaut hat, |
| V. 143) | „ „ | Die ich leide: so würdige mich, daß dein Donner mich fasse, |
| V. 144) | 1773: | Und dein Arm sich meiner erbarm, vor dir mich zu tödten! |
| | 80,1800: | erbarme, |
| V. 145) | alle Ausg.: | Mittler! ich sinke betäubt in des Abgrunds furchtbarste Tiefe; |
| V. 146) | „ „ | Und mein bebender Geist entflieht der Ewigkeit Schauplatz, |
| V. 147) | „ „ | Stürzt sich hinab, und ruft dem Tode, so oft ich es denke, |
| V. 148) | „ „ | Daß du mich schufst! und ich es nicht werth war, geschaffen zu werden! |
| V. 149) | „ „ | Schau, wo du richtest, herab, und sieh, du Erbarmer, mein Elend! |

V. 150) 1773:    Laß mich Einmal nur noch den grossen Gedanken denken,
      80:        nur Einmal noch den grossen Gedanken mich
      1800:                                            erhabnen
V. 151) alle Ausg.: Daß du mich schufst! daß auch ich von dem besten der Wesen gemacht ward!
V. 152) 1773,80: Und dann tilg' auf ewig mich weg vom Antlitz der Schöpfung!
      1800:                                         von der Schöpfungen Schauplatz!
V. 153) alle Ausg.: Sey mir, Gedanke, gegrüßt, vor dem nahen Abschied von allen,
V. 154) „   „  Die Gott schuf, und dem Unerschaffnen der letzte Gedanke!
V. 155) „   „  Da der vollendete Himmel in seinen Kreisen heraufkam,
V. 156) „   „  Und der erste Jubelgesang die Unendlichkeit füllte;
V. 157) „   „  Da mit Einer großen Empfindung, die von dem Schöpfer
V. 158) „   „  All' auf Einmal ergriff, die werdenden Engel sich fühlten;
V. 159) „   „  Da der Einsame sich vor Tausendmal tausend enthüllte,
V. 160) „   „  Wie er von Ewigkeit war, und zuerst der höchste Gedanke
V. 161) „   „  Nicht allein mehr von Gott gedacht ward: da schuf mich mein Richter!
V. 162) „   „  Damals kannt' ich kein Elend, kein Schmerz entweihte die Hoheit
V. 163) „   „  Meines Geistes. Vor allen, die ich sie zu lieben mir auskohr,
V. 164) „   „  War mir der liebenswürdigste Gott! Mit schattendem Flügel
V. 165) „   „  Deckte mich ewiges Heil! In jeder Aussicht sah ich
V. 166) „   „  Seligkeiten um mich! Mir jauchzt' ich in meiner Entzückung,
V. 167) „   „  Daß ich geschaffen war, zu. Ich war, geliebet zu werden
V. 168) „   „  Von dem besten der Wesen! Ich maß mein daurendes Leben
V. 169) „   „  Nach der Ewigkeit ab, und zählte die seligen Tage
V. 170) „   „  Nach der Zahl der Erbarmungen Gottes! Nun muß ich vergehen!
V. 171) 1773,80: Nicht mehr seyn! nie wieder mit tiefer Bewunderung Gott schaun!
      1800:   Länger nicht
V. 172) 1773,80: Und am Throne des Sohns kein Hallelujah mehr singen!
      1800:      an dem
V. 173) alle Ausg.: Werde denn, ewiger Geist, werd' aufgelöset! Vollendet
V. 174) „   „  Ist der Zweck, zu dem du geschaffen wurdest! Hier steh' ich,
V. 175) „   „  Bete zum letztenmale dich an, o, der auf des Schicksals
V. 176) 1773,80: Nächtlichste furchtbarste Höh mich stellte, mich dort zum Zeugen
      1800:                                         dort mich
V. 177) alle Ausg.: Erst der Huld; der Rache, der unerbittlichen, dann mich
V. 178) „   „  Auserkohr, daß Aeonen es sähn, und ihr Antlitz verhüllten!
V. 179) 1773,80: Also sagt er, und sinkt vor dem Richter aufs Angesicht nieder,
      1800:      saget er, sinkt

V. 180) alle Ausg.: Und erwartet den Tod. Und tiefe feyrliche Stille
V. 181) „    „    Breitet noch über den Himmel sich aus, und über die Erde.
V. 182) 1773:   Damals erhub ich mein Aug', und sah die Himmel herunter,
        80 f.:          erhob           Auge,
V. 183) alle Ausg.: Und ich sah auf den goldenen Stühlen die Heiligen beben,
V. 184) „    „    Vor Erwarten der Dinge, die kommen sollten! Ich sah auch,
V. 185) „    „    Vor dem Heer der Verworfnen, um Abbadona, erwartend,
V. 186) „    „    Glühender Stirn, es lagen um sie die nächtlichen Wolken
V. 187) „    „    Unbeweglich, so sah ich die Todesengel! Sie wandten
V. 188) 1773,80: Starr ihr Antlitz von Abbadona zum Throne des Richters.
        1800:              von Abbadona den Blick zu dem
V. 189) alle Ausg.: Hier verstummte der Vater der Menschen. Die Heiligen sahn ihn,
V. 190) 1773,80: Als wenn er unter ihnen noch Einmal vom Tod' erwachte,
        1800:     ob
V. 191) alle Ausg.: Da er wieder begann: Zuletzt, wie die Stimme des Vaters
V. 192) „    „    Zu dem Sohn, wie der Jubel Nachhall, scholl von dem Throne
V. 193) „    „    Diese Stimme: Komm, Abbadona, zu deinem Erbarmer!
V. 194) „    „    Adam verstummte von neuem. Da ihm die Sprache zurückkam,
V. 195) „    „    Da er mit feuriggeflügelten Worten zu reden vermochte,
V. 196) „    „    Sagt' er: Schnell, wie Gedanken der himmelsteigenden Andacht,
V. 197) „    „    Wie auf Flügeln des Sturms, in dem der Ewige wandelt,
V. 198) „    „    Schwung sich Abbadona empor, und eilte zum Throne!
V. 199) 1773,80: Als er daher durch die Himmel ging, erwachte die Schönheit
        1800:            in dem          ging, da erwachte
V. 200) alle Ausg.: Seiner heiligen Jugend im betenden Auge, das Gott sah;
V. 201) „    „    Und die Ruh des Unsterblichen kam in des Seraphs Geberde!
V. 202) „    „    So hat keiner von uns an der Auferstehungen Tage
V. 203) „    „    Ueber dem Staube gestanden, wie Abbadona daherging.
V. 204) 1773,80: Abdiel konnte nicht mehr des Kommenden Anblick ertragen,
        1800:                     aushalten des kommenden Anblick,
V. 205) alle Ausg.: Schwung sich durch die Gerechten hervor; mit verbreiteten Armen
V. 206) 1773,80: Jauchzt' er laut durch die Himmel. Die Wange glüht' ihm; die Krone
        1800:   Jauchzet'                    den
V. 207) alle Ausg.: Klang um sein Haupt; er zittert' auf Abbadona herunter,
V. 208) 1773,80: Und umarmt' ihn! Der Liebende riß sich aus seiner Umarmung,
        1800:                 !                                der
V. 209) 1773,80: Und sank jetzt zu den Füßen des Richters aufs Angesicht nieder.
        1800:   Sank dann zu

V. 210) 1773:    Nun erhub sich in allen Himmeln des lauten Weinens
         80:         erhob
       1800:           sich umher in dem Himmel des
V. 211) alle Ausg.: Stimme; die Stimme der sanfteren Wonne. Der leiseren Harfen
V. 212)   „    „   Jubel entglitt den Stühlen der vier und zwanzig Gerechten,
V. 213)   „    „   Kam zu dem Stuhle des Sohns, und sang von dem Todten, der lebte!
V. 214)   „    „   Wie kann ich reden die Worte, die Abbadona gesagt hat,
V. 215)   „    „   Da er am Thron' aufstand, und zu dem auf dem Throne sich wandte?
V. 216)   „    „   Also sagt' er, und lächelte Wonne des ewigen Lebens:
V. 217)   „    „   O mit welchen festlichen Namen, mit welchen Gebeten,
V. 218) 1773,80: Soll ich zuerst dich nennen, der also sich meiner erbarmt hat?
       1800:                    mein sich also
V. 219) alle Ausg.: Kinder des Lichts, die ich liebte, zu euch bin ich wiedergekommen!
V. 220)   „    „   Erstgeborne der Schöpfung, und ihr durch die Wunden des Sohnes
V. 221)   „    „   Erben des ewigen Lebens, wohin bin ich wiedergekommen?
V. 222) 1773,80: Sagt mir, o sagt, wer rief mich? weß war die Stimme vom Throne,
       1800:                                   rufte mir?
V. 223) 1773,80: Die beym Namen mich nennte? Du bist die Quelle des Lebens!
       1800:       bey dem
V. 224) 1773,80: Fülle der Herrlichkeit! ewige Quelle des ewigen Lebens!
       1800:                             ewiger Quell
V. 225) alle Ausg.: Heil ist dein Name! Du bist der Eingeborne des Vaters!
V. 226) 1773,80: Licht vom Lichte! des Bundes Mittler! das Lamm, das erwürgt ward!
       1800:                  Licht! bist der Allversohner! das
V. 227) 1773,80: König heißest du auch! Ich will die Liebe dich nennen!
       1800:   Richter
V. 228) alle Ausg.: Gott hat am Abend des Weltgerichts noch Einmal erschaffen;
V. 229)   „    „   Denn ich war Einer der Ewigtodten. Den letzten der Tage
V. 230)   „    „   Schuf er mich um, und rief mich, aus meines Todes Umschattung,
V. 231)   „    „   Wieder zum ewigen Heil, das unaussprechlich wie Gott ist!
V. 232) 1773,80: Halleluja! feyrendes Halleluja, o Erster!
       1800:   Halleluja! ein feyrendes
V. 233) 1773,80: Sey dir von mir auf ewig gesungen! Du sprachest zum Elend:
       1800:                                        sprachst zu dem
V. 234) alle Ausg.: Sey nicht mehr! zu den Thränen: Ich hab' euch alle gezählet!
V. 235)   „    „   Freudenthränen, und Dank, und Anbetung sey dem auf dem Throne!

Der Jubelgesang des Abbadona, der völlig überflüssig ist
und dem Eindruck der vollendet schönen Episode nur Schaden

thut, ist nach Gruber, Klopstocks Leben S. 99, in Magdeburg
verfaßt. Gruber sagt: „Vom Julius 1762 bis zum Julius
1764 lebte Klopstock in Teutschland, wo er an seinem Messias
stückweise fortarbeitete, dessen dritter Band erst 1768 erschien,
sein zweites Trauerspiel: David, und sein drittes: Salomo
ausarbeitete, und wahrscheinlich die Idee zu der Hermanns=
schlacht faßte. Er lebte abwechselnd in Queblinburg, Halber=
stadt, längere Zeit in Meisdorf und Blankenburg, und kürzere
Zeit bei dem jüngeren Bachmann in Magdeburg, wo er die
Episode des Abbadonna, die früher in dessen Garten besprochen
war, vollendete. In Meisdorf, am Ende des Selkathales ge=
legen, weilte er mit Vergnügen bei dem geheimen Rath von
Asseburg, wo das Landleben, die Jagd, und die übrige Be=
wegung seiner Gesundheit sehr zuträglich war, wo er aber auch
in einem Lusthause auf einem Berge, dem Falkenstein gegenüber,
einsam an dem Messias arbeitete.

Zum Schlusse bemerke ich, daß, was man auch gleich
beim Erscheinen am Messias auszusetzen fand, die Episode vom
Abbabona doch selbst bei denen, die sonst dem Ganzen keinen
rechten Geschmack abgewinnen konnten, Lob und Bewunderung
weckte. So schreibt in einem noch ungedruckten Briefe vom
29. December 1749 der rationalistische Pastor Bertrand in
Bern an Bernhard von Tscharner: „Nous dirai-je, Monsieur,
que de tous les discours diaboliques de ce chant celui
qu'Abadanoa tient a la porte de l'Enfer est le seul qui
m'ait touché. Et franchement si Abdiel a aperçu son
ancien ami je ne lui pardone pas d'avoir détourné la tête.
A t'il pu supposer, qu'un Maitre aussi miséricordieux, que
l'est celui qu'il sert, pusse condâner un reste de compassion,
qui l'auroit porté à consoler un ancien ami. Ce pauvre
Diable d'abadanoa me paroit etre en trop mauvaise
compagnie; il mériterait au plus un purgatoire." Im
Anfange des Briefes hatte er gesagt: „Il y a du grand dans
le morceau que vous m'avés envoié, du sublime; de
brillantes images, des descriptions de mains de maitre:
Mons. Clopestock a asseurement le génie poetique. Ce
n'est pas la forme, l'expression le tour, ni l'exécution que

je blamerai. Mais c'est l'invention. J'ai veu autrefois a Leide dans le Cabinet d'un curieux un affreux Tableau d'un grand maitre; c'étoit une image de l'enfer sous toutes les fictions que la superstition a inventée; c'étoit la réprésen[ta]tion de la vision de l'enfer de Don Francisco de Quevedo de la Vega. Diables de toute forme, portant sur leur face les passions les plus horribles, exprimées avec la plus grande force, diables sous les figures les plus hideuses, armés des instruments les plus effraians, crochets, harpons, tridens, fourches, environnés de chaudières etc. etc. On vantoit le tableau, j'en detournai la vue. Peut-on, me disois-je, employer ses talens a de pareilles peintures; peut-on consacrer avec tant d'art des fictions épouvantables? Pourquoi ne pas rester dans le vrai, et lors qu'on s'en eloigne, ne pas presenter des objets plus aimables? Je fus faché d'etre le seul de la compagnie qui évita de jetter les yeux sur cette monstrueuse peinture."

## Anhang 3.

Nachweis von Schriften, in denen die einzelnen Daten der Entstehungsgeschichte zu finden sind, sofern solche Schriften im Text noch nicht genügend bezeichnet sind. Ich führe meist nur Ein Werk an.

Abkürzungen: L = Lappenberg; S = Schmidlin 1. und 2. Theil; KS = Klamer-Schmidt.

1) L S. 417 Nr. 221.
2) S S. 408 Nr. 227.
5) S S. 6 Nr. 2.
6) L S. 9 Nr. 7.
7) S S. 18 Nr. 5.
8) L S. 15 Nr. 8.
9) S S. 22 Nr. 6.
10) S S. 29 Nr. 9.
11a) L S. 19 Nr. 11.
11b) L S. 25 Nr. 13.
11c) L S. 28 Nr. 14.
12) S. S. 32 Nr. 10.
13) L. S. 29 Nr. 15.
14) Gruber, Kl's. Leben S. 37.
15) KS 1. S. 9 Nr. III.
16) KS 1. S. 24 Nr. VIII.
16a) Briefe von Spalding an Gleim S. 75.
18) Möritofer S. 90.
19) S S. 87 Nr. 25.
20) L S. 56 Nr. 33.
21) S S. 99 Nr. 34.

22) S S. 118 Nr. 46.
24) L S. 94 Nr. 45.
24a) Briefe von Herrn Spalding an Herrn Gleim, Frkf. u. Lpz. 1771, S. 92.
25) KS 1. S. 264 Nr. XL.
26) S S. 124 Nr. 48.
27) KS 1. S. 278 Nr. XLIII.; S S. 127 Nr. 50.
28) L S. 100 Nr. 49.
29) KS 1. S. 345 Nr. LV.; S S. 144 Nr. 61.
30) Briefe der Schweizer Bodmer, Sulzer, Geßner, herausg. von W. Körte, Zürich 1804.
31) KS 1. S. 356 Nr. LVII.; S S. 148 Nr. 63.
32) L S. 107 Nr. 53.
33) KS 2. S. 28 Nr. LXVI.; S S. 183 Nr. 83.
35) KS 2. S. 49 Nr. LXX.; S S. 185 Nr. 85.
36) L S. 125 Nr. 65.
39) S S. 199 Nr. 94.
41) S S. 206 Nr. 99.
42) S S. 209 Nr. 101.
44) S S. 210 Nr. 102; KS 2. S. 87 LXXX.
45) S S. 212 Nr. 103.
46) S S. 240 Nr. 119.
47) L S. 141 Nr. 76.
48) L S. 143.
49) S S. 257 Nr. 126.
52) S S. 276 Nr. 137.
53) S S. 280 Nr. 141.
54) S S. 289 Nr. 149.
55) S S. 291 Nr. 151.
56) S S. 293 Nr. 153.
57) L S. 152 Nr. 81.
58) S S. 296 Nr. 155.
59) L S. 154 Nr. 82.
60) L S. 157 Nr. 84.
61) L S. 160 Nr. 85.
62) L S. 166 Nr. 86.
63) L S. 169 Nr. 88.
64) L S. 170 Nr. 89.
65) L S. 175 f. Nr. 91.
66) L S. 190 Nr. 98.
67) L S. 184 Nr. 95.
68) L S. 193 Nr. 99.
69) L S. 194 Nr. 100.
70) L S. 197 Nr. 101.
71) L S. 207 Nr. 107.
72) L S. 208 Nr. 108.
73) L S. 215 Nr. 111.
74) S S. 312 Nr. 163.
75) L S. 217 Nr. 114.
76) L S. 221 Nr. 115.
77) S S. 315 Nr. 165.
78) S S. 327 Nr. 171.
80) L S. 240 Nr. 128.
81) L S. 242 Nr. 129.
83) L S. 245 Nr. 131.
84) L S. 246 Nr. 132.
85) L S. 249 Nr. 133.
86) S S. 342 Nr. 182.
87) L S. 286 Nr. 161.
88) L S. 287 Nr. 162.
89) L S. 289 Nr. 164.
90) L S. 296 Nr. 168.
91) L S. 300 Nr. 169.
92) L S. 301 Nr. 170.
93) L S. 304 Nr. 172.
94) L S. 364 Nr. 204.
95) L S. 389 Nr. 211.
96) L S. 408 Nr. 218.
97) L S. 417 Nr. 221.
98) L S. 420 Nr. 223.
99) S S. 421 Nr. 232.

www.ingramcontent.com/pod-product-compliance
Lightning Source LLC
Chambersburg PA
CBHW022145300426
44115CB00006B/357